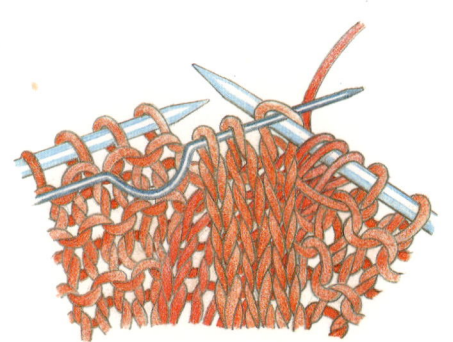

Stricken

1000 neue Ideen mit Pfiff

Mosaik Verlag

Idee, Konzeption und Redaktion:
topic GmbH, München-Karlsfeld

Redaktion:
Birgit Brandau, Monika Weidmann

Buchgestaltung:
Hubert K. Hepfinger, Freising

Einbandgestaltung:
Angelika Spichtinger
Einbandfoto:
Tankred Rath, München

© 1985 Mosaik Verlag GmbH, München/5 4 3 2 1
Satz: Fotosatz Skazel GmbH, München
Reproduktionen: Artilitho, Trento
Druck und Bindung: Mohndruck Graphische Betriebe GmbH, Gütersloh
Printed in Germany · Alle Rechte vorbehalten · ISBN 3-570-06418-2

Inhaltsverzeichnis

9 Strickschule mit Grundkurs

10 Stricken vom Maschenanschlag bis zur Fertigstellung
38 Schöne Strickmuster
46 Strümpfe stricken
54 Handschuhe stricken
65 Mützen und Schals stricken

76 Babysachen

76 Strampelsack, Kissen und Decke
77 Taufkleid, Mützchen und Schühchen
80 Babyhemd und Latzhose
84 Anzug im Lochmuster
88 Blauer Strampelsack
90 Babygarnitur mit Streifen
93 Pullover im Hahnentrittmuster
95 Pullover mit Schulterklappen
96 Kurze Hose
97 Pullover mit Luftballons
100 Sportanzug
102 Norwegerpullover mit Mütze

104 Kindersachen

104 Garnitur mit Katz und Maus
109 Kleid mit Gänsen
110 Kleiner Bär
112 Pullover mit Regenschirm
113 Kindermantel
116 Pullover mit eingestricktem Baum
118 Twinset
121 Pullover mit bunten Fäden
121 Pulli mit Reißverschlußtasche
124 Jacke mit Schal und Mütze
126 Blauer Pullover mit Sturmmütze

128 Für den Winter

- 128 Blauer Herrenpullover
- 129 Damenpullover mit Weste
- 133 Jacke mit Pelzstreifen
- 136 Herrenpullover in Beige und Natur
- 137 Pullover mit quergestrickten Teilen
- 138 Kinderpullover mit Rollkragen
- 140 Herrenpullover mit Passe
- 141 Damenpullover im Jacquardmuster
- 145 Kinderpullover mit Knopfleiste
- 148 Lange Jacke
- 149 Rollkragenpullover mit Accessoires
- 151 Damenjacke mit Längsstreifen
- 152 Herrenjacke zum Wenden

156 Für den Sommer

- 156 Quergestrickter Pulli mit Zöpfen
- 157 Herrenpullover aus Sommer-Tweed
- 160 Damenpullover mit Kimonoärmeln
- 161 Damenpullover – hinten geknöpft
- 164 Gestreifter Herrenpullover
- 165 Weiße Damenjacke
- 168 Rosa Pulli
- 169 Sommerpullover mit V-Ausschnitt
- 172 Weißes Kleid
- 176 Sonnenhemd
- 177 Lochmusterpulli
- 178 Sommerpullover in Pastelltönen

181 Mit sportlicher Note

- 181 Karierter Mohairpullover
- 183 Pullover im Schachbrettmuster
- 184 Kinderpullover mit Passe
- 185 Roter Kinderpullover
- 189 Herrenpullover im Jacquardmuster
- 191 Goldbrauner Damenpullover
- 193 Beiger Herrenpullover
- 196 Weißer Damenpullover
- 197 Pullover mit Einsatz
- 198 Pullover im Strukturmuster
- 200 Jacke mit V-Ausschnitt
- 202 Jacke mit asymmetrischem Verschluß

205 Mit besonderem Pfiff

- 205 Pullover mit geometrischem Muster
- 208 Pullover mit Zopfeinsätzen
- 209 Bestickter Mohairpullover
- 212 Hahnentritt-Pullover
- 213 Roter Pullover mit Streifen
- 216 Pullover mit eingestrickten Blättern

220 Zum Ausgehen

- 220 Gesmokter Pullover
- 221 Bolerojacke und Pullunder
- 225 Pullover aus Chenille-Garn
- 228 Pullover mit Schalkragen
- 228 Damenjacke mit Fledermausärmeln
- 232 Mohairpullover mit Lochmuster-Zopf
- 233 Abendpullover mit Blumen
- 237 Pullover mit angestricktem Kragen
- 238 Dreiteiliges Ensemble

244 Strick-Klassiker

- 244 Dunkelroter Damenpullover
- 245 Kinderpullover mit Streifen
- 246 Herrenpullover mit Streifen
- 248 Gelber Rippenpullover
- 249 Damen- und Herrenpullover mit V-Ausschnitt
- 253 Kinderpullover mit V-Ausschnitt
- 256 Damenpullover mit Zopfmuster
- 257 Herrenweste
- 260 Dunkelblauer Herrenpullover
- 261 Hellblauer Kinderpullover
- 262 Hellblauer Damenpullover
- 264 Blaue Kinderjacke

267 Mit Tradition

267 Pullover mit irischen Mustern
269 Damenpullover im Norwegermuster
272 Herrenpullover im Norwegermuster
273 Rosa Jacke im Ajourmuster
277 Jacke im Rautenmuster mit bunten Noppen
278 Hellblaue Trachtenjacke
281 Graue Trachtenjacke

283 Accessoires

283 Mütze, Stulpen und Beutel mit zweifarbigem Zopf
284 Mütze mit einfarbigem Zopf
285 Schultertuch mit Karos
285 Breiter Schal im Lochmuster
288 Bestickte Umhängetasche
289 Dreiecktuch
292 Turban
292 Grün-blaues Stirnband
293 Set mit Pinguinen
294 Rotes Set mit Sternen
296 Gelbe Kinderkniestrümpfe
297 Hellblaue Kinderkniestrümpfe
298 Kniestrümpfe mit Eistüte
300 Naturfarbene Langlaufstrümpfe
301 Graue Langlaufstrümpfe
302 Blaue Langlaufstrümpfe

303 Fürs Haus

303 Kissen mit Streifenmustern
305 Naturfarbene Bettdecke
308 Karierte Bettdecke
309 Decke und Kissen im Lochmuster
310 Teppich
310 Wollis

312 Rund ums Garn

312 Kleine Materialkunde
315 Das Zubehör
316 Pflegetips für Garne
317 Löcher stopfen

318 Register

Abkürzungen:
M = Masche bzw. Maschen
R = Reihe bzw. Reihen

Rd = Runde bzw. Runden
* = Wiederholungszeichen

Die Maße in den Schnitten sind cm-Angaben.

Strickschule mit Grundkurs

Warum wird so viel und so begeistert gestrickt? Sicher nicht nur, weil Stricksachen ein unumgänglicher Bestandteil jeder modischen Garderobe sind. Immer mehr Frauen – und auch mancher Mann – entdecken den individuellen und kreativen Aspekt dieser Handarbeit. Aber was nützt die aufregendste Idee, so lange »technische« Barrieren den Weg zur Durchführung verbauen: Man muß nämlich wissen, wie eine Maschenprobe angefertigt und benutzt wird, um die gewünschte Größe des Pullis zu erhalten, Zu- und Abnahmen wollen beherrscht sein, um dem Stück den gewünschten flotten Schnitt zu verpassen.

Ja, und in welchem Muster wird gestrickt? Schließlich sind Finessen wie die schräge Schlitztasche oder die doppelte Blende notwendig, gerade für den letzten Pfiff. Erst wenn man dieses Rüstzeug an der Hand hat, kommen die Ideen zum Tragen – hier im wörtlichen Sinne. Wie oft hört man auch Klagen, der Pulli sei ja ganz nett geworden, aber den Halsausschnitt habe man doch lieber ganz anders gehabt als die Anleitung es vorsah. Das muß jetzt nicht mehr vorkommen.

Eine besondere Schwierigkeit – jeder weiß das aus der Schulzeit, und die liegt doch bei vielen schon ein paar Jahre zurück – bilden Handschuhe und Socken. Dabei sind sie so hübsch zum Verschenken. Hier kann man mit bunten, lustigen und individuellen Entwürfen spielen – falls man weiß, wie eine Ferse oder ein Daumen gestrickt wird. In einem Grundkurs werden all diese Techniken mit Hilfe von Phasenfotos genau erklärt.

Die Strickschule wendet sich aber nicht nur an die kreativen unter den Strickerinnen, sondern auch an die blutigen Anfänger, die erstmal froh sind, eine rechte Masche auf die andere zu basteln und sich dann zaghaft an den ersten Schal wagen. Auch sie werden Schritt für Schritt in die Geheimnisse des Strickens eingeweiht und finden in dem anschließenden Modellteil eine Vielzahl von Anleitungen, die ohne Anfängerfrust zu bewältigen sind.

Wie praktisch der Schulteil des Buches ist, wird auch merken, wer sich schlicht eines der Modelle nacharbeitet. Auch dort tauchen nämlich – gerade bei etwas anspruchsvolleren Modellen – schon mal Techniken auf, die nicht so geläufig sind, daß man auf Anhieb damit zurechtkommt. Auf einen Blick findet man die Lösung in diesem Kapitel – und es kann weitergehen.

Ein letztes Wort an die Strickprofis: Wir hoffen, auch für Sie ein paar Tricks parat zu haben, wie man den einen oder anderen Vorgang noch eleganter bewältigt, etwa eine Naht noch besser und unsichtbarer, ein Knopfloch noch sauberer hinbekommt.

Damit niemand seine Strickkünste »in den Sand setzt«, sei hier noch auf das Kapitel **Rund ums Garn** verwiesen. Hier wird mit einer kleinen Materialkunde versucht, etwas Licht in das »Garne-Dunkel« zu bringen, denn das Angebot der Wollfirmen wird immer reichhaltiger und damit aber auch für den Laien unübersichtlicher.

Ebenso wichtig ist aber auch die richtige Pflege und eventuelle Reparatur des liebevoll gewirkten Stückes – wie wohl jeder weiß, der einmal traurige Erfahrungen auf diesem Gebiet sammeln mußte.

Und nun viel Freude beim Stricken, der Handarbeit mit den unendlichen Möglichkeiten...

Stricken vom Maschenanschlag bis zur Fertigstellung

EINFACHER MASCHENANSCHLAG

Um einen lockeren Maschenanschlag zu erhalten, empfiehlt es sich, beide Nadeln zu verwenden, oder aber mit einer dickeren Nadel als der für die Wolle vorgesehenen zu arbeiten.
Den einfachen Maschenanschlag beginnt man mit einer Schlinge, die mit der Hand gelegt werden kann. Die Länge des herunterhängenden Garnendes hängt von der benötigten Maschenzahl ab: Bei dünner Wolle rechnet man etwa 1 cm pro Masche, bei mittlerer (ab Nadelstärke Nr. 4) 1,5 cm und bei dicker Wolle (ab Nadelstärke Nr. 7) 2 cm. Um den Faden dann gut vernähen zu können, gibt man noch einmal 20 cm zu.
Wenn man glatt rechts strickt, empfiehlt es sich, nach dem Anschlag mit einer Rückreihe zu beginnen.

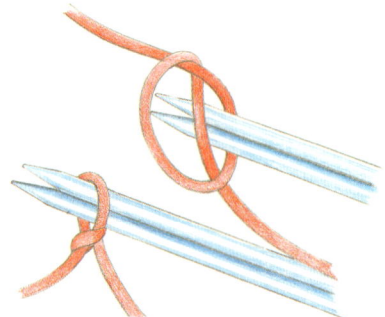

Eine Schlinge bilden und die Nadeln mit der rechten Hand in die Schlinge stecken. Mit der linken Hand die Schlinge festziehen.

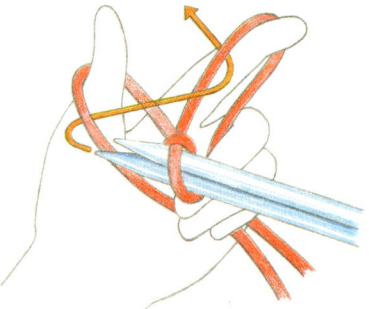

Den linken Faden um den Daumen, den rechten um den Zeigefinger legen und beide Garnenden mit den übrigen Fingern festhalten. Die Nadeln von vorn durch die linke Schlinge führen.

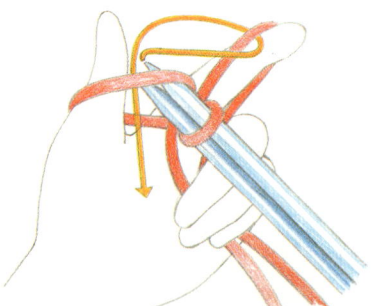

Den rechten Faden durch diese Schlinge ziehen und die Schlinge vom Daumen gleiten lassen. Eine neue Schlinge um den Daumen bilden, dabei die erste unter den Nadeln fest anziehen.

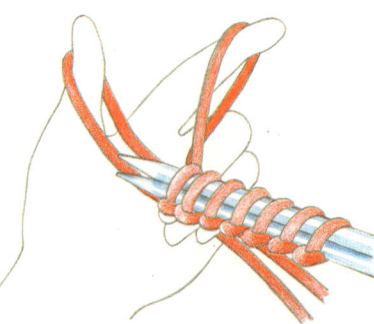

Die im 2. und 3. Bild gezeigten Vorgänge laufend wiederholen, bis die gewünschte Maschenzahl erreicht ist. Dann die 2. Nadel vorsichtig aus dem Maschenanschlag herausziehen.

UNSICHTBARER ANSCHLAG

Bei dieser Art des Maschenanschlags scheinen die Rippen beim fertigen Strickteil um die Kante herum zu laufen. Da die 2. bis 5. Reihe im Patentmuster gestrickt wird, eignet er sich aber nur für Bündchen und Blenden im Rippenmuster 1 Masche rechts, 1 Masche links. Zum Anschlag nimmt man ein Garn in einer kontrastierenden Farbe (das später herausgezogen wird) und schlägt nach der oben beschriebenen Methode die Hälfte plus 1 der benötigten Maschen an. Dann mit dem richtigen Garn weiterarbeiten, dabei von * bis * jeweils bis zum Reihenende wiederholen.
Eine weitere Methode des Anschlags – das Aufstricken – wird im Kapitel ZUNEHMEN erläutert.

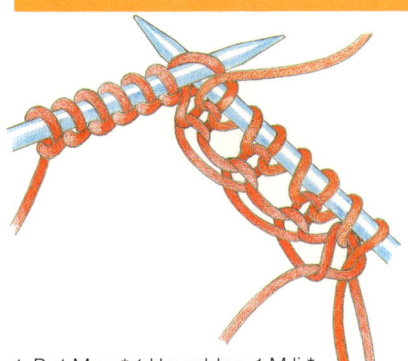
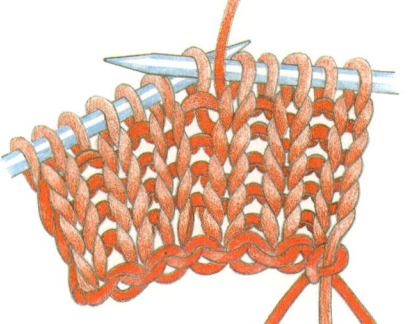
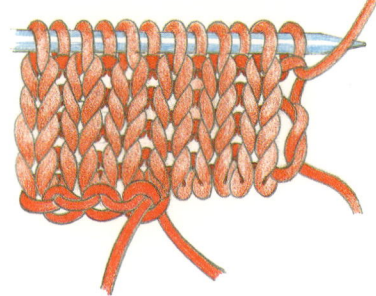

1. R: 1 M re * 1 Umschlag, 1 M li *
2. R: 1 M re * 1 U und die folgende M damit li abheben, 1 M re *
3. R: 1 U, 1 M li abh. * 1 M re (U + abgeh. M zus.stricken), 1 U, 1 M li abh. *

Die 2. und 3. Reihe wiederholen (dabei bei den rechten Maschen Umschlag und abgehobene Masche zusammenstricken). 6. Reihe und folgende: 1 M rechts, 1 M links im Rippenmuster.

Das Rippenmuster in der gewünschten Höhe stricken. Anschließend den Faden in der Kontrastfarbe aus dem Strickteil heraustrennen.

RECHTE MASCHEN

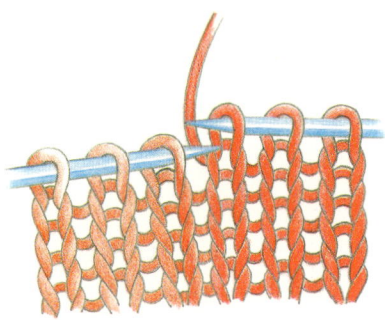
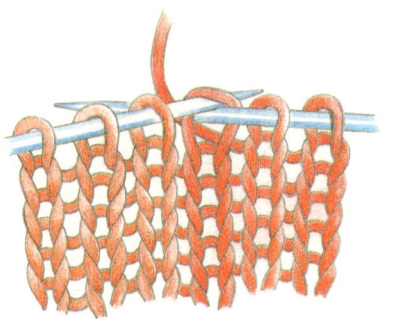
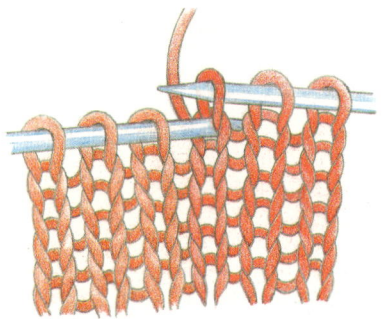

Die Nadel mit den abzustickenden Maschen in die linke Hand nehmen. Der Faden liegt hinter der Nadel. Das Fadenende, das zum Knäuel führt, um die Finger der linken Hand legen.

Mit der rechten Nadel von vorn rechts nach hinten links in die erste Masche auf der linken Nadel stechen.

Den Faden durch die Masche ziehen und die Masche von der linken Nadel gleiten lassen.

LINKE MASCHEN

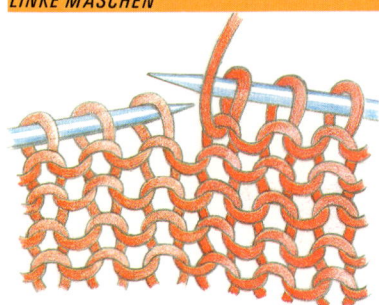
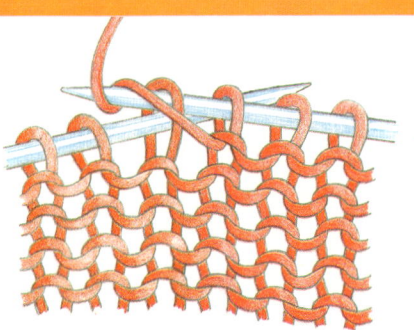
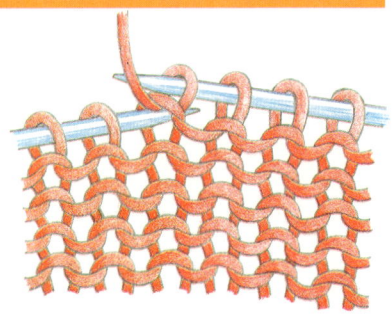

Für die linken Maschen liegt der Faden vor der Nadel. Die Nadel mit dem Maschenanschlag ist in der linken Hand. Mit der rechten Nadel von rechts nach links in die Masche stechen.

Den Faden um die rechte Nadel schlingen und von links nach rechts durch die Masche ziehen.

Die abgestrickte Masche von der linken Nadel gleiten lassen und die neue Masche auf der rechten Nadel belassen.

DIE WICHTIGSTEN GRUNDMUSTER

Glatt rechts:
Alle Hinreihen werden rechts gestrickt, alle Rückreihen links. Beim Rundstricken werden alle Runden rechts gestrickt.
(links)

Glatt links:
Alle Hinreihen werden links gestrickt, alle Rückreihen rechts. Beim Rundstricken werden alle Runden links gestrickt.
(rechts)

Kraus rechts:
Alle Maschen werden rechts gestrickt, sowohl in den Hinreihen wie in den Rückreihen. Beim Rundstricken wird abwechselnd 1 Runde rechts, 1 Runde links gestrickt.
(links)

Rippenmuster 1/1:
Abwechselnd 1 Masche rechts, 1 Masche links stricken, in Hin- wie Rückreihen, und zwar jeweils rechte Maschen rechts und linke Maschen links stricken. Dasselbe gilt für Runden. Maschenzahl teilbar durch 2.
(rechts)

Rippenmuster 2/2:
Abwechselnd 2 Maschen rechts, 2 Maschen links stricken, in allen Reihen (und auch in Runden); dabei jeweils rechte Maschen rechts und linke Maschen links stricken. Maschenzahl teilbar durch 4 plus 2 Randmaschen.
(links)

Perlmuster:
1. Reihe: 1 Masche rechts, 1 Masche links im Wechsel stricken.
2. und alle folgenden Reihen: das Muster versetzen, d. h. die Rechtsmaschen links und die Linksmaschen rechts abstricken.
(rechts)

MASCHENPROBE

Ganz wichtig für das Gelingen des Strickstücks ist die Maschenprobe. Man strickt ein Stück von mindestens 12 cm im Quadrat, legt es auf eine glatte Fläche und mißt dann aus, wieviele Maschen und Reihen für 10 x 10 cm gebraucht werden, um die benötigte Maschenzahl berechnen zu können. So braucht man z. B. für ein 60 cm breites Strickstück 6 x die ausgezählte Maschenzahl und für 55 cm Höhe 5 1/2 x die Reihenzahl. Zum Messen kann man entweder einen Zählrahmen oder eine Schablone verwenden. Für die Schablone schneidet man aus Karton ein 10 x 10 cm großes Fenster aus. Der Zählrahmen oder die Schablone wird auf das Strickstück gelegt und die Maschen und Reihen werden ausgezählt.

Die Maschenprobe ist auch dann nötig, wenn man das in der Strickanleitung angegebene Garn verwendet. Fällt das Probestück größer aus, als in der Anleitung angegeben, strickt man zu locker und sollte deshalb Nadeln nehmen, die um eine halbe bis eine ganze Nummer dünner sind. Nadeln, die um eine halbe bis eine ganze Nummer dicker als die angegebenen nimmt man, wenn das Probestück kleiner ausfällt, man also zu fest strickt. Mit den neuen Nadeln wird noch einmal eine Maschenprobe angefertigt. Stimmt sie jetzt mit der Strickanleitung überein, kann man sich genau nach den angegebenen Maschenzahlen richten. Die Anleitungen passen auf alle Garne, deren Maschenproben übereinstimmen.

RANDMASCHEN

Die Randmaschen werden unabhängig von den verschiedenen Strickmustern gestrickt. Für sie gibt es mehrere Möglichkeiten. Die gebräuchlichsten sind Kettrandmaschen und Knötchenrandmaschen. Kettrandmaschen werden für einen lockeren, glatten Rand verwendet, der sichtbar bleibt, wie z.B. bei einem Schal. An Rändern, die vernäht werden sollen, empfiehlt sich meist die Knötchenrandmasche. Bei glatt rechts gestrickten Teilen kann man die Randmaschen auch verschränkt abstricken. (Die Methoden für das Zusammennähen werden auf S. 37 gezeigt.) In den Arbeitsanleitungen ist meist nur »Randmasche« angegeben, so daß man die Art der Randmasche selbst wählen kann.

KETTRANDMASCHE

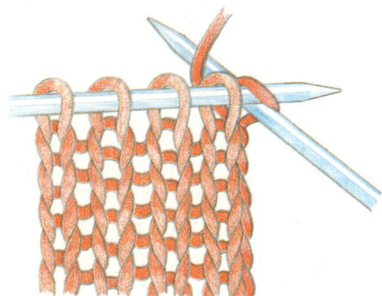

Um eine Kettrandmasche zu erhalten, strickt man die 1. Masche am Anfang jeder Reihe, also bei Hinreihen genauso wie bei Rückreihen, unabhängig vom sonstigen Muster rechts ab.

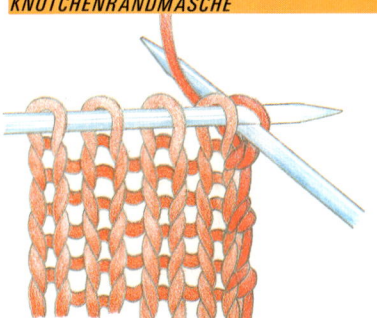

Am Ende jeder Reihe wird die letzte Masche links abgehoben. Der Faden liegt dabei vor der Arbeit.

KNÖTCHENRANDMASCHE

Für die Knötchenrandmasche – sie bildet einen festen Rand, der gut für Nähte geeignet ist – die 1. Masche am Anfang jeder Reihe rechts abstricken. Das gilt für Hin- wie für Rückreihen.

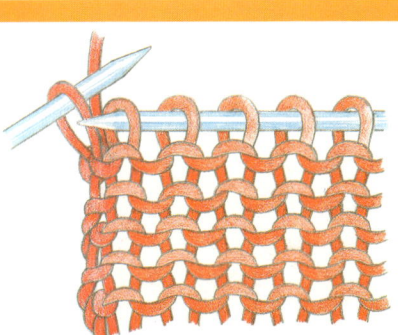

Am Ende jeder Reihe, unabhängig vom sonstigen Muster, die letzte Masche ebenfalls normal rechts abstricken.

FALLENGELASSENE MASCHEN

Wenn man aus Versehen eine Masche fallen lassen hat und das erst einige Reihen später bemerkt, muß deshalb noch lange nicht das Strickstück ganz oder teilweise aufgetrennt werden.
Am einfachsten ist das Heraufholen einer fallengelassenen Masche bei einem glatt rechts oder glatt links gestrickten Teil, denn da kann man die Maschen einfach – immer von unten zum oberen Rand arbeitend –, wie in den Zeichnungen dargestellt, aufhäkeln.
Auch bei kraus gestrickten Teilen, bei Rippenmustern und anderen einfachen Mustern kann man bei einfarbigen oder einfach gestreiften (also Mustern, bei denen die Farben nicht innerhalb der Reihe gewechselt werden) Strickteilen aufhäkeln, indem man dem Muster entsprechend die Methode ständig wechselt. Handelt es sich um ein farbiges Streifenmuster, muß man besonders sorgfältig darauf achten, daß man die Maschenquerdrähte in der richtigen Farbfolge erfaßt.
Für Maschen, die nur über eine oder zwei Reihen gefallen sind, eignet sich die hier dargestellte Methode des Hochstrickens am besten.
Das Hochstricken ist auch geeignet, wenn man bei einfachen Mustern in der Vorreihe einen Fehler gemacht hat und diesen ausbessern möchte. Dafür läßt man die entsprechende Masche bis zum Fehler fallen und strickt sie dann richtig hoch.

RECHTE MASCHEN AUFHÄKELN

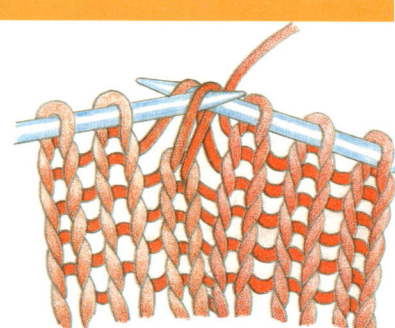

Den Maschenkopf auf eine Häkelnadel nehmen und immer je 1 Querdraht von hinten nach vorn durch die Masche ziehen. Die Masche dann auf die linke Nadel legen und normal abstricken.

LINKE MASCHEN AUFHÄKELN

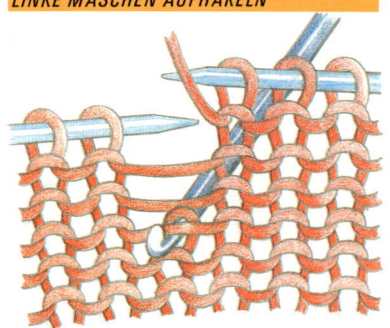

Bei einer linken Masche muß der Querdraht vor der darunterliegenden Masche liegen. Er wird von vorn nach hinten oben durchgezogen. Die Masche dann von der linken Nadel abstricken.

RECHTE MASCHEN HOCHSTRICKEN

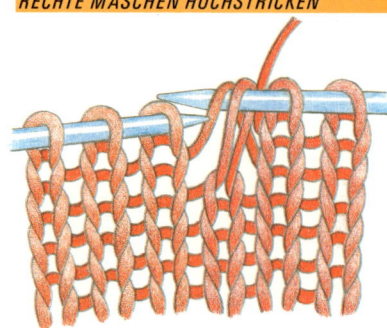

Die fallengelassene Masche und den darüberliegenden Querdraht von vorn nach hinten auf die rechte Nadel nehmen, dabei die Maschen langziehen.

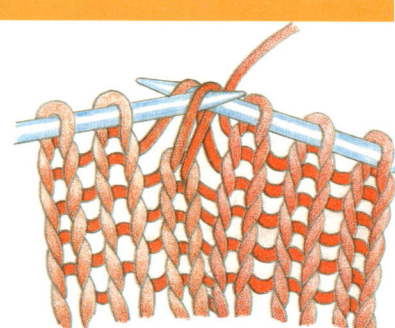

Mit der linken Nadel von hinten in die Masche einstechen. Masche und Querdraht bleiben auf der rechten Nadel.

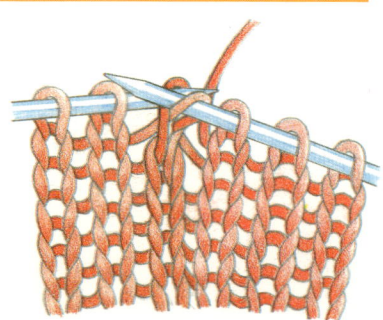

Die Masche über den Querdraht auf der rechten Nadel drüberziehen. Die neue Masche auf die linke Nadel heben und normal abstricken.

LINKE MASCHEN HOCHSTRICKEN

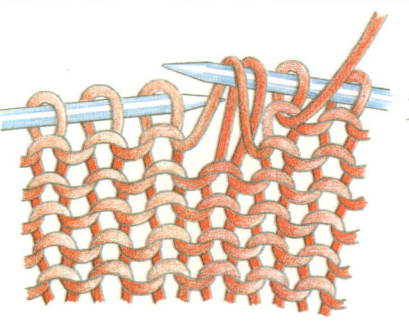

Die fallengelassene Masche und den darüberliegenden Querdraht von hinten nach vorn auf die rechte Nadel nehmen.

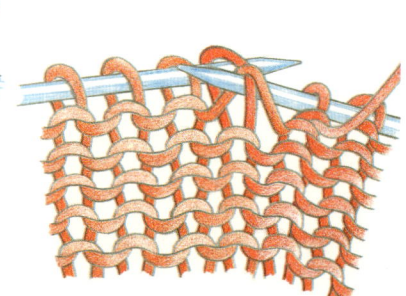

Mit der linken Nadel hinter der Arbeit von links nach rechts in die Masche stechen und die Masche über den Querdraht ziehen. Die neue Masche dann normal abstricken.

FEHLER AUSBESSERN

Wenn man weiter vorn in der gerade gestrickten Reihe oder in der Vorreihe einen Fehler gemacht hat, der sich nicht durch Hochstricken beheben läßt – etwa weil es sich um ein Lochmuster oder ein Muster mit Farbwechseln handelt oder weil mehrere Maschen falsch gestrickt wurden –, kann man trotzdem beim Auftrennen die Maschen auf der Nadel belassen.

Auch wenn der Fehler weiter unten gemacht wurde, kann diese Methode benutzt werden: Man zieht die Nadeln heraus und trennt bis zur Reihe über dem Fehler auf. Dann nimmt man die Maschen wieder auf die Nadeln und trennt bis zum Fehler in der hier dargestellten Weise auf.

RECHTE MASCHEN AUFTRENNEN

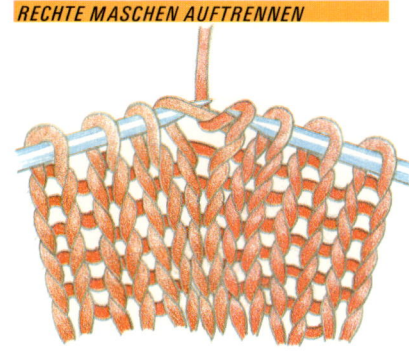

Jeden Maschenkopf der Vorreihe von links nach rechts auf die linke Nadel nehmen. Der Faden liegt hinter der Arbeit.

LINKE MASCHEN AUFTRENNEN

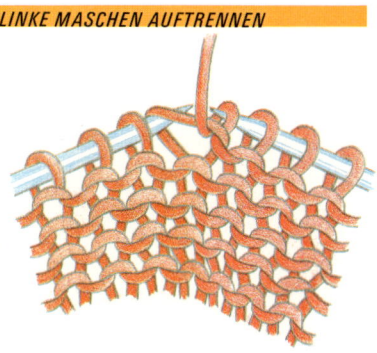

Der Faden liegt hierbei vor der Arbeit. Mit der linken Nadel von links nach rechts hinten in den Maschenkopf der Vorreihe einstechen und ihn auf die linke Nadel nehmen.

ZUNEHMEN NEBEN DER RANDMASCHE

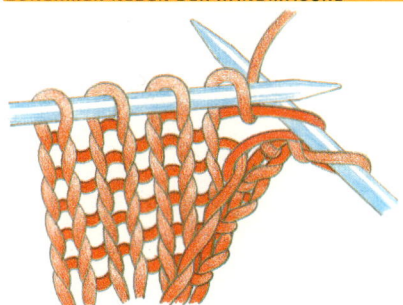

Rechte Masche: Den Maschenkopf der Masche aus der Vorreihe mit der rechten Nadel auf die linke Nadel setzen.

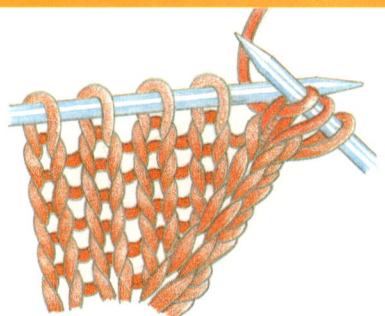

Den Maschenkopf rechts abstricken: 1 Masche wurde zugenommen. Die auf der linken Nadel befindliche Masche dann ebenfalls rechts abstricken.

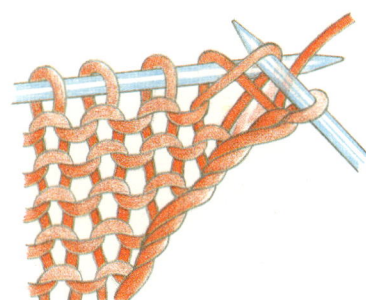

Linke Masche: Den Maschenkopf der Masche aus der Vorreihe mit der rechten Nadel auf die linke Nadel heben und links abstricken. Die noch auf der Nadel befindliche Masche abstricken.

ZUNEHMEN AUS DEM QUERDRAHT

Rechte Masche: Den Querdraht zwischen zwei Maschen von vorn nach hinten mit der rechten auf die linke Nadel setzen.

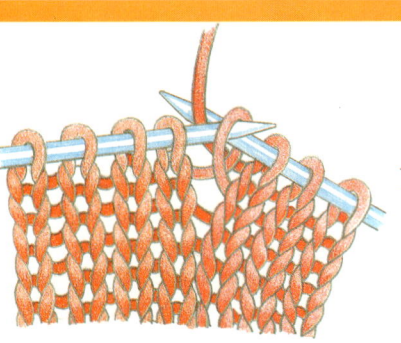

Den Querdraht rechts verschränkt (siehe auch S. 20) abstricken.

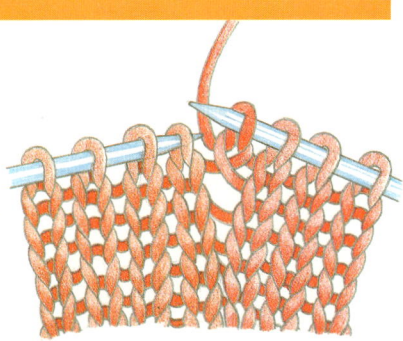

Wenn man die zugenommene Masche rechts verschränkt abstrickt, ist die Zunahme kaum zu sehen. Deshalb eignet sich diese Methode besonders gut für verteilte Zunahmen.

15

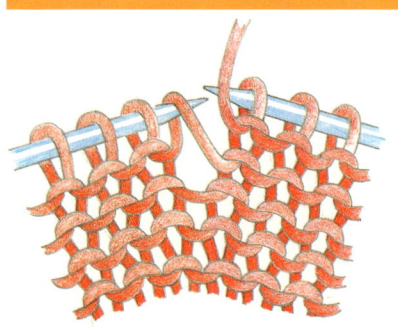 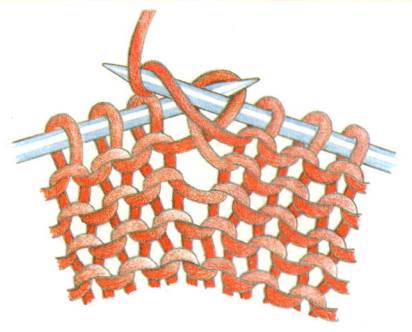 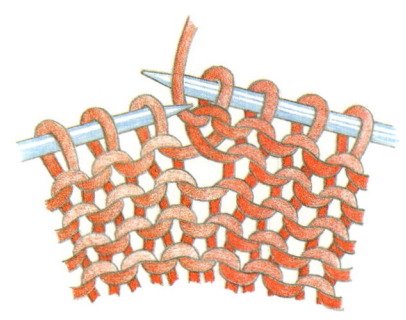

Linke Masche: Den Querdraht zwischen zwei Maschen wiederum mit der rechten auf die linke Nadel setzen.

Den aus dem Querdraht gewonnenen Umschlag links verschränkt (siehe auch S. 20) abstricken.

Die Reihe mit den linken Maschen wie gewohnt fortsetzen. Die verschränkt gestrickte Zunahme ist kaum zu sehen und eignet sich deshalb besonders für verteilte Zunahmen in linken Reihen.

ZUNEHMEN: AUS EINER MASCHE ZWEI ARBEITEN

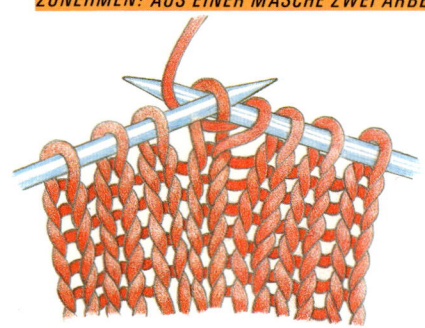 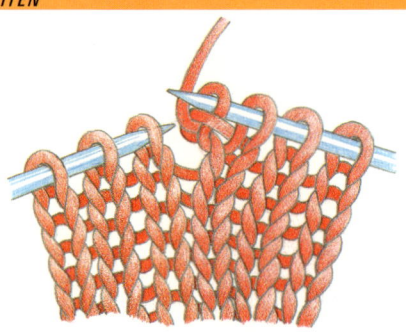 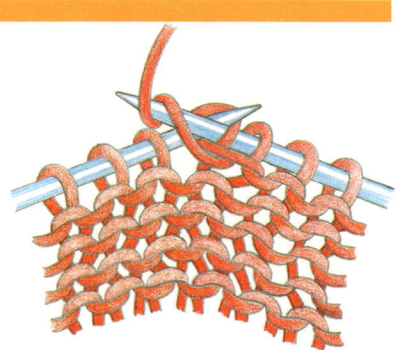

Rechte Masche: Die Masche rechts abstricken, aber die alte Masche dabei nicht von der linken Nadel gleiten lassen, sondern von hinten noch einmal in diese Masche einstechen.

Die Masche jetzt rechts verschränkt abstricken und von der linken Nadel gleiten lassen. Diese Zunahme ist kaum zu sehen.

Linke Masche: Die Masche links abstricken, aber nicht von der Nadel gleiten lassen. In die alte Masche noch einmal von hinten links nach vorn rechts einstechen.

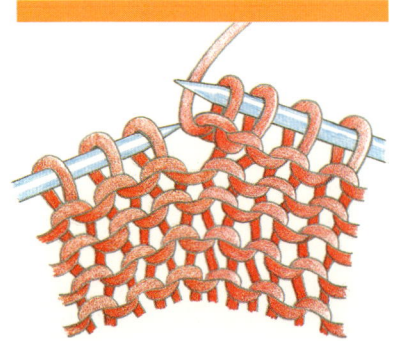

ZUNEHMEN DURCH AUFSTRICKEN

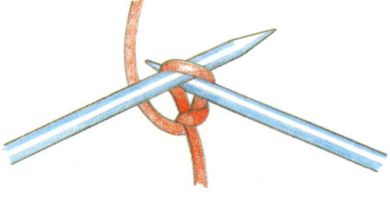 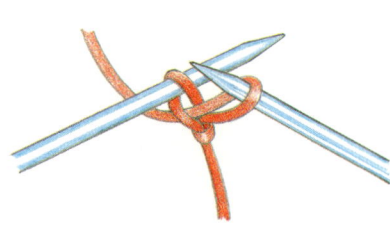

Diese zweite Masche links verschränkt abstricken und von der Nadel gleiten lassen. Die Reihe fortsetzen.

Auf der linken Nadel direkt neben dem Strickteil eine Knotenschlinge (wie beim Maschenanschlag) bilden und mit der rechten Nadel von vorn links nach rechts hinten einstechen.

Den Faden zur neuen Masche durch die Knotenschlinge ziehen. Die Schlinge nicht von der linken Nadel gleiten lassen.

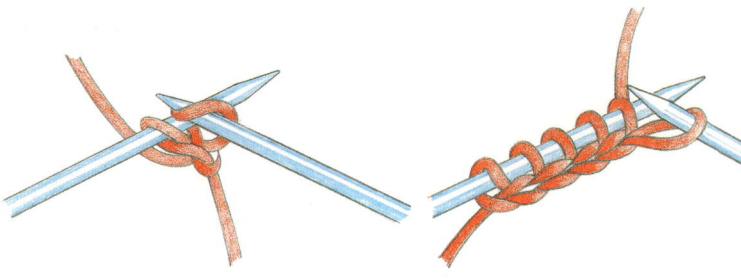
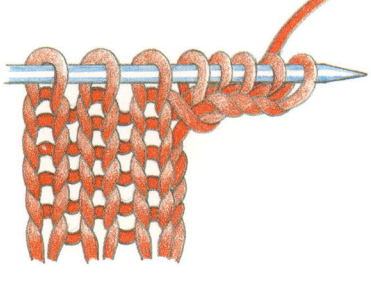

Mit der linken Nadel ebenfalls in die Schlinge der neuen Masche einstechen, und zwar von vorn nach hinten, und die Masche übernehmen. Der Faden liegt hinter der Arbeit.

Mit der rechten Nadel wieder eine Schlinge durch die neue Masche ziehen und die Schlinge der Masche auf der linken Nadel anziehen.

Auf diese Weise weitere Schlingen holen, bis die gewünschte Maschenzahl erreicht ist. Die Reihe dann über die volle Breite stricken.

ZUNEHMEN DURCH UMSCHLAG

Wenn man die neue Masche durch einen Umschlag zunimmt, entsteht beim Abstricken des Umschlags ein Loch. Deshalb ist diese Methode des Zunehmens nur dann sinnvoll, wenn das Loch einen dekorativen oder praktischen Zweck erfüllt. So wird es zum Beispiel bei Lochmustern (siehe S. 25) und Spitzenmustern verwendet. Mit Löchern kann man auch kleine runde Knopflöcher oder eine Lochreihe zum Durchziehen eines Bandes bilden (siehe S. 30). In diesen Fällen muß die Zunahme wieder durch eine Abnahme ausgeglichen werden, damit sich die Breite des Strickstücks nicht ändert.
Eine Serie von Zunahmen durch Umschlag kann aber durchaus auch ein dekoratives Element bilden.

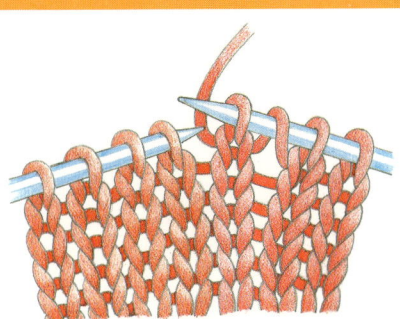
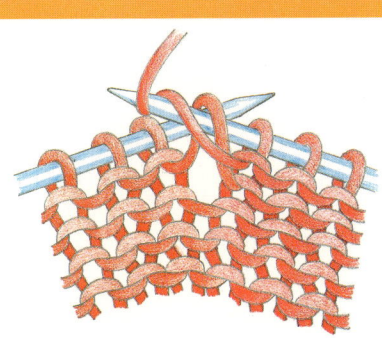

In der rechten Hinreihe den Arbeitsfaden 1x in der gleichen Richtung wie die Maschen, also von vorn nach hinten, um die rechte Nadel schlingen.

In der Rückreihe (linke Maschen) den Umschlag als linke Masche abstricken. Der Umschlag bei linken Maschen (auch von vorn nach hinten) wird in der rechten Rückreihe rechts abgestrickt.

ABNEHMEN: ZWEI MASCHEN RECHTS ZUSAMMENSTRICKEN

ABNEHMEN: RECHTS ÜBERZOGEN

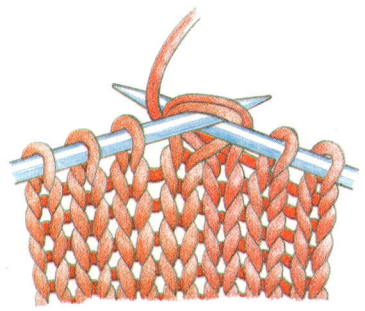
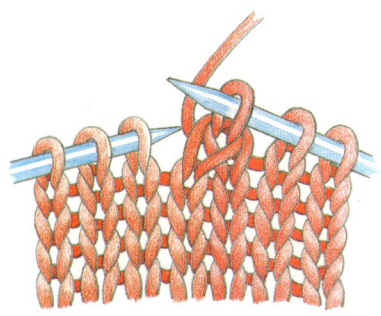
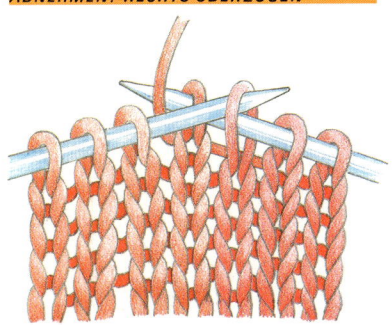

Mit der rechten Nadel genau wie beim normalen Rechtsstricken in 2 rechte Maschen gleichzeitig einstechen.

Den Faden durchziehen und zu einer rechten Masche stricken: Es wurde 1 Masche abgenommen.

Die 1. Masche rechts abheben, die folgende rechts abstricken. Mit der linken Nadel die abgehobene Masche über die abgestrickte Masche ziehen (= einfacher Überzug).

ABNEHMEN: ZWEI MASCHEN LINKS ZUSAMMENSTRICKEN

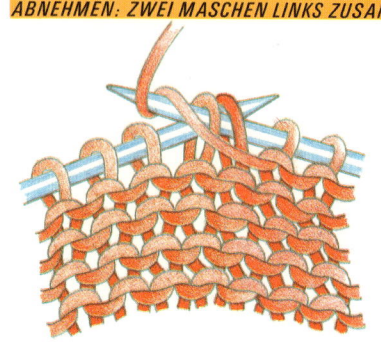

Mit der rechten Nadel genau wie beim Linksstricken von rechts nach links durch 2 linke Maschen stechen.

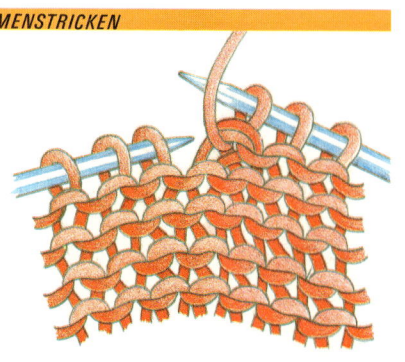

Den Faden zur Schlinge durchziehen und zu einer linken Masche stricken: Es wurde eine Masche abgenommen.

LINKS ÜBERZOGEN ZUSAMMENSTRICKEN

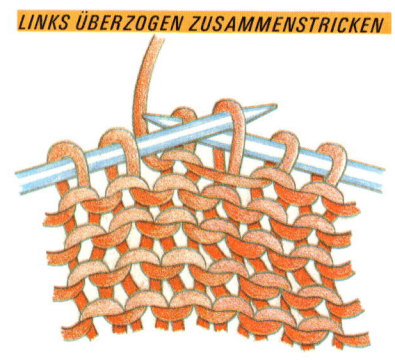

Die 1. Masche links abheben, die folgende links abstricken. Mit der linken Nadel die abgehobene Masche über die abgestrickte Masche ziehen (= einfacher Überzug).

DREI MASCHEN MIT MITTELMASCHE ZUSAMMENSTRICKEN

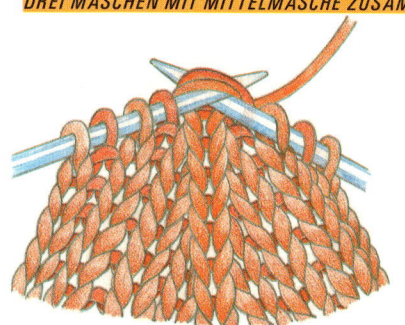

In die Mittelmasche und die davorliegende Masche zusammen wie zum Rechtsstricken einstechen.

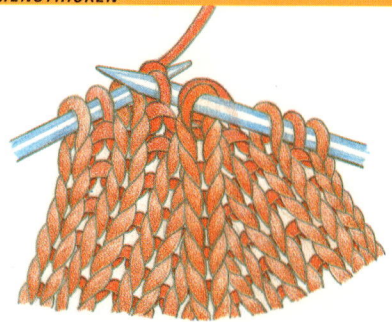

Die beiden Maschen zusammen auf die rechte Nadel heben, ohne den Faden zur Schlinge zu holen, also die Maschen nicht abstricken. Die Masche nach der Mittelmasche abstricken.

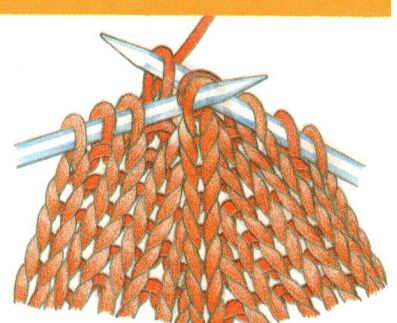

Die beiden abgehobenen Maschen mit der linken Nadel zusammen über die abgestrickte Masche ziehen.

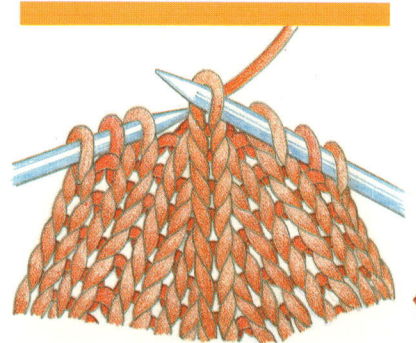

Es wurden 2 Maschen abgenommen. Die Mittelmasche bleibt glatt rechts und liegt obenauf.

MEHRERE ABNAHMEN HINTEREINANDER

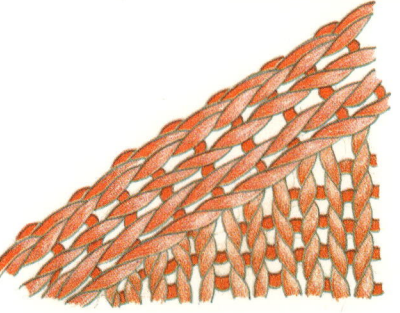

Eine nach rechts gerichtete dekorative Schrägung erhält man, wenn die Abnahmen am Reihenende erfolgen. Hier wurden jeweils die 4. und 3. Masche vor dem Rand rechts zusammengestrickt.

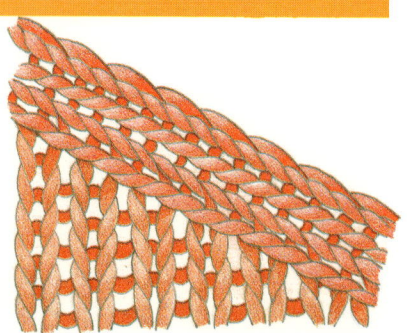

Wenn man, z. B. für Raglanärmel, am Reihenanfang immer an der gleichen Stelle – hier nach der 2. Masche – durch einfachen Überzug abnimmt, so erhält man eine nach links gerichtete Schrägung.

ABKETTEN

Ein Strickstück wird mit dem Abketten beendet. Man sollte möglichst locker und elastisch abketten, damit der Rand – z.B. bei Ärmelbündchen oder bei Halsausschnitten – gut dehnbar bleibt. Für das Abketten gibt es verschiedene Methoden; die gebräuchlichsten sind Abketten durch Überziehen, durch Abhäkeln (das ist für Anfänger die einfachste Methode) und unsichtbares Abketten. Alle drei Methoden werden hier vorgestellt.
Eine weitere Möglichkeit ist das Abketten durch Zusammenstricken. Dabei strickt man jeweils 2 Maschen – wie beim Abnehmen – zusammen, nimmt die abgestrickte Masche dann wieder zurück auf die linke Nadel, um sie mit der folgenden Masche zusammenzustricken.

RECHTE MASCHEN ABKETTEN

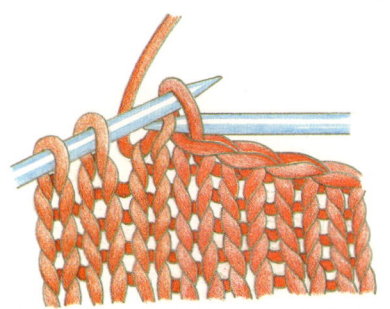

Jeweils die abzukettende und die folgende Masche stricken. In die abzukettende – erste – Masche mit der linken Nadel von links einstechen.

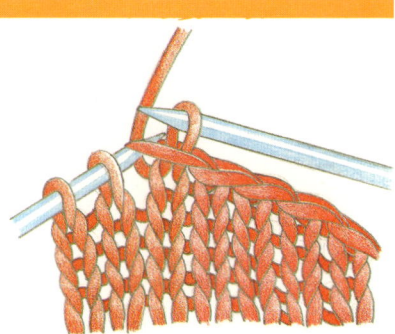

Die 1. Masche über die 2. ziehen und von der linken Nadel gleiten lassen. Die folgende Masche rechts stricken und die vordere Masche nach der gleichen Methode darüberziehen.

RIPPENMUSTER ABKETTEN

Die Abkettreihe gehört zum Strickmuster. Deshalb strickt man die abzukettenden Maschen jeweils so ab, wie sie erscheinen. Linke Maschen werden also erst links gestrickt, bevor man die abzukettende Masche darüberzieht. Beim Rippenmuster muß dem Muster entsprechend abgekettet werden: Rechte Maschen erst rechts stricken, linke Maschen erst links stricken und dann jeweils die 1. Masche über die 2. ziehen. Das gilt auch für die Methode des Abhäkelns. Beim Zusammenstricken geht das nicht, deshalb ist diese Methode für Rippenmuster nicht so gut geeignet.
Am Ende des Abkettens den Faden etwa 15 cm lang abschneiden, durch die letzte Schlinge ziehen und vernähen.

ABKETTEN DURCH ABHÄKELN

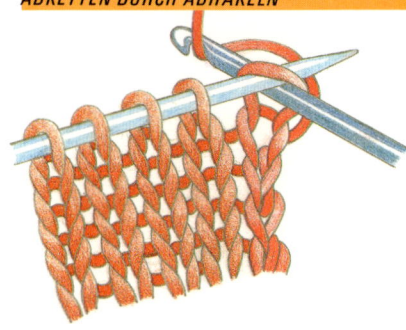

Mit der Häkelnadel in rechte Maschen von vorn nach hinten (in linke Maschen jeweils von hinten nach vorn) einstechen und den Faden zur Schlinge auf die Häkelnadel holen.

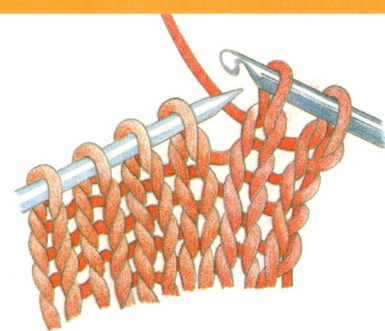

Die Schlinge bleibt auf der Häkelnadel, während man eine 2. Masche auf dieselbe Weise abhäkelt.

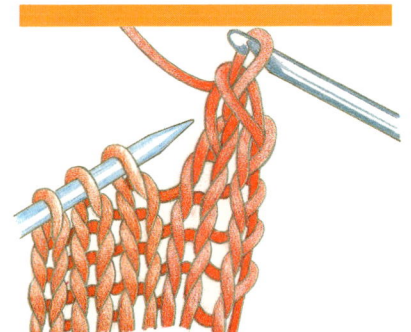

Eine Schlinge durch beide Maschen ziehen. Diesen Vorgang bis zum Ende der Reihe bzw. bis die gewünschte Maschenzahl abgekettet ist, ständig wiederholen.

UNSICHTBARES ABKETTEN

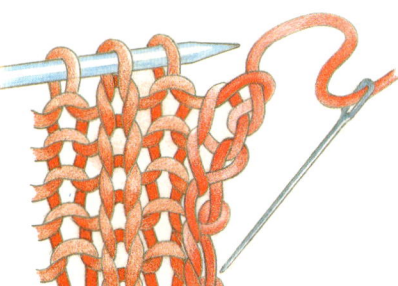

Den Faden in eine Sticknadel ohne Spitze einfädeln und von vorn nach hinten in die rechte Masche stechen und den Faden durchziehen. Die Masche von der Nadel gleiten lassen.

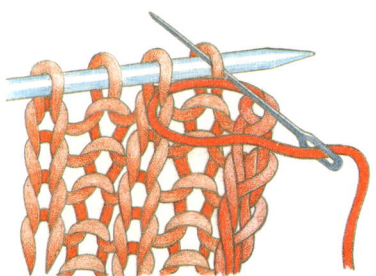

Die Nadel von rechts nach links vorn durch die 3. Masche stechen, danach von rechts durch die 2. stechen und den Faden durchziehen. Die 2. Masche von der Nadel gleiten lassen.

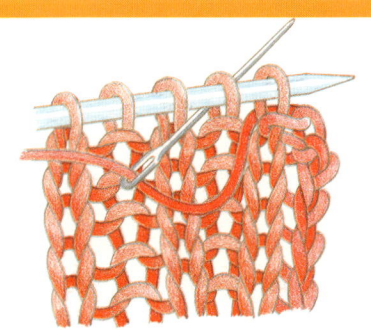 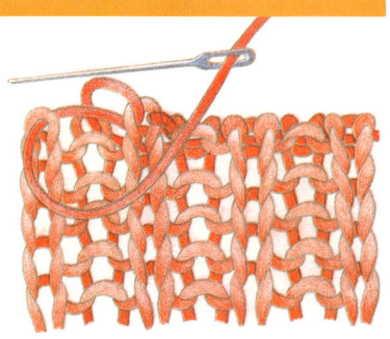 ### RECHTS VERSCHRÄNKTE MASCHEN
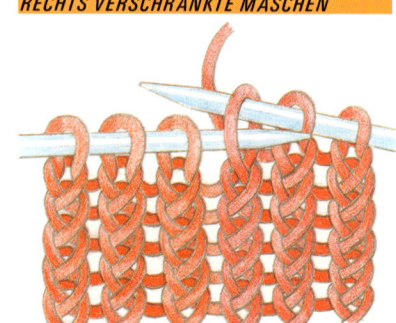

Den Faden von hinten zwischen der 3. und 4. Masche nach vorn holen und dann von links vorn nach rechts hinten durch die 4. Masche stechen. Die 3. Masche von der Nadel gleiten lassen.

Alle Arbeitsgänge bis zum Ende der Reihe ständig wiederholen. Zum Abschluß den Faden vernähen. Als Fadenlänge nimmt man etwa die fünffache Breite der Kante.

Die Maschen in den Hinreihen rechts abstricken, dabei aber hinten von rechts nach links einstechen und die Masche verdrehen. Die Rückreihen werden links verschränkt gestrickt.

LINKS VERSCHRÄNKTE MASCHEN

ZWEI MASCHEN RECHTS VERSCHRÄNKT ZUSAMMENSTRICKEN

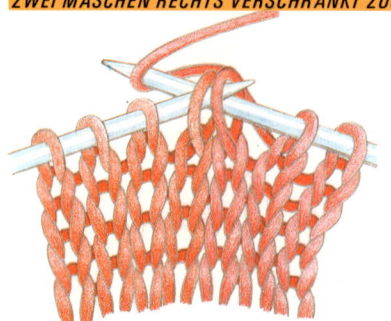 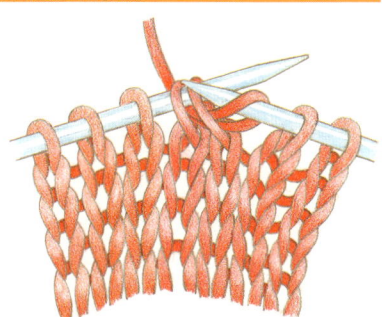

Die Maschen in der (linken) Hinreihe links abstricken, dabei aber von hinten einstechen und die Masche verdrehen. Die Rückreihen werden in diesem Fall rechts verschränkt gestrickt.

Mit der rechten Nadel in die beiden Maschen hinten von rechts nach links einstechen, dabei die Maschen zusammen verdrehen.

Den Faden zur Schlinge holen und die beiden Maschen von der linken Nadel gleiten lassen. Es wurde hier 1 Masche abgenommen.

TIEFER GESTOCHENE MASCHEN

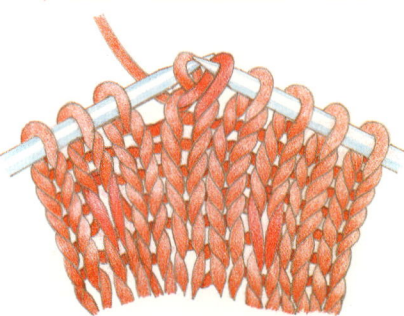 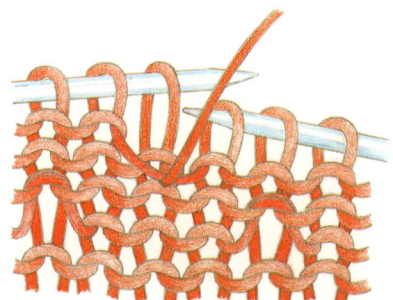

Mit der rechten Nadel in die 1 Reihe tiefer liegende rechte Masche von vorn nach hinten einstechen.

Den Faden durch die Masche zur Schlinge holen. Die Masche der oberen Reihe von der linken Nadel gleiten lassen.

Die Rückseite des Strickstücks: Die freiliegende Masche hat sich aufgelöst und liegt als 2. Maschenkopf hinter der Masche. Je nach Muster kann man auch mehrere Reihen tiefer stechen.

GEKREUZTE MASCHEN

Um Zopf-, Flecht- und Wabenmuster zu erhalten, kreuzt man einzelne Maschen oder ganze Maschengruppen.
Für das Kreuzen mehrerer Maschen benötigt man eine Hilfsnadel. Am besten eignet sich dafür eine spezielle Zopfmusternadel, weil die Maschen beim Kreuzen von ihr nicht heruntergleiten können. Kreuzt man nur eine kleine Maschengruppe, kann man auch eine Nadel aus einem Nadelspiel als Hilfsnadel verwenden. In jedem Falle darf die Hilfsnadel nicht stärker als die Arbeitsnadel sein, damit sich die Maschen nicht ausweiten. Gekreuzte Maschen ergeben einen gedrehten Effekt. Die Richtung der Drehung hängt davon ab, ob die Maschen vor oder hinter der Arbeit gekreuzt werden.

ZWEI RECHTE MASCHEN KREUZEN

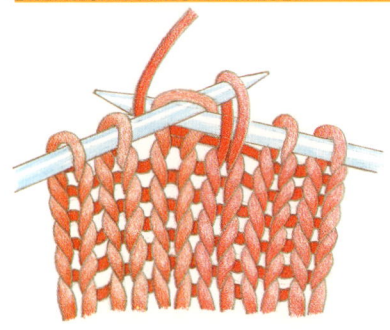

Mit der rechten Nadel die 2. Masche auf der linken Nadel rechts stricken. Die 1. Masche liegt dabei vor der Arbeit, der Faden dahinter. Beide Maschen bleiben auf der linken Nadel.

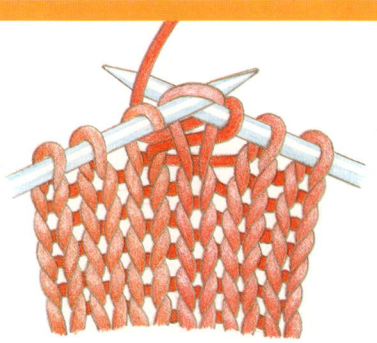

Die Schlinge nach rechts ziehen und die übergangene 1. Masche ebenfalls rechts abstricken. Beide Maschen von der linken Nadel gleiten lassen.

ZWEI LINKE MASCHEN KREUZEN

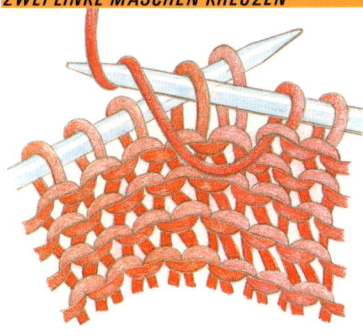

Die 2. Masche auf der linken Nadel links stricken. Die 1. Masche liegt dabei hinter der Arbeit, der Faden wird vor der Arbeit vorbeigeführt. Beide Maschen bleiben auf der linken Nadel.

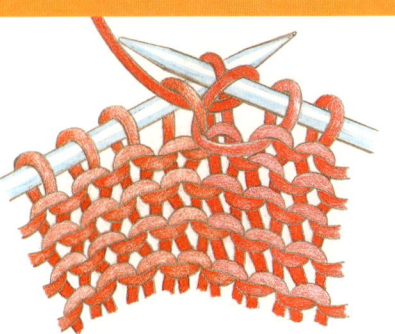

Die Schlinge nach rechts ziehen und die übergangene 1. Masche ebenfalls links abstricken. Beide Maschen von der linken Nadel gleiten lassen.

EINFACHER ZOPF

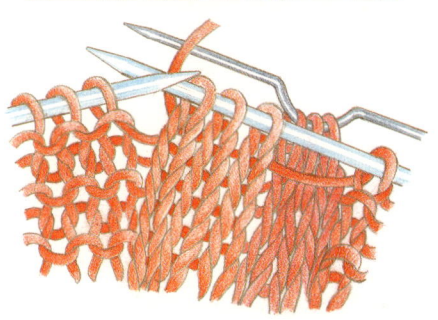

Die Hälfte – in diesem Fall 3 Maschen – der Zopfmaschen auf die Zopfmusternadel heben und hinter das Strickteil legen. Nun zuerst die restlichen 3 Zopfmaschen rechts stricken.

Die 3 Maschen von der Zopfmusternadel ebenfalls rechts stricken und anschließend die Reihe beenden. Da die Maschen hinter die Arbeit gelegt wurden, ist der Zopf rechtsgedreht.

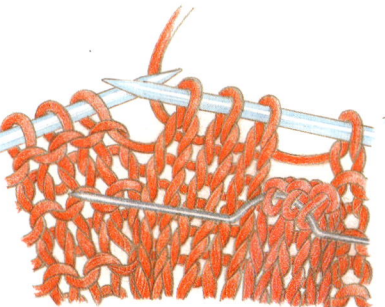

Wiederum die Hälfte der Zopfmaschen auf die Zopfmusternadel heben. Die Hilfsnadel vor das Strickteil legen. Die restlichen Zopfmaschen von der linken Nadel rechts abstricken.

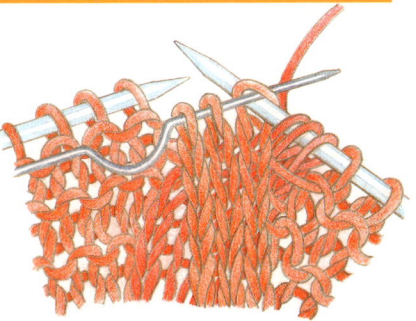

Die Zopfmaschen von der Zopfmusternadel ebenfalls rechts abstricken und anschließend die Reihe beenden. Da die Maschen vor die Arbeit gelegt wurden, ist der Zopf linksgedreht.

DREIFACHER ZOPF

Beim dreifachen Zopf werden 3 Maschenstränge wie bei einem Haarzopf miteinander verflochten. Dabei werden die einzelnen Stränge nach rechts und links gekreuzt; jeder Strang wird dabei mit zwei Verkreuzungen von einer zur anderen Seite des gesamten Zopfes geführt. Die Zahl der Zopfmaschen muß durch 3 teilbar sein; in diesem Fall wird der Zopf aus dreimal 3, also 9 Maschen gebildet.

Auf der großen Abbildung ist der gesamte dreifache Zopf mit den verschiedenen Verkreuzungen zu sehen. Außerdem wird dort die erste Phase des nächsten Verkreuzungsvorgangs gezeigt, bei dem der mittlere Strang nach rechts außen gekreuzt werden soll. Die erste kleine Abbildung zeigt die nach rechts gekreuzten Maschen im Detail. Die beiden letzten Abbildungen zeigen dann die Details des folgenden Verkreuzungsvorgangs: Hierbei wird der Strang, der bei der ersten Verkreuzung hinter der Arbeit zur Mitte geführt wurde, nach links außen gekreuzt.

Rechtskreuzen: Das 1. Drittel der Zopfmaschen auf die Zopfmusternadel nehmen und hinter die Arbeit legen.

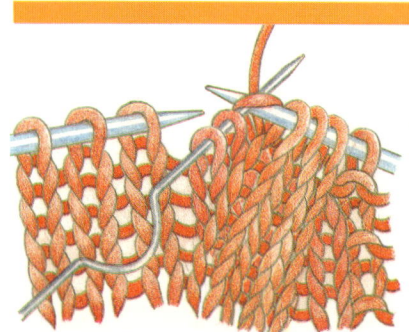

Zuerst die folgenden 3 Maschen (das 2. Drittel der Zopfmaschen) stricken, dann die Maschen von der Zopfmusternadel und zuletzt das letzte Drittel der Zopfmaschen rechts stricken.

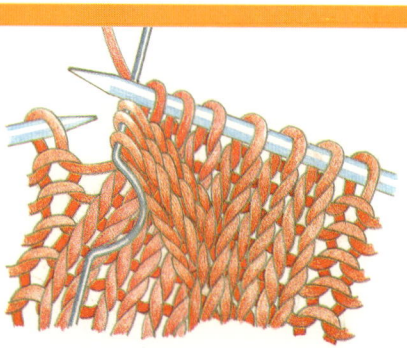

Linkskreuzen: Die ersten 3 Maschen abstricken, dann die folgenden 3 auf die Hilfsnadel nehmen und vor das Strickstück legen.

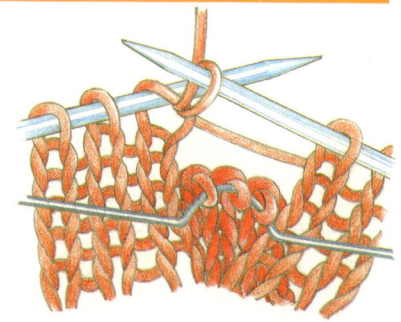

Erst die letzten 3 Maschen und dann die 3 Maschen von der Zopfmusternadel rechts abstricken.

NOPPEN

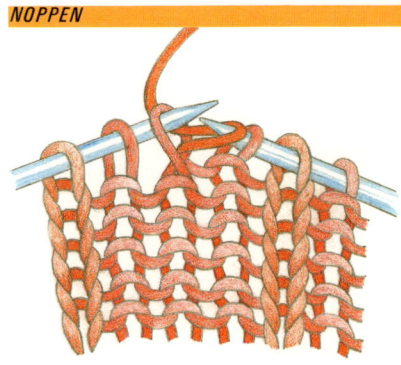
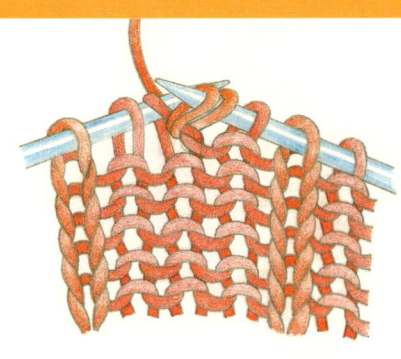
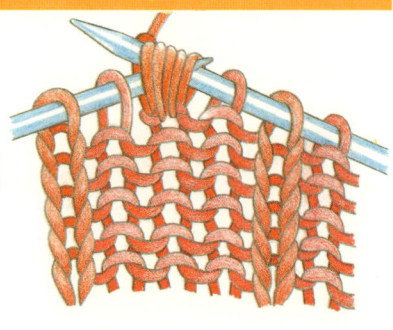

Aus der Vorreihe 1 Masche rechts verschränkt herausstricken und langziehen. Die Masche nicht von der linken Nadel gleiten lassen.

Jetzt 1 Masche rechts aus der gleichen Masche herausstricken und diese ebenfalls langziehen.

Die beiden Arbeitsgänge 2 x wiederholen, dann die Masche von der linken Nadel gleiten lassen. Alle Schlingen auf die linke Nadel nehmen und rechts verschränkt zusammenstricken.

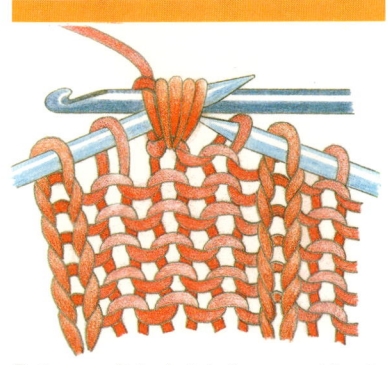

Falls es Schwierigkeiten macht, die Schlingen mit der Stricknadel zusammenzustricken, kann man auch eine Häkelnadel zu Hilfe nehmen.

GEHÄKELTE NOPPEN

Wenn die Noppen dicker sein sollen, kann man sie auch gesondert häkeln und nachträglich auf das Strickstück aufnähen. Das hat den Vorteil, daß man die Noppen auch nach Fertigstellung der Strickarbeit noch verteilen kann. Die hier gezeigten dicken gehäkelten Noppen sind für weniger Geübte einfacher zu arbeiten als dicke gestrickte Noppen. Die Noppen kann man mit den Anfangs- und Endfäden in das Strickteil einknoten.
Für ein halbabgemaschtes Stäbchen holt man den Faden zur Schlinge wie beim normalen Stäbchen, mascht dann aber nur die ersten beiden Schlingen ab, so daß zwei Schlingen auf der Nadel verbleiben.
Eine weitere Methode, Noppen zu stricken, wird im Strickmusterteil gezeigt.

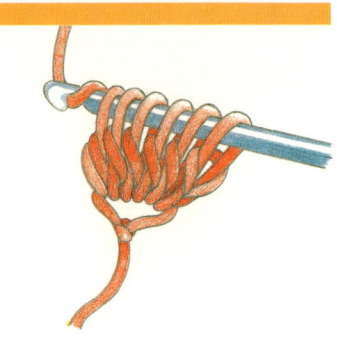

Eine Kette aus 3 Luftmaschen anschlagen und in die 1. Luftmasche nacheinander 5 halbabgemaschte Stäbchen häkeln, so daß man insgesamt 6 Schlingen auf der Häkelnadel hat.

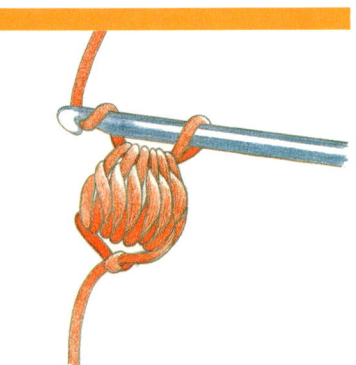

Den Faden zur Schlinge holen und alle 6 Schlingen zusammen abmaschen. Zur Befestigung der Noppe noch eine Luftmasche häkeln.

LANGGEZOGENE MASCHEN

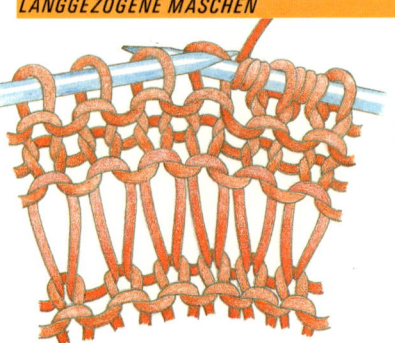
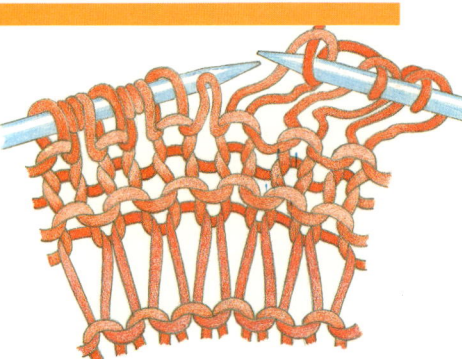

Für eine langgezogene Masche die für die gewünschte Länge entsprechende Zahl von Umschlägen arbeiten – in diesem Fall sind es 3 Umschläge –, dann die Masche normal rechts stricken.

In der folgenden Reihe die Masche abstricken und die Umschläge fallen lassen. Durch die aufgelösten Umschläge bildet die Masche der Vorreihe eine lange Schlinge.

FARBWECHSEL

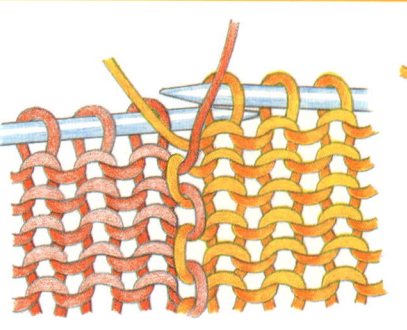
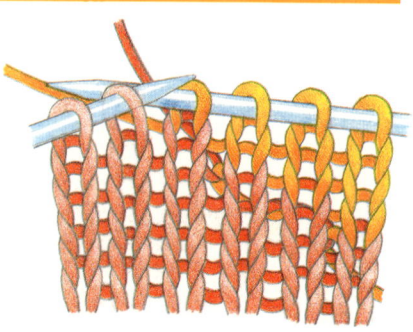

Senkrecht: In der Hinreihe den Faden der ersten Farbe vor den Faden der zweiten Farbe legen. Anschließend die Masche normal abstricken.

In der folgenden Rückreihe den Faden der ersten Farbe hinter den Faden der neuen Farbe legen. Den neuen Farbfaden aufnehmen und die Masche normal abstricken.

Schräg: Die 1. Masche noch in der ersten Farbe stricken, dann die Fäden wie beim senkrechten Farbwechsel verkreuzen. In der folgenden Reihe den Wechsel wieder um 1 Masche versetzen.

ZWEI FARBEN IM WECHSEL

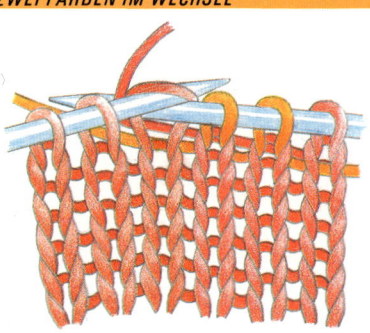
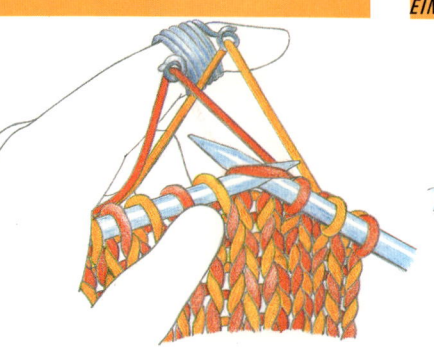

EINE ZWEITE FARBE EINWEBEN

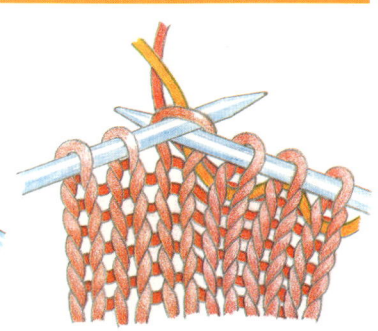

Wenn Farben in einer Reihe im ständigen Wechsel benötigt werden, kann man die nicht verstrickte Wolle auf der Rückseite locker mitführen, wenn nur 5 Maschen dazwischen liegen.

Einen Strickfingerhut zu Hilfe nehmen: Die Fäden in die Ösen einhängen und die zum Knäuel führenden Fäden 1 x um den kleinen Finger schlingen.

Die zweite Farbe liegt von vorn nach hinten, die erste von hinten nach vorn über dem Zeigefinger. Unter der zweiten Farbe in die Masche einstechen und mit der ersten abstricken.

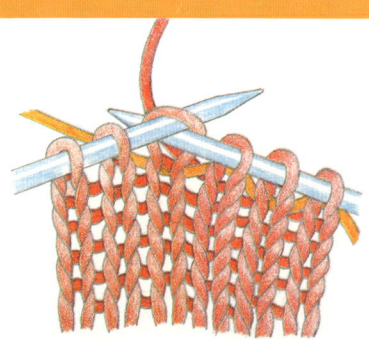
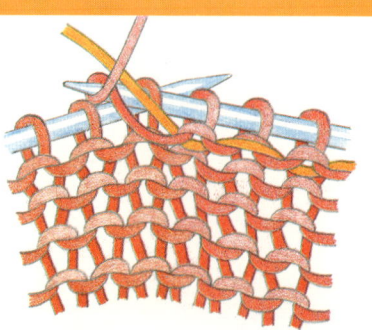
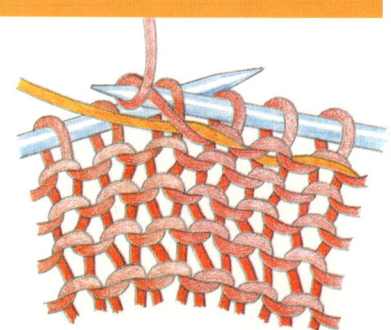

Für die folgende Masche die zweite Farbe nach links ziehen; sie liegt vor der ersten Farbe. Die Masche mit der ersten Farbe stricken.

Bei linken Maschen liegen die Fäden vor der Arbeit. Zum Stricken einer linken Masche die rechte Nadel unter der zweiten Farbe in die Masche stechen und mit der ersten abstricken.

Bei der folgenden Masche liegt die erste Farbe über der zweiten. Um das schwierigere Einweben in Linksmaschen zu vermeiden, kann man – je nach Modell – auch rundstricken.

LOCHMUSTER

Lochmuster gehören zu den Klassikern unter den Strickmustern, die nie ihre Beliebtheit und modische Aktualität verlieren. Je nach Muster wird beim Lochmuster die hier gezeigte Grundtechnik variiert. Die Löcher werden durch Umschläge gebildet, die später als Maschen abgestrickt werden. Zur Musterbildung und um die Maschenzahl wieder auszugleichen – ein Umschlag ist ja eine Zunahme –, werden Maschen vor oder hinter dem Umschlag abgenommen, je nach gewünschtem Effekt durch Zusammenstricken oder durch Überziehen.
Der Umschlag wird in der – meist rechten – Hinreihe gebildet und dann in der Rückreihe als normale linke Masche abgestrickt.
Beim Rundstricken, wo es ja keine linken Rückreihen gibt, wird der Umschlag in der folgenden Runde als normale rechte Masche abgestrickt.
Wenn die Anweisung in der Anleitung »3 Maschen rechts überzogen zusammenstricken« lautet, hebt man die 1. Masche ab und strickt die beiden folgenden Maschen rechts zusammen. Die abgehobene Masche zieht man dann mit der linken Nadel über die zusammengestrickten Maschen. Bei diesem Arbeitsgang nimmt man 2 Maschen ab. Er wird zwischen 2 Umschlägen gemacht.
Durch Umschläge gebildete Löcher eignen sich auch als kleine runde Knopflöcher (S. 28) und werden für Mäusezähnchen-Ränder (S. 32) benötigt.

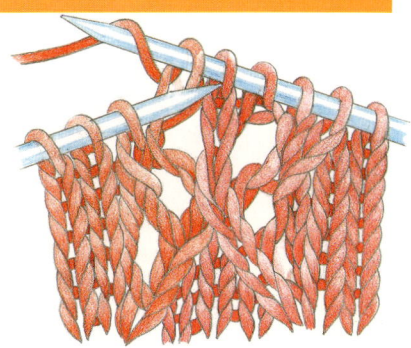

Einen Umschlag bilden: Den Arbeitsfaden mit der rechten Nadel von rechts vorn nach links hinten aufgreifen und über die Nadel legen. Die folgende Masche normal rechts abstricken.

Lochmuster nach links laufend: Hier erfolgt die Abnahme immer nach dem Umschlag. Es werden also nach dem Umschlag 2 Maschen rechts überzogen zusammengestrickt (siehe S. 17).

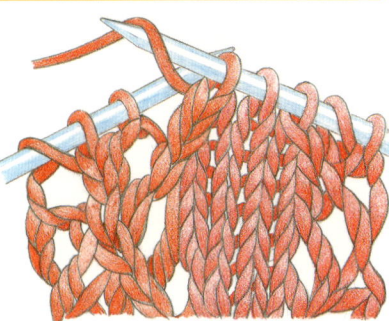

Lochmuster nach rechts laufend: Hier erfolgt die Abnahme immer vor dem Umschlag. Dafür werden 2 Maschen rechts zusammengestrickt, danach wird ein Umschlag gearbeitet.

RUNDSTRICKEN

Strickstücke, bei denen keine Naht erforderlich ist – zum Beispiel Röcke, Rollkragen, Mützen, Strümpfe, Fingerhandschuhe sowie Pullover und Jacken mit Rundpassen –, kann man rundstricken. Man erhält dadurch eine geschlossene Arbeit, bei der die Maschen in Runden aneinander anschließen. Das Teil läßt sich schneller stricken und erhält ein gleichmäßigeres Erscheinungsbild, weil immer nur auf der Vorderseite gearbeitet wird. Gestrickt wird entweder mit einem Nadelspiel aus 5 Nadeln, die beidseitig Spitzen haben, oder mit einer flexiblen Rundstricknadel. Beide gibt es in verschiedenen Stärken, Rundstricknadeln auch in verschiedenen Längen. Die Rundstricknadel muß jeweils kürzer sein als das Strickteil.

Zu Beginn jeweils die Hälfte der angegebenen Maschenzahl auf je 2 Nadeln anschlagen. Dann die 2. Nadeln vorsichtig herausziehen.

Die Maschen gleichmäßig auf 4 Nadeln verteilen und mit der 5. Nadel anfangen abzustricken. Dann jeweils mit der freigewordenen Nadel weiter abstricken.

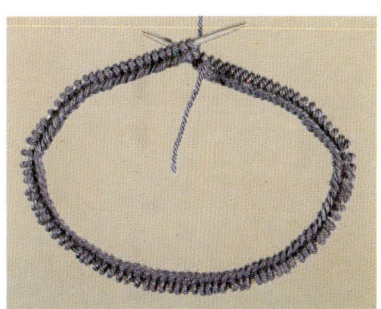

Für größere Strickstücke verwendet man eine Rundstricknadel. Am Anfang der Arbeit ist es wichtig, darauf zu achten, daß der Maschenanschlag beim Rundenschluß nicht verdreht ist.

VERKÜRZTE REIHEN

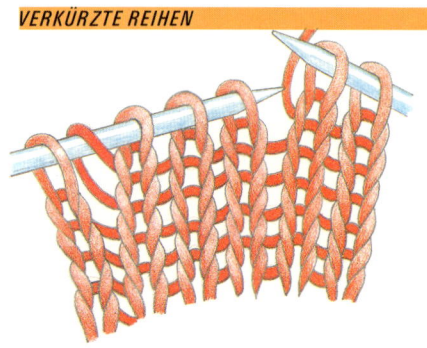
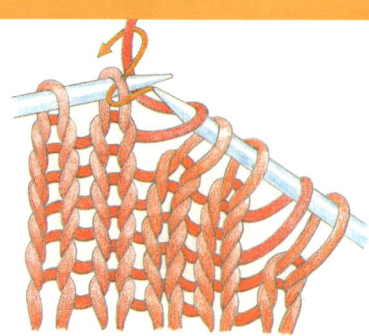
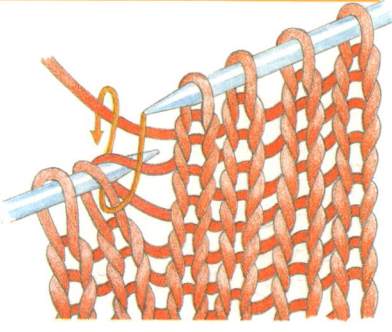

Am Ende der Hinreihe die vorgeschriebene Maschenzahl unbearbeitet lassen. Die Arbeit wenden, einen Umschlag machen und die Rückreihe stricken.

Am Ende der folgenden Rückreihe auch – falls erforderlich – die vorgeschriebene Maschenzahl unbearbeitet lassen, wenden, einen Umschlag machen, die Hinreihe stricken.

Nach Ende der verkürzten Reihen in der Hinreihe den Umschlag mit der nächsten Masche rechts zusammenstricken.

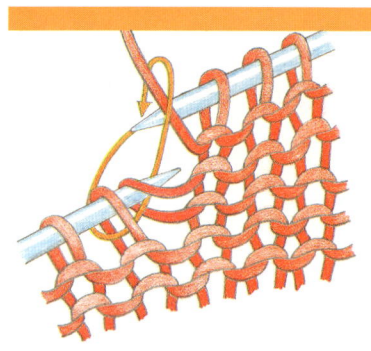

Die Rückreihe stricken und dabei den Umschlag mit der nächsten Masche links verschränkt zusammenstricken.

NEUE MASCHEN AUFNEHMEN

Will man zum Beispiel an einen fertig zusammengenähten Pullover eine Ausschnittblende oder einen Rollkragen anstricken, muß man dafür neue Maschen aufnehmen.
Bei abgeketteten Rändern nimmt man eine Masche pro abgeketteter Masche auf. Bei geraden Kanten nimmt man meist 1 Masche pro 2 Reihen auf. Bei manchen Strickstücken ist es einfacher, wenn man die Schlingen mit einer Häkelnadel holt und dann nacheinander auf die Stricknadel hebt.
Beim Aufnehmen der neuen Maschen hält man das fertige Strickstück jeweils in der linken Hand, die Strick- oder Häkelnadel in der rechten.

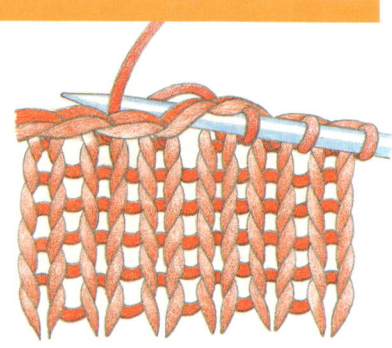

Von vorn nach hinten unter der abgeketteten Masche mit der Nadel einstechen und den Faden genau wie für eine rechte Masche zur Schlinge holen. Es wird also jeweils 1 Masche aufgenommen.

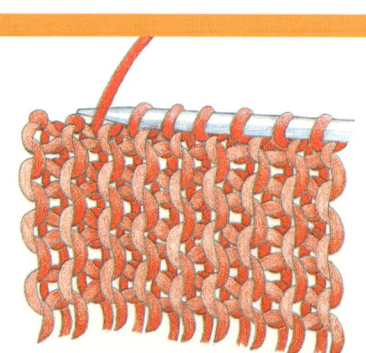

Unterhalb der festen Kante mit der Nadel von vorn nach hinten einstechen und den Faden wie für eine rechte Masche zur Schlinge holen. Man kann dazu eine Häkelnadel zu Hilfe nehmen.

KOMBINATIONEN MIT GEHÄKELTEM

Häkelarbeiten werden häufig mit gestrickten Teilen kombiniert. Das gilt insbesondere für gehäkelte Kleidungsstücke, wo man meist gestrickte Bündchen und Ausschnittblenden verwendet, weil diese Teile elastischer sind, wenn sie gestrickt werden.
Vom gestrickten Bündchen aus nimmt man direkt – Masche für Masche – die Häkelarbeit auf. Für angestrickte Ausschnittblenden nimmt man die Maschen – wiederum 1 Strickmasche pro Häkelmasche – ähnlich wie beim abgeketteten Strickrand auf. Auch dabei empfiehlt es sich häufig, eine Häkelnadel zu Hilfe zu nehmen.

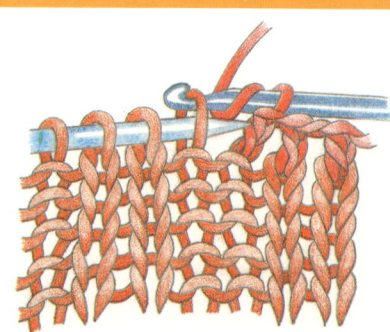

Einen Umschlag machen und dann mit der Häkelnadel direkt in die Masche auf der Stricknadel von rechts nach links einstechen.

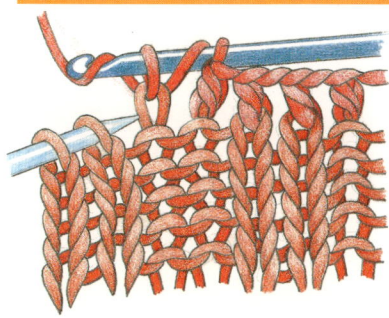
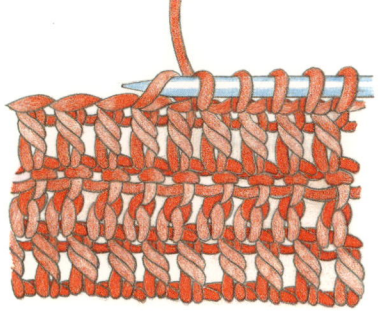
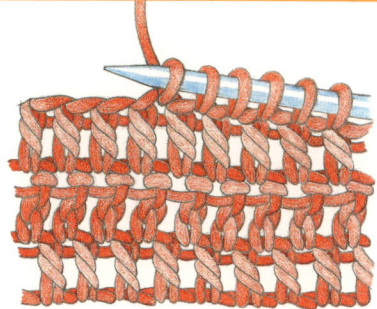

Den Arbeitsfaden mit der Häkelnadel aufnehmen, zur Schlinge ziehen und die Masche von der Nadel gleiten lassen.

Mit der Stricknadel von vorn nach hinten in die Häkelmasche einstechen.

Den Arbeitsfaden von rechts nach links aufgreifen und zur Schlinge durch die Häkelmasche nach vorn holen. Dabei aus jeder Häkelmasche 1 Strickmasche aufnehmen.

GARN ANSETZEN

Am einfachsten und saubersten ist es, wenn man mit einem neuen Garnknäuel am Anfang einer Reihe beginnen kann. In dem Fall verknüpft man die Garnenden locker miteinander – keinen festen Knoten machen – und vernäht sie später in der Naht.
Wenn der Garnwechsel innerhalb einer Reihe erfolgen muß, kann man bei gedrehtem Garn die Enden lösen und neu miteinander verdrehen. Überhängende Fadenenden werden später auf der linken Seite vernäht. Läßt sich das Garn nicht auf diese Weise verdrehen, verknüpft man die Fäden locker miteinander – auf keinen Fall fest verknoten – und vernäht sie später ebenfalls.

Die Fadenenden lösen, so daß je zwei halbe Fäden entstehen. Je eine Hälfte von beiden Enden miteinander verdrehen. So lang verdrehen, daß man einige Maschen damit stricken kann.

MASCHENSTICH

Mit dem Maschenstich, einem einfachen und beliebten Stickstich, kann man auf einer glatt rechts gestrickten Fläche – zum Beispiel einem Pullover – mehrfarbige Muster aufsticken. Dieser Stickstich wirkt wie eingestrickt.
Ein weiterer Vorteil ist, daß man beim Besticken lange Überbrückungsfäden auf der Rückseite vermeiden kann. Der Stickfaden – es gibt u. a. besondere Stickwollen – soll nicht dünner als der verstrickte Faden sein und darf nicht zu fest angezogen werden. Als Nadel nimmt man eine Sticknadel ohne Spitze. Die Muster kann man nach jeder Kreuzstichvorlage arbeiten. Deshalb ist es auch gut möglich, genauso wie für Einstrickmuster auf Rasterpapier eigene Muster zu entwerfen.

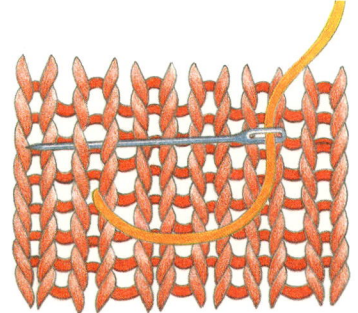
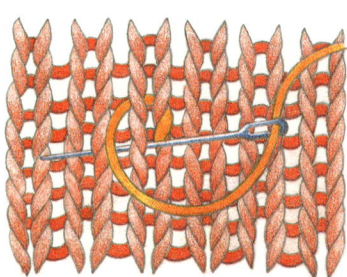
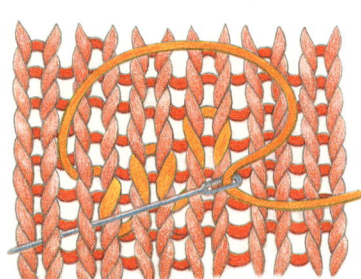

In der Mitte der Masche ausstechen und die Nadel von rechts nach links um die Masche führen.

Die Nadel durchziehen und in der Ausstichstelle wieder einstechen. Bei waagerechten Reihen dann in gleicher Höhe in der nächsten Masche ausstechen.

Für den nächsten Stich dann jeweils wieder in der Mitte der gewünschten Masche ausstechen und die Nadel wiederum von rechts nach links um die Masche herumführen.

KNOPFLÖCHER

Rundes Knopfloch: Man macht an der gewünschten Stelle 1 Umschlag (S. 17) und strickt danach 2 Maschen zusammen. In der Rückreihe wird der Umschlag als Masche abgestrickt.

Waagerechtes Knopfloch: Der Knopfgröße entsprechend Maschen abketten und die Reihe fortsetzen. In der Rückreihe dieselbe Maschenzahl neu anschlagen (z. B. durch Aufstricken).

Senkrechtes Knopfloch: Am unteren Ende des Knopflochs die Arbeit teilen und erst eine Seite in der gewünschten Höhe stricken, dann die andere.

Eine Reihe von runden Knopflöchern eignet sich gut für Kindersachen, bei denen eine Kordel oder ein Band durchgezogen werden soll.
Für eine mittelstarke Kordel nimmt man ein langes Stück Garn, legt es doppelt um eine Türklinke, so daß man 4 Fäden in der Hand hat, und dreht diese immer in einer Richtung fest zusammen. Dann faßt man das Garn mit der linken Hand in der Mitte, legt die Fäden in der rechten Hand auf das von der Türklinke genommene Ende und läßt dann diese Enden los: Die Fäden verdrehen sich von der linken Hand aus zu einer Kordel. Die Kordel mit der rechten Hand glattstreichen. Bei einer achtfachen Kordel benötigt man 4 m Garn für eine Kordel von ca. 33 cm Länge.

Eingeschnittenes Knopfloch: Wenn man ein Knopfloch in ein fertiges Teil arbeiten will, schneidet man die Masche in der Mitte des Knopflochs auf und trennt den Faden vorsichtig heraus.

Mit einer Sticknadel ohne Spitze einen Faden rund um das Knopfloch durch jede offene Masche ziehen. Den Faden und die herausgetrennten Fäden vernähen.

Für einen gehäkelten Abschluß jeweils von der linken Seite aus und von hinten nach vorn in die Maschen stechen und mit Kettmaschen abhäkeln. Alle Fäden vernähen.

KNOPFLÖCHER UMNÄHEN

Wenn man ein eingearbeitetes Knopfloch verstärken will, kann man es zusätzlich umnähen.
Die einfachste Methode ist, es mit einem Faden der Strickwolle zu umstechen. Dabei näht man mit gleichmäßigen, schrägen Stichen. Dadurch wird der Rand verstärkt und die Dehnbarkeit bleibt erhalten (links).
Für einen festeren Abschluß verwendet man den speziellen Knopflochstich, bei dem der Faden an der Innenkante des Knopflochs verschlungen wird. Die Stiche werden von links nach rechts gearbeitet und dicht nebeneinander gesetzt (rechts).

EINFACHE BLENDE

Für eine einfache Strickjacke oder für den Halsausschnitt eines Pullovers kann man die Blende auch gesondert stricken und anschließend aufnähen. Dazu die fertige Blende zunächst gerade auf die Oberseite des Strickstücks legen und sorgfältig anheften (linkes Bild).
Anschließend die Blende mit gleichmäßigen Steppstichen dicht neben der Kante auf der Oberseite des Strickstücks annähen (rechtes Bild).
Für einen V-Ausschnitt mit einfacher Blende werden die schmalen Kanten rechtwinklig aneinander gelegt, so daß an der Spitze ein doppeltes Quadrat entsteht, das man an der Ausschnittspitze festnäht, bevor man die Blende rundum festnäht.

ANGESTRICKTE AUSSCHNITTBLENDE

Für an die zusammengenähte Strickarbeit angestrickte Blenden am Halsausschnitt ist es wichtig, die Maschen besonders sorgfältig und gleichmäßig aus dem Gestrick aufzunehmen. Es ist besser, etwas länger an der Aufnahme-Runde zu arbeiten, als sich hinterher über einen nicht gelungenen Abschluß zu ärgern, den man über kurz oder lang doch wieder auftrennt oder der einem das ganze Strickstück verleidet.
Weil die Abnahmen am vorderen Rand nicht immer ganz gleichmäßig sind, sollte man die Maschen für die Blende nicht direkt aus den Randmaschen aufnehmen. Am besten geht das, wenn man die genaue Linie der Ausschnittrundung vorher mit einem Heftfaden markiert (siehe Abbildung auf der folgenden Seite). Bei einem V-Ausschnitt ist eine solche Markierungslinie nicht unbedingt notwendig.
Danach nimmt man die Maschen mit einer Rundnadel oder mit einem Nadelspiel entlang der Linie auf: von vorn nach hinten einstechen und den Faden zur Schlinge holen. Dazu kann man eventuell eine Häkelnadel zu Hilfe nehmen und die Maschen dann einzeln von der Häkelnadel auf die Stricknadel geben.
Damit die Aufnahme-Runde nicht zu locker wird, nimmt man dafür besser eine Nadel, die um eine halbe Nadelstärke dünner ist als die sonst verwendeten und arbeitet mit diesen Nadeln erst ab der nächsten Runde weiter.
Um ein gleichmäßiges Bündchen zu erhalten, teilt man die Hälfte der Rundung und die in der Anleitung angegebene bzw. errechnete Maschenzahl jeweils in drei gleiche Teile auf.
Gerippte Bündchen ziehen die Arbeit stärker zusammen als glattgestrickte Teile. Deshalb muß man vor allem bei flacheren Rundungen immer wieder zwischen den Maschen einstechen und, der gehefteten Markierungslinie folgend, jeweils eine Reihe tiefer die Schlinge holen. Bei starken Schrägungen nimmt man die Maschen gleichmäßig versetzt auf. Ein Beispiel: 1 Schlinge aufnehmen, die nächste aus der 1 Reihe tiefer liegenden Masche holen, die nächste dann ebenfalls 1 Reihe tiefer zwischen 2 Maschen holen und die folgende dann wieder 1 Reihe tiefer aus der ganzen Masche.

Nicht nur die sorgfältige Vorbereitung der Aufnahme-Runde ist wichtig für das Gelingen der Arbeit, auch während des Maschenaufnehmens selbst sollte man immer wieder die Zahl der aufgenommenen Maschen kontrollieren.

Bei einem runden Ausschnitt die Linie für die aufzunehmenden Maschen mit einem Heftfaden genau markieren.
Nun in der Mitte des Rückenausschnitts beginnend die Maschen an der Heftlinie entlang aufnehmen (linkes Bild). Die Ausschnittblende im Bündchenmuster in Runden bis zur gewünschten Höhe stricken und die Maschen dann locker – so wie sie erscheinen – abketten.

EINE BLENDE MASCHE UM MASCHE AUFNÄHEN

Die Blende im Bündchenmuster bis zur gewünschten Höhe stricken, anschließend noch 1 Reihe rechte Maschen in der normalen Farbe und 3 Reihen glatt rechts in einer Kontrastfarbe. Die Nadel herausziehen und den glatt rechts gestrickten Teil leicht bügeln. Die Seitenkanten zusammennähen und die Blende in der letzten Bündchenmusterreihe aufheften. 2 der andersfarbigen Reihen wieder auftrennen. Die 3. Reihe langsam auftrennen, während die Rechtsreihe in der normalen Farbe Masche um Masche aufgenäht wird. Dazu von unten nach oben in die 2. Masche stechen, dann von oben nach unten in die 1. und in der 3. wieder ausstechen. Nun in die 2. Masche einstechen und in der 4. ausstechen usw.

ANGESTRICKTER V-AUSSCHNITT

Die Maschen, genau wie beim runden Ausschnitt beschrieben, auf der rechten Seite aufnehmen. Die Maschenzahl muß durch 2 teilbar sein und die Masche an der Spitze (Mittelmasche) muß eine rechte Masche sein. Die Ausschnittblende wird in Runden, 1 Masche rechts, 1 Masche links, gestrickt.
Dabei jeweils die beiden Maschen vor der Mittelmasche rechts überzogen zusammenstricken (S. 17), die Mittelmasche rechts stricken und die beiden folgenden Maschen rechts zusammenstricken (S. 17).
Wenn man eine aufliegende Mittelmasche erhalten will, wendet man nicht das hier beschriebene Abnahme-Verfahren an, sondern strickt 3 Maschen mit Mittelmasche zusammen (S. 18).

V-AUSSCHNITT MIT ZWEI MITTELMASCHEN

Die Maschen wie beschrieben aufnehmen. Die Maschenzahl muß durch 4 teilbar sein und die beiden Maschen an der Spitze (Mittelmaschen) müssen rechte Maschen sein. Die Ausschnittblende wird in Runden, 2 Maschen rechts, 2 Maschen links, gestrickt.
Dabei jeweils die letzte Masche vor der 1. Mittelmasche und diese rechts zusammenstricken und die 2. Mittelmasche und die folgende Masche rechts überzogen zusammenstricken.
Hinweis: Mit dieser Abnahmen-Methode und jener mit 1 Mittelmasche kann man auch die Blende für einen viereckigen Ausschnitt stricken. Die 4 Spitzen mit den Abnahmen liegen dann vorn und hinten an den Seiten.

DOPPELTE BLENDE

Für eine aufgenähte doppelte Blende das Blendenteil gesondert stricken und dann die Blendenspitzen rechts auf rechts mit Steppstichen zusammennähen. Die Spitze dabei ausformen.

Die Blende dicht neben der Abkettreihe mit Steppstichen auf die Vorderseite des Strickteils nähen.

Die Blende nach innen umschlagen und auf der linken Seite des Strickteils die Anschlagreihe nun mit Überwendlingsstichen annähen.

AUFGESETZTE TASCHE

Die Maschenzahl, die für die Größe der fertigen Tasche benötigt wird, anschlagen. In der 2. bis 4. Reihe am Anfang und Ende je 1 Masche zunehmen: Somit kann man unten 3 Reihen und rechts und links je 3 Maschen einschlagen. In den letzten beiden Reihen vor Beginn des Bündchens am Anfang je 3 Maschen abketten. Das Bündchen im Rippenmuster stricken. Die Kanten nach innen schlagen und festnähen (linkes Bild). Damit die Tasche ganz gerade angenäht werden kann, eine dünne Stricknadel an der gewünschten Stelle durch die Maschen führen und die Tasche an den hochgehobenen Maschen auf der Nadel festnähen (rechtes Bild).

WAAGERECHTE SCHLITZTASCHE

Das Bündchen in der gewünschten Höhe und Breite im Rippenmuster einstricken. Die Bündchenmaschen abketten und die Reihe beenden. Das Futter (Bündchenmaschen-Zahl plus 4) separat stricken.

Beim Futter in der letzten Reihe je 2 Maschen rechts und links abketten. Die nächste Reihe des Kleidungsstücks stricken, dabei über dem Bündchen die Futtermaschen einstricken.

MÄUSEZÄHNCHEN-KANTE

Über einer geraden Maschenzahl an der gewünschten Bruchstelle eine Lochreihe arbeiten:
1 Randmasche, * 2 Maschen rechts zusammenstricken, 1 Umschlag, 1 Randmasche, ab * wiederholen.
In der folgenden Reihe die Maschen und die Umschläge links stricken. Anschließend im gewählten Muster (hier: glatt rechts) weiterstricken. Nach Beendigung der Arbeit das Strickteil in der Lochreihe nach innen umschlagen. Die Lochreihe bildet die Mäusezähnchen.
Jeweils eine Masche der Anschlagreihe mit der entsprechenden Masche des Strickteils zusammennähen.
Mäusezähnchen- oder Picot-Kanten eignen sich außer als Taschenblenden (die Anleitung befindet sich auf der folgenden Seite) auch als hübscher Abschluß und als Saumkante für Babysachen. Bei Kniestrümpfen bilden sie einen guten Abschluß für den Saum, in den das Gummiband eingezogen wird.

SCHLITZTASCHE MIT MÄUSEZÄHNCHEN-KANTE

Für eine eingestrickte Tasche mit Mäusezähnchen-Kante oder Picot-Kante strickt man wiederum, bis die für die Tasche gewünschte Höhe des Strickstücks erreicht ist. Dann strickt man in einer Hinreihe eine Lochreihe – genau wie für die Mäusezähnchen-Kante beschrieben – in der erforderlichen Breite. Die folgenden 5 Reihen nicht über die gesamte Breite des Strickstücks stricken, sondern nur über die Breite des Tascheneingriffs stricken, dann locker abketten. Das Taschenteil in der Lochreihe nach innen klappen und die Kante auf der linken Seite des Strickstücks Masche für Masche festnähen. Wenn man nicht abketten möchte, kann man die Maschen der letzten Reihe des Tascheneingriffs auch einzeln gegen die Rückseite nähen. Anschließend wieder

über die volle Breite des Strickstücks arbeiten und dabei das Taschenfutter einstricken (S. 32). Das Taschenfutter festnähen.

TASCHE MIT DOPPELTEM BÜNDCHEN

Diese Schlitztasche wie die waagerechte arbeiten. Dabei aber die Futtermaschen im Bündchenmuster in die Reihen des Strickteils übernehmen und in derselben Höhe und Breite arbeiten.

KLAPPENTASCHE

Das Taschenfutter in der gewünschten Größe stricken. Diesmal an der oberen Kante die gesamte Reihe locker abketten. Jetzt die Maschen für die Taschenklappe anschlagen und die Klappe in der entsprechenden Größe und im gewünschten Muster stricken. Die Maschen auf der Nadel belassen.
Wenn im Strickstück die Position der Tasche erreicht ist, in einer Rückreihe die entsprechende Zahl Maschen locker abketten, dann die Reihe beenden. In der folgenden Hinreihe nun die Taschenklappe einarbeiten: An Stelle der abgeketteten Maschen die stillgelegten Maschen der Taschenklappe abstricken. Die Reihe beenden. Später das Taschenfutter einnähen: An allen vier Kanten gerade festnähen (rechtes Bild).

SENKRECHTE SCHLITZTASCHE

In einer Hinreihe bis zum unteren Schlitzende stricken; die restlichen Maschen stillegen. Mit den Maschen vor dem Schlitz weiterstricken, bis in einer Hinreihe die gewünschte Schlitzhöhe erreicht ist. Dann die stillgelegten Maschen ebenfalls hochstricken, danach wieder in Langreihen arbeiten.
Für eine Tasche mit mitgestricktem Rand am Schlitzrand in ca. 3 cm Breite ein Randmuster mitstricken. In der gewünschten Höhe die Maschen auf eine Hilfsnadel legen. Am unteren Schlitzanfang Maschen für das Taschenfutter anschlagen und zusammen mit den ruhenden Maschen bis zum oberen Schlitzende hochstricken; dabei mit einer Rückreihe enden. In der folgenden Hinreihe die Maschen des Futters abket-

ten und die Reihe, mit der ersten Gruppe beginnend, über alle Maschen stricken. Das Taschenfutter anschließend an den Kanten festnähen.
Für eine Tasche mit angestricktem Rand den Schlitz wie oben beschrieben, aber ohne Randmuster, arbeiten. Zur Fertigstellung entlang der vorderen Schlitzkante Maschen aufnehmen und eine ca. 3 cm breite Blende im gewünschten Muster – z.B. im Rippenmuster 2 Maschen rechts, 2 Maschen links – stricken. Die Maschen locker abketten. Die schmalen Kanten der Blende auf das Strickteil aufnähen. Das Futter wie beschrieben arbeiten und festnähen.

SCHRÄGE SCHLITZTASCHE

In einer Hinreihe bis zum unteren Schlitzrand stricken, die restlichen Maschen stillegen. Hochstricken, dabei am Ende jeder Hinreihe 2 bis 3 M auf eine Hilfsnadel geben. Dann das Futter stricken.

Die Maschen der Hilfsnadel abketten. Für das Futter Maschen in Taschenbreite zu den stillgelegten anschlagen und bis zum oberen Schlitzende hochstricken. In langen Reihen weiterarbeiten.

Angenähte Blende: 1 M anschlagen, am Anfang jeder Hinreihe 1 M zunehmen, bis zur Breite von 3 cm. Bis 1 cm vor dem Schlitzende stricken, dann am Anfang jeder Rückreihe 1 M abnehmen.

AUFGESTRICKTER SAUM

Für Strickstücke wie beispielsweise Röcke, Mäntel oder manche Arten von Jacken, die einen geraden Abschluß haben, kann man den Saum zu Beginn des Strickteils direkt aufstricken. Dabei nimmt man für den Saum Nadeln, die um 2 bis 3 Stärken dünner sind als die normal verwendeten, damit der Saum nicht absteht.
Die benötigte Maschenzahl mit Garn in einer Kontrastfarbe anschlagen. Mit dem richtigen Garn bis zur doppelten Saumbreite stricken. Die Anschlagmaschen auf eine Hilfsnadel geben und den Faden in der Kontrastfarbe heraustrennen. Den Saum links auf links legen und immer je 1 Masche von der Hilfsnadel und von der Stricknadel zusammenstricken. Dann die Strickarbeit fortsetzen.

KRAUS GESTRICKTE RECHTECKIGE BLENDE

Die nötige Maschenzahl anschlagen, die Eckmasche mit einem Kontrastfaden markieren.
1. Reihe: Alle Maschen einschließlich der Eckmasche rechts stricken. Dabei jeweils die beiden Maschen vor und nach der Eckmasche zusammenstricken.
2. Reihe: Alle Maschen außer der Eckmasche rechts stricken, die Eckmasche links stricken. Dabei wiederum jeweils die beiden Maschen vor und nach der Eckmasche zusammenstricken.
Die 1. und die 2. Reihe bis zur gewünschten Höhe wiederholen. Dann die Maschen locker abketten; dabei auch wieder jeweils die beiden Maschen vor und nach der Eckmasche zusammenstricken.

ANGESTRICKTE RECHTECKIGE BLENDE

Diese Blende eignet sich besonders gut für Taschenklappen oder Kragen.
Das Strickstück auf Nadeln mit zwei Spitzen im Rippenmuster 1 M rechts, 1 M links mit einer ungeraden Maschenzahl stricken, mit einer Hinreihe enden und die Maschen stillegen.
1. Reihe (Rückreihe): An der Kante entlang die erforderlichen Maschen aufnehmen, mit einer rechten M enden; diese Eckmasche markieren. Die stillgelegten Maschen stricken, an der anderen Kante, beginnend mit einer rechten M, dieselbe Maschenzahl aufnehmen. Diese Eckmasche auch markieren.
2. Reihe: im Rippenmuster stricken.
3. Reihe: im Rippenmuster stricken, vor und nach den Eckmaschen je 1 M zunehmen. Die 2. und 3. Reihe wiederholen.

ABNÄHER

Für die 1. Abnahme die in der Strickanleitung angegebene Masche mit der davorliegenden Masche im Muster zusammenstricken.

Für die 2. Abnahme genau darüber 2 Maschen überzogen zusammenstricken. Hier: rechts überzogen; also eine Masche abheben, die nächste stricken und die abgehobene darüberziehen.

Die 2. Abnahme ständig wiederholen. Für Zunahmen nach Abnähern (z.B. bei taillierten Jacken) abwechselnd vor und nach der genannten Masche 1 M verschränkt aus dem Querdraht zunehmen.

REISSVERSCHLUSS EINNÄHEN

Da ein Reißverschluß gerade eingenäht werden muß, kann man in den meisten Fällen den Beleg für den Reißverschluß direkt anstricken.

Bei linken Maschen empfiehlt es sich, den Bruch mit einer senkrechten Reihe von rechten Maschen zu markieren. Der Beleg läßt sich dann einfacher und genauer nach innen klappen.

Den Beleg im Bruch nach innen klappen und mit Stecknadeln feststecken (linkes Bild).

Den Reißverschluß mit Stecknadeln gleichmäßig befestigen. Dabei für die erste Seite den Reißverschluß öffnen und die Zähnchenkante bündig unter den Bruch legen (rechtes Bild).

Für die andere Seite den Reißverschluß schließen und die zweite Bruchkante bündig an die erste Bruchkante legen. Anschließend den Reißverschluß sehr sorgfältig an das Strickteil anheften; dabei mit Stichen arbeiten, die durch das Gestrick hindurchgehen, damit es sich beim Zusammennähen nicht verschiebt (linkes Bild).

Zum Schluß den Reißverschluß dicht neben der Bruchmasche mit gleichmäßigen Steppstichen festnähen (rechtes Bild). Die Heftfäden heraustrennen.

GUMMIFÄDEN EINARBEITEN

Bei Kanten, die besonders fest sitzen sollen und die trotzdem elastisch bleiben müssen, empfiehlt es sich, einen Gummifaden direkt in das Gestrick einzuarbeiten. Man kann einen sehr dünnen, farblich passenden Faden als Beilauffaden einstricken (linkes Bild) oder einen dickeren Gummifaden wie beim Stricken mit einer zweiten Farbe mitführen und gleich beim Stricken einweben (siehe S. 24).

Man kann den Gummifaden aber auch nachträglich einarbeiten, indem man ihn mit einer Sticknadel ohne Spitze auf der linken Seite unter den senkrechten Rechtsrippen jeder Reihe durchzieht (rechtes Bild).

Mit dieser letzteren Methode kann man auch ausgeleierte Bündchen wieder elastisch machen.

FERTIGSTELLUNG

Die fertig gestrickten Teile auf eine dicke, nicht zu weiche Unterlage, z. B. eine Wolldecke, stecken, dabei die Teile nach den Schnittmaßen spannen, aber so, daß sie nicht verzogen werden. Zum Feststecken die Stecknadeln mit wenig Abstand dicht am Rand des Strickteils einstechen. Gerippte Bündchen werden nicht gespannt, sondern nur an der Ansatzlinie zum Grundmuster mit waagerecht liegenden Stecknadeln festgehalten. Anschließend Strickteile mit plastischen Mustern oder aus flauschigem Garn nur mit einem feuchten Tuch bedecken und trocknen lassen. Glatte Muster eventuell sehr vorsichtig mit einem Tuch dazwischen dämpfen und vor dem Abnehmen auskühlen lassen.

NÄHTE

Erst nach dem Spannen werden die Strickteile zusammengenäht. Sie werden rechts auf rechts gelegt und die Nahtseiten mit Stecknadeln zusammengesteckt und anschließend mit gleichmäßigen Stichen neben den Randmaschen zusammengenäht. Die Methode des Zusammennähens hängt von der Art und Beschaffenheit des Strickstücks ab. Für dickere Strickstücke eignen sich die hier gezeigten Methoden am besten. Bei sehr dicken, glatt rechts gestrickten Teilen sollte man beim Zusammennähen nicht in den Querdraht neben der Randmasche, sondern direkt in den Querdraht der Randmasche selbst einstechen. Bei dünneren Strickstücken kann man außer mit den hier gezeigten Methoden des Zusammennähens auch mit dem Überwendlingsstich oder mit dem Kettstich arbeiten. Auch Zusammenhäkeln ist hierbei möglich. Zum Zusammennähen sollte man nach Möglichkeit den Strickfaden verwenden. Falls er zu dick ist, kann man ihn teilen.

Wenn die Seitennähte zusammengenäht und die Schulternähte geschlossen sind, werden die Ärmel eingesetzt. Dafür die Mitte der Armkugel an die Schulternaht legen und die Weite eventuell in der oberen Hälfte des Armausschnitts gleichmäßig verteilen. Die Ärmel einnähen, dabei die Teile rechts auf rechts legen und die rechte Seite des Ärmels nach außen gekehrt lassen. Zum Schluß die Ärmelnähte schließen. Ärmel ohne Armkugel, die einen geraden oberen Rand haben, setzt man leicht gedehnt an.

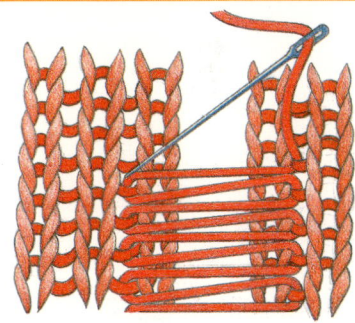

In den Querdraht gestochene Naht: Jeweils abwechselnd neben der Randmasche in den Querdraht einstechen. Den Faden zunächst lose und erst nach etwa 20 Stichen stärker anziehen.

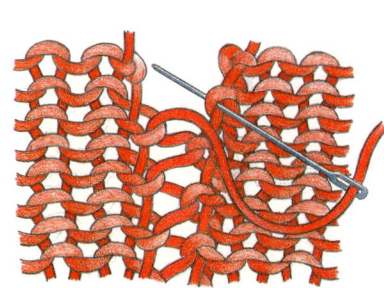

Naht beim Knötchenrand: Abwechselnd je 1 Knötchen vom linken und vom rechten Rand mit der Nadel – einer Sticknadel ohne Spitze – fassen und den Faden durchziehen.

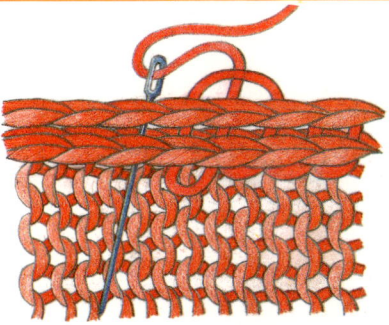

Naht bei Kettrand: Mit der Nadel unter je 1 Kettrandmasche von jeder Kante durchstechen und die beiden Teile mit Steppstichen zusammennähen. Diese Naht eignet sich auch für abgekettete Kanten.

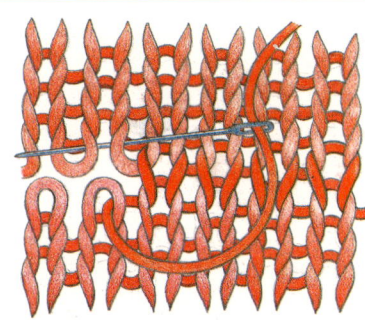

Naht bei nicht abgeketteten Teilen: Aus der unteren Masche ausstechen, in die rechte obere einstechen, aus der linken oberen wieder ausstechen und wieder in die untere einstechen.

Schöne Strickmuster

Die Sternchen sind Wiederholungszeichen, die Angaben von * bis * müssen also jeweils über die entsprechende Breite wiederholt werden. Die Maschenzahl muß durch die Zahl dieser Maschen teilbar sein. Dazu kommen dann noch die Randmaschen und Ergänzungsmaschen vor oder hinter den Sternchen.

Schachbrettmuster
1. R: * 2 M rechts, 2 M links *.
2. und alle geraden R: M so stricken, wie sie erscheinen, d.h. rechte M rechts und linke M links stricken.
3. R: * 2 M links, 2 M rechts *. (Das Muster wird also versetzt.)
5. R: Muster in der 1. R wieder aufnehmen.

Falsches Patentmuster
Die Maschenzahl muß durch 4 teilbar sein, dazu kommen dann noch die beiden Randm.
1. R: 1 Randm., * 3 M rechts, 1 M links *, 1 Randm.
2. R: 1 Randm., * 2 M rechts, 1 M links, 1 M rechts *, 1 Randm.
3. R: Muster in der 1. R wieder aufnehmen.

Kästchenmuster

1. R: * 5 M rechts, 5 M links *.
2. R: M so stricken, wie sie erscheinen.
3. R: wie die 1. R stricken.
4. R: * 5 M links, 5 M rechts *.
5. R: M so stricken, wie sie erscheinen.
6. R: wie die 4. R stricken.
7. R: Muster in der 1. R wieder aufnehmen.

Perlrippen

1. und alle ungeraden R (Hinr.): rechts.
2. und alle geraden R (Rückr.): 1 Randm., * 1 M links, 1 M rechts, dabei in die 1 R tiefer liegende M einstechen, so daß 1 Doppelm. entsteht *, 1 Randm.

Phantasie-Perlmuster

Großes Perlmuster:
1. R: * 1 M rechts, 1 M links *.
2. und alle geraden R: M so stricken, wie sie erscheinen.
3. R: * 1 M links, 1 M rechts *.
5. R: Muster in der 1. R wieder aufnehmen.
Glatt links:
Hinr. links, Rückr. rechts.
Ausführung:
* 9 M großes Perlmuster, 2 M glatt links, 3 M großes Perlmuster, 2 M glatt links *.

Zweifarbiges Muster

Farbe Nr. 1 für den Grund, Farbe Nr. 2 für die Punkte.
Glatt rechts: Hinr. rechts, Rückr. links.
Ausführung:
1. bis 4. R: Farbe 1, glatt rechts.
5. R: 1 Randm. Farbe 1, * 1 M rechts Farbe 2, 1 M links abheben, dabei wie zum Linksstricken einstechen *, 1 Randm. Farbe 1.
6. R: 1 Randm. Farbe 1, * 1 M links abheben, 1 M rechts Farbe 2 *, 1 Randm. Farbe 1.
7. und 8. R: Farbe 1, glatt rechts.
9. R: wie die 5. R.
10. R: wie die 6. R.
11. R: Muster in der 1. R wieder aufnehmen.

Kornmuster

1. und alle ungeraden R: rechts.
2. R: * 1 Umschlag, 2 M links, den Umschlag über diese beiden M ziehen, 2 M links *.
4. R: * 2 M links, 1 Umschlag, 2 M links, den Umschlag über diese M ziehen.
6. und alle weiteren geraden R: wie die 4. R stricken.

Wabenmuster

1. und 2. R: in Braun, rechts.
3., 5. und 7. R: in Blau, * 2 M links abheben, 6 M rechts *, die R beenden mit 2 M links abheben.
4., 6. und 8. R: in Blau, * 2 M links abheben, 6 M links *.
9. und 10. R: in Braun, rechts.
11., 13. und 15. R: in Lila, 4 M rechts, * 2 M links abheben, 6 M rechts *, die R beenden mit 4 M rechts.
12., 14. und 16. R: in Lila, 4 M links, * 2 M links abheben, 6 M links *, die R beenden mit 4 M links.
17. R: Muster in der 1. R wieder aufnehmen, aber von der 3. bis 8. R in Rot und von der 11. bis 16. R in Orange stricken.

Schlangenlinien

Die Maschenzahl muß durch 4 plus 2 teilbar sein, dazu kommen noch die beiden Randm.
1. R: 2 M links, * 1 Umschlag, 2 M rechts zusammenstricken, 2 M links *.
2. R und alle weiteren geraden R: M so stricken, wie sie erscheinen.
3. R: 2 M links, * 2 M rechts zusammenstricken, 1 Umschlag, 2 M links *.
5. R: Muster in der 1. R wieder aufnehmen.

Pavemuster

1. und 3. R (Rückr.): rechts.
2 R: links.
4., 6. und 8. R: 5 M rechts, 5 M links abheben (dabei Faden hinter die M legen) *.
5. und 7. R: * die 5 abgehobenen M der Vorr. links abheben (dabei Faden vor die M legen), 5 M links *.
9. und 11. R: rechts.
10. R: links.
12., 14. und 16. R: * 5 M links abheben (dabei Faden hinter die M legen), 5 M rechts *.
13. und 15. R: * 5 M links, die 5 M der Vorr. links abheben *.
17. R: Muster in der 1. R wieder aufnehmen.

Zaunmuster

Die Maschenzahl muß durch 4 plus 2 teilbar sein, dazu kommen noch die beiden Randm.
2 M rechts verkreuzen: Die rechte Nadel hinter der 1. M vorbeiführen und die 2. M rechts stricken, ohne sie von der Nadel gleiten zu lassen, dann die 1. M stricken und beide M von der linken Nadel gleiten lassen.
Ausführung:
1., 3., 5. und 7. R: * 2 M rechts, 2 M links * 2 M rechts.
2., 4., 6. und 8. R: 2 M links, * 2 M rechts, 2 M links *.
9. R: * 2 M rechts verkreuzen, 2 M links *, 2 M rechts verkreuzen.
10., 12., 14., 16., 18. und 20. R: die M stricken, wie sie erscheinen.
11., 13., 15. und 17. R: * 2 M links, 2 M rechts *, 2 M links.
19. R: * 2 M links, 2 M rechts verkreuzt *, 2 M links.
21. R: Muster in der 1. R wieder aufnehmen.

Knospenmuster

2 M rechts verkreuzen: siehe Zaunmuster.
2 M links verkreuzen: Die rechte Nadel vor der 1. M vorbeiführen und die 2. M links stricken, ohne sie von der Nadel gleiten zu lassen, dann die 1. M stricken und beide von der linken Nadel gleiten lassen.
Ausführung:
1., 3. und 5. R: * 2 M links, 4 M rechts, 2 M links, 2 M rechts verkreuzen *.
2., 4. und 6. R: * 2 M links verkreuzen, 2 M rechts, 4 M links, 2 M rechts *.
7., 9. und 11. R: 1 M rechts, * 2 M links, 2 M rechts verkreuzen, 2 M links, 4 M rechts *. Die R mit 3 statt 4 M rechts beenden.
8., 10. und 12. R: 3 M links, * 2 M rechts, 2 M links verkreuzen, 2 M rechts, 4 M links. Die R mit 1 statt 4 M links beenden.
13. R: Muster in der 1. R wieder aufnehmen.

Noppenmuster

1. R: * 2 M links, aus 1 M 5 M rechts herausstricken, 2 M links, 1 M abheben *.
2. und 4. R: * 1 M links, 2 M rechts, 5 M rechts, dabei für jede M den Faden 2 x um die Nadel schlagen, 2 M rechts *.
3. und 5. R: * 2 M links, 5 M rechts, dabei den zusätzlichen Umschlag der Vorr. bei jeder M von der Nadel gleiten lassen, 2 M links, 1 M abheben *.
6. R: * 1 M links, 2 M rechts, 5 M links zusammenstricken, 2 M rechts *.
7. R: * 2 M links, 1 M abheben, 2 M links, aus 1 M 5 M rechts herausstricken *.
8. und 10. R: * 5 M rechts, dabei jeweils den Faden 2 x um die Nadel schlagen, 2 M rechts, 1 M links, 2 M rechts *.
9. und 11. R: * 2 M links, 1 M abheben, 2 M links, 5 M rechts, dabei die Umschläge auflösen *.
12. R: * 5 M links zusammenstricken, 2 M rechts, 1 M links, 2 M rechts *.
13. R: Muster in der 1. R wieder aufnehmen.

Gittermuster

Maschenzahl teilbar durch 6.
1. und 3. R: * 2 M links, 2 M rechts, 2 M links *
2. und alle geraden R: M so stricken, wie sie erscheinen.
5. R: * 2 Linksm. auf eine Hilfsnadel hinter die Arbeit legen, 1 M rechts, die beiden M der Hilfsnadel links stricken; 1 M auf eine Hilfsnadel vor die Arbeit legen, 2 M links, die M der Hilfsnadel rechts abstricken *.
7. und 9. R: 1 M rechts, * 4 M links, 2 M rechts *.
11. R: * 1 M auf eine Hilfsnadel vor die Arbeit legen, 2 M links, die M der Hilfsnadel rechts stricken; 2 Linksm. auf eine Hilfsnadel hinter die Arbeit legen, 1 M rechts, die beiden M der Hilfsnadel links stricken *.
13. R: Muster in der 1. R wieder aufnehmen.

Dreieck-Motive

Großes Perlmuster:
1. R: * 1 M rechts, 1 M links *.
2. und alle geraden R: M stricken, wie sie erscheinen.
3. R: * 1 M links, 1 M rechts *.
5. R: Muster in der 1. R wieder aufnehmen.

Ausführung:
1. R: * 2 rechts, 14 M großes Perlmuster, 2 M rechts *.
2. und alle geraden R: M stricken, wie sie erscheinen.
3. R: * 2 links verkreuzte M (= 2 M auf eine Hilfsnadel vor die Arbeit legen, 1 M links, die beiden M der Hilfsnadel rechts stricken), 12 M großes Perlmuster, 2 rechts verkreuzte M (= 1 M auf eine Hilfsnadel hinter die Arbeit legen, 2 M rechts, die M der Hilfsnadel links stricken) *.
5. R: * 1 M links, 2 links verkreuzte M, 10 M großes Perlmuster, 2 rechts verkreuzte M, 1 M links *.
7. R: * 2 links, 2 links verkreuzte M, 8 M großes Perlmuster, 2 rechts verkreuzte M, 2 M links *.
9. R: * 3 M links, 2 links verkreuzte M, 6 M großes Perlmuster, 2 rechts verkreuzte M, 3 M links *.
11. R: * 4 M links, 2 links verkreuzte M, 4 M großes Perlmuster, 2 rechts verkreuzte M, 4 M links *.
13. R: * 5 M links, 2 links verkreuzte M, 2 M großes Perlmuster, 2 rechts verkreuzte M, 5 M links *.
15. R: * 6 M links, 2 links verkreuzte M, 2 rechts verkreuzte M, 6 M links *.

Lochmuster

1., 3. und 5. R: 1 Randm., * 1 Umschlag, 3 M rechts, 3 M rechts zusammenstrikken, 3 M rechts, 1 Umschlag, 1 M rechts *, die R beenden mit 1 Umschlag, 1 Randm.
2., 4. und 6. R: links.
7. und 9. R: links.
8. und 10. R: rechts.
11. R: Muster in der 1. R wieder aufnehmen.

Phantasiemuster Crapettes

Maschenzahl teilbar durch 4, plus Randm.
1. und 3. R (Rückr.): * 1 M links, 1 Umschlag *.
2. R: * 4 M auf die rechte Nadel nehmen, dabei Umschläge fallen lassen und die 4 langgezogenen M wieder auf die linke Nadel geben, ** rechte Nadel von links nach rechts in die 4 langgezogenen M einstechen, 1 Umschlag, 1 Schlinge durchholen (die 4 M auf der linken Nadel lassen), die Schlinge rechts abstricken und von der Nadel gleiten lassen **, von ** bis ** noch 3 x wiederholen, dann die langgezogenen M von der Nadel gleiten lassen *.
4. R: 2 M langziehen und 2 x je 1 Umschlag und 1 Schlinge durchholen und die Schlinge rechts abstrikken, * 4 M langziehen und 4 x je 1 Umschlag und 1 Schlinge durchholen und die Schlinge rechts abstrikken *, die R beenden mit 2 M langziehen und 2 x je 1 Umschlag und 1 Schlinge durchholen und die Schlinge rechts abstricken.
5. R: Muster in der 1. R wieder aufnehmen.

Phantasiemuster

1. bis 9. R: glatt rechts (Hinr. rechts, Rückr. links).
10. R (Rückr.): * 4 M links, auf einer Hilfsnadel die folgenden 4 M von 8 R tiefer aufnehmen und dann je 1 M von der Hilfsnadel mit 1 M der linken Nadel (normale Arbeitsr.) links zusammenstricken *.
11. bis 17. R: glatt rechts.
18. R: * auf einer Hilfsnadel die folgenden 4 M von 8 R tiefer aufnehmen, dann je 1 M der Hilfsnadel und 1 M der linken Nadel links zusammenstricken, 4 M links *.
19. bis 25. R: glatt rechts.
26. R: Muster in der 10. R wieder aufnehmen.

Phantasiemuster Muflier

Überzug: 1 M abheben, die folgende M rechts stricken und die abgehobene über die gestrickte M ziehen (vgl. S. 17).
Links verschränkt: siehe S. 20.
Hin- und Rückr. mit je 1 M rechts beginnen und beenden.
1. R: * 1 Überzug, 3 M rechts, 1 Umschlag, 2 M links, 1 Umschlag, 3 M rechts, 2 M rechts zusammenstricken *.
2. R: * 2 M links zusammenstricken, 2 M links, 1 Umschlag, 4 M rechts, 1 Umschlag, 2 M links, 2 M links verschränkt zusammenstricken *.
3. R: * 1 Überzug, 1 M rechts, 1 Umschlag, 6 M links, 1 Umschlag, 1 M rechts, 2 M rechts zusammenstricken *.
4. R: * 2 M links zusammenstricken, 1 Umschlag, 8 M rechts, 1 Umschlag, 2 M links verschränkt zusammenstricken *.
5. R: * 1 M links, 1 Umschlag, 3 M rechts, 2 M rechts zusammenstricken, 1 Überzug, 3 M rechts, 1 Umschlag, 1 M links *.
6. R: * 2 M rechts, 1 Umschlag, 2 M links, 2 M links verschränkt zusammenstricken, 2 M links zusammenstricken, 2 M links, 1 Umschlag, 2 M rechts *.
7. R: * 3 M links, 1 Umschlag, 1 M rechts, 2 M rechts zusammenstricken, 1 Überzug, 1 M rechts, 1 Umschlag, 3 M links *.
8. R: * 4 M rechts, 1 Umschlag, 2 M links verschränkt zusammenstricken, 2 M links zusammenstricken, 1 Umschlag, 4 M rechts *.
9. R: Muster in der 1. R wieder aufnehmen.

Ajour mit Krausrippen

Krausmuster: alle M rechts, in Hin- wie Rückr.
Ajourmuster:
1. R: *** 1 M rechts, 1 Umschlag **, von ** bis ** 9 x wiederholen, 10 M rechts *.
2. R: * 10 M links, ** 1 M links, dabei den Umschlag von der Nadel gleiten lassen, 1 Umschlag, von ** bis ** 9 x wiederholen *.
3. R: * 10 M rechts, dabei die Umschläge von der Nadel gleiten lassen, 10 M rechts *.
Ausführung:
Das Ajourmotiv wird jedesmal um 10 M verschoben, damit die Motive versetzt erscheinen. Wie folgt stricken:
* 3 R Ajourmuster, 5 R Krausmuster (= 3 Krausrippen auf der Vorderseite) *, von * bis * 1 x wiederholen, ** 3 R Ajourmuster, 3 R Krausmuster (= 2 Krausrippen auf der Vorderseite) **, von ** bis ** 2 x wiederholen.
Die Musterzusammenstellung von vorn beginnen.

Gittermuster mit schrägen Maschen

Maschenzahl teilbar durch 8, plus 7, plus Randm.
1. R (Rückr.): 1 M rechts, * 5 M links, 3 M rechts *, 5 M links, 1 M rechts.
2. R: 1 M links, * 1 M rechts, 3 Umschläge, 4 M rechts, 3 M links *, 1 M links.
3., 5. und 7. R: 1 M rechts, * 4 M links, die Umschläge fallen lassen, die folgende M langziehen und abheben, 3 M rechts *, 1 langgezogene M, 1 M rechts.
4. und 6. R: 1 M links, * die langgezogene M von der Nadel gleiten lassen und vor die Arbeit legen, 1 M rechts, 3 Umschläge, 3 M rechts, die fallengelassene M wieder aufnehmen und rechts stricken, 3 M links *, 1 fallengelassene M rechts stricken, 1 M links.
8. R: 1 M links, * die folgende 1. Rechtsm. wie in der 4. R von der Nadel gleiten lassen, 4 M rechts, die fallengelassene M rechts stricken, 3 M links *, 1 fallengelassene M rechts stricken, 1 M links.
9. R: 2 M links, * 3 M rechts, 5 M links *, 3 M rechts, 2 M links.
10. R: 2 M rechts, * 3 M links, 1 M rechts, 3 Umschläge, 4 M rechts *, 3 M links, 2 M rechts.
11., 13. und 15. R: 2 M links, * 3 M rechts, 4 M links, die Umschläge fallen lassen, die folgende M langziehen und abheben *, 3 M rechts, 2 M links.
12. und 14. R: 2 M rechts, * 3 M links, die langgezogene M fallen lassen, 1 M rechts, 3 Umschläge, 3 M rechts, die fallengelassene M rechts stricken *, 3 M links, 2 M rechts.
16. R: 2 M rechts, * 3 M links, die langgezogene M fallen lassen, 4 M rechts, die fallengelassene M rechts stricken *, 3 M links, 2 M rechts.
17. R: Muster in der 1. R wieder aufnehmen.

Glatt links
mit langgezogenen Maschen

1. R: * 4 M links, 4 langgezogene M rechts (die Nadel normal in die M einstechen, den Faden 3 x um die Nadel schlingen, bevor man ihn durchholt) *, 4 M links.
2. und alle weiteren geraden R: 4 M rechts, * Faden vor die Arbeit führen, die 4 langgezogenen M der Vorr. links abheben (wie zum Linksstricken einstechen), 4 M rechts *.
3. R: * 4 M links, Faden hinter die Arbeit führen, die 4 langgezogenen M links abheben *, 4 M links.
5. R: Muster in der 1. R wieder aufnehmen.

Strümpfe stricken

Strümpfe werden in Runden und mit einem Nadelspiel aus 5 Nadeln gearbeitet (s. S. 25). Die Maschenzahl sollte gerade sein, damit man die Maschen gleichmäßig auf die 4 Nadeln verteilen kann. Beim Berechnen der Größe sollte man bedenken, daß Strümpfe nicht das Originalmaß der Füße und Waden haben dürfen, sondern eng anliegen sollen, damit sie beim Tragen leicht gedehnt sind. Sonst bilden sich Falten, die scheuern.

Bild 1
Wadenabnahmen: Diese Abnahmen müssen bei allen langen Strümpfen, z. B. Kniestrümpfen oder Strumpfhosen, gemacht werden. Sie erfolgen in der rückwärtigen Mitte des Strumpfes und beginnen, sobald die Wadenform schlanker wird. Bis zum Fußgelenk müssen sie beendet sein; von dort bis zur Ferse wird gerade gestrickt.
Bei glatten Strickarten markiert man für die Abnahmen die beiden rückwärtigen Mittelmaschen und strickt dann die beiden Maschen vor der 1. Mittelmasche (die zweit- und drittletzte Masche der 4. Nadel) rechts überzogen zusammen und die beiden Maschen nach der 2. Mittelmasche (2. und 3. Masche der 1. Nadel) rechts zusammen. Je nach Muster kann die Zahl der Mittelmaschen auch verändert werden; wichtig ist, daß die Wadenabnahmen genau übereinander liegen. Zwischen den Abnahmen werden meist 4 bis 6 Runden ohne Abnahmen gestrickt.

Bild 2
Ferse: Ferse und Käppchen werden glatt rechts gestrickt.
Die Fersenbreite beträgt meist 2 bis 4 Maschen weniger als die Hälfte der Gesamtmaschenzahl, höchstens genau die Hälfte. Die Fersenmaschen liegen auf der 4. und der 1. Nadel. Die übrigen Maschen auf der Oberseite ruhen, während die Ferse in Reihen gestrickt wird. Als Randmaschen Kettrandmaschen (S. 13) verwenden.
Die Ferse wird gerade gestrickt, und zwar so viele Reihen hoch, wie Fersenmaschen auf den Nadeln sind. (Man kann sich auch an der Zahl der Randmaschen orientieren.) Die Ferse wird mit einer Rückreihe beendet.

Bild 3
Dreiteiliges Käppchen: Ist die Fersenhöhe erreicht, teilt man die Fersenmaschen in 3 Teile auf 3 Nadeln auf und strickt die Maschen der ersten beiden Nadeln (also 2/3 der Maschen) bis auf die letzte rechts ab. Diese letzte Masche strickt man mit der 1. Masche der 3. Nadel rechts verschränkt zusammen (S. 20). Nun wendet man, hebt die 1. Masche links ab und strickt die Maschen der 2. Nadel (das mittlere Drittel) bis auf die letzte Masche links ab. Diese Masche wird mit der letzten Masche der 1. Nadel links zusammengestrickt. Nun die Arbeit wiederum wenden, die 1. Masche – rechts – abheben, die Maschen der mittleren Nadel bis auf 1 stricken,

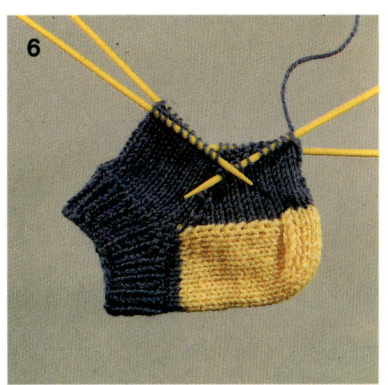

diese wieder mit der 1. Masche der 3. Nadel verschränkt zusammenstricken. Dieses Abnahmeverfahren wird so lange fortgesetzt, bis die Maschen auf der 1. und 3. Nadel aufgebraucht sind. Das Käppchen ist in der Mitte der folgenden Hinreihe beendet.

Bild 4
Spitzes Käppchen: Die Hinreihe zu Beginn des Käppchens bis zur Fersenmitte stricken, dann noch 1 Masche rechts, 2 Maschen rechts überzogen zusammenstricken, 1 Masche rechts stricken und wenden. Für die Rückreihe 1 Masche links abheben, bis 1 Masche über die Mitte hinaus stricken, 2 Maschen links zusammenstricken, 1 Masche links stricken und wenden. Beim Weiterstricken werden die beiden Abnahmen mit den Maschen vor und nach der Wende-Lücke ausgeführt, und es wird jeweils 1 Masche dazu abgestrickt. Wenn die Käppchenbreite (meist: die halbe Fersenmaschenzahl) erreicht ist, werden nach den Abnahmen keine Maschen mehr dazu abgestrickt, sondern man wendet sofort nach den Abnahmen: Das Käppchen wird gerade beendet. Die Zahl der Mittelmaschen zu Beginn des spitzen Käppchens kann je nach Anleitung variieren. Hier sind es 2.

Bild 5
Die Seitenmaschen aufnehmen: Im Anschluß an das Käppchen wird wieder in Runden gestrickt. Der Beginn der Runden liegt in der Mitte des Käppchens. Die Hälfte der Käppchenmaschen abstricken und dann aus den Kettrandmaschen an der Seite der Ferse je 1 Masche aufnehmen. Dazu holt man den Faden entweder durch beide Maschenglieder oder nur durch das hintere zur Schlinge. Diese Maschen verbleiben auf der 1. Nadel. Danach werden die stillgelegten Ristmaschen auf die 2. und 3. Nadel abgestrickt, dann werden – mit der 4. Nadel – wieder die Maschen aus den Randmaschen aufgenommen und schließlich die restlichen Käppchenmaschen gestrickt.

Bild 6
Ristabnahmen: Die Maschenzahl, die sich jetzt auf den Nadeln befindet, ist für den Fuß zu groß. Deshalb muß sie mit den Ristabnahmen wieder auf die Zahl reduziert werden, die man vor dem Beginn der Ferse auf den Nadeln hatte. Für die Ristabnahmen in jeder folgenden 3. Runde die letzten beiden Maschen der 1. Nadel rechts zusammenstricken und die ersten beiden Maschen der 4. Nadel rechts überzogen zusammenstricken. Diese Abnahmen werden immer an derselben Stelle durchgeführt (die Zahl der Ristmaschen bleibt also unverändert), bis die nötige Maschenzahl erreicht ist.

Bild 7
Spitze mit Bandabnahmen: Den Fuß bis zur Höhe des kleinen Zehs gerade stricken, dann mit den Abnahmen für die Spitze beginnen. Für eine Bandabnahme werden die zweit- und drittletzte Masche der 1. Nadel rechts zusammengestrickt, dann die letzte Masche der 1. Nadel und die 1. Masche der 2. Nadel rechts und die 2. und 3. Masche der 2. Nadel rechts überzogen zusammengestrickt. Diese Abnahmen am Ende der 3. und zu Beginn der 4. Nadel in derselben Runde wiederholen. Alle Abnahmen werden dann in jeder 2. Runde gemacht, bis die Maschenzahl halbiert ist, dann nimmt man in jeder Runde ab, bis nur noch 8 Maschen (aus den beiden Bändern) übrig

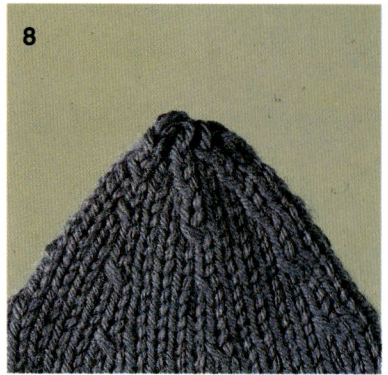

Tip: Damit beim Rundenübergang die Farbstreifen nicht verschoben werden, wie folgt arbeiten: Den ersten Farbwechsel wie gewohnt stricken. Nach der gewünschten Rundenzahl die Farbe wechseln, dabei mit dem neuen Faden am Anfang der Runde einen Umschlag bilden, in der 2. Runde den Umschlag fallen lassen (verhindert das zu enge Anziehen des hinaufgezogenen Fadens), dann die 1. Masche 1 Reihe tiefer einstechen. Die übrigen Maschen normal abstricken. Diese Art des Farbwechsels stets wiederholen.

sind. Diese restlichen Maschen mit dem Arbeitsfaden zusammenziehen. Die Bänder liegen an den Seiten des Fußes.

Bild 8
Spitze mit einfachen Schlußabnahmen: Dabei wird verteilt um den ganzen Fuß abgenommen. Da die Maschenzahl zwischen den Abnahmestellen nach jeder Abnahmerunde um 1 reduziert wird, entsteht eine Art Stern. Die Zahl der Runden, die nach einer Abnahmerunde gerade gestrickt werden, richtet sich nach der Zahl der jeweiligen Zwischenmaschen. Bei 40–50 Maschen beginnt man mit 4 Zwischenmaschen (= 4er-Abnahmen), bei 50–60 Maschen mit 5 (= 5er-Abnahmen) und bei mehr als 65 mit 6 Zwischenmaschen (= 6er-Abnahmen).
Man strickt wie folgt:
6er-Abnahmen: * 2 M rechts überzogen zusammenstricken, 6 M rechts, ab * bis zum Rundenende wiederholen. Danach 6 Rd ohne Abnahmen stricken.
5er-Abnahmen: * 2 M rechts überzogen zusammenstricken, 5 M rechts, ab * wiederholen, dann 5 Rd ohne Abnahmen stricken.
Die 4er-, 3er-, 2er- und 1er-Abnahmen genauso mit der entsprechenden Zahl an Zwischenmaschen und Runden ohne Abnahmen danach stricken.
0er-Abnahmen: Ständig ohne Zwischenmaschen 2 M rechts überzogen zusammenstricken.
Nach den 0er-Abnahmen die restlichen Maschen mit dem Arbeitsfaden (doppelt nehmen) zusammenziehen und vernähen.

Spitzensöckchen

Schuhgrößen 27–29 und 30–32
Bei abweichenden Angaben: Größe 30–32 in Klammern.

Material

H. E. C. Wolle, Qualität aarlan Baumwolle: 50 g in Écru Nr. 1553, 10 g in Rosa Nr. 1566 oder in Hellblau Nr. 1569 oder in Türkis Nr. 1597. 1 Nadelspiel Nr. 2 ½.

Strickmuster

I (Bündchenmuster): In Rd rechts.
II: In Écru arbeiten.
1.–3. Rd: rechts.
4. Rd: * 1 Umschlag, 1 M rechts, 1 Umschlag, 1 M links, 3 M links zusammenstricken, 1 M links *.
Diese 4 Rd fortlaufend wiederholen.

Maschenprobe

30 M und 44 Rd im Strickmuster II = 10 x 10 cm.

Arbeitsanleitung

In Rosa, Hellblau oder Türkis 45 (48) M anschlagen. Im Muster I 3 cm arbeiten, dann in Écru im Muster II weiterarbeiten, dabei nur für die Größe 27–29 in der 2. Rd verteilt 3 M zunehmen. Die Länge bis zur Ferse kann nach Belieben gewählt werden. Bei den abgebildeten Modellen sind es 10, 26 und 42 Rd.
Ferse: So einteilen, daß eine einzelne rechte M in die hintere Mitte trifft. 21 (23) M glatt rechts (Hinr. rechts, Rückr. links). 8 (9) Randm. hoch stricken. Das spitze Käppchen mit 3 Mittelm. beginnen. Bei 11 (13) M das Käppchen gerade beenden. Beidseitig die Randm. aufnehmen. In Rd weiterstricken, dabei 23 M über dem Rist im Muster II arbeiten, die übrigen

M rechts stricken. Beim Muster II beginnt die 4. Musterrd. jeweils mit 1 Umschlag, 1 M links, 3 M links zusammenstricken, 1 M links, 1 Umschlag, 1 M rechts und endet mit 3 M links zusammenstricken, 1 M links, 1 Umschlag.
Ristabnahmen: In jeder 3. Rd ausführen, bis noch 46 (48) M übrig sind.
Einfache Schlußabnahmen: Wenn die Fußlänge 13,5–14,5 (15–16) cm mißt, alle M rechts stricken und mit den 4er-Abnahmen beginnen. Nach den 0er-Abnahmen die restlichen M zusammenziehen.
Das farbige Bündchen jeweils nach außen rollen.

Ringelsöckchen

Schuhgrößen 27–29, 30–32 und 33–35
Bei abweichenden Angaben: Größen 30–32, 33–35 in Klammern.

Material

H. E. C. Wolle, Qualität aarlan arwetta, dekatiert: 30 (35/40) g in Weiß Nr. 6 (Grundfarbe), je 10 g in 3 verschiedenen Kontrastfarben. 1. Kontrastfarbe: dunkelrosa Nr. 9, türkis Nr. 51 oder hellblau Nr. 65; 2. Kontrastfarbe: oliv Nr. 36, hellblau Nr. 65 oder blasses hellblau Nr. 8; 3. Kontrastfarbe: rosa Nr. 33, oliv Nr. 57 oder lila Nr. 29. 1 Nadelspiel Nr. 2 ½–3.

Strickmuster

I: In Rd rechts.
II (Streifen): Je 6 Rd 1., 2. und 3. Kontrastfarbe, dann * 6 Rd in Weiß, 2 Rd 1. Kontrastfarbe, 6 Rd in Weiß, 2 Rd 2. Kontrastfarbe, 6 Rd in Weiß, 2 Rd 3. Kontrastfarbe stricken, ab * fortlaufend wiederholen.

Maschenprobe

30 M und 41 Rd = 10 x 10 cm.

Arbeitsanleitung

In Weiß 48 (52/52) M anschlagen und im Muster I stricken. Für die Mäusezähnchenkante in der 6. Rd je 1 Umschlag arbeiten und 2 M rechts zusammenstricken, die Umschläge und die M in der 7. Rd rechts stricken. Noch 6 Rd in Weiß stricken, dann im Muster II weiterarbeiten, dabei in der 1. Rd jede M mit der entsprechenden Anschlagm. zusammenstricken.
Ferse: In 11,5 (12,5/12,5) cm Höhe ab der Bruchkante, nach 4 Rd in Weiß (2 Rd 3. Kontrastfarbe/2 Rd 3. Kontrastfarbe) nur in Weiß 22 (24/24) M glatt rechts (Hinr. rechts, Rückr. links) 9 (10/10) Randm. hoch stricken. Das spitze Käppchen mit 4 Mittelm. beginnen. Bei 12 (14/14) M das Käppchen gerade beenden. Beidseitig die Randm. aufnehmen und in Rd mit den Streifen fortfahren. Ristabnahmen: In jeder 3. Rd ausführen, bis noch 48 (52/52) M übrig sind.
Einfache Schlußabnahmen: Wenn die Fußlänge 13,5–14,5 (14,5–16,5/ 16,5–17,5) cm mißt, nur in Weiß mit den 4er- (5er-/5er-)Abnahmen beginnen. Nach den 0er-Abnahmen die restlichen M mit dem Arbeitsfaden zusammenziehen.

Weiße Kniestrümpfe

Schuhgrößen 21–23, 24–26 und 27–29
Bei abweichenden Angaben: Größen 24–26, 27–29 in Klammern.

Material

H. E. C. Wolle, Qualität aarlan Baumwolle, 60 (70/90) g in Weiß Nr. 1551.1 Nadelspiel Nr. 2 ½–3, Gummiband.

Strickmuster

I: Glatt rechts, in Rd rechts, in R die Hinr. rechts, die Rückr. links stricken.
II: Lochmuster, in Rd arbeiten.
1., 3. und 5. Rd: rechts.
2. Rd: 1 M rechts, * 3 M links, 2 M rechts, ab * wiederholen, enden mit 1 M rechts.
4. Rd: 1 M rechts, * 1 Umschlag, 1 M abheben, 2 M rechts zusammenstricken und die abgehobene M darüberziehen, 1 Umschlag, 2 M rechts, ab * wiederholen, enden mit 1 M rechts.
6. Rd: wie die 2. Rd.
Diese 6 Rd fortlaufend wiederholen.

Maschenprobe

30 M und 42 Rd im Strickmuster II = 10 x 10 cm.

Arbeitsanleitung

50 (55/60) M anschlagen und in Rd im Muster I stricken. Nach der 11. Rd 3 M stricken und dann jede M mit der entsprechenden Anschlagm. zusammenstricken. Im Muster II weiterarbeiten.
Wadenabnahmen: In 6–7 (8–9/10–11) cm Höhe ab der Bruchkante die dritt- und zweitletzte M einer Rd rechts überzogen zusammenstricken und in der folgenden Rd die 2. und 3. M rechts zusammenstricken. Diese Abnahmen 4 x in jeder 8. Rd wiederholen = 40 (45/50) M. Nun nur für Größe 27–29 nach ca. 2 cm in einer 4. Musterrd. den 1. und den letzten Umschlag weglassen, dadurch werden 2 M abgenommen. Bei einer 6. Musterrd. sind dann vor und nach den 2 rechten M nur 2 linke M. Die folgende 4. Musterrd. beginnt mit 1 M

rechts, 2 M rechts zusammenstrikken, 1 Umschlag und endet mit 1 Umschlag, 1 überzogene Abnahme, 1 M rechts. 3 Rd stricken, in der folgenden 4. Rd die ersten 2 M und die letzten 2 M links zusammenstricken. Danach in der 6. und 2. Musterrd. 4 M links und in der 4. Musterrd. zu Beginn 2 M rechts zusammenstricken, 1 Umschlag und am Ende 1 Umschlag und 1 überzogene Abnahme arbeiten = 40 (45) M weiterhin in den beiden kleineren Größen, 46 M in der größeren.

Ferse: In 17–20 (22–24/26–28) cm Höhe ab der Bruchkante 18 (20/22) M glatt rechts in R 8 (9/9) Randm. hoch stricken.

Das spitze Käppchen mit 2 (2/4) Mittelm. beginnen. Bei 10 (12/12) M das Käppchen gerade beenden. Beidseitig die Randm. aufnehmen und in Rd weiterstricken, dabei 23 M über dem Rist im Muster II arbeiten, die übrigen M in Muster I.

Ristabnahmen: In jeder 3. Rd wie beschrieben ausführen, bis noch 42 (45/46) M übrig sind.

Einfache Schlußabnahmen: Wenn die Fußlänge 10–11 (11,5–13) cm mißt, alle M rechts stricken und mit den 4er-Abnahmen beginnen. Nach den 0er-Abnahmen die restlichen M zusammenziehen. Dann abschließend das Gummiband einziehen.

Uni melierte Kniestrümpfe mit rosa Borte

Schuhgröße 24–26

Material

H. E. C. Wolle, Qualität aarlan arwetta, dekatiert: 50 g in Meliert Nr. 148, 10 g in Rosa Nr. 33. 1 Nadelspiel Nr. 2 ½–3, Gummiband.

Strickmuster

I: Glatt rechts, in Rd alle M rechts, in R Hinr. rechts, Rückr. links.
II: Das Lochmuster nach der Strickschrift arbeiten.

Maschenprobe

31 M im Muster II = 10 cm Breite.

Arbeitsanleitung

In Meliert 56 M anschlagen und im Muster I in Rd stricken. In der 6. und 7. Rd die Mäusezähnchenkante und weitere 6 Rd wie bei den Ringelsöckchen arbeiten; beim Aufstricken der Anschlagm. in der 14. Rd die ersten 3 M offen lassen. Die 15. Rd im Muster I in Meliert, die 16. Rd im Wechsel 1 M in Rosa, 3 M in Meliert stricken, dabei die 2. Farbe locker mitführen. In der 17. Rd 2 M in Rosa, * 1 M in Meliert, 3 M in Rosa, ab * wiederholen, stricken; ab der folgenden Rd nur in Rosa arbeiten. 3 Rd rechts, dann 1 Rd immer abwechselnd 1 Umschlag, 2 M rechts zusammenstricken, 5 Rd rechts. Die folgenden 7 Rd im Muster II (der Rapport von 8 M erscheint 7 x) stricken, danach den Streifen in Rosa mit 5 Rd rechts, 1 Rd Lochr., 3 Rd rechts und den 2. Farbwechsel-Rd gegengleich beenden, danach in Meliert weiterarbeiten.

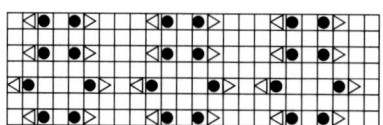

☐ = 1 M rechts
● = 1 Umschlag
▷ = 2 M rechts zusammenstricken
◁ = 2 M rechts überzogen zusammenstricken

Wadenabnahmen: In 8–9 cm Höhe ab der Saumkante die dritt- und zweitletzte M einer Rd rechts überzogen zusammenstricken und die 2. und 3. M der folgenden Rd rechts zusammenstricken. Diese Abnahmen noch 5 x in jeder 8. Rd wiederholen.

Ferse: In 22–25 cm Höhe ab der Saumkante 20 M in R glatt rechts 9 Randm. hoch stricken. Das spitze Käppchen mit 2 Mittelm. beginnen. Bei 10 M das Käppchen gerade beenden. Beidseitig die Randm. aufnehmen und in Rd weiterstricken.

Ristabnahmen: In jeder 2. Rd ausführen, bis noch 44 M übrig sind.

Einfache Schlußabnahmen: Wenn die Fußlänge 11,5–13 cm mißt, mit den 4er-Abnahmen beginnen und nach den 0er-Abnahmen die restlichen M zusammenziehen. Das Gummiband in den Saum einziehen.

Rosa-weiße Kniestrümpfe

Schuhgröße 24–26

Material

H. E. C. Wolle, Qualität aarlan arwetta, dekatiert: 40 g in Rosa Nr. 33, 20 g in Weiß Nr. 6. 1 Nadelspiel Nr. 2 ½–3, Gummiband.

Strickmuster

I: Glatt rechts.
II: Im Streifenmuster arbeiten.
1. und 2. Rd: in Weiß, rechts.
3. Rd: in Rosa, 2 M rechts, * 2 M links abheben, dabei den Faden locker hinter den M durchführen, 4 M rechts, ab * wiederholen.
4. Rd: in Rosa, wie die 3. Rd arbeiten, aber die M links stricken.
5. Rd: in Weiß, 1 M rechts, * vor der Arbeit die 2. M rechts, dann die 1. M

rechts stricken, von den folgenden 2 M zuerst die 2. M hinter der Arbeit rechts, dann die 1. M rechts stricken, ab * wiederholen.
6. Rd: in Weiß, rechts.
7.–12. Rd: in Rosa, rechts.
Die 1.–12. Rd dann fortlaufend wiederholen.
Am Fuß das Muster nur über dem Rist arbeiten, die übrigen M rechts in der gleichen Streifenfolge 2 Rd in Weiß, 2 Rd in Rosa, 2 Rd in Weiß, 6 Rd in Rosa arbeiten.

Maschenprobe

Wie bei dem melierten Kniestrumpf.

Arbeitsanleitung

In Rosa 54 M anschlagen und in den Strickmustern I und II mit den Maßen und Maschenzahlen für Abnahmen und Ferse wie beim melierten Kniestrumpf arbeiten. Nach dem Aufstricken des Saumes mit dem Muster II beginnen.
Die Ferse soll in einem Streifen in Rosa beginnen und sie wird, ebenso wie die Spitze ab den Schlußabnahmen, nur in Rosa gestrickt.

Kniestrümpfe mit grünen und rosa Streifen

Schuhgröße 24–26

Material

H.E.C. Wolle, Qualität aarlan arwetta, dekatiert: 50 g in Meliert Nr. 157, 10 g in Rosa Nr. 33, 10 g in Grün Nr. 59. 1 Nadelspiel Nr. 2 1/2–3.

Strickmuster

I: In Meliert, glatt rechts.
II: 1. Rd in Meliert, rechts.
2.–5. Rd: in Rosa, dabei die 2. Rd rechts, die 3. Rd links, die 4. Rd * 1 M rechts, 1 Umschlag, 2 M rechts überzogen zusammenstricken, ab * wiederholen; 5. Rd wieder links.
Es folgen 10 Rd in Meliert, dann die 2.–5. Rd in Grün. Nach weiteren 10 Rd in Meliert folgt wieder ein Streifen in Rosa usw. Die 10 Rd in Meliert jeweils im Muster I stricken.

Maschenprobe

Wie beim melierten Kniestrumpf.

Arbeitsanleitung

54 M in Meliert anschlagen und in den Strickmustern I und II mit den Maßen und den Maschenzahlen für Abnahmen und Ferse wie beim melierten Kniestrumpf arbeiten. Mit dem Muster II nach dem Aufstricken des Saumes beginnen. Die Ferse in einem Streifen in Meliert beginnen und sie, ebenso wie die Spitze ab den Schlußabnahmen, nur in Meliert arbeiten.

Kniestrümpfe mit gezackten Streifen

Schuhgröße 24–26

Material

H.E.C. Wolle, Qualität aarlan arwetta, dekatiert: 30 g in Hellblau Nr. 8, 20 g in Rosa Nr. 33, 20 g in Gelb Nr. 74. 1 Nadelspiel Nr. 2 1/2–3, Gummiband.

Strickmuster

I: Glatt rechts.
II: In Rd rechts. Ab * jeweils bis zum Ende der Rd wiederholen. Den nicht benötigten Faden auf der Rückseite locker mitführen.
1. und 2. Rd: * 3 M in Hellblau, 1 M in Gelb.
3. und 4. Rd: 1 M in Gelb, * 1 M in Hellblau, 3 M in Gelb.
Es folgen 23 Rd in Gelb, dann die 1.–4. Rd wiederholen, aber statt in Hellblau in Gelb und statt in Gelb in Rosa stricken.
Nach 23 Rd in Rosa dann wieder die 1.–4. Rd stricken, dabei statt Hellblau Rosa und statt Gelb Hellblau verwenden. Es folgen 23 Rd in Hellblau usw.

Maschenprobe

Wie beim melierten Kniestrumpf.

Arbeitsanleitung

56 M in Hellblau anschlagen und in den Strickmustern I und II mit den Maßen und Maschenzahlen für Abnahmen und Ferse wie beim melierten Kniestrumpf arbeiten. Mit dem Muster II nach dem Aufstricken des Saumes beginnen. Dabei für die Größe 24 nur jeweils 20 Rd und für die Größe 25 nur jeweils 21 Rd zwischen den Zacken in Uni arbeiten.
Bei den Wadenabnahmen darauf achten, daß die Zacken trotz der Abnahmen genau übereinander liegen. Die Ferse in der halben Höhe des 2. gelben Streifens beginnen und in Gelb stricken. Die Spitze dann in Hellblau arbeiten.

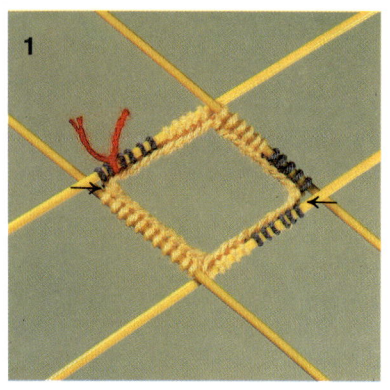 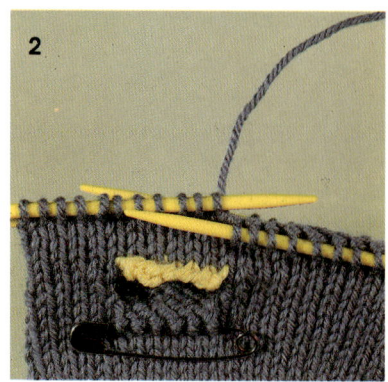 

Handschuhe stricken

Bild 1
Die Aufteilung der Maschen beim rechten Handschuh: Auf den beiden unteren Nadeln liegen die Maschen des Handrückens, auf den beiden oberen die der Innenseite. Die 6 blauen Maschen auf der Nadel links oben sind die Maschen, die für den geraden Daumen stillgelegt werden. Der rote Kontrastfaden zwischen der 2. und 3. Masche markiert die Stelle, wo die 1. Zwickelmasche zugenommen wird. Die beiden Pfeile zeigen die Handkanten (Bruch), vor und nach ihnen liegen die Bandabnahmen für die Spitze beim Fäustling.
Die blauen Maschen auf den beiden rechten Nadeln sind die Maschen, mit denen der kleine Finger begonnen wird. (Die weiteren Aufteilungen für die Finger sind bei den einzelnen Abbildungen angegeben.) Die Position dieser Maschen ändert sich nicht, egal bei welcher Nadel der Rundenanfang liegt. Der linke Handschuh wird gegengleich gearbeitet.

Bild 2
Gerader Daumen: Die erforderliche Maschenzahl auf eine Sicherheitsnadel stillegen. Dieselbe Maschenzahl in einer Kontrastfarbe neu anschlagen und diese Maschen in die Runden einfügen. In der ursprünglichen Farbe weiterarbeiten. Bevor der Daumen gestrickt wird, zuerst den übrigen Handschuh beenden.

Bild 3
Den Daumen stricken: Die stillgelegten Maschen auf die Nadel nehmen und davor und danach je 1 Masche verschränkt aus dem Querdraht zunehmen. Nun die Maschen direkt über dem Kontrastfaden aufnehmen und den Kontrastfaden herauslösen, so daß die Maschen frei auf der Nadel liegen. Die Daumenmaschen auf 3 Nadeln verteilen und den Daumen in der benötigten Länge stricken.

Bild 4
Die Daumenspitze stricken: Die Maschen auf 2 Nadeln nehmen und in jeder Runde die ersten 2 Maschen jeder Nadel rechts verschränkt zusammenstricken und die letzten 2 Maschen jeder Nadel rechts zusammenstricken. Die restlichen 4 Maschen mit dem Arbeitsfaden zusammenziehen.

Bild 5
Daumen mit Zwickel: Er beginnt am Handgelenk mit einer verschränkt aus dem Querdraht aufgenommenen Masche. In der folgenden Runde wird vor und nach der Zwickelmasche je 1 Masche verschränkt zugenommen, in den weiteren Runden dann jeweils vor und nach diesen 3 (5, 7, 9...) Zwickelmaschen, bis ihre Zahl etwa ein Drittel des Anschlags beträgt. Noch einige Runden gerade stricken, dann die Zwickelmaschen stillegen.

Bild 6
Abnahmen am Ende des Zwickels: Über den stillgelegten Zwickelma-

schen 4 Maschen mit einem Kontrastfaden neu anschlagen und diese in die Runde einfügen und mit der ersten Farbe weiterarbeiten. In den folgenden 2 Runden jeweils die beiden äußeren der neu angeschlagenen Zwickelmaschen keilförmig wieder abnehmen. Beim Daumen werden diese 4 Maschen dann am Anschlag wie beim geraden Daumen aufgenommen und auch in den ersten beiden Runden wieder abgenommen.

Bild 7
Die Spitze beim Fäustling: Den Handschuh nach dem Stilllegen der Daumenmaschen gerade bis zum Beginn des kleinen Fingers stricken, dann mit den Bandabnahmen beginnen. Dafür jeweils die ersten 2 Maschen nach dem Bruch (= Pfeile im 1. Bild) rechts verschränkt zusammenstricken und die letzten 2 Maschen vor dem Bruch rechts zusammenstricken. (Für ein breiteres Band die Abnahmen um je 1 Masche vom Bruch weg verlegen.) Diese Abnahmen erfolgen in jeder 2. Runde. Die letzten 8 Maschen werden mit dem Arbeitsfaden zusammengezogen.

Bild 8
Den kleinen Finger bei Fingerhandschuhen arbeiten: Den Handschuh bis zum Beginn des kleinen Fingers wie beim Fäustling stricken. Dann insgesamt ein Viertel des Maschenanschlags vom Handrücken und von der Innenseite nehmen. Hier sind es 6 Maschen vom Handrücken und 5 Maschen von der Innenseite. Nun mit einem Kontrastfaden für den Steg zwischen kleinem Finger und Ringfinger 2 Maschen anschlagen. Mit diesen (im Beispiel 13) Maschen den kleinen Finger arbeiten. Für die Spitze dann jeweils die ersten 2 Maschen auf jeder Nadel rechts verschränkt zusammenstricken. Die letzten 3 Maschen mit dem Arbeitsfaden zusammenziehen.

Bild 9
Den Ringfinger arbeiten: Die 2 Maschen über dem Kontrastfaden aufnehmen und den Kontrastfaden herauslösen. Mit allen restlichen Maschen 2 Runden stricken. Nun nimmt man für den Ringfinger die beiden Stegmaschen und neben dem kleinen Finger – jeweils von der Innenseite und vom Handrücken – insgesamt ein Viertel des

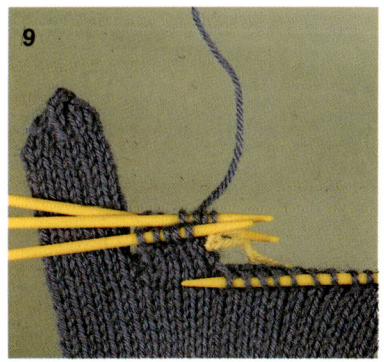

Anschlags minus 1 Masche (hier: 2 x 5 Maschen) und schlägt dazu noch mit dem Kontrastfaden 2 Maschen als Steg zwischen Ring- und Mittelfinger an. Den Ringfinger mit diesen (14) Maschen wie den kleinen Finger arbeiten.

Den Mittelfinger und den Zeigefinger arbeiten: Für den Mittelfinger auch wieder die beiden Stegmaschen aufnehmen, den Kontrastfaden herauslösen und dann wie beim Ringfinger insgesamt ein Viertel des Anschlags minus 1 Masche nehmen: 5 vom Handrücken und 5 von der Innenseite. Dazu mit dem Kontrastfaden 3 Maschen als neuen Steg zwischen Mittel- und Zeigefinger anschlagen und mit diesen (15) Maschen den Mittelfinger arbeiten. Zuletzt den Zeigefinger mit den restlichen (13) Maschen und den 3 Stegmaschen stricken.

Wenn man keine Zwischenrunden vor dem Beginn des Ringfingers arbeitet, kann man die Finger auch – wie unten beschrieben – mit dem Zeigefinger beginnen.

Fingerhandschuhe mit Zopf

Material

Schachenmayr Wolle, Qualität Nomotta Smoky: 100 g in Petrol Nr. 1561, 50 g in Türkis Nr. 1566, 1 Rest in Gelb Nr. 1562. 1 Paar Stricknadeln Nr. 3–3 ½, 1 Nadelspiel Nr. 3–3 ½, 1 Zopfmusternadel.

Strickmuster

I (Bündchenmuster): Mit dem Nadelspiel in Türkis 1 M rechts, 1 M links in Rd stricken.
II: Mit Nadeln Nr. 3–3 ½ in Petrol glatt rechts (= Hinr. rechte M, Rückr. linke M oder in Rd alle M rechts) stricken.
III: Nur in Gelb einen Zopf über 8 M stricken.
1.–6. R: glatt rechts.
7. R: 4 M auf die 1 Hilfsnadel vor die Arbeit legen, 4 M rechts, dann die M der Hilfsnadel rechts stricken.
8. R: links.
9. und 10. R: glatt rechts.
Die 1.–10. R 2 x wiederholen, dann noch 2 R glatt rechts stricken = insgesamt 32 R.

Maschenprobe

22 M und 30 R im Strickmuster II = 10 x 10 cm.

Arbeitsanleitung

Linker Handschuh

36 M in Türkis anschlagen und 5,5 cm im Muster I arbeiten, dabei in der letzten Rd verteilt 8 M zunehmen = 44 M. In R weiterstricken, dafür die Arbeit bei Rd-Ende wenden und zunächst 1 Rückr. in Petrol links stricken, dann in folgender Einteilung weiterarbeiten: 6 M im Muster II, 8 M im Muster III und 30 M im Muster II. Mit 3 Knäueln arbeiten und beim Farbwechsel die Fäden auf der Rückseite verkreuzen.
In 6 cm Höhe (= 18 R) ab den Mustern II und III in der folgenden Hinr. die letzten 6 M für den Daumen stillegen und in der folgenden R 6 M dazu anschlagen.
Nach der 32. Zopfmusterr. die Arbeit wieder zur Rd schließen, die M auf 4 Nadeln verteilen und im Muster II 2 Rd stricken, dann die Finger wie beschrieben arbeiten. Für den Daumen die 6 stillgelegten M nehmen, 1 M dazu anschlagen, aus den 6 neu angeschlagenen M für das Daumenloch 6 M aufnehmen = 13 M und im Muster II 5 cm stricken, dann für die Spitze ebenfalls wie beschrieben abnehmen. Die Naht schließen.
Den rechten Handschuh gegengleich arbeiten.

Fausthandschuhe mit Noppenmuster

Material

Schachenmayr Wolle, Qualität Nomotta Extra, 100 g in Natur Nr. 7639. 1 Nadelspiel Nr. 3–3 ½.

Strickmuster

I (Bündchenmuster): 1 M rechts, 1 M links in Rd.
II: Glatt rechts in Rd stricken (= alle M rechts).
III (Noppenmuster): Maschenzahl durch 4 teilbar plus 1 M.
1. Rd: * 1 Noppe arbeiten (= aus der folgenden M 1 rechte M, 1 linke M, 1 rechte M, 1 linke M und 1 rechte M herausstricken, wenden, die 5 Noppenm. rechts stricken, wenden, 5 M links, wenden, 5 M rechts, wenden, 2 Noppenm. verschränkt zusammenstricken, die folgende Noppenm. abheben, 2 Noppenm. rechts zusammenstricken und die abgehobene M und die zusammengestrickte M darüberziehen), 3 M rechts, ab * wiederholen, dann aus der folgenden M noch 1 Noppe herausstricken.
2. und 3. Rd: rechts.
4. Rd: 2 M rechts, * 1 Noppe, 3 M rechts, ab * 2 x wiederholen, 1 Noppe, 2 M rechts.

5. und 6. Rd: rechts.
Die 1.–6. Rd fortlaufend wiederholen.

Maschenprobe

24 M im Muster II und 21 M im Muster III und 34 Rd = 10 x 10 cm.

Arbeitsanleitung

Rechter Handschuh

40 M in Natur anschlagen und 5 cm im Muster I stricken. Nun für den Handrücken mit 17 M im Muster III und für die Innenfläche mit den restlichen 23 M im Muster II weiterarbeiten = 8 M auf der 1. Nadel, 9 M auf der 2. Nadel, 12 M auf der 3. Nadel und 11 M auf der 4. Nadel.
In 8 cm Höhe ab dem Bündchen, nachdem 26 Rd gestrickt sind, die 3.–10. M von der 3. Nadel für den Daumen stillegen und in der folgenden Rd 8 M dazu anschlagen.
In 16 cm Höhe ab dem Bündchen, nachdem 52 Rd im Muster II gestrickt sind, für die Schlußabnahmen 2 M von der 4. auf die 1. Nadel und 2 M von der 3. auf die 2. Nadel nehmen. In der folgenden Rd die 1. und 2. M der 1. und 3. Nadel rechts überzogen zusammenstricken und die letzten 2 M der 2. und 4. Nadel rechts zusammenstricken. Diese Abnahmen noch 2 x in jeder 2. Rd wiederholen, dann in jeder Rd abnehmen, bis noch 8 M übrig sind. Durch die Abnahmen wird in jeder Noppenr. 1 Noppe weniger gestrickt.
Die restlichen M zusammenziehen. Für den Daumen aus den neu angeschlagenen M 8 M aufnehmen, die stillgelegten M dazunehmen und 5 cm in Rd rechts stricken, dann für die Spitze abnehmen.
Den linken Handschuh gegengleich arbeiten.

Handschuhe mit bunten Fingerspitzen

Material

Schachenmayr Wolle, Qualität Nomotta Regia 4fädig: 50 g in Petrol Nr. 1996, je 1 Rest in Pink Nr. 2017, Smaragd Nr. 2008, Lila Nr. 2011 und Grau Nr. 1970. 1 Nadelspiel Nr. 2 ½–3.

Strickmuster

I (Bündchenmuster): 1 M rechts, 1 M links in Petrol stricken.
II: Glatt rechts (= alle M rechts), dabei in Petrol oder nach dem Zählmuster

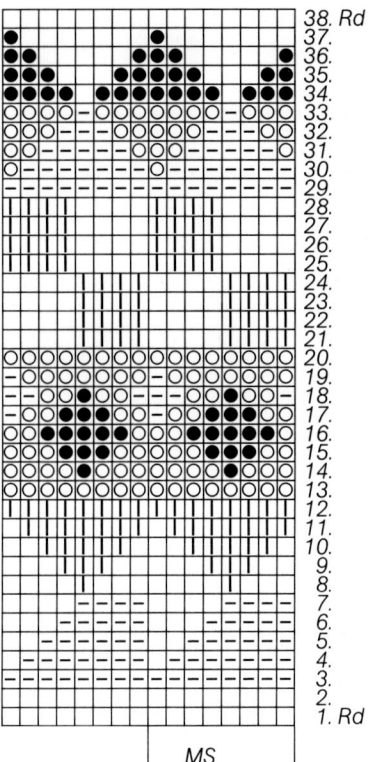

Zählmuster
☐ = 1 M in Petrol
– = 1 M in Pink
I = 1 M in Smaragd
O = 1 M in Lila
● = 1 M in Grau
MS = Mustersatz

stricken (= 1 x die 1.–38. Rd arbeiten und den Mustersatz wiederholen).

Maschenprobe

30 M und 36 Rd im Strickmuster II = 10 x 10 cm.

Arbeitsanleitung

Rechter Handschuh

48 M in Petrol anschlagen und 4,5 cm im Muster I stricken, dann im Muster II nach dem Zählmuster weiterstricken, dabei in der 1. Rd verteilt 8 M zunehmen = 56 M (= 7 Mustersätze). Nach der 28. Rd die ersten 7 M der 3. Nadel für den Daumen stillegen und 7 M neu anschlagen. Nach der 38. Rd in Petrol die Finger wie folgt stricken: Den Zeigefinger mit den letzten 9 M der 2. Nadel und den ersten 8 M der 3. Nadel stricken, dabei für den Steg zwischen Zeige- und Mittelfinger 2 M dazu anschlagen = 19 M. Nach 22 Rd ab dem Fingerbeginn die Spitze in Grau stricken, dabei in der 2. Rd jede 3. M mit der vorhergehenden M rechts zusammenstricken = 13 M und in der folgenden Rd jede 2. M mit der vorhergehenden M rechts zusammenstricken. Die restlichen M zusammenziehen. Mit den anschließenden 8 M des Handrückens und 7 M der Innenseite den Mittelfinger wie den Zeigefinger stricken, dabei 2 M aufnehmen und für den Steg zwischen Mittel- und Ringfinger 2 M dazu anschlagen = 19 M. Die Spitze nach 23 Rd in Pink arbeiten. Mit den anschließenden 7 M des Handrückens und 6 M der Innenseite den Ringfinger stricken, dabei in der 1. Rd aus den Stegm. 2 M aufnehmen und für den Steg zwischen Ring- und kleinem Finger 2 M dazu anschlagen = 17 M. Nach 22

Rd die Spitze in Lila arbeiten. Mit den restlichen 11 M den kleinen Finger stricken, dabei aus den Stegm. 2 M aufnehmen = 13 M. Nach 17 Rd die Spitze in Smaragd arbeiten. Den Daumen mit 14 M stricken und nach 19 Rd die Spitze in Smaragd beenden. Den linken Handschuh gegengleich arbeiten.

Kinderfäustlinge im Patentmuster

Größe für 4–6 Jahre

Material

Schachenmayr Wolle, Qualität Nomotta Super Show: je 50 g in Grau Nr. 940, Hellgrau Nr. 905 und Hellbeige Nr. 901. 1 Nadelspiel Nr. 3–3 ½.

Strickmuster

I (Bündchenmuster): 1 M rechts, 1 M links in Grau arbeiten.
II: Maschenzahl durch 2 teilbar.
1. Rd: * 1 M rechts, 1 M links, ab * fortlaufend wiederholen.
2. Rd: * 1 M rechts abheben, Faden liegt hinter der M, folgende M links abstricken, dabei 1 R tiefer einstechen, ab * wiederholen.
1. und 2. Rd fortlaufend wiederholen.
Farbfolge: * 10 Rd in Hellgrau, 6 Rd in Hellbeige, 12 Rd in Grau, ab * fortlaufend wiederholen.

Maschenprobe

20 M und 44 Rd im Strickmuster II = 10 x 10 cm.

Arbeitsanleitung

Rechter Handschuh

36 M in Grau anschlagen und 7 Rd im Muster I stricken. Im Muster II in der Farbfolge weiterarbeiten. Nach der 38. Rd ab dem Bündchenmuster für den Daumen die ersten 6 M der 1. Nadel stillegen und 6 M dazu anschlagen. Nach 34 Rd ab dem Daumenloch die Bandabnahmen für die Spitze beginnen: Die ersten 2 M der 1. und 3. Nadel rechts verschränkt zusammenstricken, die letzten 2 M der 2. und 4. Nadel rechts zusammenstricken. Dies noch 1 x in der 4. folgenden Rd, dann in jeder 2. Rd wiederholen, bis noch 8 M übrig sind. Diese M zusammenziehen. Den Daumen mit 12 M arbeiten: Im Muster II in der Farbfolge 20 Rd stricken. In der folgenden Rd und in jeder 2. Rd die letzten 2 M jeder Nadel rechts zusammenstricken, bis noch 6 M übrig sind. Diese mit doppeltem Faden zusammenziehen.
Den linken Handschuh gegengleich arbeiten.

Weiße Fingerhandschuhe mit silbernen Streifen

Material

Schachenmayr Wolle, Qualität Nomotta Rondino: 50 g in Weiß Nr. 1800; Qualität Nomotta Capriccio: 20 g in Hellblau-Silber Nr. 803. Je 1 Nadelspiel Nr. 3 und 3 ½.

Strickmuster

I (Bündchenmuster): Mit Nadelspiel Nr. 3 1 M rechts, 1 M links in Rd.
II: Mit Nadeln Nr. 3 oder 3 ½ glatt rechts stricken.
III: Maschenzahl teilbar durch 4. Mit Nadelspiel Nr. 3 ½ arbeiten.
1.–4. Rd: in Weiß, rechts.
5. Rd: in Hellblau-Silber * 3 M rechts, die folgende M 4 R tiefer stechen, ab * fortlaufend wiederholen.
6.–9. Rd: in Weiß, rechts.
10. Rd: in Hellblau-Silber 1 M rechts, * die folgende M 4 R tiefer stechen, 3 M rechts, ab * wiederholen, 2 M rechts.
Die 1.–10. Rd stets wiederholen.

Maschenprobe

22 M und 45 Rd im Strickmuster III = 10 x 10 cm.

Arbeitsanleitung

Rechter Handschuh

40 M in Weiß anschlagen und 4,5 cm im Muster I stricken. Im Muster III weiterarbeiten und in 7,5 cm (= 35 Rd) Höhe die 1.–6. M der 1. Nadel für den Daumen stillegen und in der folgenden Rd 6 M dazu anschlagen. In 12 cm Höhe ab dem Bündchen (= 55 Rd) über alle M in Weiß 4 Rd rechts stricken, dann die Finger arbeiten. Für den kleinen Finger die letzten 5 M der 2. Nadel, die ersten 4 M der 3. Nadel nehmen und 2 M für den Steg dazu anschlagen = 11 M. 3 cm (= 10 Rd) rechts in Weiß, dann 1 Rd rechts in Hellblau-Silber mit doppeltem Faden stricken, dann den Finger in Weiß beenden. Nach insgesamt 15 Rd für die Spitze in den folgenden 2 Rd stets 2 M rechts zusammenstricken und die restlichen 3 M zusammenziehen. Für den Ringfinger die letzten 5 M der 2. Nadel und die ersten 5 M der 3. Nadel nehmen, aus dem Steg 2 M aufnehmen und für den 2. Steg 2 M dazu anschlagen = 14 M. Dann im Muster II stricken, und zwar 1 Rd in Weiß, 1 Rd in Hellblau-Silber mit doppeltem Faden und die restlichen Rd wieder in Weiß. Nach 18 Rd mit der Spitze beginnen. In den folgenden 2 Rd stets 2 M rechts zusammenstricken und die restlichen

4 M zusammenziehen. Für den Mittelfinger 5 M der 1. Nadel und 5 M der 4. Nadel nehmen, vom 2. Steg 2 M aufnehmen und für den 3. Steg 2 M neu anschlagen = 14 M. Im Muster II stricken und zwar 4 Rd in Weiß, 1 Rd in Hellblau-Silber mit doppeltem Faden und die restlichen Rd in Weiß. Nach 22 Rd die Spitze arbeiten. Für den Zeigefinger die restlichen M von der 1. und 4. Nadel nehmen, aus dem 3. Steg 4 M aufnehmen (= 15 M) und im Muster II stricken: 17 Rd in Weiß, 1 Rd in Hellblau-Silber mit doppeltem Faden und die restlichen Rd in Weiß. Nach 20 Rd die Spitze arbeiten.

Den Daumen mit 14 M arbeiten: Im Muster II stricken, und zwar 1 Rd in Hellblau-Silber mit doppeltem Faden, dann in Weiß weiterarbeiten. Nach 16 Rd für die Spitze abnehmen. Den linken Handschuh gegengleich arbeiten.

Geringelte Fingerhandschuhe

Material

Schachenmayr Wolle, Qualität Nomotta Extra: 50 g in Schwarz Nr. 7623, Reste in Grün Nr. 7724, Rot Nr. 7617, Blau Nr. 7609. 1 Nadelspiel Nr. 3–3 1/2.

Strickmuster

I (Bündchenmuster): 1 M rechts, 1 M links in Rd stricken.
II: Glatt rechts (= alle M rechts).
Farbfolge: * 2 Rd in Schwarz, 2 Rd in Grün, 2 Rd in Schwarz, 2 Rd in Rot, 2 Rd in Schwarz, 2 Rd in Blau, ab * fortlaufend wiederholen.

Maschenprobe

24 M und 30 Rd im Strickmuster II = 10 x 10 cm.

Arbeitsanleitung

Linker Handschuh

44 M in Schwarz anschlagen und 6 cm im Muster I stricken. Dann im Muster II weiterarbeiten. Nach 21 Rd ab dem Bündchen für den Daumen die 6.–11. M der 4. Nadel stillegen und in der folgenden Rd 6 M neu anschlagen. Nach 34 Rd ab dem Bündchen für den Zeigefinger 6 M von der 1. und 7 M von der 4. Nadel nehmen und für den Steg 3 M in Schwarz dazu anschlagen. Mit 16 M 6 cm im Muster II stricken. In der folgenden Rd jede 4. M mit der M davor, in der nächsten Rd jede 3. M mit der M davor rechts zusammenstricken und in der darauffolgenden Rd stets 2 M rechts zusammenstricken. Die restlichen 4 M zusammenziehen. Für den Mittelfinger 5 M von der 1. Nadel nehmen, für den Steg zwischen Mittel- und Ringfinger 2 M neu anschlagen, die letzte M von der 3. Nadel und die restlichen M von der 4. Nadel nehmen und dann aus den M vom 1. Steg 3 M aufnehmen = 15 M. In Blau im Muster II 7 cm stricken, anschließend die Spitze wie beim Zeigefinger arbeiten, die restlichen 5 M zusammenziehen.

Den Ringfinger in Rot arbeiten. 5 M von der 2. Nadel nehmen, 2 M für den Steg zwischen Ringfinger und kleinem Finger neu anschlagen, 5 M von der 3. Nadel nehmen und 2 M aus dem 2. Steg aufnehmen. Mit 14 M 6,5 cm im Muster II stricken, dann für die Spitze abnehmen und die restlichen M zusammenziehen. Den kleinen Finger in Grün stricken: 6 M von der 2. Nadel und 5 M von der 3. Nadel nehmen und aus dem 3. Steg 2 M aufnehmen. Mit 13 M 5 cm im Muster II stricken, dann die Spitze arbeiten. Für den Daumen die stillgelegten 6 M nehmen, dazu aus dem Anschlagrand vom Daumenloch 6 M aufnehmen und beidseitig je 1 M zusätzlich aufnehmen. Dann über die 14 M 5 cm im Muster II stricken. Anschließend für die Spitze abnehmen und die restlichen M zusammenziehen. Den rechten Handschuh gegengleich arbeiten.

Fausthandschuhe im Jacquardmuster

Material

Schachenmayr Wolle, Qualität Nomotta Country: 100 g in Dunkelblau Nr. 8122, 100 g in Rot Nr. 8130, jeweils Reste in Weiß Nr. 8118 und in Gelb Nr. 8140. Je 1 Nadelspiel Nr. 3 und Nr. 3 1/2–4.

Strickmuster

I (Bündchenmuster): Mit Nadeln Nr. 3 2 M rechts, 2 M links.
II: Mit Nadeln Nr. 3 1/2–4 glatt rechts nach der Strickschrift im Jacquardmuster arbeiten.

Maschenprobe

22 M und 27 Rd im Strickmuster II = 10 x 10 cm.

Arbeitsanleitung

Linker Handschuh

40 M in Dunkelblau anschlagen und im Muster I in Rd 7 cm stricken, dann im Muster II weiterarbeiten, dabei die M so verteilen, daß auf der 1. Nadel 9 M, auf der 2. und 3. Nadel 10 M und auf der 4. Nadel 11 M sind. In der 15. Rd die 2.–9. M der 4. Nadel stillegen und in der folgenden Rd 8 M neu anschlagen. In der 40. Zählmuster-Rd für die Spitze die 2. und 3. M der 1.

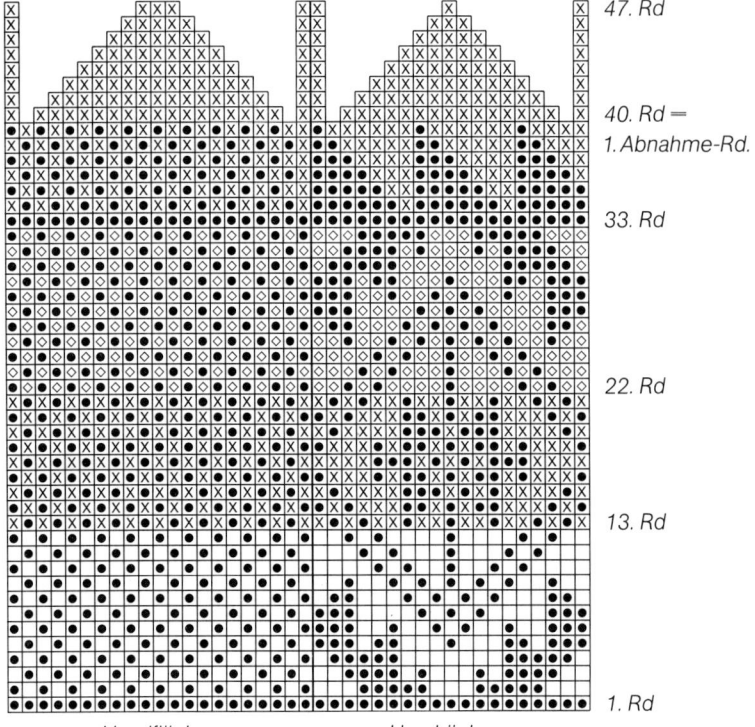

Handfläche   *Handrücken*

□ = 1 M in Weiß
● = 1 M in Dunkelblau
X = 1 M in Rot
◇ = 1 M in Gelb

und 3. Nadel rechts zusammenstrikken, die dritt- und zweitletzte M der 2. und 4. Nadel rechts verschränkt zusammenstricken. Diese Abnahmen in jeder Rd wiederholen, die letzten 8 M zusammenziehen. Den Daumen mit 18 M in Dunkelblau stricken. In der 16. Rd die 2 ersten M jeder Nadel zusammenstricken = 15 M, 2 Rd stricken, in der folgenden Rd wieder abnehmen = 12 M. 1 Rd arbeiten, dann in jeder Rd abnehmen, bis noch 6 M übrig sind. Diese zusammenziehen.
Den rechten Handschuh gegengleich arbeiten.

Fingerhandschuhe mit Pompons

Material

Schachenmayr Wolle, Qualität Nomotta Regia 4fädig, 50 g in Cyclame Nr. 2017. 1 Nadelspiel Nr. 2 ½–3.

Strickmuster

I: Mäusezähnchensaum.
1.–4. Rd: rechts.
5. Rd: * 2 M rechts zusammenstricken, 1 Umschlag, ab * wiederholen.
6. Rd: alle M, auch die Umschläge, rechts.
7.–10. Rd: rechts.
II: 1. und 2. Rd: rechts.
3. Rd: * 1 Umschlag, 2 M rechts, den Umschlag über die 2 gestrickten M ziehen, 2 M rechts, ab * wiederholen.
4. Rd: rechts.
5. Rd: * 2 M rechts, 1 Umschlag, 2 M rechts, den Umschlag über die 2 gestrickten M ziehen, ab * wiederholen.
6. Rd: rechts.
Die 3.–6. Rd stets wiederholen.

Maschenprobe

26 M und 34 Rd im Strickmuster II = 10 x 10 cm.

Arbeitsanleitung

Rechter Handschuh

40 M anschlagen und 10 Rd im Muster I, dann im Muster II stricken, dabei in der 1. Rd 4 M zunehmen = 44 M. Nach 8 cm Höhe im Muster II (= 28 Rd) für den Daumen die 1.–6. M der 1. Nadel stillegen, in der folgenden Rd über diesen 6 M neu anschlagen. Dann in 13 cm Höhe im Muster II (= 44 Rd) die letzten 5 M von der 2. Nadel und die ersten 5 M von der 3. Nadel nehmen, für den Steg zwischen dem kleinen Finger und Ringfinger 2 M neu anschlagen und den kleinen Finger im Muster II 14 Rd = 4 cm hoch stricken. In der folgenden Rd jede 2. und 3. M rechts zusammenstricken und in der nächsten Rd 4 x 2 M rechts zusammenstricken. Die restlichen M zusammenziehen.
Für den Ringfinger die 1. M von der 2. auf die 1. Nadel und die letzte M von der 3. auf die 4. Nadel nehmen = je 12 M auf der 1. und 4. Nadel. Mit den restlichen je 5 M von der 2. und 3. Nadel weiterarbeiten, dazwischen aus dem Steg 2 M aufnehmen und für den 2. Steg 2 M neu anschlagen = 14 M. 18 Rd im Muster II stricken, dann für die Spitze stets 2 M rechts zusammenstricken und die restlichen 4 M zusammenziehen.
Für den Mittelfinger die letzten 5 M von der 1. Nadel nehmen, aus dem 2.

Steg 2 M aufnehmen, die ersten 5 M von der 4. Nadel nehmen und für den 3. Steg 2 M neu anschlagen = 14 M. 20 Rd im Muster II stricken, dann wie beim Ringfinger für die Spitze abnehmen. Den Zeigefinger mit den restlichen 14 M von der 1. und 4. Nadel und 2 M aus dem 3. Steg arbeiten = 14 M. 18 Rd im Muster II stricken, dann für die Spitze abnehmen. Den Daumen mit 14 M im Muster II stricken, dabei die aufgenommenen M zu beiden Seiten als rechte M hochlaufen lassen. Nach 18 Rd für die Spitze abnehmen.

Den Mäusezähnchenrand zur Hälfte nach innen nähen. 5 Pompons von ca. 2,5 cm Durchmesser anfertigen und aufnähen. Den linken Handschuh gegengleich arbeiten.

Fäustlinge im Norwegermuster

Material

Schachenmayr Wolle, Qualität Nomotta Regia 4fädig: ca. 50 g in Blau Nr. 1988, ca. 50 g in Weiß Nr. 600. 1 Nadelspiel Nr. 2 1/2–3.

Strickmuster

I (Bündchenmuster): 1 M rechts, 1 M links in Rd stricken.
II: Glatt rechts in Norwegertechnik nach dem Zählmuster bei der Mütze arbeiten.

Maschenprobe

30 M und 37 Rd im Strickmuster II = 10 x 10 cm.

Arbeitsanleitung

Rechter Handschuh

56 M in Blau anschlagen und im Muster I 12 Rd stricken, dann 2 Rd in Weiß, 2 Rd in Blau, 1 Rd in Weiß, 2 Rd in Blau, 1 Rd in Weiß, 2 Rd in Blau, 2 Rd in Weiß, 10 Rd in Blau im Muster I stricken. Weiter im Muster II nach dem Zählmuster stricken, dabei den Handrücken (1. und 2. Nadel) wie folgt arbeiten: 1 x die 1.–13. Rd vom Zählmuster I, 1 x die 1.–37. Rd vom Zählmuster II: 1 x von A bis D und 1 x von A bis B stricken, wobei 1 M von der 3. Nadel auf die 2. Nadel geholt wird, dann bis zum Schluß die 1.–8. Rd vom Zählmuster I fortlaufend wiederholen. Die Innenseite ganz im Zählmuster I stricken.

Gleichzeitig in der 3. Rd nach dem Bündchen für den Daumenzwickel und nach der 3. M der 3. Nadel 1 M zunehmen. Diese Zunahme noch 7 x in jeder 3. Rd wiederholen. In der 25. Rd die 17 Daumenm. stillegen und 5 M neu anschlagen = 17 M auf der 3. Nadel. In der 2. folgenden Rd von den neu angeschlagenen M die 1. M mit der M danach rechts verschränkt und die 5. M mit der M davor rechts zusammenstricken und in der 2. folgenden Rd die restlichen 3 M der neu angeschlagenen M durch Überziehen zusammenstricken (2 M zusammen rechts abheben, folgende M rechts stricken und die abgehobenen M darüberziehen) = 13 M auf der 3. Nadel, 15 M auf der 2. Nadel und je 14 M auf der 1. und 4. Nadel. Nach der 37. Rd im Muster II 1 M von der 2. Nadel wieder auf die 3. Nadel nehmen = 14 M pro Nadel und in der 2. folgenden Rd mit den Bandabnahmen für die Spitze beginnen: Von der 1. und 3. Nadel die 2. und 3. M rechts überzogen zusammenstricken, von der 2. und 4. Nadel die dritt- und zweitletzte M rechts zusammenstricken. Diese Abnahmen noch 2 x in jeder 3. und 3 x in jeder 2. Rd wiederholen. Die restlichen 8 M mit Maschenstich verbinden. Für den Daumen die stillgelegten M nehmen und aus den neu angeschlagenen M 5 M aufnehmen = 22 M. Glatt rechts im Zählmuster I weiterarbeiten, die restlichen M in Weiß arbeiten. In der 17. Rd die letzte M jeder Nadel mit der M davor rechts zusammenstricken und diese Abnahmen in jeder folgenden Rd wiederholen, bis noch 4 M übrig sind; zusammenziehen. Den linken Fäustling gegengleich stricken.

Fingerhandschuhe mit aufgestickten Ranken

Material

Schachenmayr Wolle, Qualität Nomotta Extra: 100 g in Grau meliert Nr. 7637, je 1 Rest in Oliv, Erica, Petrol, Cyclame, Grün, Gelb. 1 Nadelspiel Nr. 3–3 1/2.

Strickmuster

I (Bündchenmuster): 2 M rechts, 2 M links in Rd arbeiten.
II: Glatt rechts in Rd (= alle M rechts) arbeiten.

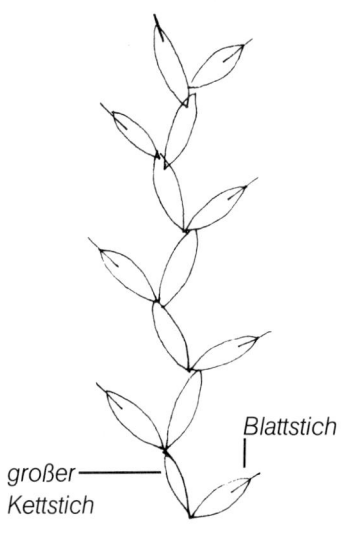

großer Kettstich — *Blattstich*

Maschenprobe

24 M und 30 Rd im Strickmuster II = 10 x 10 cm.

Arbeitsanleitung

Die Handschuhe in Grau wie die geringelten stricken. Den Handrücken einschließlich der Finger im Blatt- und Kettenstich über 5 M nach dem Stickschema besticken. Über dem Bündchen beginnen und die Ranke zum kleinen Finger in Erica mit olivfarbenen Blättern, die Ranke zum Ringfinger in Gelb mit grünen Blättern, die Ranke zum Mittelfinger in Cyclame mit petrolfarbenen Blättern und die 4. Ranke in Oliv mit gelben Blättern sticken. Die Innenseite des Daumens in Erica mit olivfarbenen Blättern besticken. Die Bündchen über dem Anschlagrand in Cyclame mit 1 Rd Hexenstich besticken.

Fausthandschuhe mit eingestrickten Punkten

Material

Schachenmayr Wolle, Qualität Nomotta Extra: 100 g in Türkis, je 20 g in Weiß und Dunkelblau. 1 Nadelspiel Nr. 3.

Strickmuster

I (Bündchenmuster): 1 Rd rechte M, 1 Rd linke M.
II: Maschenzahl teilbar durch 4. Glatt rechts in Rd stricken.
1. Rd: in Türkis.
2. Rd: abwechselnd 3 M in Türkis, 1 M in Weiß.
3.–5. Rd: in Türkis.
6. Rd: 1 M in Türkis, * 1 M in Weiß, 3 M in Türkis, ab * wiederholen, enden mit 1 M in Weiß, 2 M in Türkis.
7.–9. Rd: in Türkis.
2.–9. Rd fortlaufend wiederholen.

Maschenprobe

24 M und 32 Rd im Strickmuster II = 10 x 10 cm.

Arbeitsanleitung

Linker Handschuh

40 M in Dunkelblau anschlagen und 5 cm (= 26 Rd) im Muster I stricken. Anschließend im Muster II weiterarbeiten und in der 1. Rd 8 x nach jeder 5. M 1 M zunehmen. In 7 cm Höhe ab dem Bündchen (= 22 Rd) für den Daumen die 4.–11. M der 4. Nadel stilllegen und in der nächsten Rd 8 M neu anschlagen. In 9 cm Höhe ab dem Daumenschlitz (= 30 Rd) für die Spitze 9 x in jeder Rd Bandabnahmen mit 4 Zwischenm. arbeiten. Danach die beiden mittleren M jeder Hälfte zusammenstricken. Die restlichen 10 M zusammenziehen. Für den Daumen die 8 stillgelegten M nehmen und aus den neu angeschlagenen M 8 M aufnehmen. 5 cm im Muster I stricken, dann am Ende der folgenden Rd die beiden letzten M zusammenstricken. Danach in jeder Rd am Ende jeder Nadel 2 M zusammenstricken und die restlichen 6 M zusammenziehen. Den rechten Handschuh gegengleich arbeiten.

Fingerhandschuhe im Jacquardmuster

Material

Schachenmayr Wolle, Qualität Nomotta Cordella: 50 g in Erica Nr. 981, je 1 Rest in Bordeaux Nr. 964, Natur Nr. 777, Grau Nr. 966, Blau Nr. 766. 1 Nadelspiel Nr. 2–2 ½.

Strickmuster

I (Bündchenmuster): In Erica 1 M rechts, 1 M links in Rd arbeiten.
II: Glatt rechts in Erica oder nach der Strickschrift der Mütze arbeiten.

Maschenprobe

24 M und 32 Rd im Strickmuster II = 10 x 10 cm.

Arbeitsanleitung

Linker Handschuh

56 M anschlagen und 6,5 cm im Muster I stricken, dann 2 Rd im Muster II in Erica arbeiten, dabei in der 1. Rd gleichmäßig verteilt 4 M zunehmen. 40 Rd nach der Strickschrift arbeiten. In der 5. Zählmuster-Rd für den Daumenzwickel auf der 4. Nadel beidseitig der vorletzten M 1 M zunehmen und dies in jeder 3. folgenden Rd wiederholen, bis der Zwickel 15 M zählt. Nach der 24. Zählmuster-Rd diese 15 M stilllegen und darüber 5 M neu anschlagen. In der 2. folgenden Rd die 1. neu angeschlagene M mit der M davor rechts verschränkt zusammenstricken, die letzte neu angeschlagene M mit der M danach rechts zusammenstricken. Diese Abnahmen in der 2. folgenden Rd wiederholen = 60 M. Nach 10 Rd ab dem Daumenloch den kleinen Finger in Erica stricken: Von der 2. Nadel die letzten 7 M und von der 3. Nadel die ersten 7 M nehmen und dazwischen für den Steg 4 M neu anschlagen = 18 M. Nach 21 Rd im Muster II für die Spitze jede 6. M mit der M davor rechts zusammenstricken. Die Abnahmen übereinander in jeder Rd wiederholen. Die restlichen M zusammenziehen. Mit den restlichen 46 M noch die letzten 4 Rd im Zählmuster stricken, dabei in der 1. Rd

aus den Stegm. des kleinen Fingers 4 M aufnehmen = 50 M. Nach der letzten Rd mit den anschließenden 7 M des Handrückens, 4 M aus dem Steg und den anschließenden 6 M der Innenseite den Ringfinger in Erica stricken, dabei in der 1. Rd für den Steg zwischen Ring- und Mittelfinger 4 M neu anschlagen = 21 M. In der 28. Rd mit der Spitze beginnen: Jede 7. M mit der M davor rechts zusammenstricken. Die Abnahmen in jeder Rd wiederholen. Die restlichen M zusammenziehen. Für den Mittelfinger mit den folgenden 7 M des Handrückens und den 7 folgenden M der Innenseite weiterarbeiten, dabei in der 1. Rd aus dem Ringfingersteg 4 M aufnehmen und für den Steg zwischen Mittel- und Zeigefinger 4 M neu anschlagen = 22 M. Nach 30 Rd die Spitze wie beim Ringfinger stricken. Mit den restlichen 19 M den Zeigefinger stricken, dabei in der 1. Rd aus den Stegm. des Mittelfingers 3 M aufnehmen = 22 M. Nach 28 Rd die Spitze wie beim Ringfinger arbeiten. Für den Daumen die stillgelegten 15 M nehmen und aus den neu angeschlagenen M 4 M aufnehmen = 19 M. Nach 20 Rd die Spitze arbeiten. Den rechten Handschuh gegengleich arbeiten.

Mützen und Schals stricken

Kindermütze im Norwegermuster

Kopfweite 42–44 cm

Material

Schachenmayr Wolle, Qualität Nomotta Regia 4fädig: ca. 50 g in Blau Nr. 1988, ca. 50 g in Weiß Nr. 600. 1 Nadelspiel Nr. 2 ½–3.

Strickmuster

I (Bündchenmuster): 1 M rechts, 1 M links.
II: Glatt rechts (= in Rd alle M rechts) in Norwegertechnik nach Zählmuster I und II arbeiten. Den Mustersatz stets wiederholen. 1 x die 1.–13. Rd des Musters I und 1 x die 1.–37. Rd des Musters II, dann stets die 1.–8. Rd des Musters I arbeiten.

Maschenprobe

30 M und 37 Rd = 10 x 10 cm.

Arbeitsanleitung

120 M anschlagen und 8 Rd im Strickmuster I arbeiten; dann glatt rechts in Blau und nach 10 Rd in Blau mit dem Strickmuster II beginnen. Nach 58 Rd im Norwegermuster die M auf den Nadeln um 2 M nach links verschieben = die letzten 2 M jeder Nadel werden auf die folgende Nadel übernommen. Nun mit den Bandabnahmen für die Spitze beginnen: Bei der 1. Nadel die vorletzte M mit der M davor rechts zusammenstricken, bei der 2. Nadel die 2. und 3. M rechts überzogen zusammenstricken, bei der 3. Nadel wie bei der 1. und bei der 4. wie bei der 2. Nadel arbeiten. Diese Abnahmen in jeder Rd wiederholen, bis nur noch 8 M auf den Nadeln sind. Diese M mit Maschenstichen verbinden.

Damenmütze im Jacquardmuster

Kopfweite 50–52 cm

Material

Schachenmayr Wolle, Qualität Nomotta Cordella: 50 g in Erica Nr. 981, je 1 Rest in Bordeaux Nr. 964, Natur Nr. 777, Grau Nr. 966, Blau Nr. 766. 1 Nadelspiel Nr. 2 ½–3.

Strickmuster

I: Glatt rechts (= in Rd alle M rechts) in Erica.
II: In Norwegertechnik glatt rechts nach dem Zählmuster arbeiten, dabei die 1.–42. Rd 1 x stricken und den Mustersatz fortlaufend wiederholen.

Maschenprobe

24 M und 33 Rd = 10 x 10 cm.

Arbeitsanleitung

120 M anschlagen, 24 Rd im Muster I, 42 Rd im Muster II und den Rest wieder im Muster I stricken. Nach dem Muster II jede 20. M kennzeichnen und mit der M davor rechts zusammenstricken. Diese Abnahmen noch 8 x in jeder 2. Rd wiederholen, bis nur noch die gekennzeichneten M auf den Nadeln sind. Diese M zusammenziehen, die Fäden vernähen. Den Rand nach außen rollen.

Blaue Kindermütze (oben, ganz links)

Mütze mit eingestrickten Punkten (oben, links)

Lappenmütze und Schal (Mitte, ganz links)

Kindermütze im Norwegermuster (Mitte, links)

Blaue Schildmütze (unten, ganz links)

Damenmütze im Jacquardmuster (unten, links)

Damenmütze mit aufgestickten Blumen (oben, rechts)

Damenmütze und Schal mit Zöpfen (unten)

Baskenmütze und Schal mit Noppen (unten, rechts)

Zählmuster zur Mütze im Norwegermuster

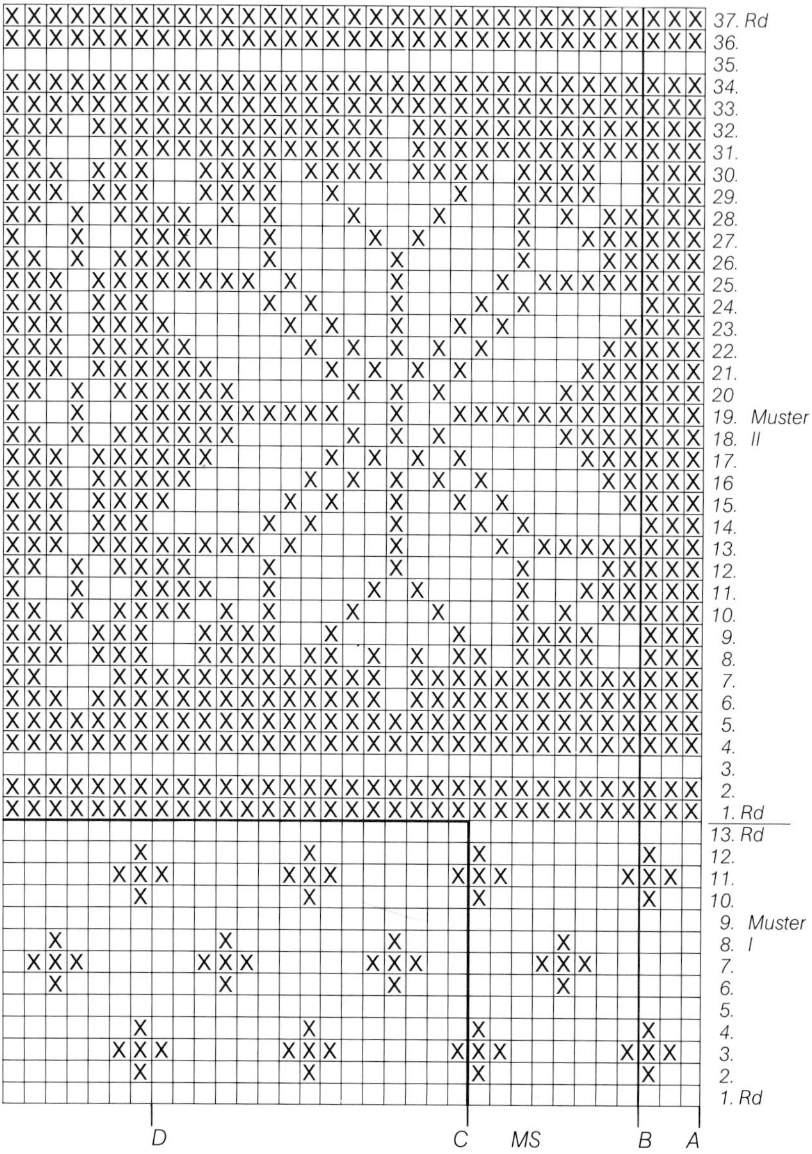

Zählmuster zur Mütze im Jacquardmuster

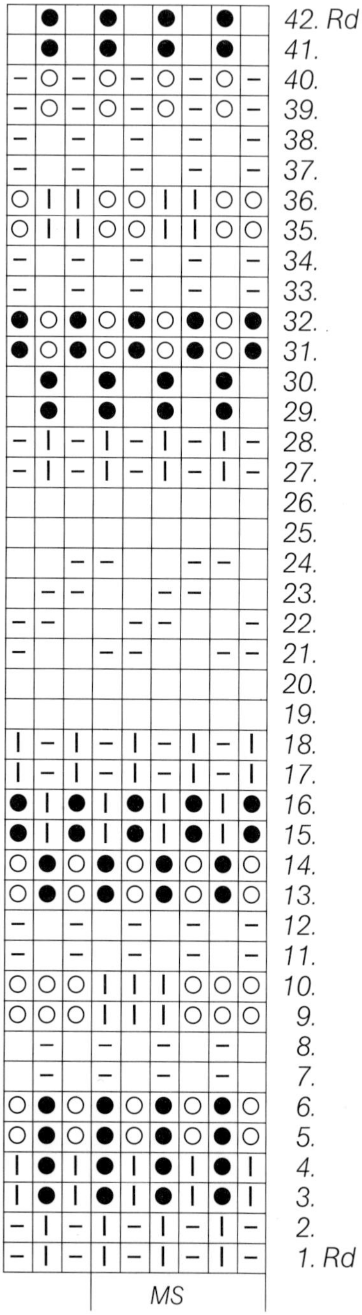

□ = 1 M in Weiß
X = 1 M in Blau
MS = Mustersatz

Mütze mit eingestrickten Punkten

Kopfweite 50–52 cm

Material

Schachenmayr Wolle, Qualität Nomotta Extra: 100 g in Türkis, je 20 g in Weiß und Dunkelblau. 1 Nadelspiel Nr. 3.

Strickmuster

I: Maschenzahl teilbar durch 4; glatt rechts (in Rd alle M rechts) stricken.

− = 1 M in Natur   □ = 1 M in Erica
● = 1 M in Grau   I = 1 M in Bordeaux
○ = 1 M in Blau

68

1. Rd: in Türkis.
2. Rd: abwechselnd 3 M in Türkis und 1 M in Weiß.
3.–5. Rd: in Türkis.
6. Rd: 1 M in Türkis, * 1 M in Weiß, 3 M in Türkis, ab * stets wiederholen, enden mit 1 M in Weiß und 2 M in Türkis.
7.–9. Rd: in Türkis.
Die 2.–9. Rd stets wiederholen.
II (Krausrippen): Abwechselnd 1 Rd rechte M und 1 Rd linke M.

Maschenprobe

24 M und 32 Rd = 10 x 10 cm.

Arbeitsanleitung

120 M in Dunkelblau anschlagen und für den Aufschlag 3 cm (10 Rd) im Muster I nur in Dunkelblau arbeiten. Dann die Farbenfolge beginnen. In 10 cm Höhe (nach 32 Rd) 12 x jede 9. und 10. M rechts zusammenstricken. Diese Abnahmen noch 8 x in jeder 4. Rd wiederholen, dafür stets die M der vorherigen Abnahme mit der M davor zusammenstricken. Die restlichen 12 M zusammenziehen. Anschließend in Weiß eine 10 cm lange Quaste anfertigen und mit einer Kette aus 4 Luftm. in der Mützenmitte befestigen.

Blaue Kindermütze

Material

Schaffhauser Wolle, Qualität ALLROUND, 80 g in Eis Nr. 93. 1 Nadelspiel Nr. 3.

Strickmuster

I: 2 M rechts, 2 M links.

Maschenprobe

26 M gedehnt = 10 cm Breite.

Arbeitsanleitung

128 M anschlagen und 13 cm stricken, dann die vorderen 42 M stilllegen. Die 2 ersten und die 2 letzten M sollen linke M sein. Beidseitig der restlichen 86 M 1 Randm. anschlagen und in R 14 cm stricken. Dann beidseitig 29 M stilllegen. Mit den mittleren 30 M weiterstricken, dabei am Ende der 1. R die letzte M (rechte M) mit der 1. stillgelegten M überzogen abnehmen, wenden, 1 M links abheben, bis vor die letzte M stricken, diese mit der 1. stillgelegten M links zusammenstricken, wenden, 1 M rechts abheben. Diese 2 R stets wiederholen, bis keine von den zuletzt stillgelegten M mehr vorhanden sind. Die 30 M auf der Nadel lassen. Nun die Abschlußblende anstricken: An den beiden Längskanten je 40 M aufnehmen, die stillgelegten 30 und 42 M abstricken (= 152 M) und in Rd 4 cm arbeiten. Dabei soll das Rechts-Links-Muster durchgehend sein. Dann alle M abketten, die Blende zur Hälfte nach innen umschlagen und annähen.

Damenmütze mit aufgestickten Blumen

Material

Schaffhauser Wolle, Qualität MOHAIR SOUPLESSE 50: 30 g in Saphir Nr. 35, 10 g in Türkis Nr. 88, je 5 g in Pink Nr. 80 und Violett Nr. 54. 1 Nadelspiel Nr. 4.

Strickmuster

I: Glatt rechts (= in Rd alle M rechts).

Maschenprobe

19 M = 10 cm Breite.

Arbeitsanleitung

In Türkis 90 M anschlagen und im Muster I arbeiten. Dabei nach 4 cm in Saphir weiterstricken. In 14 cm Höhe mit den 8er-Schlußabnahmen beginnen: * 2 M rechts zusammenstricken, 8 M rechts, ab * noch 8 x wiederholen. Diese Abnahmen in jeder 2. R wiederholen, dabei wird der Abstand zwischen den Abnahmen stets um 1 M kürzer. Nach den 1er-Abnahmen noch 1 Rd stricken, in der folgenden Rd stets 2 M rechts zusammenstricken, dann die restlichen M zusammenziehen. 2 Motive aufsticken, dabei zwischen den beiden Motiven 15 M frei lassen und die 1. R des Motivs in der 3. Rd in Saphir beginnen.

Baskenmütze und Schal

Material

Schaffhauser Wolle; Mütze: Qualität FLAMINIA, 90 g in Quarz Nr. 49; Schal: Qualität VOILÀ, 170 g in Rosé Nr. 91. Je 1 Nadelspiel Nr. 5 und 6, 1 Paar Stricknadeln Nr. 4.

Strickmuster

I: 1 M rechts, 1 M links mit Nadelspiel Nr. 5.
II: Glatt rechts (= in Rd alle M rechts) mit Nadelspiel Nr. 6.
III: Kraus rechts (=Hinr. und Rückr. rechts) mit Nadeln Nr. 4.
IV: Mit Nadeln Nr. 4 nach der Strickschrift arbeiten.

Maschenprobe

15 M im Muster II = 10 cm Breite.

Arbeitsanleitung

Mütze

64 M anschlagen und im Muster I 3,5

Stickschema zur Mütze mit aufgestickten Blumen

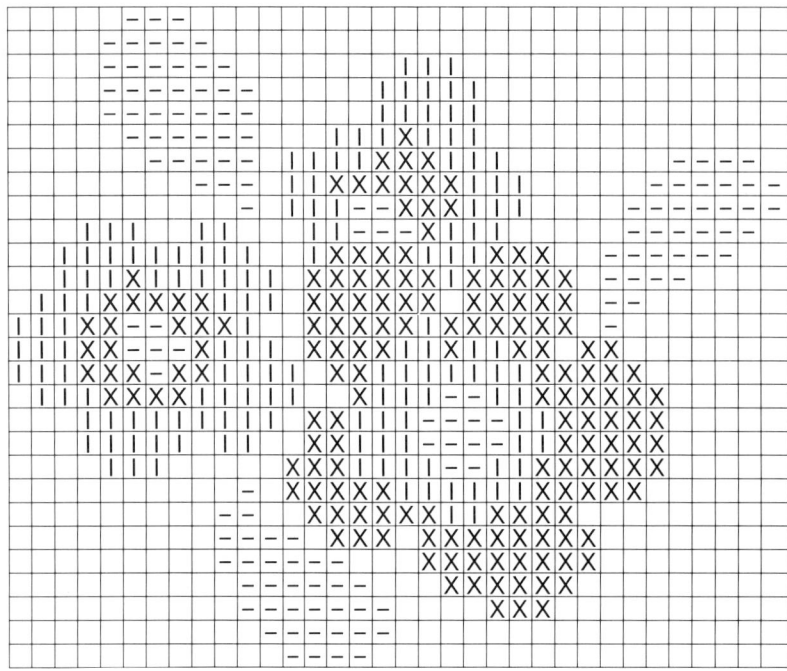

☐ = 1 gestrickte M
X = 1 Maschenstich in Violett
− = 1 Maschenstich in Pink
I = 1 Maschenstich in Türkis

Strickschrift zum Schal mit Noppen

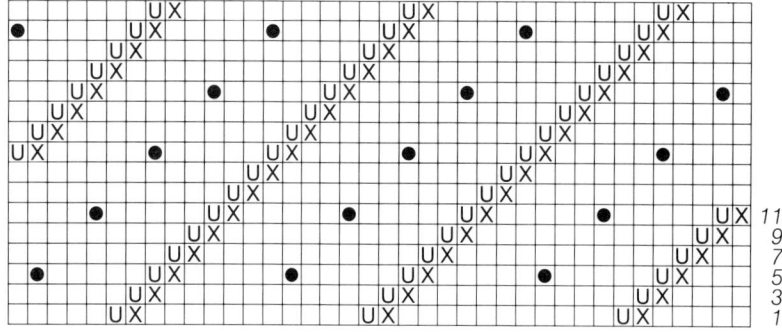

☐ = 1 M rechts
X = 2 M rechts zusammenstricken
U = 1 Umschlag
● = 1 Noppe: aus 1 M 5 M heraus stricken, also die M im Wechsel 1 x rechts und 1 x rechts verschränkt abstricken, dabei die M leicht hochziehen und diese 5 M in der folgenden Rückr. links zusammenstricken.

cm stricken. Dann im Muster II weiterarbeiten, dabei in der 2. Rd 8 M zunehmen: 8 M stricken, 1 M verschränkt zunehmen, 8 M stricken usw. Die zugenommenen M als Mittelm. kennzeichnen, dann 2 Rd stricken und in der folgenden Rd 16 M zunehmen: vor und nach den gekennzeichneten M je 1 M verschränkt zunehmen. Diese Zunahmen noch 3 x in jeder 3. Rd wiederholen = 120 M. Nach der letzten Zunahme d. 5 Rd stricken, dann abnehmen: Jeweils die Mittelm. und die vorhergehende M zusammen rechts abheben, die folgende M rechts und die abgehobenen M darüberziehen. In jeder Rd werden so 16 M abgenommen. Diese Abnahmen in jeder 3. Rd wiederholen, dabei wird der Abstand zwischen den Mittelm. immer um 2 M kleiner. Die letzten 8 M zusammenziehen.

Schal mit Noppen

46 M anschlagen und mit einer Hinr. beginnend 6 R im Muster III stricken, dabei für die Rippen den Faden stets etwas fester anziehen. Dann weiter beidseitig die ersten und letzten 4 M (inklusive Randm.) im Muster I stricken, dabei die Randm. als Knötchen arbeiten und die mittleren 38 M im Strickmuster IV arbeiten. In einer Höhe von 160 cm nach einer 11. Musterr. in der folgenden Rückr. alle M rechts stricken und noch 6 R im Muster I stricken. Gleichzeitig in der 6. R alle M rechts abketten.

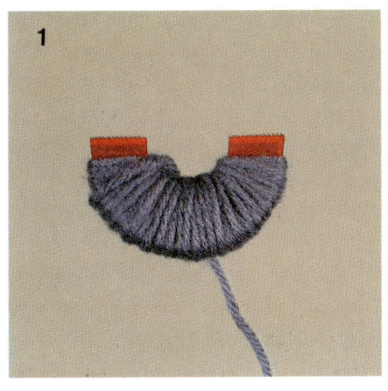 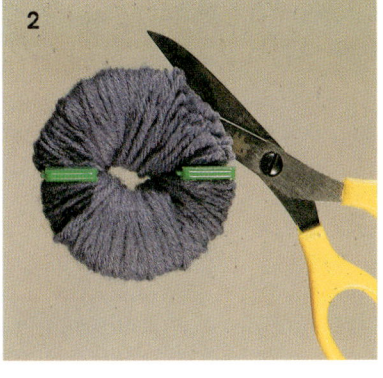 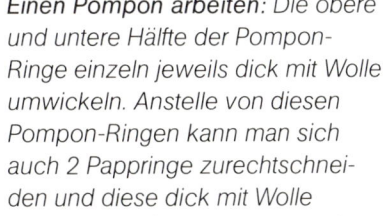

Bild 1
Einen Pompon arbeiten: Die obere und untere Hälfte der Pompon-Ringe einzeln jeweils dick mit Wolle umwickeln. Anstelle von diesen Pompon-Ringen kann man sich auch 2 Pappringe zurechtschneiden und diese dick mit Wolle umwickeln. Der Durchmesser des Pompons entspricht dann dem des Außenkreises. Den Ring nicht zu breit zuschneiden.

Bild 2
Die Pompon-Ringe zusammenstecken und die Wollfäden rundum, entlang der Ringkanten, aufschneiden. Ein Bändchen zwischen die beiden Ringe – oder die Pappringe – führen und die Wollfäden fest zusammenbinden.

Bild 3
Die Pompon-Ringe herausnehmen (die Pappringe müssen dazu aufgeschnitten werden) und den Pompon zurechtrücken. Überstehende Spitzen so abschneiden, daß der Pompon eine gleichmäßig runde Form bekommt. Damit er flauschiger wird, kann man ihn kurz über Wasserdampf halten.

Bild 4
Eine Quaste arbeiten: Einen Kartonstreifen von entsprechender Höhe mit Wolle umwickeln. Die Schlaufen dann an der oberen Kante mit einem Bändchen (z. B. einer Luftmaschenkette oder einer gedrehten Kordel) fassen und zusammenbinden.

Bild 5
Den Karton herausziehen und die Quaste unterhalb des Bändchens mit einem Faden mehrfach umwickeln. Die unteren Schlaufen aufschneiden. Eventuell überstehende Spitzen abschneiden. Damit die Quaste flauschiger wird, kann man sie auch über Wasserdampf halten.

Bild 6
Fransen einknüpfen: Mit einer Häkelnadel von unten in die betreffende Masche einstechen und die Fransenfäden zur Schlinge holen. Dann mit der Häkelnadel die Fransenenden durch die Schlinge ziehen. Die Fransenenden anziehen, damit die Schlinge fest anliegt.

Lappenmütze und Schal

Größe 128 = 8 Jahre

Material

Schaffhauser Wolle, Qualität ALL-ROUND: 120 g in Rot Nr. 48 und 105 g in Natur Nr. 11. Mütze: 40 g in Rot, 25 g in Natur; Schal: je 80 g in Rot und Natur. Je 1 Paar Stricknadeln Nr. 3 und 3 ½, 1 Häkelnadel Nr. 3.

Strickmuster

I: Kraus rechts (= Hinr. und Rückr. rechts) arbeiten, dabei immer 2 R in Natur und 2 R in Rot abwechseln.
II: Glatt rechts (= Hinr. rechts, Rückr. links) stricken, dabei das Jacquardmuster entsprechend der Strickschrift arbeiten; mit Nadeln Nr. 3 ½.

Maschenprobe

24 M im Muster II = 10 cm Breite.

Arbeitsanleitung

Mütze

Für eine Lasche in Rot 10 M mit Nadeln Nr. 3 anschlagen und im Strickmuster I arbeiten. Dabei beidseitig stets am Ende der R 1 x 3, 1 x 2, 1 x 1 M dazu anschlagen = 22 M. Gerade weiterstricken, in 8 cm Höhe, nach 2 R in Natur, beidseitig stets am Ende der R 1 x 1, 1 x 2 M dazu anschlagen, dann die M stillegen. Die 2. Lasche gegengleich stricken.
Dann in Rot 4 M anschlagen, die M der 1. Lasche abstricken, 38 M anschlagen, die M der 2. Lasche abstricken und noch 4 M anschlagen. Weiter in R mit den 102 M noch 6 Rippen im Muster I stricken, nach einer Rippe in Natur 28 R im Muster II arbeiten. Danach mit Nadeln Nr. 3 im Muster I 7 Rippen arbeiten, mit 1 Rippe in Natur beginnen und enden, dann die Mütze in Rot glatt rechts mit Nadeln Nr. 3 ½ beenden. Dabei in der 3. roten R (Hinr.) mit den 9er-Schlußabnahmen beginnen: Fortlaufend 9 M rechts und 2 M rechts zusammenstricken. In der 2. folgenden R fortlaufend 8 M rechts, 2 M rechts zusammenstricken. In jeder 2. R die Abnahmen ausführen, dabei ist zwischen den Abnahmen stets 1 M weniger. Nach den 1er-Abnahmen noch 3 R stricken, nochmals die 2er-Abnahmen arbeiten, 3 R stricken, die 0er-Abnahmen (= stets 2 M rechts zusammenstricken) arbeiten, dann die restlichen M zusammenziehen. Die hintere Naht schließen. In Rot zuerst die rechte Lasche, dann die 8 mittleren M und dann die linke Lasche mit 1 R feste M umhäkeln.

Schal

In Rot 276 M anschlagen und im Strickmuster I mit Nadeln Nr. 3 ½ arbeiten. In 18 cm Höhe in Rot 1 R rechte M stricken, dann in der folgenden R (= Rückr.) rechts abketten. Für die Fransen 20 cm lange Fäden schneiden und pro Rippe 1 Faden in der entsprechenden Farbe einknüpfen.

Damenmütze und Schal mit verschiedenen Zöpfen

Material

Schaffhauser Wolle, Qualität VOILÀ: 250 g in Rohweiß/Olive Nr. 104, ein Rest in Hellolive Nr. 65. Mütze: 60 g in Rohweiß/Olive, Rest in Hellolive; Schal: 190 g in Rohweiß/Olive. 1 Paar Stricknadeln Nr. 4, 1 Hilfsnadel.

Strickmuster

I (Rippenmuster): Kraus rechts (Hinr. und Rückr. rechts).

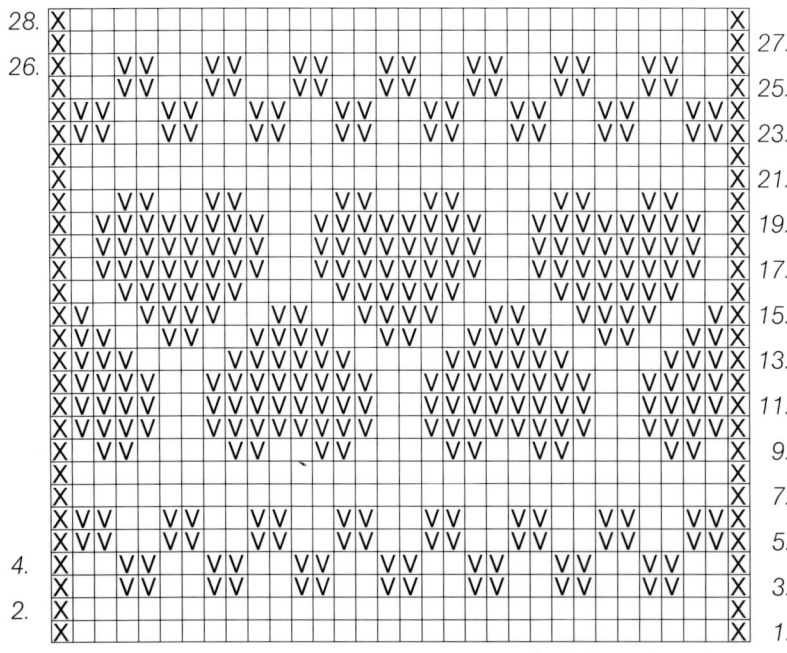

X = 1 Randm.
□ = 1 M in Rot
V = 1 M in Natur

II (Zopfmuster): In 3 verschiedenen Breiten nach der Strickschrift.

Maschenprobe

20 M im Muster I = 10 cm Breite.

Arbeitsanleitung

Mütze

In Rohweiß/Hellolive 45 M anschlagen und die Muster wie folgt einteilen: Randm., 26 M im Muster I, 1 M glatt links, über die folgenden 12 M den Zopf 3, dabei die M erstmals in der 9. R verkreuzen, 4 M glatt rechts, Randm. Die rechte Kante bildet die Spitze. Dazu in jeder 4. R (Rückr.) nur bis zur achtletzten M stricken, wenden, zurückstricken, in den nächsten 2 R wieder über alle M stricken, dann wieder eine verkürzte R usw. Wenn die rechte Kante 25 cm und die linke 50 cm mißt und nach der letzten Verkreuzung des Zopfes 9 R gestrickt sind, in der folgenden R alle M abketten. Die Naht schließen. Die rechte Kante für die Spitze zusammenziehen, an der linken Kante die ersten 5 M nach innen rollen. In Hellolive einen losen Pompon anfertigen und an der Spitze annähen.

Schal

In Rohweiß/Olive 41 M anschlagen und mit einer Hinr. beginnend 9 R im Muster I stricken. Nun nach der Strickschrift im Muster II weiterarbeiten, dabei in der 1. R nach Schema verteilt 15 M zunehmen = 56 M. In einer Gesamthöhe von 148 cm, wenn beim Zopf 3 nach der letzten Verkreuzung 5 R gestrickt sind, über alle M im Muster I stricken. Dabei in der 1. R entsprechend wieder 15 M verteilt abnehmen. In der 10. R (= Rückr.) alle M abketten.

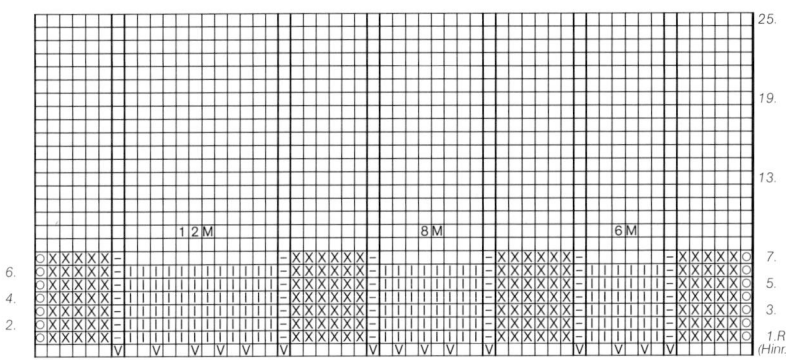

V = 1 M verschränkt zunehmen und im Muster passend abstricken
O = Knötchen-Randm.
X = 1 Rippenmusterm. (in Hinr. und Rückr. rechts)
− = 1 M glatt links (Hinr. links, Rückr. rechts)
I = 1 M glatt rechts (Hinr. rechts, Rückr. links)

1. Zopf, über 6 M: 3 M auf die Hilfsnadel nach hinten legen, 6 M rechts, dann die M von der Hilfsnadel rechts stricken. Die M in jeder 6. R verkreuzen.
2. Zopf, über 8 M: wie Zopf 1 arbeiten, aber 2 x 4 M in jeder 12. R verkreuzen.
3. Zopf, über 12 M: wie Zopf 1 arbeiten, aber 2 x 6 M in jeder 18. R verkreuzen.

Blaue Schildmütze

Material

Schaffhauser Wolle, Qualität SALVATORE, 180 g in Blau Nr. 43. 1 Paar Stricknadeln Nr. 3 ½, Karton oder Plastikfolie.

Strickmuster

I: 1 M rechts, 1 M links stricken.

Maschenprobe

26 M = 10 cm Breite.

Arbeitsanleitung

124 M anschlagen und 22 cm stricken. Nun die mittleren 56 M abketten, die seitlichen M jeweils stilllegen. Für das Schild 19 M anschlagen und im Strickmuster stricken, dabei beidseitig stets am Ende der R 4 x 3 und 2 x 4 M dazu anschlagen = 59 M. Noch 3 cm gerade stricken, dann in die Lücke einfügen und über alle M 20 cm arbeiten. Dann in der Hinr. fortlaufend 2 M rechts zusammenstricken und in der Rückr. stets 2 M links zusammenstricken. Die restlichen M zusammenziehen.

Die Naht schließen, einen Pompon anfertigen und oben auf der Mütze annähen. Aus Karton oder biegsamer Kunststoffolie 1 Schild nach der Skizze zuschneiden und in das gestrickte Schild einnähen.

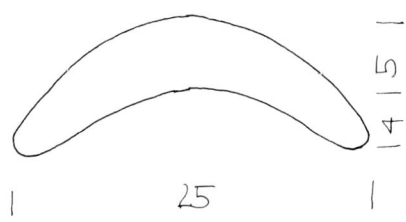

Babysachen

Strampelsack, Kissen und Decke

Abbildung Seite 74/75

Material

Pingouin Wolle, Qualität »Pingostar«: 550 g in Blanc Nr. 501 für den Strampelsack; 100 g in Blanc Nr. 501 für das Kissen; 400 g in Blanc Nr. 501 für die Decke. Je 1 Paar Stricknadeln Nr. 4 und Nr. 5, Synthetikfüllung für das Kissen, 1 Reißverschluß, 1 Knopf.

Strickmuster

I: Mit Nadeln Nr. 4 kraus (= Hinr. rechte M, Rückr. rechte M) stricken.
II: Mit Nadeln Nr. 5 kraus.
III: Mit Nadeln Nr. 5 im Krausmuster schräg stricken, dabei alle 2 R am Reihenbeginn 1 M zunehmen und am Reihenende die beiden letzten M zusammenstricken.

Maschenprobe

19 M und 38 R im Strickmuster I und 18 M und 38 R im Strickmuster II = 10 x 10 cm.

Arbeitsanleitung

Strampelsack

42 M anschlagen und im Muster I stricken, dabei für die Rundungen beidseitig alle 2 R zunehmen: 2 x 3, 3 x 2 und 8 x 1 M = 82 M. In 7 cm Gesamthöhe wie folgt arbeiten: 41 M stricken, 3 M dazu anschlagen. 41 M stillegen. Über die 44 M gerade weiterstricken. In 45 cm Gesamthöhe für den Ärmel an der rechten Kante 22 M dazu anschlagen.

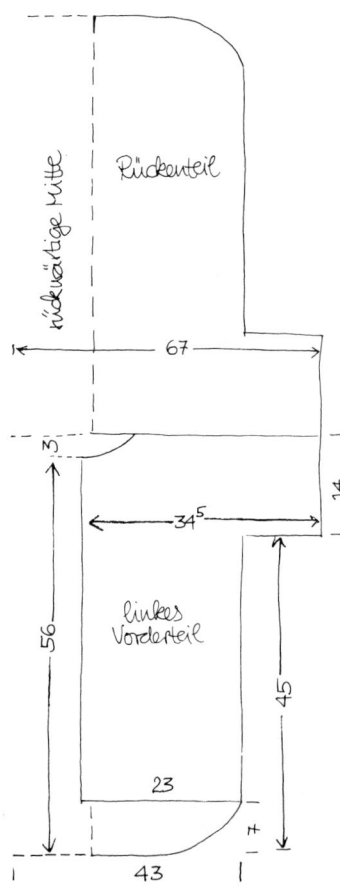

Über diese 66 M stricken und in 56 cm Gesamthöhe für den Halsausschnitt an der linken Kante alle 2 R wie folgt abketten: 1 x 6, 1 x 3, 1 x 2 und 3 x 1 M = 52 M. In 14 cm Strickhöhe ab den zugenommenen M für den Ärmel ist die Arbeitsmitte erreicht: die Arbeit stillegen.

Die stillgelegten 41 M des rechten Vorderteils wieder aufnehmen, dabei an der rechten Kante 3 M dazu anschlagen. Nun über die 44 M wie beim linken Vorderteil, jedoch gegengleich arbeiten. Ist die gleiche Höhe wie beim linken Vorderteil erreicht, die Arbeit über alle M wieder aufnehmen, dabei für den rückwärtigen Halsausschnitt dazwischen 22 M dazu anschlagen = 126 M. In 14 cm Höhe ab den dazu angeschlagenen M für das Rückenteil beidseitig 1 x 22 M abketten. Über die restlichen 82 M gerade weiterstricken. In 52 cm Höhe ab der Arbeitsmitte die Arbeit

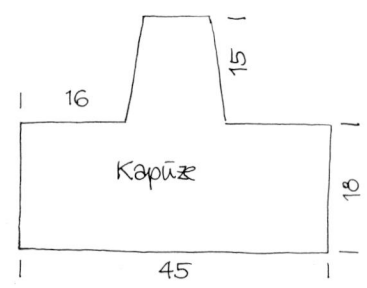

über 7 cm Höhe beenden, dabei beidseitig alle 2 R abketten: 8 x 1, 3 x 2 und 2 x 3 M.
Für die Kapuze 86 M anschlagen und im Muster I stricken. In 18 cm Gesamthöhe beidseitig 1 x 30 M abketten = 26 M. Danach beidseitig alle 14 R 4 x 1 M abketten = 18 M. In 33 cm Gesamthöhe alle M locker abketten.

Fertigstellung

Die hinteren Kapuzennähte schließen. Die Kapuze rund um den Halsausschnitt annähen, dabei die Vorderkante um etwa 2,5 cm umschlagen und beidseitig an der vorderen Verschlußkante 3 cm frei lassen. Den Boden, Seiten- und Ärmelnähte schließen, dabei die Naht für den Ärmelumschlag über die unteren 3 cm umgekehrt ausführen. Den Reißverschluß entlang der linken Vorderteilkante und 3 cm von der rechten Vorderteilkante entfernt verdeckt einsetzen. Die untere Endkante dieser Blende festnähen. An der oberen Vorderteilkante eine Schlaufe bilden. Den Knopf entsprechend an der linken Vorderteilkante annähen.

Kissen

50 M anschlagen und 50 cm im Muster I stricken. Dann alle M locker abketten. Das Kissenteil zur Hälfte umschlagen, die beiden Seitennähte schließen, wenden, die Füllung einschieben und die Naht schließen.

Decke

100 M anschlagen und 62 cm im Muster II stricken. Dann alle M locker abketten. Für den Rand 12 M anschlagen und 228 cm im Muster III stricken. Alle M abketten. Den Rand rechts auf rechts rundum auf die Decke auflegen. Festnähen, zur Hälfte auf die Rückseite umlegen und annähen. Die Endkanten schließen.

Taufkleid, Mützchen und Schühchen

Abbildung Seite 79

Größe 56–62 (2–4 Monate)

Material

H.E.C. Wolle, Qualität aarlan baumwoll-câblée, 520 g in Weiß Nr. 2551. Je 1 Paar Stricknadeln Nr. 2 1/2– 3 und Nr. 3–3 1/2, 1 Häkelnadel Nr. 2–2 1/2; 2 m rosafarbenes Satinband, 1,5 cm breit, und 1,20 m rosafarbenes Satinband, 7 mm breit. Nach Belieben außerdem noch rosa Futterseide zum Unterlegen des unteren Teils, 2 Knöpfe.

Strickmuster

I: Mit Nadeln Nr. 2 1/2–3 kraus gerippt (= Hinr. rechte M, Rückr. rechte M).
II: Mit Nadeln Nr. 3–3 1/2 nach der Strickschrift arbeiten. Diese zeigt nur die Hinr. In der Rückr. die M stricken, wie sie erscheinen; die Umschläge links abstricken. 1 Rapport umfaßt 16 M. Ebenso die 1.–10. R fortlaufend wiederholen.

Maschenprobe

32 M (= 2 Rapporte) und 38 R im Strickmuster II = 9,5 cm Breite und 10 cm Höhe.

Arbeitsanleitung

Taufkleid

Rock

339 M anschlagen und im Muster I arbeiten. Nach der 3. Rippe im Muster II weiterstricken. In knapp 60 cm Gesamthöhe in der folgenden Hinr. fortlaufend 2 M rechts zusammenstricken = 170 M. In der Rückr. nochmals je 2 M zusammenstricken = 85 M. Dann noch 4 R kraus gerippt arbeiten, dabei gleichzeitig mit der 4. R abketten.

Oberteil

Für das Oberteil am rechten Ärmel 69 M anschlagen und 1 R (= Rückr.) links stricken. Dann im Muster II weiterstricken, dabei an beiden Kanten zwischen der Randm. und der verschränkten M 1 M in den Hinr. rechts, den Rückr. links stricken. Wenn der Rapport von 10 R Höhe zum 7. Mal gearbeitet wird, in der 9. R (= Hinr.) 21 M stricken und dann 12 M für den Halsausschnitt abketten. Die 21 M stillegen. Mit den restlichen 36 M den Rücken 2 Rapporte hoch stricken und dann abketten. Für die 2. Rückenhälfte 36 M anschlagen und im Muster II 2 Rapporte hoch stricken. Das Vorderteil mit den stillgelegten 21 M 4 Rapporte hoch stricken. Für den Halsausschnitt 12 M anschlagen, zwischen Vorder- und Rückenteil einfügen und über alle 69 M arbeiten. Nach 6 Rapporten ab dem Halsausschnitt noch 8 R im Muster II stricken und dann alle M in der folgenden Hinr. locker abketten.

Fertigstellung

Die Teile leicht stärken, dann spannen und unter feuchten Tüchern trocknen lassen. Beim Spannen den Rock doppelt aufeinander legen, so daß die Längskanten in der Mitte aneinander stoßen. Die obere Kante nicht auseinanderziehen, so daß nur der untere Teil bis etwa 2/3 Höhe gespannt werden kann. Das obere Rockteil später über einem Ärmelbrett vorsichtig dämpfen. Für das Vorderteil die mittleren 8 Rapporte des Oberteils offen lassen und anschließend die Ärmel zusammennähen. Am vorderen Rand der Ärmel, um den Halsausschnitt und an den äußeren Kanten des Rückenteils 1 R feste M und 1 R Krebsstich häkeln. Das Oberteil auf die letzten 3 Rippen des Rocks auflegen und annähen, dabei die Rockweite entsprechend einhalten. Das schmale Satinband in 4 Teile schneiden und je 2 Teile für die Verschlüsse am Rückenteil annähen. Das breitere Band wird lose rundherum aufgelegt und vorn gebunden. Nun noch die Ärmel in 3 cm Höhe mit einem Bändchen zusammenhalten. Für das Bändchen auf eine Luftm.-Kette 1 R feste M häkeln. Dabei einen Gummifaden einlegen. Das Bändchen einziehen und auf die benötigte Weite zusammengezogen festnähen. Der Rock kann mit Futterseide unterlegt werden. Die Futterseide zuschneiden, die obere Kante einhalten. Unten nur einen kleinen Saum nähen und die Längskanten an den Längskanten des Rocks annähen.

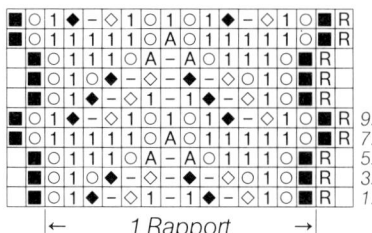

← 1 Rapport →

- ■ = 1 M rechts verschränkt
- R = Randm.
- O = 1 Umschlag
- 1 = 1 M rechts
- − = 1 M links
- ◆ = 2 M rechts zusammenstricken
- ◇ = 1 M abheben, 1 M rechts und die abgehobene M darüberziehen
- A = 1 M abheben, 2 M rechts zusammenstricken und die abgehobene M darüberziehen

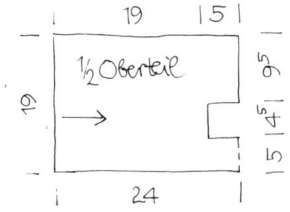

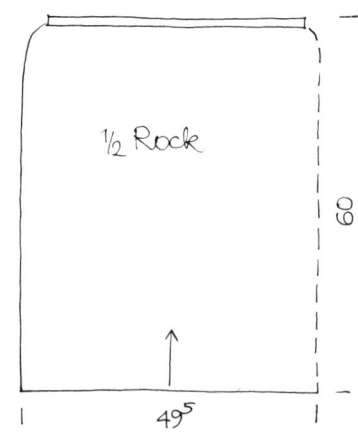

Mützchen

85 M anschlagen und im Muster I arbeiten. Nach der 3. Krausrippe im Muster II weiterstricken, dabei die Kanten wie an den Ärmeln arbeiten. Wenn der Rapport 5 x übereinander gestrickt ist, im Muster I weiterarbeiten. In der 3. R (=Hinr.) je 8 M stricken, dann 2 M rechts zusammenstricken. In der 2. folgenden R je 7 M stricken, 2 M rechts zusammenstricken usw. Die Abnahmen in jeder 2. R genau übereinander wiederholen. Dabei zwischen den Abnahmen je 1 Zwischenm. weniger stricken (also 6 M, 5 M etc.). Wenn keine Zwischenm. mehr vorhanden sind, die restlichen M zusammenziehen und die Naht hinten und noch 2 cm in das Muster II hinein zusammennähen. Für die Bändchen von der linken unteren Ecke aus 83 Luftm. häkeln, wenden, 82 feste M arbeiten, den unteren Rand des Mützchens mit 42 festen M umhäkeln, für das 2. Bändchen 83 Luftm. anfügen, wenden und 82 feste M häkeln.

Schühchen

33 M anschlagen und im Muster I stricken. In der 2. R (= Hinr.) wie folgt arbeiten: Randm., 1 M zunehmen, 15 M stricken, 1 M zunehmen, 1 M stricken, 1 M zunehmen, 15 M stricken, 1 M zunehmen, Randm. Diese 4 Zunahmen jeweils vor und nach den gleichen 15 M noch 4 x in jeder 2. R wiederholen = 53 M. Die folgende Rückr. noch rechts stricken und dann im Strickmuster II weiterarbeiten, dabei die Kanten ebenso wie an den Ärmeln arbeiten.
Nach 17 R im Muster II kraus rechts weiterstricken, dabei in der 1. folgenden Hinr. bis 6 M vor die Mittelm. ar-

beiten, dann 3 x 2 M rechts zusammenstricken, 1 M rechts, 3 x 2 M rechts überzogen zusammenstricken. Dadurch werden 6 M abgenommen. Diese Abnahmen noch 2 x in jeder 2. R wiederholen = 35 M. Nach der 3. Krausrippe die mittleren 19 M abketten. Zu den verbleibenden M für das Verschlußbändchen je 10 M dazu anschlagen. Jeweils 3 Krausrippen stricken und dann alle M abketten. Die untere und die hintere Naht schließen. Um den gesamten oberen Rand 1 R feste M und 1 R Krebsstich häkeln. An einem Bändchen eine Knopflochschlinge anbringen und am anderen Bändchen dann den Knopf annähen.

Babyhemd und Latzhose

Abbildung Seite 82

Größe 62 (1–3 Monate)

Material

Schaffhauser Wolle, Qualität MON AMOUR, Höschen: 100 g in Weiß Nr. 19, Hemdchen: 100 g in Weiß Nr. 19, 10 g in Türkis Nr. 38, 10 g in Reseda Nr. 34 und 10 g in Cyclam Nr. 39. Je 1 Paar Stricknadeln und je 1 Nadelspiel Nr. 2 ½ und Nr. 3, 1 Häkelnadel Nr. 2 ½, 7 Knöpfe.

Strickmuster

I (Bündchenmuster): Mit Nadeln Nr. 2 ½ 1 M rechts, 1 M links.
II: Mit Nadeln Nr. 3 glatt rechts stricken (= Hinr. rechts, Rückr. links).
III: Mit Nadeln Nr. 3 das Jacquardmuster nach der Strickschrift arbeiten (teilweise einstricken und teilweise aufsticken).
IV: Mit Nadeln Nr. 2 ½ kraus rechts (= Hinr. und Rückr. rechts).

Maschenprobe

30 M im Muster II = 10 cm Breite.

Arbeitsanleitung

Latzhose

Rückwärtiges Teil

Für ein Bein 29 M anschlagen und im Muster I arbeiten, dabei die 1. R (= Rückr.) mit Randm., 1 M rechts beginnen. In 2,5 cm Höhe im Muster II weiterarbeiten, dabei verteilt in der 1. R 14 M zunehmen = 43 M. In 6 cm Gesamthöhe das Muster III arbeiten, dabei die 3. R mit Randm., 1 M in Weiß, 3 M in Türkis beginnen. Nach der 12. R im Muster II in Weiß weiterarbeiten. In 15,5 cm Gesamthöhe die M stillegen und das 2. Bein bis zur gleichen Höhe stricken. Dann beide Beine mit einem Anschlag von 7 M dazwischen verbinden und über alle 93 M 18 cm weiterarbeiten. Dann im Muster I weiterstricken, dabei die Hinr. mit Randm., 1 M links beginnen und verteilt in der 1. R 10 M abnehmen = 83 M. Nach 1,5 cm für die Armausschnitte beidseitig 7 M abketten = 69 M. In der folgenden Hinr. und dann noch 5 x in jeder 4. R je 4 M vom Rand entfernt beidseitig je 1 M abnehmen. Dafür die 5. und 6. M abwechselnd rechts und links zusammenstricken und die sechst- und fünftletzte M ab-

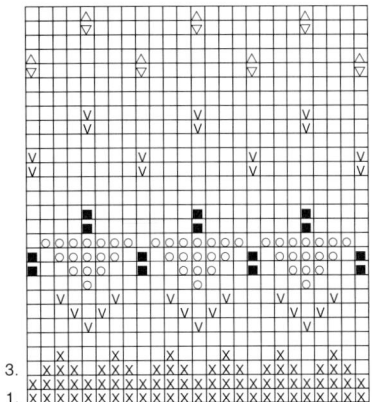

□ = 1 M in Weiß
X = 1 M in Türkis
O = 1 M in Reseda
V = 1 Maschenstich in Cyclam auf 1 weiße M
■ = 1 hoher Maschenstich in Türkis auf 2 M weiße M
V/V = 1 hoher Maschenstich in Cyclam auf 2 weiße M
△/▽ = 1 hoher Maschenstich in Reseda auf 2 weiße M

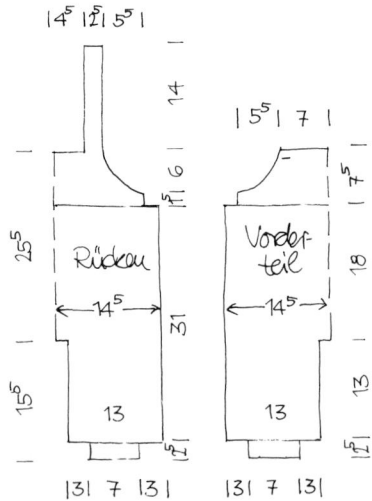

wechselnd rechts überzogen und links zusammenstricken = 57 M. In 7,5 cm Höhe des Oberteils die mittleren 31 M abketten und mit den restlichen M je 1 Träger 14 cm lang stricken, dann abketten.

Vorderteil

Wie das Rückenteil arbeiten, jedoch in 6,5 cm Höhe des Oberteils vor und nach den mittleren 39 M jeweils für 1 Knopfloch 4 M abketten und in der folgenden R wieder anschlagen. In 7,5 cm Höhe anschließend alle M locker abketten.

Fertigstellung

Die Knopflöcher mit Knopflochstich umnähen. Die Beine zusammennähen und die Seitennähte schließen. Das Jacquardmuster mit Maschenstichen vervollständigen. An jedem Träger 1 Knopf aufnähen.

Babyhemd

Rücken

71 M in Weiß anschlagen und 4 R im Muster IV stricken. Dann im Muster II weiterarbeiten. In 15 cm Gesamthöhe für die Armausschnitte beidseitig 7 M abketten = 57 M. In 10 cm Höhe ab dem Armausschnitt für die Schultern beidseitig 2 x 7 M abketten. Gleichzeitig mit der 1. Abnahme für den Halsausschnitt die mittleren 11 M abketten und beidseitig davon 1 x 9 M abketten.

Linkes Vorderteil

44 M in Weiß anschlagen und 4 R im Muster IV arbeiten, dann im Muster II weiterstricken, jedoch an der vorderen Kante die 2 M vor der Knötchenrandm. in Hinr. wie Rückr. rechts stricken. Den Armausschnitt und die Schulter wie beim Rücken arbeiten. In 21 cm Gesamthöhe für den Halsausschnitt 1 x 6, 1 x 5, 2 x 3, 2 x 2 und 2 x 1 M abketten.

Rechtes Vorderteil

Gegengleich arbeiten, dabei in 12 cm Gesamthöhe in der folgenden Hinr. für 1 Knopfloch die 7. bis 9. M abketten und in der nächsten R wieder anschlagen. Das Knopfloch 2 x nach je 4 cm wiederholen.

Ärmel

36 M in Weiß anschlagen und 18 R im Muster IV arbeiten. Dann im Muster II weiterstricken, dabei verteilt in der 1. R 18 M zunehmen = 54 M. An beiden Kanten abwechselnd 1 x in der 4. R und 1 x in der 6. R 1 M zunehmen, bis 82 M auf der Nadel sind. Dann gerade weiterstricken und in 21,5 cm Gesamthöhe die M abketten. Am Abkettrand je vor und nach den mittleren 2 cm eine gegengleiche 1 cm tiefe Falte heften und dann beidseitig nach je 1 weiteren cm noch 2 x eine 1 cm tiefe Falte legen und festnähen.

Fertigstellung

Für den Kragen 83 M in Weiß anschlagen und im Muster IV stricken, nach 4 cm beidseitig 1 x 1 und 1 x 2 M abketten, danach die restlichen M locker abketten. An den Schmalkanten und um den Abkettrand Picots häkeln: * in 1 M 1 feste M häkeln, in die folgende M 2 Stäbchen und in die anschließende M 1 Kettm., ab * wiederholen. An die Schmalkanten je 4, an die Rundung 1 und an den Abkettrand 24 Picots arbeiten. Die Nähte schließen, dabei an den Ärmeln die oberen 2 cm offen lassen.

Am linken Ärmel in der Mitte der unteren Kante beginnen und rundherum 12 Picots häkeln, dann in der Ärmelmitte über das Rippenbündchen 3 Picots arbeiten. Auf der vorderen Hälfte wie bei einer Manschette 1 Knopf aufnähen. Am rechten Ärmel gegengleich zuerst in der Mitte die 3 Picots und dann um den unteren Rand 12 Picots häkeln. Die Ärmel einsetzen, dabei den offenen Rand an die 7 abgeketteten M annähen. Den Kragen um den Halsausschnitt annähen, dabei je 8 M der Vorderteile vorstehen lassen. Den Kragen nach außen legen. Die Knöpfe 1,5 cm von der vorderen Kante entfernt aufnähen. Die Knopflöcher mit dem Knopflochstich umnähen.

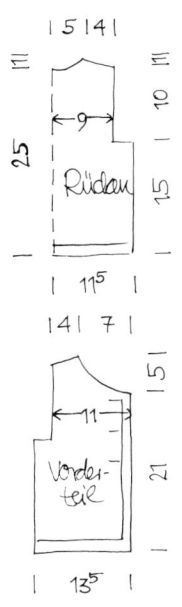

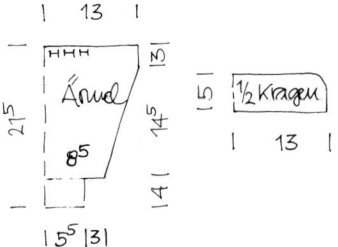

Anzug im Lochmuster

Abbildung Seite 83

Größe 74 (6–9 Monate)

Material

Schaffhauser Wolle, Qualität MON AMOUR: 250 g in Hellblau Nr. 35, je 1 Rest in Türkis, Pink und Schlamm zum Sticken. Je 1 Paar Stricknadeln Nr. 2 1/2 und 3, 1 Häkelnadel Nr. 2 1/2, 7 Knöpfe, Gummifaden.

Strickmuster

I: Mit Nadeln Nr. 3 kraus rechts (= Hinr. rechte M, Rückr. linke M).
II: Mit Nadeln Nr. 3 glatt rechts (= Hinr. rechte M, Rückr. linke M).
III: Mit Nadeln Nr. 3 arbeiten.
1. R (Hinr.): Randm., 2 M rechts, * 1 Umschlag, 2 M rechts zusammenstricken, 8 M rechts, ab * fortlaufend wiederholen.
2.–8. R: glatt rechts.
9. R: Randm., 7 M rechts, weiter ab * wie in der 1. R arbeiten.
10.–16. R: glatt rechts.
Die 1.–16. R fortlaufend wiederholen.
IV: Mit Nadeln Nr. 3 arbeiten.
1. und 3. R (Hinr.): Randm., 2 M rechts, * 1 Umschlag, 2 M rechts zusammenstricken, 1 Umschlag, 2 M rechts zusammenstricken, 6 M rechts, ab * wiederholen.
2. R (Rückr.): links.
4.–8. R: glatt rechts.
9. und 11. R: Randm., 7 M rechts, weiter ab * wie in der 1. und 3. R arbeiten.
10. R: links.
12.–16. R: glatt rechts.
Die 1.–16. R fortlaufend wiederholen.
V: Mit Nadeln Nr. 2 1/2 1 M rechts, 1 M links.

Maschenprobe

31 M im Muster III und IV = 10 cm Breite.

Arbeitsanleitung

Jäckchen

Rücken

97 M anschlagen und 2 R im Muster I stricken. Dann 4 R im Muster II, 9 R im Muster III und 5 R im Muster II arbeiten, anschließend im Muster V arbeiten, dabei die Hinr. mit Randm., 1 M links beginnen und verteilt in der 1. R 16 M abnehmen. Nach 4 R wieder im Muster II arbeiten, dabei verteilt in der 1. R 16 M zunehmen und nach der 4. R im Muster III weiterstricken. In 17 cm Gesamthöhe beidseitig 1 x 3 M abketten. Für den Raglan in der folgenden Hinr. nach der Randm. 2 M rechts zusammenstricken und am Ende der R vor der Randm. 1 überzogene Abnahme arbeiten. Diese Abnahmen 20 x in jeder 2. R wiederholen. Wenn noch 49 M übrig sind, alle M in der folgenden Hinr. dann gerade abketten.

Linkes Vorderteil

47 M anschlagen und wie beim Rückenteil arbeiten, jedoch das Muster V mit Randm., 1 M rechts beginnen und verteilt 8 M abnehmen; diese dann in der 1. R im Muster II wieder zunehmen. Nach 18 Raglanabnahmen gleichzeitig für den Halsausschnitt 1 x 7, 1 x 6, 1 x 5 und 1 x 2 M abketten. Die restlichen 11 M in der folgenden Hinr. abketten.

Rechtes Vorderteil

Gegengleich arbeiten.

Ärmel

53 M anschlagen und 2 R im Muster I stricken. Dann 4 R im Muster II und 8 R im Muster III arbeiten, dabei die 1. R mit Randm., 5 M rechts beginnen. Im Muster V weiterstricken, dabei verteilt in der 1. R 8 M abnehmen. Im Muster II weiterarbeiten, dabei verteilt in der 1. R 8 M zunehmen und nach der 4. R im Muster III weiterstricken. Die 1. Musterr. sofort nach der Randm. ab * arbeiten. An beiden Kanten 3 x alle 3 cm 1 M zunehmen = 59 M. In 16 cm Gesamthöhe für den Raglan beidsei-

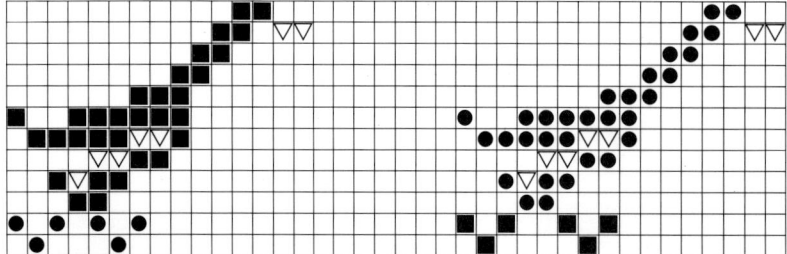

□ = 1 M in der gestrickten Fläche
■ = 1 Maschenstich in Türkis
▽ = 1 Maschenstich in Pink
● = 1 Maschenstich in Schlamm

tig 1 x 3 M abketten und weiter wie beim Rücken abnehmen. Wenn noch 11 M übrig sind, alle M in der folgenden Hinr. abketten.

Fertigstellung

Für den Kragen 82 M anschlagen und im Muster II stricken. In der 4. R (= Hinr.) wie folgt 53 M zunehmen: * 2 M stricken, 1 M zunehmen, 1 M stricken, 1 M zunehmen, ab * wiederholen bis 135 M auf der Nadel sind. Dann 1 R (Rückr.) links stricken und anschließend im Muster III stricken. In der 1. R nach der Randm. und 6 M rechts das Muster ab * stricken, in der 9. R nach der Randm. und 1 M rechts. Dann 4 R im Muster II stricken, dann in der folgenden Rückr. alle M rechts stricken, dabei locker abketten.
Die Nähte schließen und die Ärmel einsetzen. An den vorderen Kanten je 51 M aufnehmen, im Muster I stricken und in der 4. R abketten, dabei am rechten Vorderteil in der 2. R (= Hinr.) 5 Knopflöcher wie folgt arbeiten: 3 M stricken, * 1 Umschlag, 2 M rechts zusammenstricken, 9 M rechts, ab * wiederholen. Den Halsausschnitt mit 1 R feste M umhäkeln, dabei die Kante etwas einhalten. Den Kragen mit einem Wollfaden auf ca. 25 cm Halsweite zusammenziehen und an die Häkelkante des Halsausschnittes nähen. Die Halskante des Kragens mit 1 R feste M umhäkeln, dabei ca. in jede 2. M einstechen. Anschließend noch 2 R wie folgt häkeln: in jede 2. M 1 feste M, 4 Luftm. In der 2. R in jeden Bogen 1 feste M, 4 Luftm. häkeln. An den Ärmeln auf der Innenseite vom Muster V einen Gummifaden einziehen. Die Knöpfe befestigen. Mit doppelter Wolle eine ca. 90 cm lange Kordel drehen und am Taillenbündchen einziehen.

Höschen

Rückwärtiges Teil

Für das 1. Bein 39 M anschlagen. 2 R im Muster I und 2 R im Muster II stricken. Dann 11 R im Muster IV arbeiten. Anschließend 3 R im Muster II arbeiten, dann im Muster V weiterstricken, dabei verteilt in der 1. R 11 M abnehmen. Nach 4 R wieder im Muster II stricken, dabei verteilt in der 1. R 11 M zunehmen. Nach 2 R im Muster IV weiterstricken, dabei an beiden Kanten 4 x alle 3 cm 1 M zunehmen = 47 M. In 22 cm Gesamthöhe die M stillegen. Das 2. Bein bis zur gleichen Höhe arbeiten. Nun beide Beine mit einem Anschlag von 3 M dazwischen verbinden und über alle 97 M weiterarbeiten. Wenn 19 cm (in der Mitte gemessen) gestrickt sind, wobei die letzten 1–3 R glatt rechts sein sollen, im Muster V stricken, dabei verteilt in der 1. R 8 M abnehmen = 89 M. In 3 cm Höhe die ersten und letzten 31 M sowie die mittleren 9 M abketten. Dann mit je 9 M einen Träger 27 cm hoch im Muster V stricken und dann die M abketten.

Vorderteil

Wie das rückwärtige Teil arbeiten, jedoch in 3 cm Höhe des Taillenbündchens nur die ersten und letzten 12 M abketten = 65 M. Nun im Muster II den Latz stricken und dabei in der folgenden Hinr. beidseitig neben der Randm. je 1 M wie am Raglan des Jäckchens abnehmen. Diese Abnahmen 10 x in jeder 4. R wiederholen. Nach 11 R im Muster II 2 Krausrippen stricken. Nach weiteren 23 R im Muster II nur 1 Krausrippe (in der folgenden Rückr. rechts) arbeiten. Danach wieder 4 R im Muster II stricken. Dann in der 5. R im Muster II nach den ersten 6 M und vor den letzten 5 M für 1 Knopfloch je 1 Umschlag arbeiten und 2 M rechts zusammenstricken. In der 9. R im Muster II die M gleichzeitig abketten. Dann den Latz wie

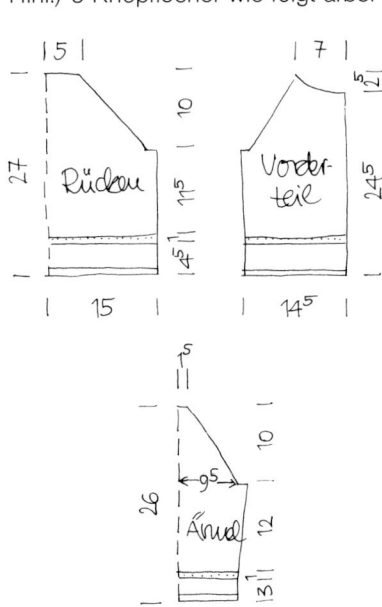

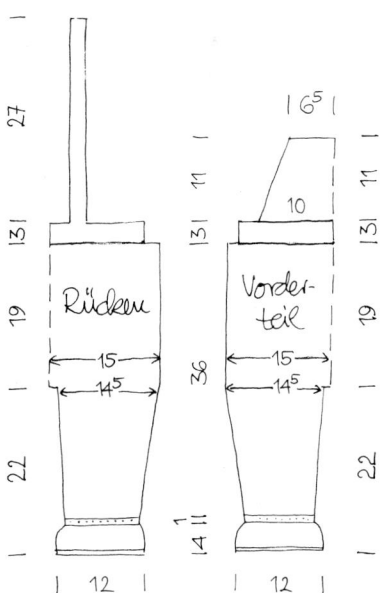

folgt umhäkeln: An der Seitenkante in die 1. R und weiter in jede 4. R 1 feste M und 4 Luftm. arbeiten. 1 feste M soll in die Ecke treffen, dann am oberen Rand in jede 3. M 1 feste M, 4 Luftm. häkeln und die 2. Seitenkante wie die 1. Kante umhäkeln. In der 2. R in jeden Bogen 1 feste M und 4 Luftm. arbeiten.

Fertigstellung

Die Nähte schließen. Das Oberteil nach dem Schema auf den 23 R im Muster II besticken, dabei bleiben die ersten 4 und die letzten 7 R frei. Die Knöpfe an die Träger annähen. Am Taillenbündchen auf der Innenseite 3 Gummifäden und an den Beinen im Bündchen im Muster V je 1 Gummifaden einziehen.

Blauer Strampelsack

Abbildung Seite 86

Größe 74 (6–9 Monate)

Material

Schaffhauser Wolle, Qualität SACHA, 250 g in Hellblau Nr. 42. Je 1 Paar Stricknadeln Nr. 3 und 4, 1 Zopfmusternadel, 1 Häkelnadel Nr. 3, 10 Knöpfe (umhäkelte oder einfache).

Strickmuster

I: Nach der Strickschrift arbeiten. Diese zeigt nur die Hinr. In den Rückr. die M stricken, wie sie erscheinen und die Umschläge links abstricken.
II: Mit Nadeln Nr. 4 stricken.
1. R (Rückr.): rechte M.
2.–4. R: glatt rechts.
Diese 4 R fortlaufend wiederholen.
III: Mit Nadeln Nr. 4 stricken.
1. R (Hinr.): Randm., * 2 M rechts zusammenstricken, 1 Umschlag, ab * wiederholen.
2., 4., 6. und 8. R (Rückr.): linke M.
3. R: Randm., * 1 Umschlag, 2 M rechts zusammenstricken, ab * wiederholen.
5. R: Randm., 1 M rechts, * 1 Umschlag, 2 M rechts zusammenstricken, ab * wiederholen. Enden mit 1 M rechts, Randm.
7. R: Randm., 1 M rechts, * 2 M rechts zusammenstricken, 1 Umschlag, ab * wiederholen. Enden mit 1 M rechts, Randm.
Die 9. R wie die 1. arbeiten.
IV: Mit Nadeln Nr. 3 1 M rechts, 1 M links.

Maschenprobe

23 M im Muster I = 10 cm Breite.

Arbeitsanleitung

Rückenteil

Mit Nadeln Nr. 4 67 M anschlagen und die 1. R (Rückr.) wie folgt arbeiten: Randm., * 4 M links, 1 M rechts, 5 M links, 1 M rechts, ab * wiederholen. Am Ende der R 2 M dazu anschlagen. Von der 2. R an nach der Strickschrift im Muster I arbeiten. Am Ende jeder der 6 folgenden Rückr. ebenfalls 2 M dazu anschlagen = 95 M. Dann die 16.–42. R der Strickschrift fortlaufend wiederholen. In 17 cm Gesamthöhe beidseitig 1 M abnehmen und dies 2 x alle 11 cm wiederholen = 89 M. In 44,5 cm Gesamthöhe in einer 18. Musterr. (= Hinr.) für den Raglan nach der Randm. 2 M rechts zusammenstricken und am Ende der R vor der Randm. 1 überzogene Abnahme arbeiten. Diese Abnahmen 7 x in jeder 2. R wiederholen = 73 M. Dann nach der Rückr. alle M stillegen.

Vorderteil

Wie das Rückenteil beginnen. Nach 29 R in der folgenden Hinr. nur die ersten 43 M stricken, 1 M rechts verschränkt zunehmen und für den Untertritt 6 M dazu anschlagen = 50 M. Die übrigen 52 M stillegen. In der folgenden Rückr. nach der Randm. 5 M rechts stricken, 1 M links, * 1 M rechts, 5 M links, 1 M rechts, 4 M links, ab * wiederholen. Die Hinr. endet mit 1 M rechts, 1 M links, 6 M rechts und Randm. Wenn das Muster dann versetzt wird, endet die Hinr. mit 2 M links, 6 M rechts und Randm. Die Rückr. beginnt mit Randm., 5 M rechts, 1 M links, 2 M rechts. Die seitlichen Abnahmen und den Raglan wie beim Rückenteil arbeiten. Noch die Rückr. stricken und dann die restlichen 39 M stillegen. Die 2. Hälfte gegengleich arbeiten, dabei vor den 52 M den Querdraht auf die Nadel nehmen und 1 x rechts, 1 x links abstricken, weiter im Muster * 4 M rechts, 1 M links, 1 Umschlag, 1 Doppelabnahme, 1 Umschlag, 1 M links, ab * wiederholen. Später alle 54 M dem Muster entsprechend arbeiten. Wenn die Öffnung 12 R hoch ist, für 1 Knopfloch in der Hinr. die 4. und 5. M abketten und anschließend 2 M dazu anschlagen. Das Knopfloch 3 x alle 28 R wiederholen. Die Abnahmen wie beim Rücken stricken und dann die restlichen 43 M stillegen.

Ärmel

36 M anschlagen und im Muster IV arbeiten. In 3 cm Höhe mit Nadeln Nr. 4 die Rückr. links stricken, dabei verteilt 11 M zunehmen und mit den 47 M das Muster I in der folgenden Hinr. einteilen: Randm., 1 M links, * 4 M rechts, 1 M links, 1 M rechts, 1 Umschlag, 1 Doppelabnahme, 1 Umschlag, 1 M rechts, 1 M links, ab * wiederholen. In 18 cm Gesamthöhe ab der gleichen Musterr. wie beim Rückenteil den Raglan genau gleich arbeiten. Noch die Rückr. stricken und dann die restlichen 31 M stillegen.

Passe

Alle M in der Reihenfolge rechtes Vorderteil, 1. Ärmel, Rückenteil, 2. Ärmel, linkes Vorderteil auf die Nadeln Nr. 4 nehmen = 217 M. In der folgenden Hinr. rechts stricken, dabei verteilt in beiden Vorderteilhälften je 16 M abnehmen, beim Raglan je 2 M zusammenstricken und im Rückenteil verteilt 34 M abnehmen = 147 M. Dann im Muster II weiterarbeiten. In der 4. R (= Hinr.) 23 M abnehmen: 6 M stricken, * 2 M rechts zusammenstricken, 4 M stricken, ab * wiederholen = 124 M. In der 10. R nochmals 1 Knopfloch arbeiten. In der 12. R 21 M abnehmen: * 4 M stricken, 2 M rechts zusammenstricken, 4 M stricken, 2 M rechts zusammenstricken, 3 M stricken, 2 M rechts zusammenstricken, ab * wiederholen = 103 M. In der 20. R 20 M abnehmen: 4 M stricken, * 2 M rechts zusammenstricken, 3 M stricken, ab * wiederholen = 83 M. In der 28. R 15 M abnehmen: 5 M stricken, * 2 M rechts zusammenstricken, 3 M stricken, ab * wiederholen = 68 M. In der 32. R (= Hinr.) 3 M abketten und anschließend für 1 Lochmuster. jeweils 2 M rechts zusammenstricken, 1 Umschlag arbeiten. Dann 1 R links und 2 R rechts arbeiten, dabei in der 1. R rechts (= Hinr.) verteilt 21 M zunehmen. Nach der 2. R rechts die 86 M 9 R im Muster III stricken. In der folgenden Rückr. die M rechts stricken und alle M locker abketten.

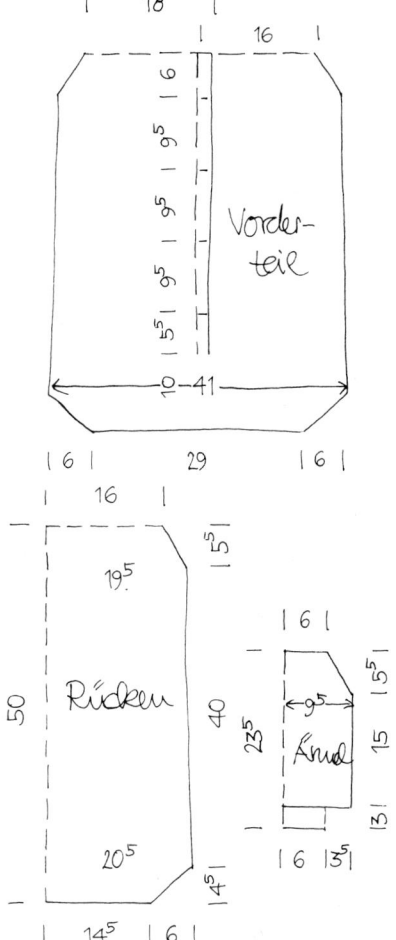

XXXX = *2 M auf eine Hilfsnadel nach vorn legen, 2 M rechts, dann die 2 M von der Hilfsnadel rechts abstricken.*

VV = *am Ende der R 2 M dazu anschlagen*

R = *Randm.*

I = *1 M rechts*

− = *1 M links*

O = *1 Umschlag*

● = *1 Doppelabnahme: 1 M abheben, 2 M rechts zusammenstricken und die abgehobene M darüberziehen*

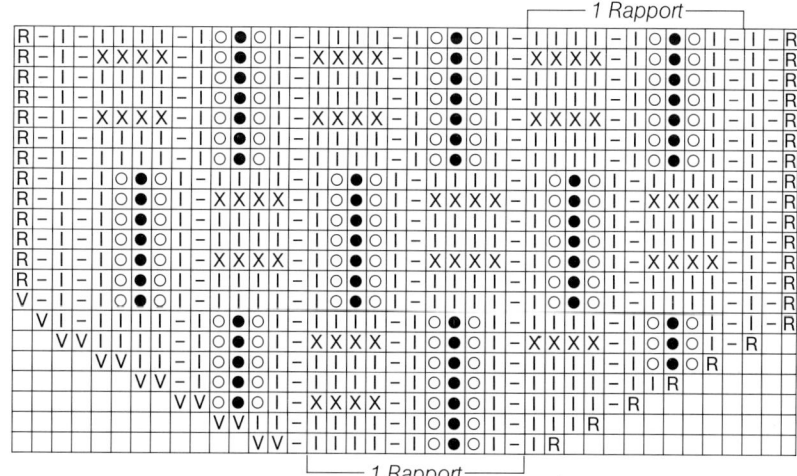

Fertigstellung

Die Nähte schließen und die Ärmel einnähen. Um die Vorderkanten je 1 R Kettm. häkeln. Die 4 unteren Knöpfe entsprechend der Knopflöcher bei der 5. M ab der vorderen Kante aufnähen. Den obersten Knopf bei der 3. M aufnähen. Für den unteren 2. Knopf an der rechten Vorderteilhälfte 7 cm abmessen und den Knopf annähen. Für die weiteren Knöpfe je 1 cm weniger messen. Die obersten Knöpfe haben noch 3 cm Abstand. Eine ca. 110 cm lange Kordel drehen. Diese durch die Lochmusterr. ziehen und an beiden Enden einen Pompon befestigen.

Babygarnitur mit Streifen

Abbildung Seite 87

Größen 62 und 74 (4–6 und 9–11 Monate)
Bei abweichenden Angaben: Größe 74 in Klammern.

Material

H.E.C. Wolle, Qualität aarlan baby supra, dekatiert: insgesamt 250 (300) g in Weiß Nr. 206, 50 (60) g in Türkis Nr. 265, 50 (60) g in Rosa Nr. 233, 50 (60) g in Hellblau Nr. 234, 50 (60) g in Gelb Nr. 249. Je 1 Paar Stricknadeln Nr. 2–2 1/2, 2 1/2–3 und 2 Nadeln eines Nadelspiels Nr. 2 1/2–3. Weiteres Zubehör ist bei den einzelnen Anleitungen angegeben.

Strickmuster

I: Mit Nadeln Nr. 2–2 1/2 1 M rechts, 1 M links.
II: Mit Nadeln Nr. 2–2 1/2 in Weiß 2 M rechts, 2 M links.
III: Mit Nadeln Nr. 2 1/2–3 glatt rechts (= Hinr. rechte M, Rückr. linke M). Streifen: * 4 R in Weiß, 2 R in Gelb, 4 R in Weiß, 2 R in Hellblau, 4 R in Weiß, 2 R in Rosa, 4 R in Weiß, 2 R in Türkis, ab * wiederholen.
IV: Mit Nadeln Nr. 2 1/2–3 in Weiß.
1.–3. R: glatt rechts.
4. R (= Rückr.): Randm., * 2 M links, 1 Umschlag, 2 M rechts und den Umschlag über die 2 rechten M ziehen, ab * wiederholen, dann 1 Randm.
5.–7. R: glatt rechts.
8. R: Randm., * 1 Umschlag, 2 M rechts und den Umschlag über die 2 rechten M ziehen, 2 M links, ab * wiederholen, Randm.
Diese 8 R fortlaufend wiederholen.

Maschenprobe

31 M und 43 R im Muster III und IV = 10 x 10 cm.

Arbeitsanleitung

Overall

Material

110 (140) g in Weiß, je 30 (40) g in Türkis, Rosa, Hellblau und Gelb. 1 Reißverschluß 35 cm lang.

Rückenteil

Für das rechte Bein 28 (30) M in Rosa anschlagen und im Muster I arbeiten. In 4 cm Höhe mit den Streifen im Muster III weiterstricken, dabei in der 1. R verteilt 16 (17) M zunehmen = 44 (47) M. Nach dem 2. Streifen in Rosa (3. Streifen in Hellblau) am Ende der Hinr. 1 M zunehmen; dies 2 x in jeder 6. R und 2 x in jeder 4. R wiederholen = 49 (52) M. Nach dem 3. Streifen in Rosa (4. Streifen in Hellblau) jeweils am Anfang der Rückr. 1 x 4, 1 x 2, 2 x 1 M abketten und in der 4. folgenden R nochmals 1 M abnehmen = 40 (43) M. In 24 (28) cm Gesamthöhe an der äußeren Kante (= am Anfang der Hinr.) 1 M abnehmen. Dies 2 x in jeder 12. R wiederholen = 37 (40) M. Dann gerade weiterstricken. Für den Raglan in ca. 38,5 (45,5) cm Höhe, nach dem 7. Streifen in Gelb und 2 R in Weiß (nach dem 8. Streifen in Hellblau und 4 R in Weiß), 2 M abketten. Dann stets in der Hinr. arbeiten: Randm., 1 M rechts, 2 M rechts zusammenstricken. Wenn nur noch 10 (11) M vorhanden sind, die M in der folgenden Hinr. abketten.
Das linke Bein gegengleich arbeiten, dabei das Bündchen in Türkis stricken. Die Zunahmen an der inneren Kante erfolgen am Ende der Rückr. und das stufenweise Abketten am Anfang der Hinr. Für den Raglan überzogene Abnahmen arbeiten.

Vorderteil

Beide Beine gegengleich zum Rückenteil arbeiten. Dabei beginnt das rechte Bein in Rosa. Die Zunahmen wie am linken Bein des Rückenteils arbeiten. Das linke Bein in Türkis beginnen und die Zunahmen wie am rechten Bein des Rückenteils arbeiten. Für das Abketten – an den gleichen Stellen wie beim entsprechenden hinteren Bein – je 1 x 4, 1 x 2, 1 x 1 M abketten und dann in der 4. folgenden R nochmals 1 M abnehmen. Nun beide Beine zusammenfügen und über alle M stricken, dabei die inneren Randm. abnehmen = 80 (86) M. Nach den seitlichen Abnahmen ab 24 cm Höhe sind noch 74 (80) M vorhanden. Für den Raglan wie beim Rücken beidseitig 1 x 2 M abketten und dann in der Hinr. nach der Randm. 1 M rechts, 2 M rechts zusammenstricken und am Ende der R 1 überzogene Abnahme, 1 M rechts, Randm. arbeiten. Wenn nur noch 40 (42) M da sind, in der folgenden Rückr. für den Halsausschnitt die mittleren 8 M abketten, beidseitig davon 1 x 2, 1 x (2 x) 1 M abketten und in der 4. folgenden R nochmals 1 M abnehmen. Nach 23 (25) Raglan-Abnahmen am Ausschnitt noch je 1 M abnehmen und dann die restlichen 3 M abketten.

Rechter Ärmel

38 (42) M in Hellblau anschlagen und im Muster I arbeiten. In 4 cm Höhe im Muster III weiterarbeiten, dabei in der 1. R verteilt 9 M zunehmen = 47 (51) M. In Größe 62 die bunten Streifen in Türkis beginnen, in Größe 74 in Gelb. In 6 cm Höhe beidseitig 1 M zunehmen. Dies 4 (5) x alle 2 cm und 3 x jeden cm wiederholen = 63 (69) M. Nach dem 3. Streifen in Gelb und 2 R in Weiß (dem 3. Streifen in Hellblau und 4 R in Weiß) beidseitig 1 x 2 (3) M abketten und weiter stets in den Hinr. für den Raglan wie beim Vorderteil abnehmen. Bei 11 M in den folgenden Hinr. 2 x 5 M abketten, dabei an der anderen Kante noch 1 Raglan-Abnahme arbeiten.

Linker Ärmel

Gegengleich arbeiten; das Bündchen in Rosa stricken.

Fertigstellung

Die Beine zusammennähen. Am Vorderteil die Schrittnaht schließen. Die Ärmel so einsetzen, daß zwischen den Abnahmen 1 M sichtbar bleibt. In Gelb am Ausschnitt des Rückens je 9 (10) M, über den Ärmeln je 8 (9) M und am Vorderteil 33 (35) M aufnehmen. Dann im Muster I arbeiten, dabei die Rückr. mit Randm., 1 M links beginnen. Mit der 21. R abketten.
Für Größe 74 die rückwärtige Schrittnaht 4 cm hoch schließen. Bei beiden Größen an der Öffnung die Randm. nach innen legen und über die anschließende M 1 R feste M in Weiß häkeln. Den Reißverschluß bis zur halben Höhe der Halsblende einnähen und die 2. Hälfte der Blende nach innen nähen.

Jäckchen und Mützchen

Material

110 (140) g in Weiß, je 1 Rest in Türkis, Rosa, Hellblau und Gelb, 5 Knöpfe.

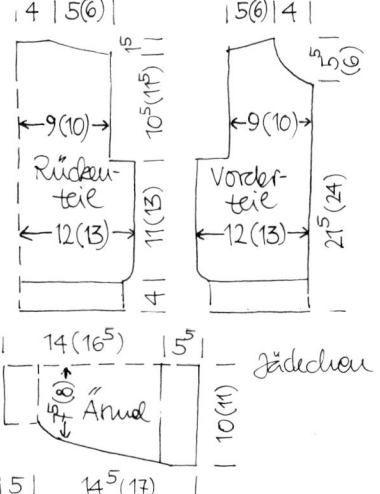

Am Modell haben die Knöpfe die Farben der Wolle.

Rücken

60 (68) M anschlagen und im Muster II arbeiten, dabei die Rückr. mit Randm., 2 M rechts beginnen. In 4 cm Höhe im Muster IV weiterarbeiten, dabei in der 1. R verteilt 16 (12) M zunehmen = 76 (80) M. Für die Armausschnitte in 15 (17) cm Gesamthöhe beidseitig 1 x 10 M abketten = 56 (69) M. Für die Schultern in 10,5 (11,5) cm Höhe ab dem Armausschnitt beidseitig 2 x 5 und 1 x 6 (3 x 6) M abketten. Die restlichen 24 M gerade abketten.

Rechtes Vorderteil

32 (36) M anschlagen und im Muster II arbeiten, dabei die Rückr. mit Randm., 2 M links beginnen. In 4 cm

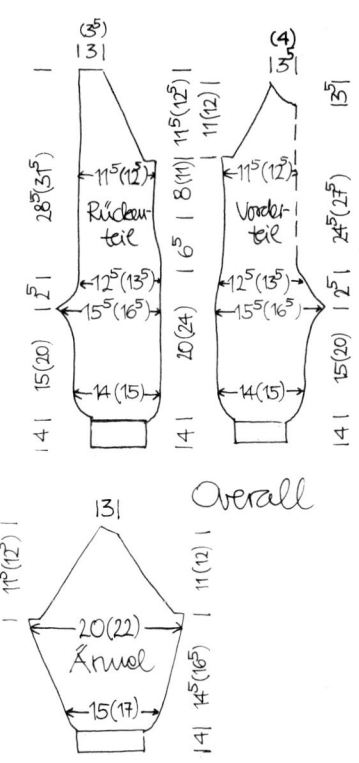

Höhe im Muster IV weiterarbeiten, dabei in der 1. R verteilt 6 (4) M zunehmen = 38 (40)M. Die 4. Musterr. beginnt wie die 8. im Muster IV, die 8. R wie die 4. usw. Armausschnitt und Schulter wie beim Rücken arbeiten. Für den Halsausschnitt 5,5 (6) cm bevor die Gesamthöhe erreicht ist, 1 x 5, 1 x 3, 1 x 2, 1 x 1 M abketten und in der 4. folgenden R nochmals 1 M abnehmen.

Linkes Vorderteil

Gegengleich arbeiten, dabei die Muster II und IV wie am rechten Vorderteil beginnen.

Ärmel

38 (42) M anschlagen und im Muster II arbeiten. In 5 cm Höhe im Muster IV weiterarbeiten, dabei in der 1. R verteilt 10 (8) M zunehmen = 48 (50) M. Dann beidseitig 4 x alle 2 cm und 3 x jeden cm (9 x alle 1,5 cm) 1 M zunehmen. In 14 (16,5) cm Gesamthöhe, nach 2 R glatt rechts, * 2 R in Gelb glatt rechts stricken, dann in Weiß weiterarbeiten: 1 R rechts und danach so mit der 4. oder 8. Musterr. beginnen, daß das Muster versetzt erscheint, 2 R glatt rechts. Ab * wiederholen, dabei statt in Gelb jeweils 2 R in Hellblau, Rosa und Türkis arbeiten. Nach dem Streifen in Türkis in der 5. R in Weiß alle 62 (68) M abketten.

Fertigstellung

Die Nähte schließen, dabei an den Ärmeln die oberen 3,5 cm offen lassen. Am Halsausschnitt an den Vorderteilen je 24 (26) M und am Rückenteil 24 M aufnehmen. Im Muster II arbeiten, die Rückr. mit Randm., 2 M links beginnen. Die M in der 22. R abketten und die Blende zur Hälfte nach innen nähen. An der vorderen Kante des linken Vorderteils 104 (112) M aufnehmen und im Muster II arbeiten, dabei die Rückr. mit Randm., 2 M links beginnen. In der 10. R abketten. Am rechten Vorderteil ein gleiches Bündchen stricken, dabei für 5 Knopflöcher in der 4. R je 3 M abketten und sogleich 3 M anschlagen: Das 1. Knopfloch nach 5 M, alle weiteren nach je 20 (22) M. Die Knöpfe annähen und die Ärmel einsetzen, dabei jeweils den offenen Rand an die abgeketteten M am Armausschnitt nähen.

Mützchen

Mit den Nadeln Nr. 2–2 1/2 112 M in Rosa anschlagen und die Rückr. links, die Hinr. rechts stricken. Nach der 9. R im Muster IV weiterarbeiten. In 10 (knapp 11) cm Gesamthöhe in der Hinr. je 8 M stricken, dann 2 M rechts zusammenstricken. In der 2. folgenden R je 7 M stricken, dann 2 M rechts zusammenstricken usw. Die Abnahmen in jeder 2. R genau übereinander wiederholen, mit jeweils 1 Zwischenm. weniger, dabei das Muster so gut wie möglich weiterarbeiten. Wenn keine Zwischenm. mehr vorhanden sind, die restlichen M zusammenziehen und die Naht schließen. Am unteren Rand die ersten 4 R nach innen nähen. Dann je 1 Bändchen mit den Nadelspiel-Nadeln in Gelb, Hellblau und Türkis stricken: 5 M anschlagen, * 5 M rechts, dann ohne zu wenden die M an das andere Nadelende schieben und ab * wiederholen. Die Bändchen gerade von den zusammengezogenen M bis zum unteren Bündchen aufnähen. Mit allen Farben eine kleine Quaste anfertigen und diese am unteren Bündchen aufnähen.

Schühchen

Material

30 g in Weiß, je 1 Rest von den 4 bunten Farben.

Arbeitsanleitung

Wie beim Mützchen beginnen, jedoch statt in Rosa 40 (42) M in Türkis anschlagen und nach den 9 R glatt rechts im Muster IV 14 R stricken, dann nur die 14 mittleren M in Weiß kraus rechts stricken, die übrigen M stillegen. Nach der 13. (14.) Krausrippe die M kurz stillegen. Von der äußeren Kante her die ersten 13 (14) stillgelegten M stricken, an den Rippen 13 (14) M aufnehmen, die 14 M von der Spitze stricken, dabei die ersten und letzten 2 M zusammenstricken, 13 (14) M am Rand aufnehmen und die restlichen 13 (14) M stricken. Im Muster IV weiterarbeiten und in 3,5 cm Höhe für die Sohle wieder kraus rechts stricken. Nach der 1. Krausrippe wie folgt abnehmen: 4 M stricken, 2 M rechts zusammenstricken, 21 (23) M stricken, 1 überzogene Abnahme, 6 M stricken, 2 M rechts zusammenstricken, 21 (23) M stricken, 1 überzogene Abnahme, 4 M stricken. Die Abnahmen in jeder 2. R 3 x je vor und nach den gleichen 21 (23) M wiederholen. Noch 1 R stricken und dann abketten. Die untere und die hintere Naht zusammennähen. Die ersten 4 R nach innen nähen.
Jeweils ein Bändchen in Hellblau und ein Bändchen in Gelb genau wie beim Mützchen mit den Nadelspiel-Nadeln stricken. Das hellblaue Bändchen um die Sohle nähen und das gelbe Bändchen um den gerippten oberen Teil. Eine Kordel in Rosa knüpfen, diese am Knöchel einziehen und binden.

Pullover
im Hahnentrittmuster

Abbildung Seite 94

Größen 6, 9, 12 und 18 Monate
Bei abweichenden Angaben: Größen 9, 12, 18 Monate in Klammern.

Material

Pingouin Wolle, Qualität »Pingorex Baby«: 100 (100/150/150) g in Grand Blanc Nr. 103, 50 (50/100/100) g in Turquoise Nr. 110. (Ersatzqualitäten: Pingolaine, Pingofine, Baby Pingouin, Laine et Nylon.) Je 1 Paar Stricknadeln Nr. 2, 2 ½ und 3; 3 Knöpfe.

Strickmuster

I (Bündchenmuster): Mit Nadeln Nr. 2 1 M rechts, 1 M links.
II: Mit Nadeln Nr. 2 ½ glatt rechts (= Hinr. rechte M, Rückr. linke M).
III: Mit Nadeln Nr. 3 glatt rechts im Jacquardmuster nach der Strickschrift arbeiten.

Maschenprobe

30 M und 37 R im Strickmuster III = 10 x 10 cm.

Arbeitsanleitung

Rücken

77 (83/89/95) in Turquoise anschlagen und im Muster I stricken: 2 R in Turquoise, 10 R in Grand Blanc, 2 R in Turquoise. Danach im Muster III weiterarbeiten.
In 16 (18/20/22) cm Gesamthöhe für die Armausschnitte beidseitig 1 x 5 (5/6/6) M abketten = 67 (73/77/83) M. In 17 (19/21/24) cm Gesamthöhe die Mittelm. abketten, Arbeit in der Mitte teilen und jede Seite getrennt beenden.
In 27,5 (30,5/33,5/36,5) cm Gesamthöhe an der Halsausschnittkante je 1 x 17 (19/20/22) M abketten. Die restlichen 16 (17/18/19) M für die Schulter stillegen.

Vorderteil

Wie den Rücken arbeiten, jedoch ohne Schlitzöffnung. In 22,5 (22,5/28,5/31,5) cm Gesamthöhe für den Halsausschnitt die mittleren 15 (19/21/25) M abketten und jede Seite getrennt beenden, dabei an der Halsausschnittkante alle 2 R abketten: 1 x 3, 2 x 2, 3 x 1 M. Die 16 (17/18/19) M für die Schulter stillegen.

Ärmel

44 (48/50/54) M in Turquoise anschlagen und im Muster I stricken: 2 R in Turquoise, 10 R in Grand Blanc, 2 R in Turquoise. Danach im Muster III weiterarbeiten, dabei in der 1. R 8 (10/14/16) M verteilt zunehmen = 52 (58/64/70) M. Dann beidseitig zunehmen: 7 x 1 M alle 6 R und 2 x 1 M alle 4 R (9 x 1 M alle 6 R / 3 x 1 M alle 8 R und 6 x 1 M alle 6 R / 9 x 1 M alle 8 R). In 18 (20/22/24) cm Gesamthöhe die 70 (76/82/88) M abketten.

Fertigstellung

Die Teile spannen und unter feuchten Tüchern trocknen lassen.
Die Schulternähte im Maschenstich schließen. Beidseitig der rückwärtigen Schlitzkanten in Grand Blanc ca. 30 M mit Nadeln Nr. 2 ½ aufnehmen und in der folgenden R in Turquoise abketten. Für den Kragen (= ½ Kragen) von der Mitte aus an der vorderen Halsausschnittkante ca. 21 (23/

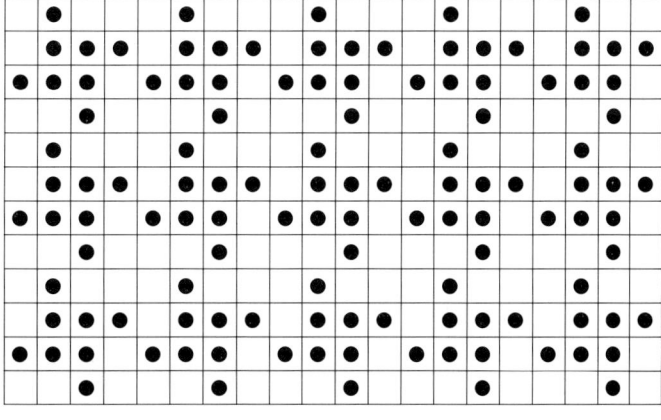

← Muster in der 1. R wieder aufnehmen

← 1. R

● Grand Blanc   □ Turquoise

24/26) M in Grand Blanc aufnehmen und 17 (19/20/22) M über der rückwärtigen Halsausschnittkante. Dann im Muster II 2 R stricken und anschließend im Muster I (mit Nadeln Nr. 2 ½) stricken, dabei in der 2. R aus jeder 2. M 2 M herausstricken. In 3,5 (3,5/4,5/4,5) cm Gesamthöhe 2 R in Turquoise arbeiten und abketten. Die 2. Kragenhälfte ebenso arbeiten. Entlang der rechten Schlitzkante des Rückenteils 2 Schlaufen anbringen. Ärmel einsetzen, Ärmel- und Seitennähte schließen. Knöpfe annähen.

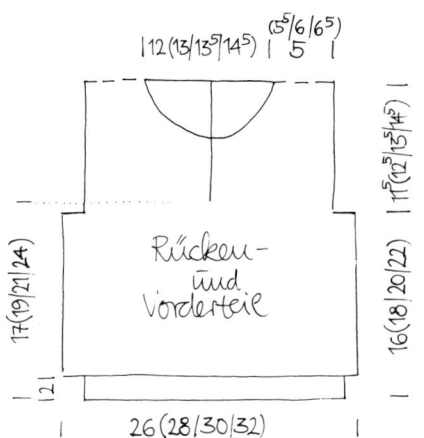
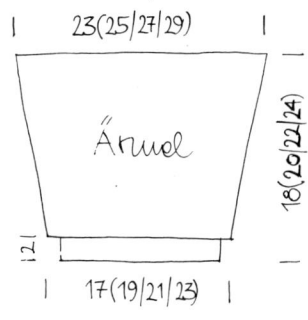

Pullover mit Schulterklappen

Abbildung Seite 94

Größen 3, 6 und 9 Monate
Bei abweichenden Angaben: Größen 6 und 9 Monate in Klammern.

Material

Pingouin Wolle, Qualität »Pingorex Baby«: 50 (100/100) g in Grand Blanc Nr. 103, 50 (50/50) g in Turquoise Nr. 110. (Ersatzqualitäten: Pingolaine, Pingofine, Baby Pinguoin, Laine et Nylon.) Je 1 Paar Stricknadeln Nr. 2 und 3.

Strickmuster

I (Bündchenmuster): Mit Nadeln Nr. 2 in der jeweils angegebenen Streifenfolge 1 M rechts, 1 M links.
II: Mit Nadeln Nr. 3 glatt rechts im Jacquardmuster nach der Strickschrift arbeiten.

Maschenprobe

30 M und 34 R im Strickmuster II = 10 x 10 cm.

Arbeitsanleitung

Rücken

65 (71/77) M in Grand Blanc anschlagen und im Muster I stricken: 2 cm in Grand Blanc, dann 2 R in Turquoise. Danach im Muster II weiterarbeiten. In 14 (16/18) cm Gesamthöhe für die Armausschnitte beidseitig 1 x 2 (3/3) M abketten = 61 (65/71) M. In 24 (27/29) cm Gesamthöhe für den Halsausschnitt die mittleren 13 (17/19) M abketten und jede Seite getrennt beenden, dabei an der Halsausschnittkante alle 2 R abketten: 1 x 3, 2 x 2 M und 4 x (4 x / 6 x) 1 M, dann alle 4 R 3 x 1 M, anschließend alle 2 R 2 x 1, 2 x 2 und 1 x 4 M.

Vorderteil

Wie den Rücken arbeiten. In 20 (23/25) cm Höhe für den Halsausschnitt die mittleren 11 (15/17) M abketten, dann an der Halsausschnittkante alle 2 R abketten: 4 x 2 M, dann alle 4 R 8 x 1 M, danach alle 2 R 1 (1/3) x 1 M, 2 x 2 und 1 x 4 M.

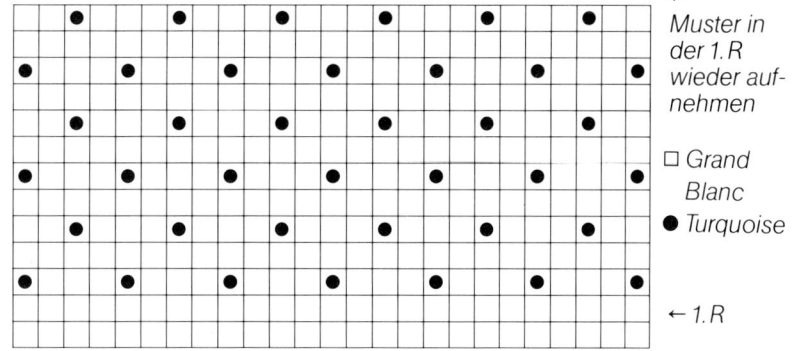

← Muster in der 1. R wieder aufnehmen

□ Grand Blanc
● Turquoise

← 1. R

Ärmel

40 (44/48) M in Grand Blanc anschlagen und im Muster I stricken: 2 cm in Grand Blanc, dann 2 R in Turquoise. Anschließend im Muster II weiterarbeiten, dabei in der 1. R 26 (22/24) M verteilt zunehmen = 66 (66/72) M. In 16 (18/20) cm Gesamthöhe alle M abketten.

Fertigstellung

Für die Blende ca. 103 (107/113) M in Turquoise an der Halsausschnittkante des Rückens aufnehmen und im Muster I 1 R stricken, dann in Grand Blanc 3 R und abketten. An der Halsausschnittkante des Vorderteils ca. 129 (133/139) M aufnehmen und die gleiche Blende anstricken. Die Armausschnittkanten übereinander so verkreuzen (Rückenteil über Vorderteil), daß die gleiche Weite wie bei der oberen Ärmelkante erreicht wird. Heften und die Ärmel einsetzen. Zuletzt die Ärmel- und Seitennähte schließen.

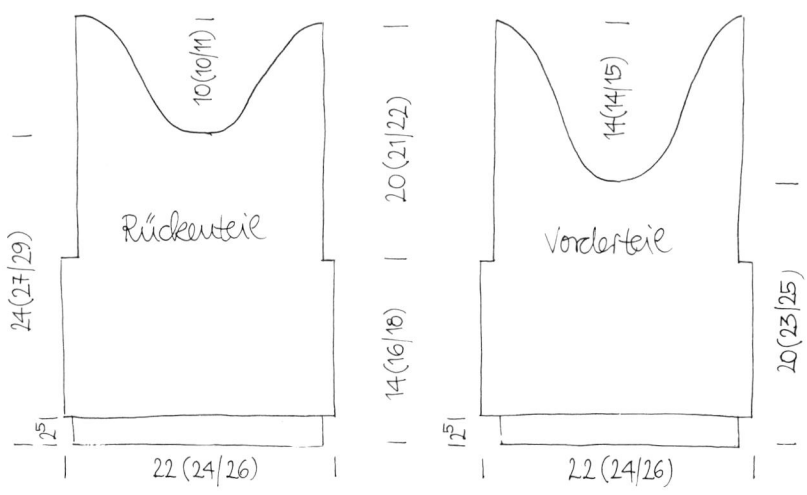

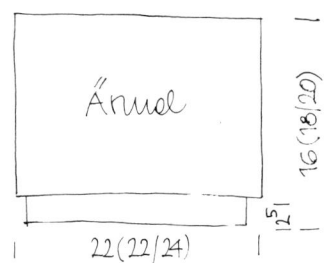

Kurze Hose

Abbildung Seite 94

Größen 3, 6 und 9 Monate
Bei abweichenden Angaben: Größen 6 und 9 Monate in Klammern.

Material

Pingouin Wolle, Qualität »Pingorex Baby«: 100 (100/150) g in Grand Blanc Nr. 103, 50 g in Turquoise Nr. 110. (Ersatzqualitäten: Pingolaine, Pingofine, Baby Pingouin, Laine et Nylon.) Je 1 Paar Stricknadeln Nr. 2 und 3, 2 Knöpfe in passender Größe.

Strickmuster

I (Bündchenmuster): Mit Nadeln Nr. 2 1 M rechts, 1 M links.
II: Mit Nadeln Nr. 3 glatt rechts (= Hinr. rechte M, Rückr. linke M) stricken.

Maschenprobe

29 M und 38 R im Strickmuster II = 10 x 10 cm.

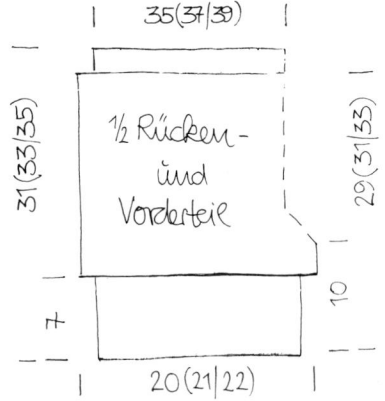

Arbeitsanleitung

Rückwärtiges Teil

Für das 1. Hosenbein 41 (45/49) M in Turquoise anschlagen und im Muster I stricken: 1 R in Turquoise, 34 R in Grand Blanc, 2 R in Turquoise (= ca. 7 cm im Muster I). Danach in Grand Blanc im Muster II weiterarbeiten, dabei in der 1. R 17 (16/15) M verteilt zunehmen = 58 (61/64) M. In 10 cm Gesamthöhe die M stillegen. Das 2. Hosenbein ebenso stricken, dann beide Teile verbinden = 116 (122/128) M. Beim Weiterarbeiten beidseitig der mittleren M, bei denen die beiden Teile zusammengefügt wurden, alle 2 R 1 x 2 und 5 x 1 M abnehmen = 102 (108/114) M.
In 29 (31/33) cm Gesamthöhe im Muster I weiterstricken, dabei in der 1. R verteilt 26 M abnehmen: Man erhält 76 (82/88) M. In 30 (32/34) cm Gesamthöhe – 18 (20/22) M von jeder Kante entfernt – je 1 Knopfloch einarbeiten. Für jedes Knopfloch 2 M abketten und in der folgenden R über den abgeketteten 2 M dazu anschlagen. Zwischen den beiden Knopflöchern liegen 36 (38/40) M. In 31 (33/35) cm Gesamthöhe alle M locker abketten.

Vorderteil

Wie das rückwärtige Teil arbeiten, jedoch ohne Knopflöcher.

Fertigstellung

Für die Träger je 11 M in Grand Blanc anschlagen und im Muster I stricken. In 31 (32/33) cm Höhe die M abketten. Dann die Träger in Turquoise mit 1 R Kettm. umhäkeln. Die Seitennähte und die Naht im Schritt schließen. Die Träger auf der Innenseite am Taillenbündchen des Vorderteils festnähen. An jedem Trägerende 1 Knopf annähen.

Pullover mit Luftballons

Abbildung Seite 98

Größen 92 und 104 (2 und 4 Jahre)
Bei abweichenden Angaben: Größe 104 in Klammern.

Material

Schaffhauser Wolle, Qualität COTON CABLÉ: 120 (150) g in Rosa Nr. 68, zum Aufsticken des Motivs Wollreste in Weiß Nr. 19, Dunkelblau Nr. 31, Citron Nr. 61 und Hellblau Nr. 33. Je 1 Paar Stricknadeln Nr. 2½ und 3, 1 Nadelspiel Nr. 2½, 1 Häkelnadel Nr. 2½, 2 Knöpfe.

Strickmuster

I (Bündchenmuster): Mit Nadeln Nr. 2½ 1 M rechts, 1 M links.
II: Mit Nadeln Nr. 3 glatt rechts (= Hinr. rechts, Rückr. links) stricken.

Maschenprobe

30 M im Muster II = 10 cm Breite.

Arbeitsanleitung

Rücken

88 (92) M anschlagen und im Strickmuster I 5 cm stricken. Dann im Muster II weiterarbeiten, dabei in der 1. R verteilt 4 M zunehmen = 92 (96) M. In einer Gesamthöhe von 17 (20) cm für die Ärmel beidseitig in jeder 2. R 4 x 1 und 1 x 2 M dazu anschlagen = 104 (108) M. Bis zu einer Gesamthöhe von 32 (36) cm gerade weiterstricken, dann für die Schulterschräge beidseitig jeweils am Reihenanfang 1 x 10 und 2 x 9 (3 x 10) M abketten. Gleichzeitig für den Halsausschnitt die mittleren 26 M und dann an beiden Seiten noch 1 x 6 und 1 x 5 M abketten.

Vorderteil

Wie den Rücken stricken, aber in einer Gesamthöhe von 30 (34) cm für den Halsausschnitt die mittleren 12 M und dann beidseitig davon 1 x 4, 4 x 3 und 1 x 2 M abketten.

Fertigstellung

Das Vorderteil nach dem Stickschema besticken, dabei das Motiv A 5 cm von der rechten Kante entfernt und 1,5 cm über dem Bündchen be-

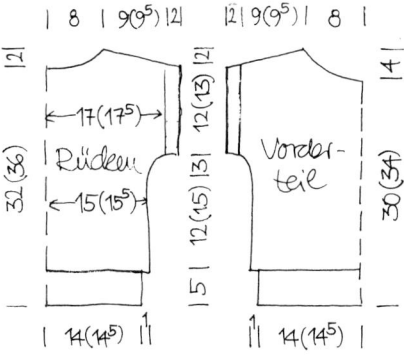

ginnen. Die Taillen der Motive über 4 M-Glieder mit 4 Flachstichen, bei A in Weiß, B in Hellblau und C in Citron, arbeiten. Die Ballons etwa 10, 8 und 6 cm über den Motiven sticken. Mit einem doppelten Faden in Dunkelblau 2 Flachstiche über 2 M-Glieder als Zuschnürung sticken und die Schlaufe lose hängen lassen.

Die Nähte schließen, die Schulternähte am Halsausschnitt 3 cm offen lassen. Entlang der Armausschnittkanten mit dem Nadelspiel 62 (68) M aufnehmen und 2 cm in Rd im Muster I arbeiten. Für die Halsblende am Vorderteil 57 M aufnehmen und im Muster I arbeiten, dabei beidseitig am Anfang jeder R 2 x 1 M abnehmen. Nach 2 cm alle M abketten. Die Halsblende am Rückenteil ebenso arbeiten, aber mit 51 M. Beide Kanten mit 1 R feste M umhäkeln und dann am Vorderteil für die Knopflöcher an der Halsblende mit einigen Luftm. je 1 Schlaufe bilden. Die Knöpfe annähen.

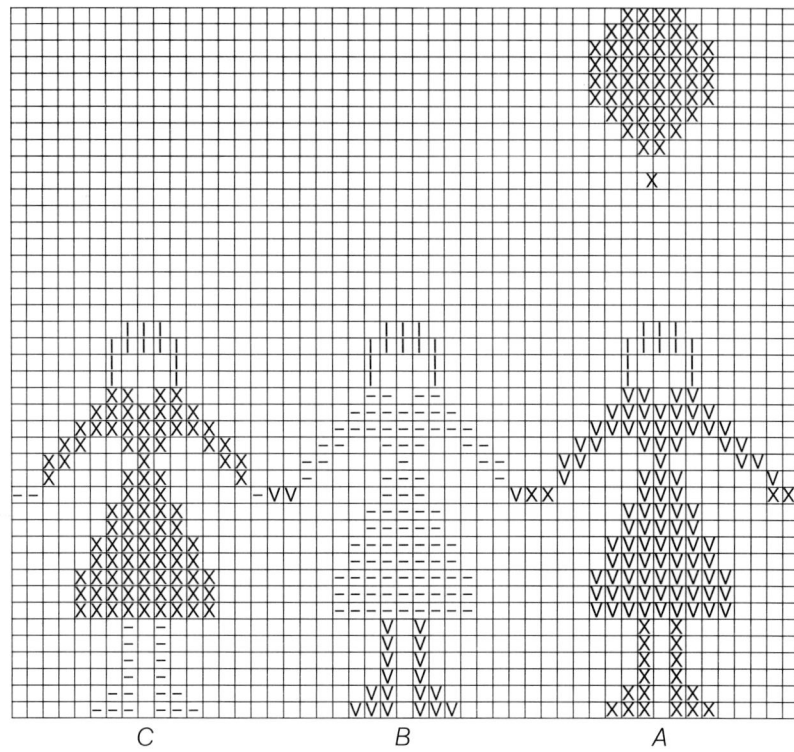

□ = 1 gestrickte M in Rosa
X = 1 Maschenstich in Weiß
V = 1 Maschenstich in Hellblau
− = 1 Maschenstich in Citron
| = 1 Maschenstich in Dunkelblau

Sportanzug

Abbildung Seite 98

Größen 92 und 104 (2 und 4 Jahre) Bei abweichenden Angaben: Größe 104 in Klammern.

Material

Schaffhauser Wolle, Qualität COTON CABLÉ, 170 (200) g in Citron Nr. 61, 20 (25) g in Blau Nr. 31, 10 g in Hellblau Nr. 33. Je 1 Paar Stricknadeln Nr. 2½ und 3, 1 Nadelspiel Nr. 2½, Gummiband ca. 2 cm breit.

Strickmuster

I (Bündchenmuster): Mit Nadeln Nr.

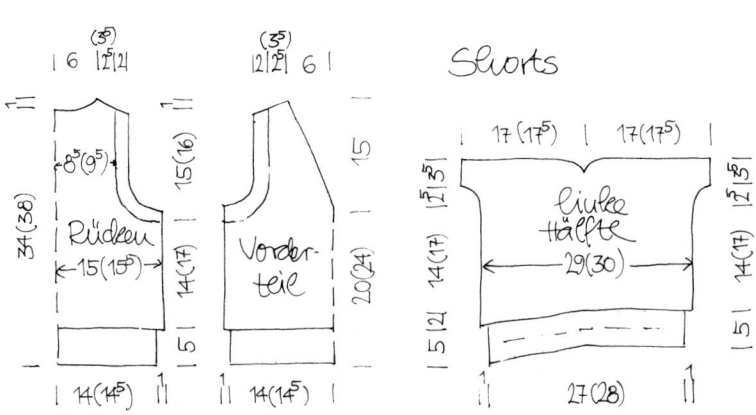

2½ 1 M rechts, 1 M links stricken.
II: Mit Nadeln Nr. 3 glatt rechts (= Hinr. rechts, Rückr. links) stricken.

Maschenprobe

30 M im Muster II = 10 cm Breite.

Arbeitsanleitung

Pulli

Rücken

In Citron 86 (92) M anschlagen und 5 cm im Strickmuster I arbeiten, dann im Muster II weiterstricken, dabei in der 1. R verteilt 6 M zunehmen = 92 (96) M. In einer Gesamthöhe von 19 (22) cm für die Armausschnitte beidseitig jeweils am Reihenanfang 1 x 5, 1 x 4, 1 x 3, 2 x 2, 3 x 1, (1 x 5, 2 x 3, 2 x 2, 3 x 1) M abketten = 54 (60) M. In einer Höhe von 34 (38) cm für die Schulterschrägungen beidseitig am Reihenanfang 2 x 5 (1 x 6, 1 x 7) M abketten und zugleich für den Halsausschnitt die mittleren 28 M, dann beidseitig davon noch 1 x 3 M abketten.

Vorderteil

Wie den Rücken arbeiten, aber in einer Gesamthöhe von 20 (24) cm für den V-Ausschnitt die Arbeit in der Mitte teilen und die beiden Hälften getrennt beenden. Für die Ausschnittschräge 17 x 1 M abwechselnd in der 2. und in der 4. R stets in Hinr. abnehmen, dazu am Ende der R die beiden vorletzten M rechts zusammenstricken, am Anfang der R die 2. und 3. M rechts überzogen zusammenstricken.

Fertigstellung

In der Mitte des Vorderteils, 4 (8) cm über dem Bündchen, die Zahl nach dem Stickschema aufsticken.

Die Nähte schließen. Um die Armausschnitte in Blau mit dem Nadelspiel 108 (114) M aufnehmen. 9 Rd im Strickmuster I arbeiten. Um den V-Ausschnitt in Hellblau mit dem Nadelspiel 132 M aufnehmen (36 M am Rücken und am Vorderteil je 48 M) und im Muster I arbeiten. Dabei an der Ausschnittspitze in jeder Rd 1 Doppelabnahme stricken: 2 M rechts abheben, 1 M stricken und die beiden abgehobenen M darüberziehen. Wenn 7 Rd in Hellblau gestrickt sind, mit Blau noch 2 Rd stricken, dann alle M abketten.

Shorts

Linke Hälfte

Für den Taillenbund in Citron 84 (88) M anschlagen und 5 cm im Strickmuster I arbeiten. Dann im Muster II weiterstricken, dabei in der 1. R verteilt 6 M zunehmen = 90 (94) M. Ab der 4. R verkürzte R arbeiten: In der Rückr. die ersten 11 (12) M stricken, wenden, zurückstricken, wenden, 22 (24) M stricken, wenden, zurückstricken. In dieser Weise noch 2 weitere verkürzte R, 1 x mit 33 (36) M und 1 x mit 44 (48) M arbeiten, dann wieder über alle M stricken. In einer Gesamthöhe von 19 (22) cm (an der rechten Kante gemessen) beidseitig stets am Ende der R 2 x 2, 2 x 1, 1 x 0 und 1 x 1 M dazu anschlagen = 104 (108) M. Noch 2 R stricken, dann die Arbeit in der Mitte teilen = je 52 (54) M. Beide Hälften getrennt beenden, dabei von der Mitte her in jeder 2. R 1, 0, 1, 0, 1, 1, 2 M abketten, dann die restlichen 46 (48) M abketten.

Rechte Hälfte

Gegengleich arbeiten, d.h. die verkürzten R an der rechten Kante ausführen.

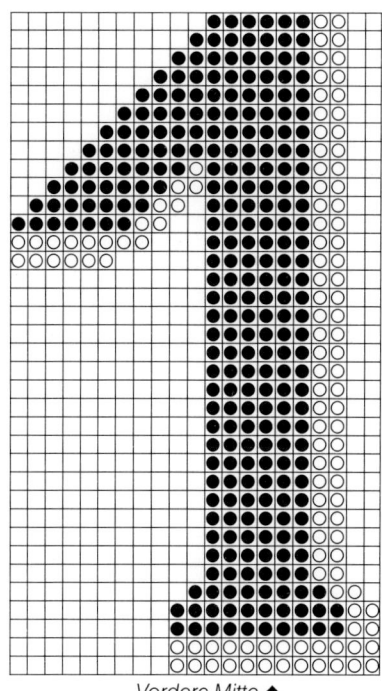

Vordere Mitte ▲

□ = 1 gestrickte M in Gelb
○ = 1 Maschenstich in Blau
● = 1 Maschenstich in Hellblau

Fertigstellung

Die Nähte schließen, den Taillenbund zur Hälfte nach innen schlagen und annähen. Entlang der Beinausschnitte und der seitlichen Schlitze, bis hoch zum Taillenbund in Blau wie folgt häkeln: rechts vorn beim Seitenschlitz und links hinten beim Seitenschlitz beginnend um die Beinausschnitte bis wieder zum Schlitz 1 R feste M; den Faden auf die Innenseite des Höschens legen und entlang einer Maschenrippe 1 R Kettm. bis zum Bund häkeln. Nochmals an der gleichen Anfangsstelle beginnen und auf die Kettm. 1 R feste M häkeln, dabei nur das hintere M-Glied der 1. R fassen. Die 2. Häkelr. seitlich mit verdeckten Stichen annähen. Das Gummiband einziehen.

Norwegerpullover mit Mütze

Abbildung Seite 99

Größen 1, 2, 4 und 6 Jahre
Bei abweichenden Angaben: Größen 2, 4 und 6 Jahre in Klammern.

Material

Sjöberg Wolle, Qualität DALETTA: 150 (200/200/250) g in Hellblau Nr. 3025 (Grundfarbe), 50 (50/100/100) g in Weiß Nr. 0010 (1. Musterfarbe), je 50 g in Rosa Nr. 2125 bzw. in Blau Nr. 3076 (2. Musterfarbe). Je 1 Rundstricknadel und 1 Nadelspiel Nr. 2 ½ und Nr. 3.

Strickmuster

I (Bündchenmuster): Mit Nadeln Nr. 2 ½ 1 M rechts, 1 M links.
II: Mit Nadeln Nr. 3 glatt rechts (=Hinr. rechte M, Rückr. linke M).
III: Mit Nadeln Nr. 3 im Jacquardmuster nach der Strickschrift arbeiten.

Maschenprobe

28 M und 38 Rd im Muster II (34 R im Muster III) = 10 x 10 cm.

Arbeitsanleitung

Rücken und Vorderteil

Beide Teile werden zusammen in Rd gestrickt.
152 (168/184/192) M in der Grundfarbe anschlagen und 3 (3/4/4) cm im Muster I stricken. Dann im Muster III die Borte I stricken und anschließend in der Grundfarbe im Muster II weiterarbeiten. In 19 (23/26/27) cm Gesamthöhe den Armausschnitt wie folgt arbeiten: 4 M abketten, 68 (76/84/88) M stricken, 8 M abketten, 68 (76/84/88) M stricken und die letzten 4 M abketten.

Ärmel

Die Ärmel werden in Rd gestrickt.
40 M in der Grundfarbe mit dem Nadelspiel anschlagen und im Muster I

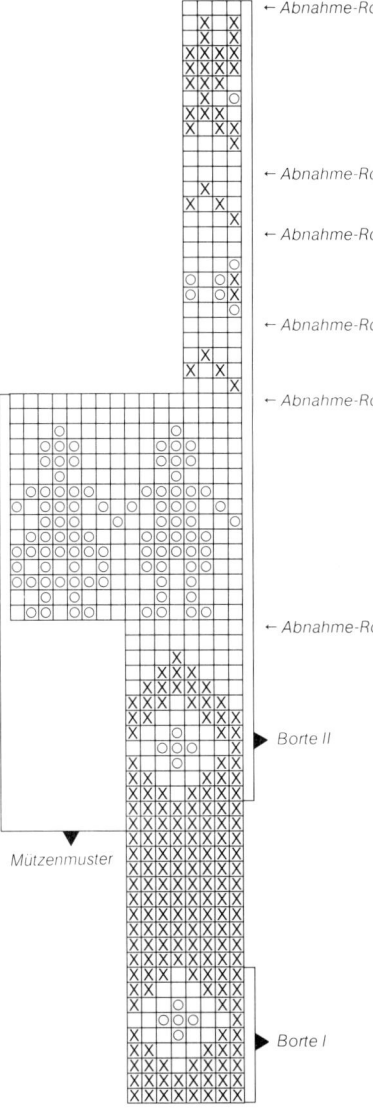

X = Grundfarbe (hellblau)
□ = 1. Musterfarbe (weiß)
○ = 2. Musterfarbe (rosa bzw. blau)

3 (3/4/4) cm stricken. In der letzten Bündchenrd. gleichmäßig verteilt 8 M zunehmen, dann im Muster III die Borte I und danach in der Grundfarbe im Muster II arbeiten. Nun am Anfang und Ende der Rd im Abstand von 2 M alle ca. 1,5 cm je 1 M zunehmen, bis 68 (72/76/80) M erreicht sind. In 18 (23/23/26) cm Gesamthöhe für den Armausschnitt wie folgt arbeiten: 4 M abketten, 60 (64/68/72) M stricken, 4 M abketten. Den 2. Ärmel genauso arbeiten.

Passe

Für die Passe alle Teile wie folgt auf die Rundstricknadel Nr. 3 nehmen: Rücken, Ärmel, Vorderteil, Ärmel (dabei ist der Anfang des Rückens der Anfang der Runde) = 256 (280/304/320) M. Dann nur für die Größen 4 und 6 Jahre nach dem Raglanprinzip wie folgt abnehmen: *1 M rechts, 2 M rechts zusammenstricken, dann bis auf 3 M vor dem folgenden Stoß weiterstricken, 2 M rechts verschränkt zusammenstricken, 1 M rechts. Ab * noch 3 x in dieser Rd wiederholen (d.h. in jeder Abnahme-Rd werden 8 M abgenommen). In jeder folgenden Rd auf die gleiche Weise noch 3 x abnehmen: Man erhält dadurch 280 bzw. 296 M.
Für alle Größen in der folgenden Rd verteilt 32 (48/16/16) M abnehmen = 224 (232/264/280) M. Anschließend im Muster III die Borte II stricken und in der 12. Rd gleichmäßig verteilt 32 (40/40/40) M abnehmen = 192 (192/224/240) M. Dann gerade weiterstricken und in der 27. Rd verteilt 32 (24/20/20) M abnehmen = 160

(168/204/220) M. In der 32. Rd verteilt 20 (16/20/20) M, in der 38. Rd verteilt 20 (12/32/32) M abnehmen = 120 (140/152/168) M.

Für die Größen 1 und 2 Jahre in der 42. Rd verteilt 30 (40) M abnehmen = 90 (100) M, damit die Musterborte abschließen. In Weiß 3 cm im Muster I weiterstricken und dann eine Lochr. arbeiten: * 1 Umschlag, 2 M rechts zusammenstricken. Ab * über die ganze Rd wiederholen. Dann 3 cm im Muster I weiterstricken und die M abketten.

Für die Größen 4 und 6 Jahre in der 42. Rd und in der 53. Rd verteilt je 24 (30) M abnehmen = 104 (108) M.

Nun die Halsblende wie für die Größen 1 und 2 Jahre arbeiten.

Fertigstellung

Die Seitennähte schließen. Die Halsausschnittblende in der Lochr. umlegen und von links gegennähen.

Mütze

112 (112/128/128) M in der Grundfarbe mit dem Nadelspiel Nr. 2 ½ anschlagen und 3,5 cm im Muster I stricken. Dann mit Nadeln Nr. 3 weiterarbeiten: 1 Rd rechts und 1 Lochr. (siehe oben) stricken. Dann im Muster III die 29 Rd im Mützenmuster stricken, danach in Weiß im Muster II weiterarbeiten. In 10 (11/12/13) cm Höhe ab der Lochr. 1 Rd rechte M stricken und verteilt 4 (4/8/8) M abnehmen. Dann wie folgt abnehmen: * 10 M stricken, 2 M zusammenstricken. Ab * über die ganze Rd wiederholen. 1 Rd stricken, dann * 9 M stricken, 2 M zusammenstricken, ab * über die ganze Rd wiederholen. 1 Rd stricken. Auf die gleiche Weise in jeder 2. Rd abnehmen (jeweils mit 1 M weniger bis zum nächsten Abnehmen). Den Faden durch die Restm. ziehen und befestigen. Die Kante in der Lochr. nach innen umlegen und von links locker gegennähen.

Kindersachen

Garnitur mit Katz und Maus

Abbildung Seite 106/107

Größen 80–86 und 92 (9–12 Monate und ca. 2 Jahre)
Bei abweichenden Angaben: Größe 92 in Klammern.

Material

Schaffhauser Wolle, Qualität ALL-ROUND; Hose: 160 (ca. 230) g in Aubergine Nr. 41, 45 (60) g in Dunkelblau Nr. 132, zum Sticken je 1 Rest in Hellblau Nr. 80 und Rosa Nr. 34, 4 (5) Knöpfe in Hellblau. Pullover: 140 (ca. 180) g in Rosa Nr. 32, 20 (ca. 30) g in Aubergine Nr. 41, je 1 Rest in Cyclam Nr. 53, Hellblau Nr. 80 und Dunkelblau Nr. 132, 1 Reißverschluß, 12 cm lang. Jäckchen: 180 (ca. 230) g in Aubergine Nr.. 41, je 1 Rest in Hellblau Nr. 80 und Rosa Nr. 34, 5 (6) Knöpfe in Hellblau. Je 1 Paar Stricknadeln Nr. 3 und 3 1/2, 1 Nadelspiel Nr. 3.

Strickmuster

I (Bündchenmuster): Mit Nadeln Nr. 3 1 M rechts, 1 M links.
II: Mit Nadeln Nr. 3 1/2 glatt rechts (= Hinr. rechte M, Rückr. linke M).
III: Mit Nadeln Nr. 3 1/2 im Wechsel mit 1 Kontrastfarbe 2 R rechts stricken = 1 Krausrippe und dann 4 R in Rosa glatt rechts. Die Rippen in der Reihenfolge * aubergine, cyclam, hellblau, dunkelblau, ab * wiederholen.

Maschenprobe

24 M im Muster II = 10 cm Breite.

Arbeitsanleitung

Hose

Für das Bein 52 M in Dunkelblau anschlagen und im Muster I arbeiten. In 5 cm Höhe in Aubergine im Muster II weiterarbeiten, dabei verteilt in der 1. R 22 (23) M zunehmen = 74 (75) M. In 16 (17) cm Gesamthöhe beidseitig 1 M zunehmen. Dies 3 x alle 2,5 cm (4 x alle 3 cm) wiederholen = 82 (85) M. In 25 (30) cm Gesamthöhe an beiden Kanten 1 x 2 und 3 x 1 M abketten = 72 (75) M. Dann bis zu einer Gesamthöhe von 31 (36) cm gerade weiterstricken und die M stillegen. Das 2. Bein bis zur gleichen Höhe stricken. Beide Beine zusammenfügen. An beiden äußeren Kanten (= vordere Mitte) je 2 M abketten und an den inneren Kanten die Randm. beider Beine abnehmen = 138 (144) M. In 16,5 (20) cm Höhe ab dem Zusammenfügen die Armausschnitte wie folgt beginnen: 31 (33) M stricken, 6 M abketten, 64 (66) M stricken, 6 M abketten und mit den restlichen 31 (33) M das linke Vorderteil weiterarbeiten. Am Armausschnitt noch 2 x 2, 4 x 1 und 1 x 1 M in jeder 4. folgenden R abketten = 22 (24) M. In 6,5 (7) cm Höhe ab dem Armausschnitt für den Halsausschnitt 1 x 4 (5), 2 x 2 und 2 (3) x 1 M abketten. In 15,5 (16) cm Höhe ab dem Armausschnitt für die Schulter 3 x 4 M abketten. Das rechte Vorderteil gegengleich arbeiten. Am Rückenteil beidseitig für den Armausschnitt 2 x 2, 4 x 1 und 1 x 1 M in der folgenden 4. R abketten = 46 (48) M. In 14,5 (15) cm Höhe ab dem Armausschnitt für den Halsausschnitt die mittleren 12 (14) M abketten und beidseitig davon 2 x 2 und 1 x 1 M abketten. In 15,5 (16) cm Höhe ab dem Armausschnitt für die Schultern je 3 x 4 M abketten.

Fertigstellung

Die Beine bis auf 25 (30) cm ab dem Anschlag, dann im Schritt bis zu den 2 abgeketteten M zusammennähen. Die Schulternähte schließen. Um die Armausschnitte 94 (98) M in Dunkelblau aufnehmen, 8 Rd im Muster I stricken. Für die Verschlußblende der rechten Hälfte 8 M in Dunkelblau anschlagen und im Muster I arbeiten, dabei die Rückr. mit Randm., 1 M rechts beginnen. In (leicht gestreckt) 23 (27) cm Höhe an der inneren Kante die Randm. abnehmen und die 7 M stillegen.

Für die linke Hälfte ebenfalls eine Blende aus 8 M stricken, dabei die Rückr. mit Randm., 1 M links beginnen. In knapp 3 (4) cm Höhe für das 1. Knopfloch in der Hinr. die 4. und 5. M abketten und sogleich 2 M dazu anschlagen. Das Knopfloch 2 x alle 7 cm (3 x alle 6 cm) wiederholen. Die Längskanten der Blenden annähen und die unteren Schmalkanten übereinander gelegt mit einer Quernaht annähen. Um den Halsausschnitt zu den 2 x 7 M der Blende an den Vorderteilen je 31 (33) M, am Rückenteil 29 (31) M in Dunkelblau aufnehmen und im Muster I arbeiten, dabei mit 1 Rückr. und Randm., 1 M links beginnen. Nach 1 cm in der Hinr. vor den letzten 3 M noch 1 Knopfloch einstricken. In der 8. R locker abketten. Die Knöpfe annähen. Am rechten Vorderteil eine Katze in Rosa und im linken eine Katze in Hellblau nach dem Stickschema aufsticken. Von der Blende bis zu den Katzen bleiben 5 (6) M frei und von den Ohrenspitzen bis zum Halsausschnitt 30 (34) R.

Pullover

Rücken

68 (72) M in Rosa anschlagen und im Muster I arbeiten. In 4 cm Höhe im Muster II weiterstricken. In 19 (22) cm Gesamthöhe für die Armausschnitte beidseitig 1 x 9 (10) M abketten und mit den 50 (52) M im Muster III stricken. In 21 (25) cm Gesamthöhe die Arbeit für den Schlitz teilen. In 12 (13) cm Höhe ab dem Armausschnitt für den Halsausschnitt 1 x 10 und 1 x 2 M abketten. Gleichzeitig für die Schulter 1 x 6 und 1 x 7 (2 x 7) M abketten.

Vorderteil

Wie den Rücken arbeiten, jedoch ohne Schlitz und in 8 cm Höhe ab Armausschnitt für den Halsausschnitt die mittleren 8 M und beidseitig 1 x 3, 1 x 2 und 3 x 1 M abketten.

Katze

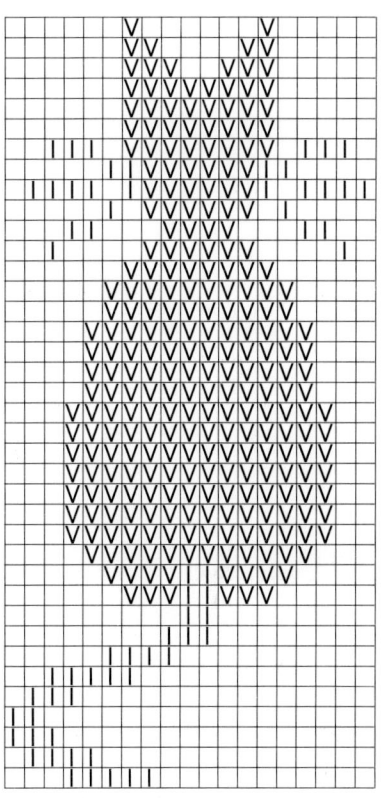

□ = 1 gestrickte M in Aubergine
V = 1 Maschenstich in der Grundfarbe (Hellblau bzw. Rosa)
I = 1 Maschenstich in der Kontrastfarbe (Rosa bzw. Hellblau)

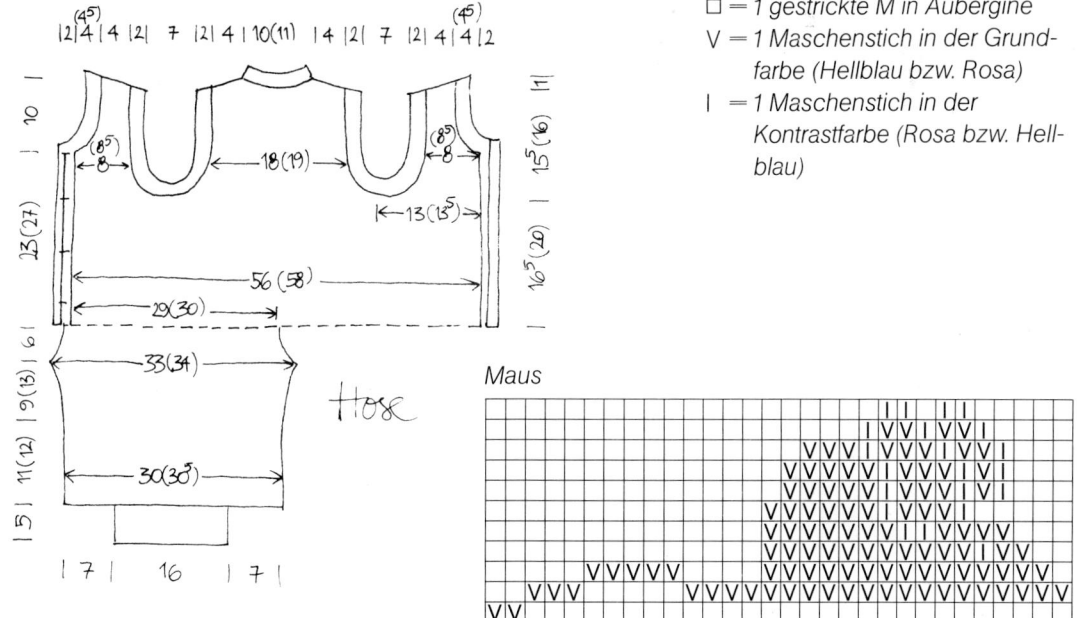

Maus

Ärmel

36 (38) M in Aubergine anschlagen und im Muster I arbeiten. In 4 cm Höhe im Muster III weiterstricken, dabei mit 4 R in Rosa beginnen und verteilt in der 1. R 12 M zunehmen = 48 (50) M. Die Krausrippen in Cyclam (in Hellblau) beginnen. In 10 (11) cm Gesamthöhe beidseitig 1 M zunehmen. Dies 6 x alle 2 cm (4 x alle 2,5 cm und 3 x alle 2 cm) wiederholen = 62 (66) M. In ca. 26 (31) cm Gesamthöhe, nach 4 R in Rosa, alle M abketten.

Fertigstellung

Die Nähte schließen, dabei an den Ärmeln die oberen 3,5 (4) cm offen lassen. Dann um den Halsausschnitt am Rücken je 14 M und am Vorderteil 47 (51) M in Rosa aufnehmen und im Muster I arbeiten, dabei mit einer Rückr. mit Randm., 1 M links beginnen. In der 16. R die M locker abketten und die Blende zur Hälfte nach innen nähen. Um den Schlitz 2 R feste M in Rosa häkeln. Beide R als Hinr. arbeiten und in der 2. R nur das hintere Maschenglied fassen. Den Reißverschluß einnähen. Die Ärmel einsetzen, dabei den offenen Rand an die abgeketteten M annähen.

Jäckchen

Rücken

71 (75) M in Aubergine anschlagen und im Muster I arbeiten, dabei mit einer Rückr. mit Randm., 1 M rechts beginnen. In 4 cm Gesamthöhe im Muster II weiterarbeiten. In 31 (36) cm Gesamthöhe für die Schultern beidseitig 1 x 7 und 2 x 8 (2 x 8 und 1 x 9) M abketten. Wenn je 1 Stufe abgekettet ist, gleichzeitig für den Halsausschnitt die mittleren 21 M abketten und beidseitig davon 1 x 2 M.

Rechtes Vorderteil

43 (45) M in Aubergine anschlagen und im Muster I arbeiten, dabei in einer Rückr. mit Randm., 1 M links beginnen. In 4 cm Höhe die ersten 34 (36) M im Muster II arbeiten, die vorderen 9 M im Muster I stricken. In 27 (31) cm Gesamthöhe an der vorderen Kante 9 M stilllegen und für den Halsausschnitt 1 x 4, 1 x 3, 1 x 2 und 2 x 1 M abketten. Die Schulter wie beim Rücken abketten.

Linkes Vorderteil

Gegengleich arbeiten, jedoch in 2 cm Höhe in der Hinr. vor den letzten 4 M für 1 Knopfloch 3 M abketten und sogleich 3 M dazu anschlagen. Das Knopfloch 3 x alle 6,5 cm (4 x alle 6 cm) wiederholen. Das 4. (5.) Knopfloch liegt 5,5 (5) cm unter dem Halsausschnitt.

Ärmel

39 (40) M in Aubergine anschlagen und im Muster I arbeiten. In 5 cm Höhe im Muster II weiterarbeiten, dabei verteilt in der 1. R 14 M zunehmen = 52 (54) M. In 10 (11) cm Gesamthöhe beidseitig 1 M zunehmen. Dies 6 x alle 2 cm (2 x alle 2,5 cm und 5 x alle 2 cm) wiederholen = 66 (70) M. In 23 (28) cm Höhe alle M abketten.

Fertigstellung

Die Nähte schließen. Um den Halsausschnitt zu den 9 vorderen M je 23 (25) M und am Rückenteil 29 M aufnehmen. Im Muster I arbeiten. Nach 1 cm in der Hinr. vor den letzten 4 M noch 1 Knopfloch stricken. In der 9. R beidseitig 9 M abketten und in der 18. R die restlichen M locker abketten. Die Blende zur Hälfte nach innen nähen. Die Knöpfe annähen. Die Ärmel einsetzen. Die 4 Mäuse 1 cm über dem unteren Bündchen rundum mit wechselnden Grundfarben nach dem Schema aufsticken. Mit dem Schwanz jeweils 5 (7) M vor der Schnauze der vorhergehenden Maus beginnen. Der Schwanz der Maus vom linken Vorderteil endet (mit 3 Maschenstichen) neben der Blende auf dem rechten Vorderteil.

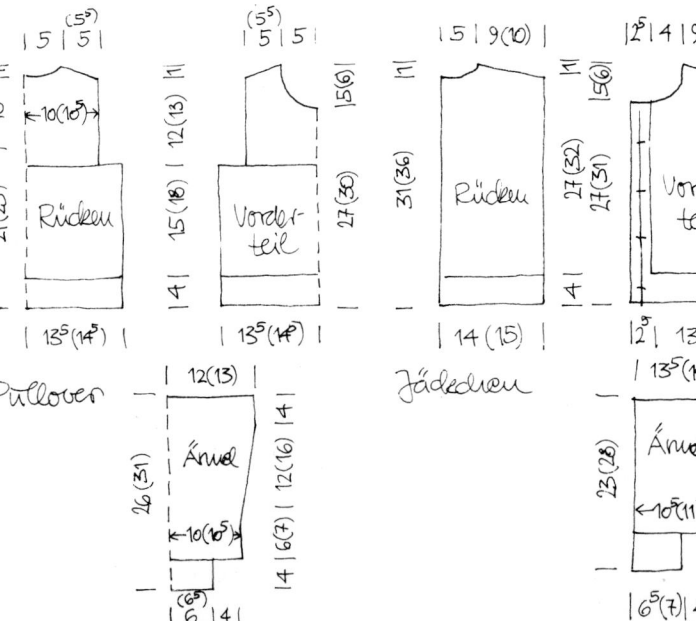

Kleid mit Gänsen

Abbildung Seite 107

Größen 92 und 110 (2 und 3 Jahre)
Bei abweichenden Angaben: Größe 110 in Klammern.

Material

Schaffhauser Wolle, Qualität SACHA: 170 (200) g in Camel Nr. 40, 50 (ca. 65) g in Fuchsia Nr. 46, 30 (ca. 40) g in Weiß Nr. 19. Je 1 Paar Stricknadeln Nr. 3 und Nr. 3 1/2, 1 Häkelnadel Nr. 2 1/2, 1 Reißverschluß, 15 cm lang.

Strickmuster

I (Bündchenmuster): Mit Nadeln Nr. 3 1 M rechts, 1 M links.
II: Mit Nadeln Nr. 3 1/2 glatt rechts (= Hinr. rechte M, Rückr. linke M).

Maschenprobe

22 M im Strickmuster II = 10 cm in der Breite.

Arbeitsanleitung

Rückenteil

132 (134) M in Camel anschlagen und im Muster II stricken, dabei die Farben wie folgt wechseln: 7 R in Camel (1. R = Rückr.), 2 R in Weiß, 2 R in Camel, 2 R in Fuchsia, dann in Camel weiterarbeiten.
In 21 (26) cm Gesamthöhe beidseitig 1 M abnehmen und dies 7 x alle 2 cm wiederholen = 116 (118) M. In 37 (42) cm Gesamthöhe, das ist die Oberkante des Rockes, in Fuchsia weiterstricken, dabei in der 1. R (= Hinr.) verteilt 50 M abnehmen = 66 (68) M. Gleichzeitig in der 2. R für den Verschluß am Oberteil die Arbeit in der Mitte teilen und jede Hälfte getrennt beenden: Man erhält also jeweils 33 (34) M.
Nun 2 cm in Fuchsia stricken. Dann für den Armausschnitt bei beiden Hälften von den äußeren Kanten her 1 x 9 (8) M abketten. In 13 (14) cm Höhe ab dem Armausschnitt für die Schulterschräge von der äußeren Kante her in jeder 2. R 2 x 6 (2 x 7) M abketten und gleichzeitig für den Halsausschnitt von der inneren Kante her 1 x 9 und 1 x 3 M abketten.

Vorderteil

Wie das Rückenteil arbeiten, jedoch die Arbeit nicht teilen. In 48 (54) cm Gesamthöhe für den Halsausschnitt die mittleren 8 M, dann beidseitig davon noch 4, 2, 1, 1 M abketten.

Ärmel

38 (40) M in Weiß anschlagen und 5 cm im Muster I stricken, dann im Muster II weiterarbeiten, in der 1. R ver-

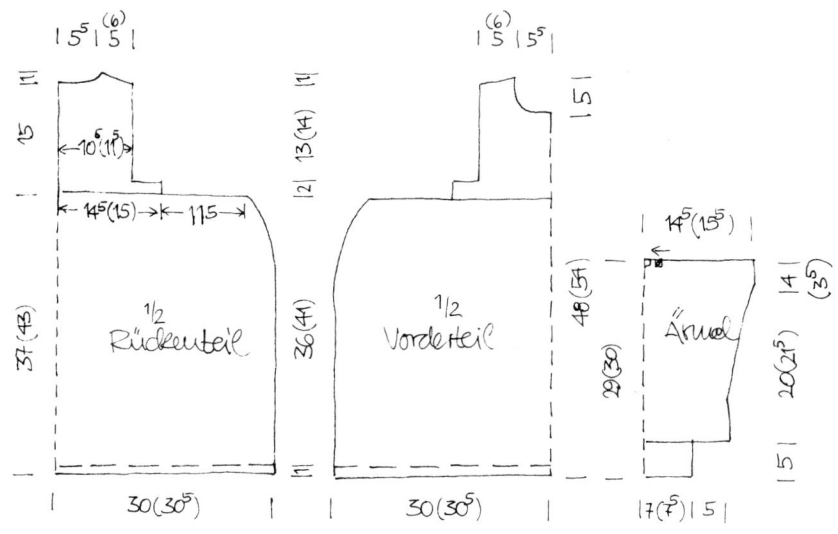

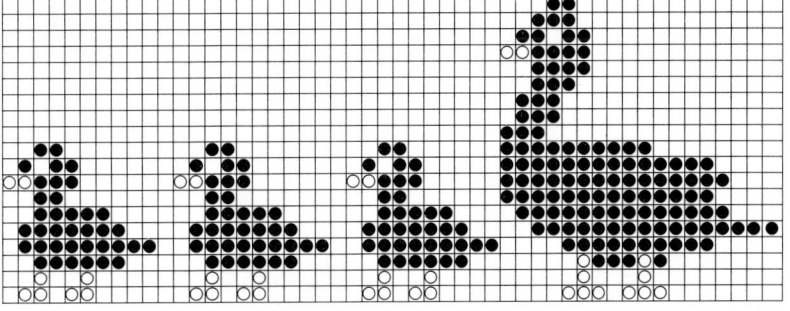

☐ = 1 gestrickte M in Fuchsia
● = 1 Maschenstich in Weiß
○ = 1 Maschenstick in Camel

teilt 16 M zunehmen = 54 (56) M. Farbfolge: * 4 R in Camel, 2 R in Weiß, 2 R in Camel, 2 R in Fuchsia, ab * stets wiederholen. In 5 (4) cm ab dem Bündchen beidseitig 1 M zunehmen und dies 5 (6) x alle 2,5 cm wiederholen. Mit den 66 (70) M gerade weiterstricken. In 29 (30) cm Gesamthöhe alle M locker abketten.

Fertigstellung

Den Kragen in 2 gegengleichen Hälften arbeiten. 30 M in Weiß anschlagen und im Muster II stricken. In 2,5 cm Höhe für die rechte Hälfte an der rechten Kante und für die linke Hälfte an der linken Kante 4 M rechts verschränkt zunehmen = * 4 M stricken, 1 M zunehmen, ab * 3 x wiederholen. In der folgenden 4. R versetzt zu den unteren Zunahmen wiederum 4 Zunahmen ausführen. In 6 cm Höhe beidseitig stets am Anfang der R 1, 1, 2 M abketten, dann die restlichen M gerade abketten.

Das Vorderteil ab der 4. R in Fuchsia, beidseitig je 8 M (9 M) vom Rand entfernt, laut Schema besticken. Die Nähte schließen, dabei bei den Ärmeln die oberen 4 (3,5) cm für den Armausschnitt offen lassen. Oben an der Ärmelmitte 3 Fältchen von 1 cm Breite im Abstand von 1 cm legen. Für den Saum die unteren 3 R des Kleidchens auf die Rückseite säumen, dann rings um diese Kante 1 Rd feste M in Fuchsia häkeln = ca. 260 (264) M, dann 1 Rd wie folgt arbeiten: 1 feste M in die 1. M der Vor-Rd, * 3 Luftm., 1 M der Vor-Rd übergehen, 1 feste M in die folgende M, ab * stets wiederholen. Die hinteren Verschlußkanten mit 1 Rd feste M in Fuchsia umhäkeln. Bei den beiden Kragenhälften die Kanten, ausgenommen die Anschlagkanten, ca. ½ cm auf die Rückseite nähen, dann in Weiß 2 R wie am Rocksaum anhäkeln. Die beiden Kragenhälften von der vorderen Mitte aus an den Halsausschnitt nähen (die Zunahmen liegen hinten). Ärmel einsetzen, dabei die offen gelassenen 4 (3,5) cm an die abgeketteten M des Vorder- bzw. Rückenteils nähen. Den Reißverschluß verdeckt einnähen.

Kleiner Bär

Abbildung Seite 106

Material

Schaffhauser Wolle, Qualität ALLROUND: 60 g in Camel Nr. 66, 10 g in Rosa Nr. 34, je 1 Rest in Rohweiß Nr. 11, Sand Nr. 56 und Schwarz Nr. 10. 1 Paar Stricknadeln Nr. 3½, Füllmaterial, 2 Knopfaugen und 1 rotes Band.

Strickmuster

I: Glatt rechts (= Hinr. rechte M, Rückr. linke M) stricken.

Maschenprobe

21 M = 10 cm Breite.

Arbeitsanleitung

Körper

19 M in Camel für 1 Bein anschlagen und in 8 cm Höhe die innere Randm. abnehmen = rechte Kante. Die 18 M stillegen. Das 2. Bein bis zur gleichen Höhe arbeiten und wieder die innere Randm. abnehmen = linke Kante. Nun beide Beine verbinden und über alle 36 M gerade weiterarbeiten. In 28 cm Gesamthöhe 2 x 1 und 1 x 2 M abketten = Kopfmitte. Die 2. Hälfte gegengleich beenden.

Arme

32 M in Camel anschlagen und 6,5 cm stricken. Dann die Arbeit in der Mitte teilen. Bei jeder Hälfte beidseitig 2 x 1 und 1 x 2 M abketten. Die restlichen je 8 M abketten.

Fertigstellung

Für die Füße und die Pfoten 2 Kreise in Rosa arbeiten: 5 M anschlagen, dann beidseitig 1 x 2 und 2 x 1 M zunehmen = 13 M. 4 R gerade stricken, dann beidseitig 2 x 1 und 1 x 2 M und die restlichen 5 M abketten.

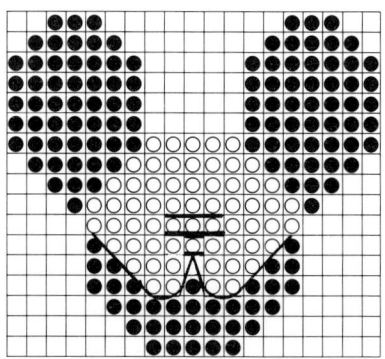

☐ = 1 gestrickte M in Camel
● = 1 Maschenstich in Rohweiß
○ = 1 Maschenstich in Sand
— V = schwarze Spannstiche

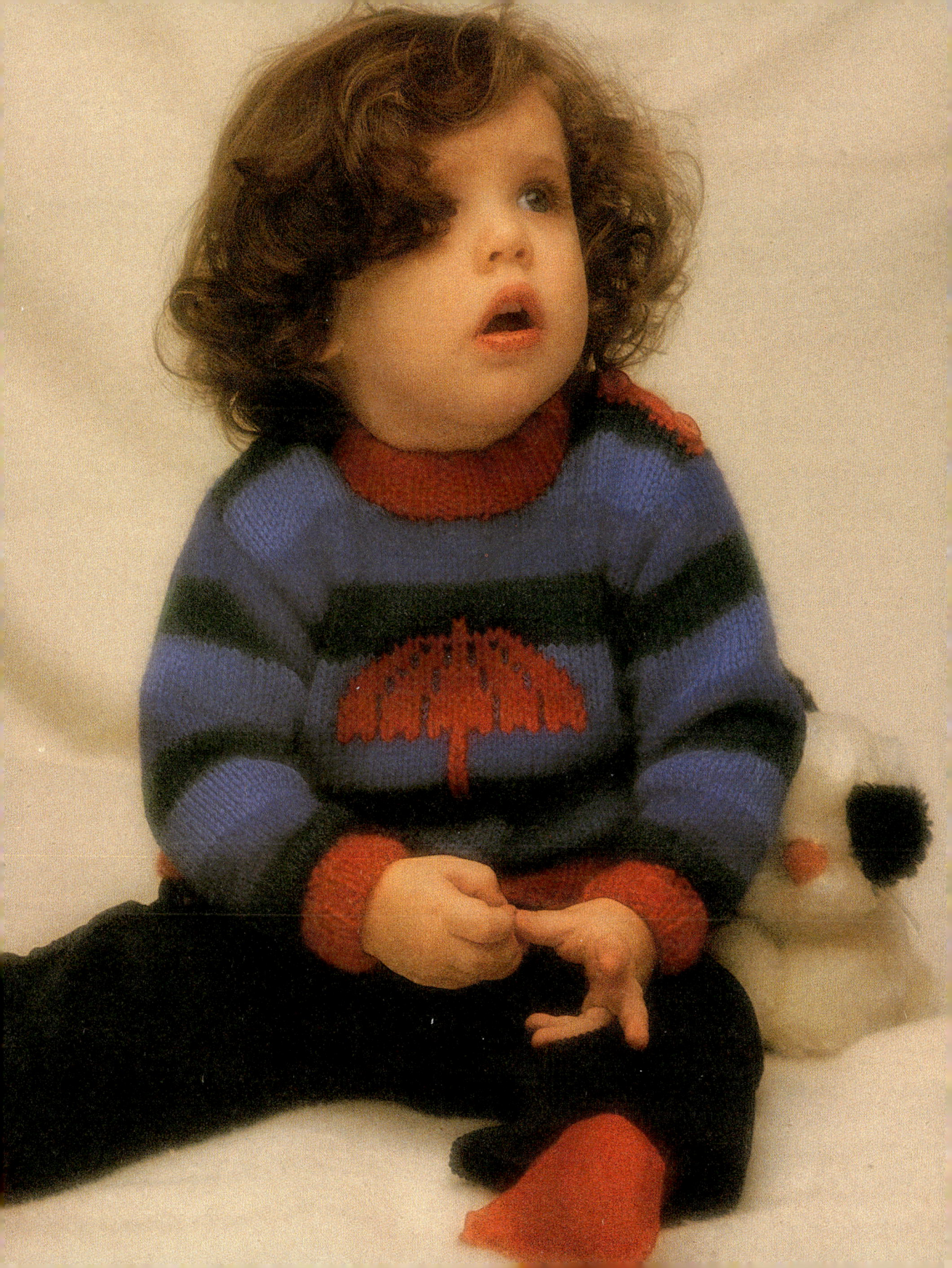

Für die Ohren 13 M in Rosa anschlagen und 4 R stricken, dann beidseitig 2 x 1 und 1 x 2 M und die restlichen 5 M abketten. Das Gesicht nach dem Schema aufsticken, dabei bleiben von der Kopfmitte bis zu den Augen 14 R frei. Die Knopfaugen in die Mitte der Augen nähen. Die Beine zusammennähen und je Fußsohle annähen. Die Beine ausstopfen. Die übrigen Nähte schließen, dabei zum Füllen eine Öffnung lassen. Die Arme zusammennähen, dabei die untere Kante erst nach dem Füllen schließen. Die Handflächen aufnähen und mit schwarzen Spannstichen 4 Krallen sticken. Die Ohren annähen. 7 R unterhalb der Schnauze den Kopf mit dem roten Bändchen abbinden. 1,5 cm unterhalb des Halses die Arme annähen.

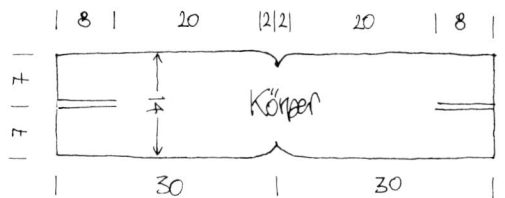

Pullover mit Regenschirm

Abbildung Seite 111

Größen 86 und 98 (1 ½ und 3 Jahre)
Bei abweichenden Angaben: Größe 98 in Klammern.

Material

H.E.C. Wolle, Qualität aarlan polo, dekatiert: 100 (120) g in Petrol Nr. 3826, 70 (90) g in Royal Nr. 3849, je 50 (60) g in Rot Nr. 3875 und Blau Nr. 3864.
Je 1 Paar Stricknadeln Nr. 3–3 ½ und Nr. 4–4 ½, 1 Häkelnadel Nr. 3, 3 farblich passende Knöpfe.

Strickmuster

I (Bündchenmuster): Mit Nadeln Nr. 3–3 ½ in Rot 2 M rechts, 2 M links.
II: Mit Nadeln Nr. 4–4 ½ glatt rechts (= Hinr. rechte M, Rückr. linke M). Die Streifen wie folgt arbeiten: *je 8 R in Petrol, Royal und Blau, ab * wiederholen.

Maschenprobe

22 M und 29 R im Strickmuster II = 10 x 10 cm.

Arbeitsanleitung

Rücken

50 (54) M anschlagen und im Muster I arbeiten, dabei in der Rückr. mit Randm., 2 M rechts beginnen. In 5 cm Höhe mit den Streifen im Muster II weiterarbeiten, dabei verteilt in der 1. R 13 M zunehmen = 63 (67) M. Für die Armausschnitte in 19 (23) cm Gesamthöhe beidseitig 1 x 7 M abketten = 49 (53) M. Für die Schultern in 12

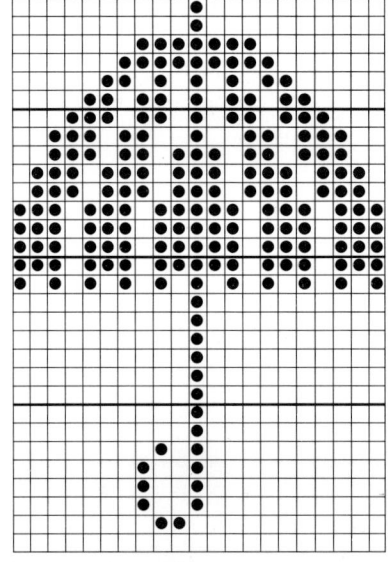

□ = 1 gestrickte M
● = 1 Maschenstich in Rot

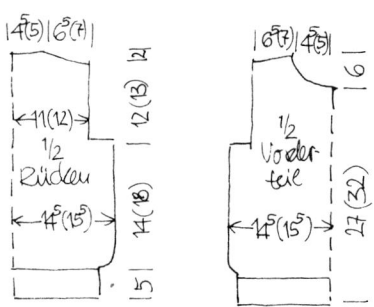

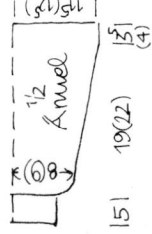

(13) cm Höhe ab dem Armausschnitt 3 x 5 (2 x 5 und 1 x 6) M abketten. Die restlichen 19 (21) M abketten.

Vorderteil

Wie den Rücken arbeiten, jedoch für den Halsausschnitt in 8 (9) cm Höhe ab dem Armausschnitt die mittleren 9 (11) M abketten und beidseitig 1 x 3 und 1 x 1 M abketten. In der folgenden 4. R nochmals 1 M abnehmen.

Ärmel

30 M anschlagen und 5 cm im Muster I arbeiten. Dann mit den Streifen im Muster II weiterstricken, dabei in den bisherigen Rückr. rechts stricken und verteilt in der 1. R 5 (9) M zunehmen = 35 (39) M. Nur bei Größe 98 den 1. glatten Streifen 10 R und dann wie üblich 8 R hoch weiterarbeiten. In 8 cm Gesamthöhe an beiden Kanten 1 M zunehmen. Dies 2 (5) x alle 3 cm und 5 (2) x alle 2 cm wiederholen = 51 (55) M. Dann gerade weiterarbeiten und in 27,5 (31) cm Gesamthöhe alle M abketten. Der letzte Streifen in Royal (Blau) ist 10 R hoch.

Fertigstellung

Die Teile spannen und unter feuchten Tüchern trocknen lassen. Die Nähte schließen, dabei die linke Schulter und an den Ärmeln die oberen 3,5 cm offen lassen. Am unteren Rand der Ärmel die Nahtkanten 3 cm hoch auf die Vorderseite nehmen und das Bündchen 2 cm nach außen umlegen. Dann 37 (39) M am Ausschnitt des Vorderteils und 19 (21) M am Rücken in Rot aufnehmen und im Muster I arbeiten, dabei die Rückr. mit Randm., 2 M links beginnen. In der 16. R locker abketten und die Blende zur Hälfte nach innen nähen. An der offenen Schulter 3 R feste M in Rot häkeln, dabei am Vorderteil in der 2. R je 2 Luftm. für 3 Knopflöcher häkeln und an deren Stelle 2 feste M überspringen. Am Ausschnitt die Häkelblenden so weit übereinander legen, daß die 1. R vom Vorderteil über der 1. R vom Rückenteil liegt. Die Ärmel einsetzen, dabei den offenen Rand an die abgeketteten M am Armausschnitt annähen. Die Knöpfe annähen. Zum Abschluß den Schirm in der Mitte des Vorderteils nach dem Strickschema aufsticken, dabei die 3 (4) unteren glatt rechts gestrickten Streifen frei lassen.

Kindermantel

Abbildung Seite 114

Größen 92 und 104 (2 und 4 Jahre) Bei abweichenden Angaben: Größe 104 in Klammern.

Material

Schaffhauser Wolle, Qualität KING: 440 (470) g in Türkis meliert Nr. 37, 90 (100) g in Rohweiß Nr. 11, 20 (25) g in Rot Nr. 71. Je 1 Paar Stricknadeln Nr. 5, 5 ½ und 6, 4 Knebelverschlüsse.

Strickmuster

I: Kraus rechts (= Hinr. und Rückr. rechts) mit Nadeln Nr. 5 ½ stricken.
II: Glatt links (= Hinr. links, Rückr. rechts) mit Nadeln Nr. 6 stricken.
III: 1 M rechts, 1 M links mit Nadeln Nr. 5 ½ stricken.
IV: Mit Nadeln Nr. 5 ½ in den Hinr. * 1 M rechts, 4 M links, ab * wiederholen, in den Rückr. die M stricken, wie sie erscheinen.

Maschenprobe

14 M im Muster II = 10 cm Breite.

Arbeitsanleitung

Rücken

In Türkis 66 (70) M anschlagen und 4 R im Muster I arbeiten (man erhält dadurch 3 Krausrippen auf der Vorderseite der Arbeit). Dann im Muster II weiterstricken. In einer Höhe von 33 (36) cm für die Raglanschrägungen beidseitig 1 x 2 und 5 (6) x 1 M jeweils am Anfang der R abketten, anschließend die restlichen 52 (54) M stilllegen.

Rechtes Vorderteil

In Türkis 36 (38) M anschlagen, wie beim Rücken arbeiten, dabei nach den 4 R im Muster I die ersten 3 M an der rechten Kante für die Verschlußblende weiterhin im Muster I arbeiten, allerdings mit Nadeln Nr. 6. Auf der linken Kante die Raglanschrägungen wie beim Rücken ausführen, dazu nach der 3. (4.) Raglanabnahme in der Rückr. für die Passenrundung am Ende der R die letzten 9 (10) M stilllegen. In den folgenden 2 Rückr. noch 2 x 10 M stilllegen.

Linkes Vorderteil

Gegengleich arbeiten.

Ärmel

In Türkis 22 (24) M anschlagen und 5 cm im Strickmuster III arbeiten, dann im Muster II weiterstricken. Dabei in der 1. R verteilt 12 M zunehmen = 34 (36) M. Beidseitig alle 6 cm 2 x 1 M (alle 4 cm 3 x 1 M) zunehmen = 38 (42) M. In 22 (24) cm Gesamthöhe für die Raglanschrägungen beidseitig jeweils am R-Anfang 1 x 2, 1 x 1, 1 x 0, 1 x 1, 1 x 0, 1 x 1 M (1 x 2, 1 x 1, 1 x 0, 4 x 1 M) abketten, dann die restlichen 28 M stillegen.

Passe

In Rot im Muster I arbeiten: Die M des rechten Vorderteils stricken, dabei nach den 3 Blendenm. verteilt 8 M abnehmen und an der linken Kante die Randm. abketten = 20 (21) M. Die M des rechten Ärmels stricken, dabei beidseitig die Randm. abketten. Die M des Rückens stricken, dabei beidseitig die Randm. abketten und verteilt 15 (14) M abnehmen = 35 (38) M. Die M des zweiten Ärmels stricken, dabei die Randm. beidseitig abketten und die M des linken Vorderteils abstricken, dabei an der rechten Kante die Randm. abketten und verteilt 8 M abnehmen = insgesamt 127 (132) M. Noch 3 R im Muster I arbeiten. Dann in Rohweiß weiterstricken, dabei die 1. R (Hinr.) rechts stricken. In der folgenden R (Rückr.) im Muster IV weiterstricken, dabei beidseitig die jeweils 3 M für die Blende weiterarbeiten, danach das Muster mit 1 M links, 4 M rechts beginnen. In der 7. (9.) Rohweiß-R (Hinr.) nach jeder rechten M 2 M links zusammenstricken = 24 (25) Abnahmen. Noch 2 x in jeder 8. R 24 (25) M abnehmen, dabei zwischen den rechten M jeweils 1 linke M weniger stricken. Mit den restlichen M 7 cm im Muster III mit Nadeln Nr. 5 stricken, dabei in der 1. R beidseitig die äußeren 2 M abketten = 51 (53) M. Anschließend alle M locker abketten.

Fertigstellung

Die Halsblende zur Hälfte nach innen umschlagen und annähen. Die Nähte schließen, Ärmel einsetzen. Für den Verschluß je 2 7 cm lange Luftmaschenbändchen in Rohweiß und in Türkis häkeln. Die beiden weißen Schlingen an die Passe und die beiden anderen unterhalb setzen, dabei die 1. direkt unter der Halsblende annähen, die 2. oberhalb der roten Blende auf der Rückseite der Verschlußblende befestigen. Danach die 4 Knebelverschlüsse den Schlingen gegenüberliegend am linken Vorderteil festnähen.

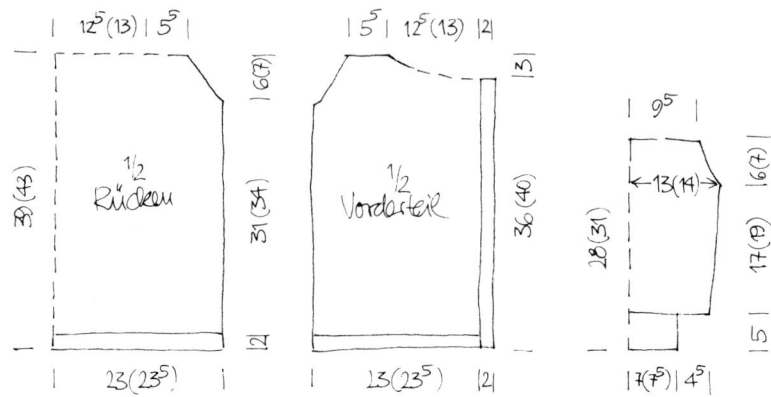

Pullover mit eingestricktem Baum

Abbildung Seite 115

Größen 92 und 98 (2 und 3 Jahre)
Bei abweichenden Angaben: Größe 98 in Klammern.

Material

H. E. C. Wolle, Qualität aarlan titlis, dekatiert, 250 (300) g in Blau Nr. 5569. Je 1 Paar Stricknadeln Nr. 4–4 ½ und 5–5 ½, 1 Zopfmusternadel, 1 Häkelnadel Nr. 4, 3 Knöpfe.

Strickmuster

I (Bündchenmuster): Mit Nadeln Nr. 4–4 ½ 2 M rechts, 2 M links.

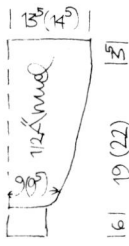

II: Mit Nadeln Nr. 5–5 ½ glatt rechts (= Hinr. rechts, Rückr. links) stricken.
III: Mit Nadeln Nr. 5–5 ½ den Apfelbaum nach der Strickschrift arbeiten.

Maschenprobe

17 M und 24 R im Strickmuster II = 10 x 10 cm.

Arbeitsanleitung

Rücken

44 (48) M anschlagen und im Strickmuster I arbeiten, dabei die Rückr. mit Randm., 2 M links (Randm., 2 M rechts) beginnen. Nach 5 cm im Muster II weiterarbeiten, dabei in der 1. R verteilt 9 M zunehmen = 53 (57) M. In einer Gesamthöhe von 21,5 (23,5) cm für die Armausschnitte beidseitig 1 x 5 (1 x 6) M abketten = 43 (45) M. Für die Schultern in einer Höhe von 35,4 (38,5) cm beidseitig 1 x 6 und 1 x 7 (2 x 7) M abketten. Die restlichen 17 M locker abketten.

Vorderteil

44 (48) M anschlagen und im Strickmuster I arbeiten, dabei die Rückr. mit Randm., 2 M rechts (Randm., 2 M links) beginnen. Nach 5 cm verteilt in den ersten und letzten 15 (17) M je 4 M zunehmen und je 1 M vor und nach den mittleren 2 M. Die M wie folgt einteilen: Randm., 21 (23) M im Muster II,

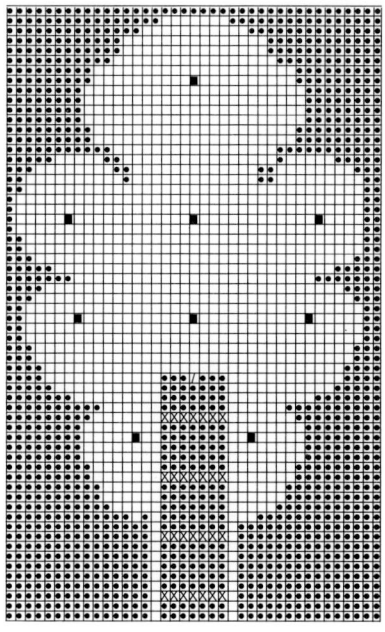

□ = 1 M links in Hinr., 1 M rechts in Rückr.
● = 1 M rechts in Hinr., 1 M links in Rückr.
xxxxxx = 4 M auf die Hilfsnadel hinter die Arbeit legen, 4 M rechts, dann die M von der Hilfsnadel rechts stricken. (Die Verkreuzungen erfolgen in der 3. R und danach in jeder 6. R. Wegen der später abgenommenen Masche ist der Zopf nur über 7 Kästchen gezeichnet.)
/ = 2 M rechts zusammenstricken
■ = 1 Noppe. Aus der M 4 M herausstricken: abwechselnd 1 M rechts, 1 M rechts verschränkt stricken. Diese 4 M 3 R hoch glatt rechts stricken, dann nacheinander die 2., 3., 4., M über die 1. M ziehen und die M über der Noppe auf die rechte Nadel heben.

die mittleren 10 M für das Muster III mit 1 M glatt links, 8 M glatt rechts und 1 M glatt links, dann 21 (23) M im Muster II und Randm. Im Muster II und im Muster III nach der Strickschrift weiterarbeiten. Dann Armausschnitt und Schulterschrägung wie beim Rücken arbeiten. Wenn der Baum beendet ist, mit allen M im Strickmuster II weiterarbeiten. In einer Gesamthöhe von 31 (33,5) cm für den Halsausschnitt die mittleren 7 M locker abketten und beidseitig davon noch 1 x 3 und 2 x 1 M abketten.

Ärmel

26 (30) M anschlagen und im Muster I 6 cm arbeiten, dann im Muster II weiterstricken, dabei in der 1. R verteilt 6 (4) M zunehmen = 32 (34) M. An beiden Kanten alle 3 cm jeweils 5x1 (6x1) M und dann alle 2 cm 2 x 1 M zunehmen = 46 (50) M. Gerade weiterstricken und in einer Gesamthöhe von 28,5 (31,5) cm alle M abketten.

Fertigstellung

Die Teile spannen und unter feuchten Tüchern trocknen lassen. Die Nähte schließen, dabei die Seitennähte 1 ½ M tief nähen, am Bündchen 1 M tief. Die linke Schulternaht offen lassen. An den Ärmeln die oberen 3 (3,5) cm nicht zusammennähen und am Bündchen 4 cm hoch die Nahtkanten auf die Vorderseite nehmen, dann 3 cm nach außen umlegen. Für die Halsausschnittblende am Vorderteil 28 (31) M aufnehmen, am Rücken 17 (18) M, und im Strickmuster I arbeiten, dabei die Rückr. mit Randm., 1 M links beginnen. In der 12. R abketten und die Blende zur Hälfte nach innen umschlagen und annähen. An der offenen Schulter-

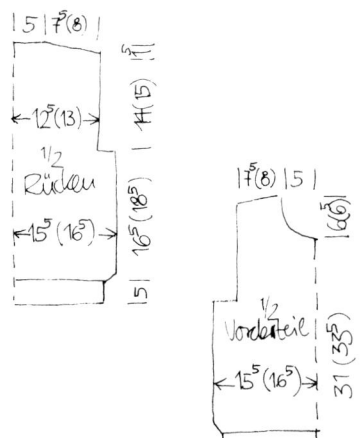

naht an beiden Kanten je 3 R feste M häkeln, dabei in der 2. R am Vorderteil für 3 Knopflöcher je 2 Luftm. häkeln und 2 feste M überspringen. Am Armausschnitt oben die Häkelbündchen so weit übereinander legen, daß die 1. R vom Vorderteil über der 1. R des Rückenteils liegt. Die Ärmel einsetzen, dabei die offenen Ränder an die abgeketteten M des Armausschnitts nähen.
Die Knöpfe annähen.

Twinset

Abbildung Seite 115

Größen 80 und 98 (1 und 2 Jahre)
Bei abweichenden Angaben: Größe 98 in Klammern.

Material

H.E.C. Wolle, Qualität aarlan baby supra, dekatiert. Jacke: 80 (110) g in Türkis Nr. 215, 40 (60) g in Blau Nr. 216, 40 (60) g in Jeansblau Nr. 217, 40 (60) g in Hellblau Nr. 234. 6 (7) Knöpfe. Pullover: 50 (80) g in Türkis, 25 (40) g in Blau, 25 (40) g in Jeansblau, 25 (40) g in Hellblau. 1 Reißverschluß, 15 cm lang. Je 1 Paar Stricknadeln Nr. 2, 2–2 1/2 und 2 1/2–3, 1 Häkelnadel Nr. 2.

Strickmuster

I (Bündchenmuster): Mit Nadeln Nr. 2–2 1/2 in Türkis 2 M rechts, 2 M links.
II: Mit Nadeln Nr. 2 1/2–3 stricken.
1.–5. R: in Jeansblau glatt rechts (= Hinr. rechts, Rückr. links).
6. R (Rückr.): in Blau, Randm., * 3 M links, die folgende M 4 R tiefer einstechen und rechts stricken, ab * stets wiederholen.
7.–11. R: in Blau glatt rechts.
12. R (Rückr.): in Hellblau, Randm., 1 M links, * 1 M 4 R tiefer einstechen und rechts stricken, 3 M links, ab * stets wiederholen.
13.–17. R: in Hellblau, glatt rechts.
18. R: in Türkis, wie die 6. R arbeiten.
19.–23. R: in Türkis glatt rechts.
24. R: in Jeansblau, wie die 12. R arbeiten.
25.–29. R: in Jeansblau glatt rechts. Jeweils 6 R in Blau, Hellblau, Türkis und Jeansblau arbeiten und die tiefer gestochene M jeweils versetzen.
III: Mit Nadeln Nr. 2 1/2–3 glatt rechts, dabei je * 4 R in Jeansblau, Blau, Hellblau und Türkis arbeiten und ab * wiederholen.

Maschenprobe

28 M und 56 R im Strickmuster II und 31 M und 43 R im Strickmuster III = 10 x 10 cm.

Arbeitsanleitung

Jacke

Rücken

72 (80) M anschlagen und im Muster I arbeiten, die Rückr. mit Randm., 2 M rechts beginnen. Nach 4 cm im Muster II weiterstricken, dabei in der 1. R verteilt 9 M zunehmen = 81 (89) M. In 19,5 (24) cm Höhe für die Armausschnitte beidseitig 1 x 10 M abketten. In einer Gesamthöhe von 31,5 (37,5) cm für die Schulterschrägung beidseitig 1 x 4 und 3 x 5 (2 x 5 und 2 x 6) M abketten. Die restlichen 23 (25) M abketten.

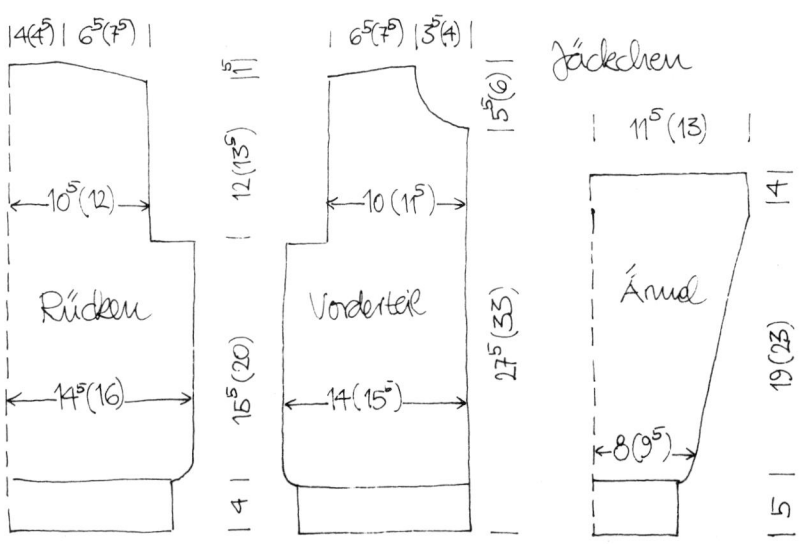

Rechtes Vorderteil

36 (40) M anschlagen und im Muster I arbeiten, dabei die Rückr. mit Randm., 2 M links beginnen. Nach 4 cm im Muster II weiterstricken, dabei in der 1. R verteilt 3 M zunehmen. Armausschnitt und Schulter wie beim Rücken arbeiten. Für den Halsausschnitt in einer Gesamthöhe von 27,5 (33) cm 1 x 4, 2 x 2 und 1 x 1 (2 x 1) M abketten und in der folgenden 4. R 1 x 1 M abnehmen.

Linkes Vorderteil

Gegengleich arbeiten. Beim Muster II die 6. R mit Randm., 1 M links, 1 tiefer gestochene M beginnen.

Ärmel

38 (42) M anschlagen und im Muster I 5 cm arbeiten, dann im Muster II weiterstricken. Dabei in der 1. R verteilt 7 (11) M zunehmen = 45 (53) M. Beidseitig jeweils alle 2,5 cm 6 x 1 M und jeden cm 4 x 1 M (alle 2,5 cm 8 x 1 und alle 1,5 cm 2 x 1 M) zunehmen = 65 (73) M. In einer Gesamthöhe von 28 (32) cm noch 2 R glatt rechts in der Farbe des letzten Streifens arbeiten und in der 2. R abketten.

Fertigstellung

Die Nähte schließen, dabei an den Ärmeln die oberen 3,5 cm offen lassen und an der unteren Kante 3,5 cm hoch die Nahtkanten auf die Vorderseite nehmen. Dann 2,5 cm nach außen umschlagen. Am Halsausschnitt an den Vorderteilen je 24 (27) M und am Rücken 24 (26) M aufnehmen und im Muster I arbeiten, dabei die Rückr. mit Randm., 2 M links beginnen. In der 26. R abketten und die Blende zur Hälfte nach innen nähen. Für die Verschlußblenden je 84 (100) M aufnehmen und im Muster I arbeiten, dabei die Rückr. mit Randm., 2 M links beginnen. Am rechten Vorderteil in der 6. R für 6 (7) Knopflöcher je 2 M abketten, ohne die M abzustrikken, und gleich wieder anschlagen. Das erste Knopfloch 3 (4) M vom unteren Rand entfernt arbeiten, die weiteren in einem Abstand von 13 M zueinander. Die Ärmel einsetzen, dabei jeweils den offenen Rand an die abgeketteten M am Armausschnitt nähen.

Pullover

Rücken

70 (78) M anschlagen und im Muster I arbeiten, dabei mit Randm., 2 M rechts beginnen. Nach 4 cm im Muster III weiterarbeiten, dabei in der 1. R verteilt 13 (15) M zunehmen. In einer Gesamthöhe von 17 (24) cm in der Mitte 1 M zunehmen und die Arbeit für den Schlitz des Reißverschlusses teilen. Die beiden Seiten getrennt und gegengleich beenden. Für den Armausschnitt in einer Höhe von 19,5 (24) cm 1 x 10 (1 x 11) M abketten

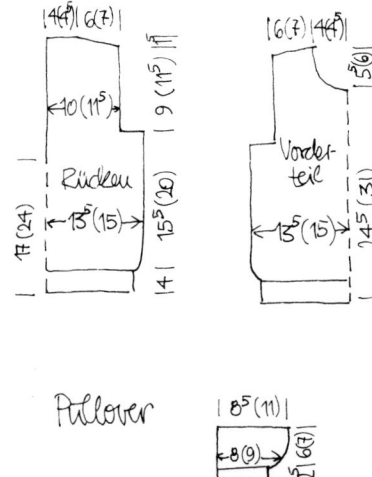

= 32 (36) M. Für die Schulter in 9 (11,5) cm Höhe ab dem Armausschnitt 2 x 6 und 1 x 7 (2 x 7 und 1 x 8) M abketten. Die restlichen 13 (14) M abketten.

Vorderteil

Wie den Rücken arbeiten, aber ohne Schlitz. In einer Gesamthöhe von 24,5 (31) cm für den Halsausschnitt die mittleren 11 M abketten und beidseitig nochmal 1 x 3, 1 x 2, 1 x 1 (2 x 1) M abketten und in der folgenden 4. R nochmal 1 x 1 M.

Ärmel

42 (50) M anschlagen und im Muster I arbeiten. Nach 2,5 cm im Muster III weiterstricken, dabei in der 1. R verteilt 9 (13) M zunehmen = 51 (63) M. Beidseitig 1 x 1 M in der 6. R zunehmen (3 x 1 M in jeder 4. R) = 53 (69) M. In einer Gesamthöhe von ca. 8,5 (9,5) cm, in der 6. R des letzten Streifens, alle M abketten.

Fertigstellung

Die Nähte schließen, dabei die oberen 3,5 cm offen lassen und am Rücken je 13 (14) M aufnehmen, am Vorderteil 42 (48) M. Im Muster I arbeiten, dabei die Rückr. mit Randm., 2 M links beginnen. In der 14. (16.) R locker abketten. An der Öffnung die Randm. nach innen umschlagen und über die anschließende M 1 R feste M häkeln. Ebenso am Halsausschnitt arbeiten, aber die Randm. nicht nach innen schlagen. Den Reißverschluß bis zur halben Höhe der Halsblende einnähen und die 2. Hälfte der Blende nach innen säumen. Die Ärmel einsetzen, dabei den offenen Rand an die abgeketteten M am Armausschnitt nähen.

Pullover mit bunten Fäden

Abbildung Seite 119

Größen 116, 128 und 140
Bei abweichenden Angaben: Größen 128 und 140 in Klammern.

Material

Scheepjeswol, Qualität MAYFLOWER COTTON HELÅRSGARN oder Qualität LUZERN: 400 (400/450) g in Weiß, je 50 (50/50) g in Blau, Rot, Gelb und Grün. Je 1 Paar Stricknadeln Nr. 3 1/2 und Nr. 4.

Strickmuster

I (Bündchenmuster): Mit Nadeln Nr. 3 1/2 1 M rechts, 1 M links.
II: Mit Nadeln Nr. 4 glatt rechts (= Hinr. rechte M, Rückr. linke M) stricken.

Maschenprobe

20 M und 26 R im Strickmuster II = 10 x 10 cm.

Arbeitsanleitung

Rücken

72 (76/80) M in Weiß anschlagen und 3 cm im Muster I arbeiten, dann im Muster II weiterstricken. Nach 80 (92/102) R ab dem Bündchen noch 2 cm im Muster I stricken, dann alle M locker abketten. Die Gesamtlänge beträgt 36 (40/44) cm.

Vorderteil

Wie den Rücken arbeiten.

Ärmel

42 (46/50) M in Weiß anschlagen

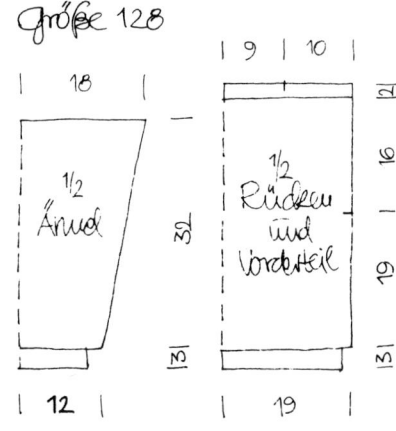

und im Muster I 3 cm stricken, dann im Muster II weiterarbeiten, dabei in der 1. R verteilt 2 M aus dem Querdraht rechts verschränkt zunehmen = 44 (48/52) M. Für die Ärmelschräge 12 x in jeder 5. (6./7.) R beidseitig je 1 M zunehmen, nach 72 (84/94) R ab dem Bündchen alle 68 (72/76) M locker abketten. Die Gesamtlänge beträgt 31 (35/39) cm.

Fertigstellung

Alle Teile bunt besticken. Die bunten Stäbchen mit jeweils 2 Fransen mit stets gleichmäßig wechselnden Farben aufsticken. In einem Abstand von 7 M jeweils 5 M im Maschenstich besticken, dabei die beiden Fadenenden ca. 3–4 cm lang auf der rechten Seite der Arbeit als Fransen hängen lassen. Das Stickmuster in jeder 8. R um 7 M versetzt wiederholen. Dann die Schulternähte auf eine Breite von 9,5 (10/10,5) cm schließen, die Ärmel annähen, Seiten- und Ärmelnähte schließen.

Pulli mit Reißverschlußtasche

Abbildung Seite 122

Größen 8, 10 und 12 Jahre
Bei abweichenden Angaben: Größen für 10 und 12 Jahre in Klammern.

Material

Lang Wolle, Qualität PONY: 300 (350/400) g in Beige Nr. 8829; Qualität ANGELINA: 200 (240/280) g in Blau Nr. 2632. Je 1 Paar Stricknadeln Nr. 3 1/2 und 4, 1 Häkelnadel Nr. 3 1/2, 1 Reißverschluß, 14 cm lang, in Blau oder Beige.

Strickmuster

I (Bündchenmuster): Mit Nadeln Nr. 3 1/2 mit 2 Fäden in Blau 1 M rechts, 1 M links.
II: Mit Nadeln Nr. 4 mit 1 Faden in Beige und 1 Faden in Blau im Halbpatent stricken, dabei die Randm. am Anfang der R rechts abheben und am Ende rechts verschränkt abstricken. 1. R (Hinr.): Randm., * 1 M links abheben, Faden als Umschlag auf der Nadel lassen, 1 M rechts, ab * wiederholen, enden mit 1 M links abheben, Fa-

den auf der Nadel lassen, Randm.
2. R (Rückr.): Randm., die abgehobenen M mit dem Umschlag rechts zusammenstricken, die gestrickten M der Vorr. links stricken, Randm.
3. R: ab der 1. R wiederholen.
III: Mit Nadeln Nr. 4 kraus (= Hinr. und Rückr. rechte M, 2 R = 1 Krausrippe), 4 Rippen mit 2 Fäden in Blau und 4 Rippen mit 2 Fäden in Beige.
IV: Mit Nadeln Nr. 3½ glatt rechts mit 1 Faden stricken.

Maschenprobe

20 M und 35 R im Strickmuster II = 10 x 10 cm.

Arbeitsanleitung

Rücken

77 (81/85) M anschlagen und im Muster I (mit 1 Rückr. und Randm., 1 M rechts beginnen) 4 cm stricken. Dann im Muster II weiterarbeiten. Für die Armausschnitte in 32 (35/38) cm Gesamthöhe beidseitig 6 M abketten = 65 (69/73) M. In 4 cm Höhe ab dem Armausschnitt 16 R (= 8 Rippen) im Muster III stricken. Nun mit 1 Faden in Blau und 1 Faden in Beige in der folgenden Rückr. linke M stricken, dann im Muster II weiterarbeiten. In 15 (16/17) cm Höhe ab dem Armausschnitt 4 Rippen im Muster III mit 2 Fäden in Beige stricken, dann an beiden Rändern je 15 (15/16) M für die Schultern stilllegen und die mittleren 35 (39/41) M für den Halsausschnitt abketten.

Vorderteil

Wie den Rücken arbeiten, jedoch gleichzeitig die Taschenöffnung wie folgt einarbeiten: Nach 3 Rippen in Blau am rechten Arbeitsrand nur über 4 M noch 1 Rippe in Blau und 1 Rippe in Beige stricken, dann diese 4 M stilllegen. Die folgenden 27 M in Blau abketten, über die restlichen M ebenfalls 1 Rippe in Blau und 1 Rippe in Beige stricken, dann über alle M 3 Rippen in Beige arbeiten, dabei in der 1. R die abgeketteten 27 M durch neu angeschlagene M ersetzen. Weiter wie den Rücken arbeiten.

Ärmel

43 (47/51) M anschlagen und 5 cm im Muster I stricken. Dann im Muster II weiterarbeiten und beidseitig 13 x alle 2,5 cm (2,5–3 cm / 3 cm) 1 M zunehmen = 69 (73/77) M. In 27 (28/30) cm Gesamthöhe 4 Rippen in Blau und 4 Rippen in Beige wie beim Rücken arbeiten und dann im Muster II weiterstricken. In 42 (46/49) cm Gesamthöhe alle M abketten.

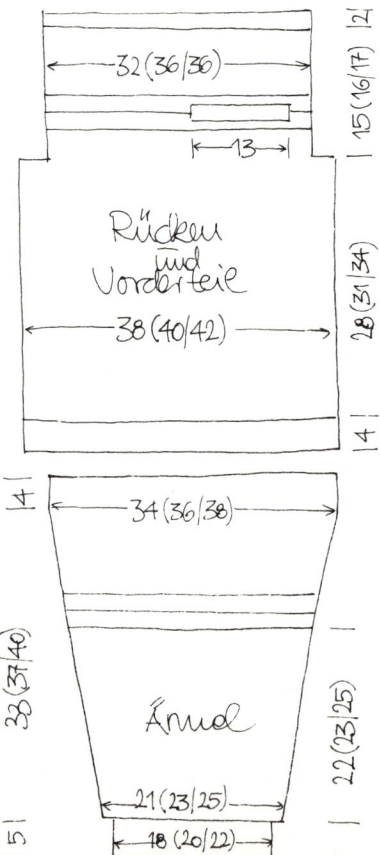

Fertigstellung

An den Rändern der Taschenöffnung 1 R feste M in der entsprechenden Farbe häkeln, danach den Reißverschluß einsetzen.

Für das Taschenfutter 34 M anschlagen und im Muster IV 8 cm hoch stricken, abketten und auf der Rückseite des Vorderteils annähen. Die für die Schultern stillgelegten M mit Maschenstichen verbinden. Die Nähte schließen, dabei an den oberen Ärmelrändern 4 cm hoch offen lassen, die Seiten auseinanderfalten und gegen den jeweiligen Abkettrand des Armlochs nähen, anschließend die Ärmel einsetzen.

Jacke mit Schal und Mütze

Abbildung Seite 123

Größen 8, 10 und 12 Jahre
Bei abweichenden Angaben: Größen 10 und 12 Jahre in Klammern.

Jacke

Material

Lang Wolle, Qualität VIRGINIA: 300 (350/400) g in Blau Nr. 6832; Qualität PONY: 250 g in Tomatenrot Nr. 8862. Je 1 Paar Stricknadeln Nr. 4 und Nr. 5, 1 Nadelspiel Nr. 4, 1 Häkelnadel Nr. 3 1/2, 1 Zopfmusternadel, 1 teilbarer Reißverschluß, 50–55 cm lang.

Strickmuster

Die rote Wolle wird mit doppeltem Faden verstrickt.
I (Bündchenmuster): Mit Nadeln Nr. 4 1 M rechts, 1 M links.
II: Mit Nadeln Nr. 5 glatt rechts (= Hinr. rechte M, Rückr. linke M) in Blau stricken.
III: Mit Nadeln Nr. 5 mit 2 Fäden in Rot glatt rechts stricken.
IV: Mit Nadeln Nr. 5 einen Zopfstreifen über 10 M stricken.
1. R (Hinr.): 2 M links, 6 M rechts, 2 M links.
2.–6. R: M stricken, wie sie erscheinen.
7. R (Hinr.): 2 M links, 3 M auf die Hilfsnadel nach hinten legen, die folgenden 3 M rechts stricken, dann die M der Hilfsnadel rechts stricken, 2 M links.
8.–16. R: M stricken, wie sie erscheinen.
17. R: Ab der 7. R wiederholen.

Maschenprobe

13 M und 22 R im Muster II und 19 M und 24 R im Muster III = 10 x 10 cm.

Arbeitsanleitung

Rücken

56 (60/64) M in Blau anschlagen und im Muster I stricken. In 5 cm Höhe beidseitig je 7 M stillegen, über die mittleren M wie folgt arbeiten: Randm., über die folgenden 8 M verteilt 2 M zunehmen und diese 10 M im Muster IV stricken, 24 (28/32) M im Muster II, über die folgenden 8 M verteilt 2 M zunehmen und diese 10 M im Muster IV stricken, Randm. In 51 (55/59) cm Gesamthöhe dann alle M abketten. An beiden Rändern je 15 (16/17) M für die Schulter kennzeichnen.

Rechtes Vorderteil

28 (30/32) M in Blau anschlagen und 5 cm im Muster I stricken. Wie folgt weiterarbeiten: Vom rechten Arbeitsrand (= Vorderkante) her Randm., 11 (13/15) M im Muster II stricken, über die folgenden 8 M verteilt 2 M zunehmen und diese 10 M im Muster IV arbeiten, die folgenden M als Randm., die letzten 7 M der Nadel stillegen = 23 (25/27) M auf der Nadel. Für den Halsausschnitt in 44 (48/52) cm Gesamthöhe 3 (4/5) M und dann 1 x 2 und 3 x 1 M abketten. Die restlichen 15 (16/17) M für die Schultern in gleicher Höhe wie beim Rücken abketten.

Linkes Vorderteil

Gegengleich zum rechten Vorderteil arbeiten.

Ärmel (dreiteilig) und Seitenteile

Für das linke Ärmel- und Seitenteil des Rückens mit doppeltem Faden 15 (17/19) M in Rot anschlagen (= unterer Ärmelrand) und in der folgenden R (= Rückr.) das Muster wie folgt einteilen: Randm., 2 M rechts, 6 M links, 2 M rechts = 10 M Muster IV, 3 (5/7) M links = Muster III, Randm. In dieser Einteilung weiterarbeiten und am rechten Arbeitsrand (= untere Ärmelnaht) 9 (10/12) x alle 2,5–3 cm 1 M zunehmen. In 26 (29,5/33) cm Gesamthöhe am rechten Arbeits-

rand (= am Ende jeder Rückr.) 3 x 2, 1 x 3, 1 x 45 M (3 x 2, 1 x 4, 1 x 48 M / 3 x 2, 1 x 4, 1 x 50 M) = Seitennaht, dazu anschlagen. Über alle M 7 cm gerade weiterstricken, dann abketten. Das rechte Ärmel- und Seitenteil des Rückens gegengleich zum linken stricken. Rechtes Ärmel- und Seitenteil des Vorderteils: Wie das linke Ärmel- und Seitenteil des Rückens stricken, dabei gleichzeitig, nach 7 cm über alle M, die Innentasche einarbeiten: Die ersten 6 M abketten, über die folgenden 27 M 6 cm im Muster III stricken, dann abketten und anschließend die restlichen M des Teils abketten. Linkes Ärmel- und Seitenteil des Vorderteils: Gegengleich zum rechten arbeiten.
Für das Mittelstück 2 gleiche Teile arbeiten: 16 (18/20) M anschlagen und im Muster II arbeiten. In 36 (39,5/43) cm Gesamthöhe alle M abketten. Das Mittelstück zwischen die entsprechenden Ärmelteile einsetzen.

Fertigstellung

Die Schulternähte schließen. Ärmel- und Seitenteile an die blauen Teile des Rücken- und Vorderteils annähen, dabei in Höhe der Innentasche für die Tasche offen lassen. Am Taschenrand des blauen Teils 33 M mit doppeltem Faden in Rot aufnehmen, 7 R im Muster I stricken und dann abketten. Die Schmalkanten der Taschenblende und Innentasche annähen. Die am unteren Jackenbündchen stillgelegten 7 M mit doppeltem Faden in Rot im Maschenstich gegen den Rand der roten Seitenteile nähen. Für die Ausschnittblende am Halsausschnitt 63 (67/71) M in Blau aufnehmen und im Muster I 3 cm und anschließend 1 R in Rot stricken, dann abketten. Die Ärmelnähte schließen. Für die Ärmelbündchen 28 (30/32) M in Blau anschlagen und im Muster I in Rd 6 cm stricken, dann abketten und die Bündchen zur Hälfte nach innen nähen. An den Vorderkanten 1 R feste M in Blau häkeln, Reißverschluß einsetzen.

Mütze und Schal

Material

Lang Wolle, Qualität PONY, 250 g in Tomatenrot Nr. 8862. 1 Paar Stricknadeln Nr. 4, 1 Nadelspiel Nr. 4.

Strickmuster

I: Mit 2 Fäden in Rot im Patentmuster stricken.
1. R: Randm. (die Randm. am Anfang der R rechts abheben, am Ende der R rechts verschränkt stricken), * 1 M links abheben, dabei den Faden als Umschlag auf der Nadel lassen, 1 M rechts, ab * wiederholen, enden mit 1 M mit Umschlag links abheben, Randm.
2. R: Randm., die in der Vorr. abgehobenen M mit dem Umschlag rechts zusammenstricken, die gestrickten M der Vorr. links abheben und dabei wiederum den Faden als Umschlag auf der Nadel lassen, enden mit Randm.
Die 2. R stets wiederholen.
II: Wie Muster I mit doppeltem Faden, jedoch mit dem Nadelspiel in Rd arbeiten.
1. Rd: * 1 M rechts, 1 M mit Umschlag wie beim Muster I beschrieben links abheben, ab * wiederholen.
2. Rd: die abgehobenen M mit dem Umschlag links zusammenstricken, die gestrickten M mit 1 Umschlag abheben.
Die 2. Rd stets wiederholen.

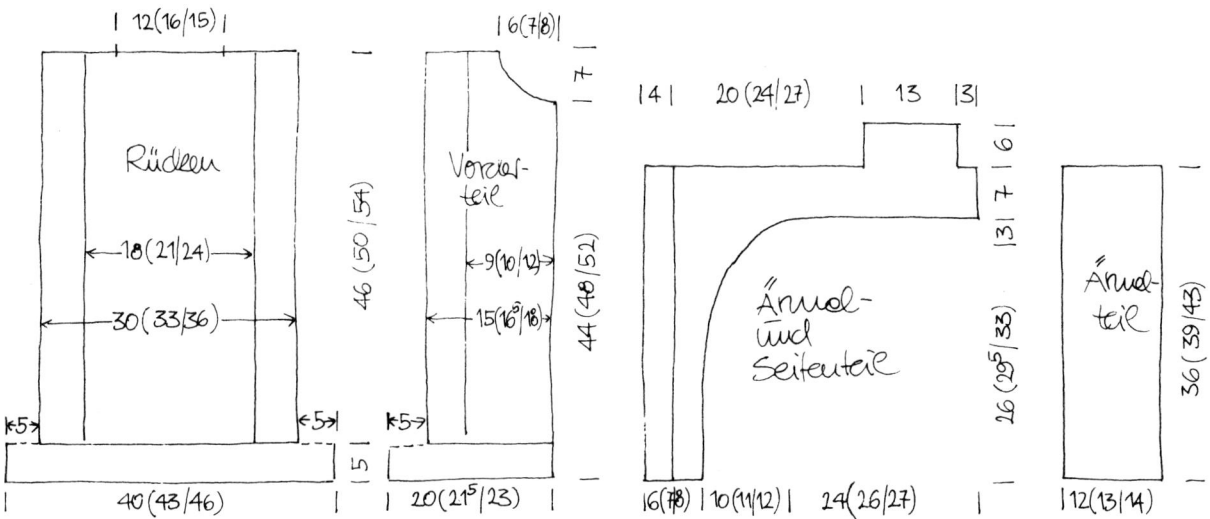

Maschenprobe

16 M = 10 cm Breite (leicht gedehnt messen).

Arbeitsanleitung

Mütze

76 (78/82) M anschlagen und im Muster II stricken. In 20 cm Höhe 4 Rd * 1 M rechts, 1 M links * stricken, in der folgenden Rd jede rechte M mit der linken M davor rechts zusammenstricken. 3 Rd glatt rechts, in der folgenden Rd stets 2 M rechts zusammenstricken, die restlichen M zusammenziehen. 1 Pompon arbeiten und an der Spitze annähen.

Schal

23 (25/27) M anschlagen und im Muster I stricken. In 112 (116/120) cm Höhe die M abketten.
2 Pompons herstellen. Die Schalenden mit einem Faden zusammenziehen und an jedem Ende 1 Pompon annähen.

Blauer Pullover mit Sturmmütze

Abbildung Seite 123

Größen 7, 10 und 13 Jahre
Bei abweichenden Angaben: Größen 10 und 13 Jahre in Klammern.

Material

Lang Wolle, Qualität OLYMPIC-SUPRA: für den Pullover 300 (350/400) g in Mittelblau Nr. 4531, 60 (70/80) g in Dunkelblau Nr. 4532; für die Mütze 100 g in Mittelblau, 20 g in Dunkelblau. Je 1 Paar Stricknadeln Nr. 3 und Nr. 4, je 1 Nadelspiel Nr. 3 und 3 1/2.

Strickmuster

I (Bündchenmuster): 1 M rechts, 1 M links.
II: Mit Nadeln Nr. 4 in Mittelblau glatt links (= Hinr. links, Rückr. rechts).
III: Mit Nadeln Nr. 4 in Mittelblau.
1. R (Hinr.): 1 M rechts.
2. R (Rückr.): 1 M links.
3. R: 3 M rechts.
4. R: 3 M links.
5. R: 5 M rechts.
6. R: 5 M links.
7. R: 7 M rechts.
8. R (Rückr.): 7 M rechts (= 1 Rippe).
9. und 10. R: 9 M glatt rechts (= Hinr. rechte M, Rückr. linke M).
11. und 12. R: 11 M glatt rechts.
13. R: 13 M rechts.
14. R: 13 M rechts (= 1 Rippe).
15.–19. R: 15 M glatt rechts.
20. R (Rückr.): 15 M rechts.
Die 15.–20. R ständig wiederholen.

Maschenprobe

21 M und 33 R im Strickmuster II = 10 x 10 cm.

Arbeitsanleitung

Rücken

Mit Nadeln Nr. 3 83 (93/103) M in Dunkelblau anschlagen und 5 cm im Muster I stricken. Dann im Muster II weiterarbeiten, dabei die 1. R (= Hinr.) rechts stricken. In 20 cm Gesamthöhe das Muster III wie folgt einfügen: Vom rechten Arbeitsrand her Randm., 23 (27/31) M im Muster II stricken, mit der folgenden M das Muster III beginnen, 33 (35/37) M im Muster II, mit der folgenden M das Muster III beginnen, 23 (27/31) M im

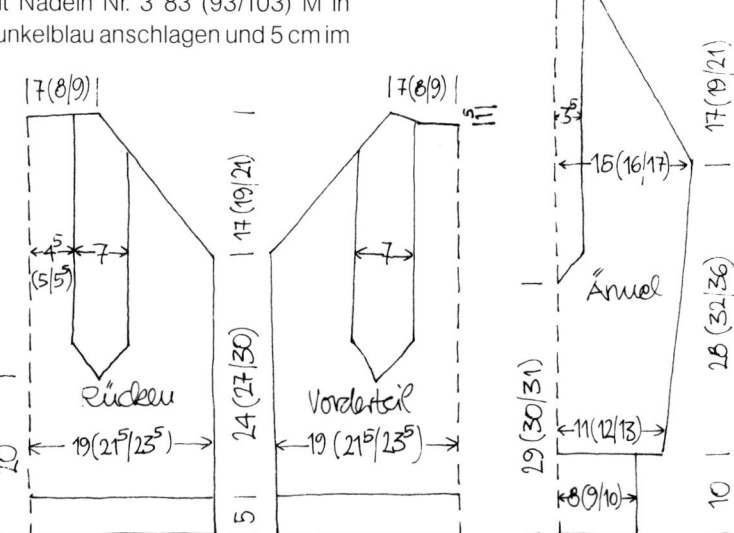

Muster II, Randm. Für den Raglan in 29 (32/35) cm Gesamthöhe beidseitig 1 M abnehmen und dies noch 2 x in jeder 4. R und weiter 23 (26/29) x in jeder 2. R wiederholen. In 46 (51/56) cm Gesamthöhe die restlichen 31 (35/39) M abketten.

Vorderteil

Wie den Rücken arbeiten, jedoch für den Halsausschnitt in 16 (18/20) cm Raglanhöhe die mittleren 11 (15/19) M abketten und jede Hälfte getrennt beenden, dabei am Ausschnittrand noch 2 x 5 M abketten.

Ärmel

Mit Nadeln Nr. 3 36 (40/44) M in Dunkelblau anschlagen und im Muster I stricken. In 10 cm Höhe im Muster II weiterarbeiten, dabei die 1. R (= Hinr.) rechts stricken und in dieser verteilt 11 (11/13) M zunehmen. Dann beidseitig 9 x alle 3 cm (3–3,5 cm / 3,5–4 cm) 1 M zunehmen. Gleichzeitig in 29/30/31 cm Höhe mit der Mittelm. das Muster III beginnen. Für den Raglan in 38 (42/46) cm Gesamthöhe beidseitig 1 M abnehmen und dies in jeder 4. R noch 4 (6/7) x wiederholen, dann in jeder 2. R 19 x 1 (18 x 1 / 19 x 1) M abnehmen. In 55 (61/67) cm Gesamthöhe die restlichen 17 (19/21) M abketten.

Fertigstellung

Die Nähte schließen, Ärmel einsetzen. Die Ärmelbündchen zur Hälfte nach innen säumen. Für die Halsausschnittblende am Halsausschnitt mit dem Nadelspiel Nr. 3 102 (112/122) M in Dunkelblau aufnehmen und 8 cm im Muster I in Rd stricken, dann alle M locker abketten und diese Blende zur Hälfte nach innen säumen.

Sturmmütze

Mit dem Nadelspiel Nr. 3 1/2 108 (114/120) M in Mittelblau anschlagen und im Muster I in Rd stricken. In 11 (12/13) cm Höhe 7 Rd in Dunkelblau arbeiten, dabei in der 7. Rd die mittleren 43 M abketten. Über die restlichen M 12 R in Mittelblau stricken, dann 7 Rd in Dunkelblau arbeiten, dabei in der 1. Rd die abgeketteten 43 M erneut anschlagen und die Arbeit zur Rd schließen. Nach diesem Streifen in Dunkelblau 11 (12/13) cm in Mittelblau stricken, den Rest in Dunkelblau, dabei wie folgt abnehmen: 1. Rd: * 1 M rechts, 1 M links, ab * wiederholen. 2. Rd: stets 2 M rechts zusammenstricken. 3. und 4. Rd: rechts. 5. Rd: stets 2 M rechts zusammenstricken. 6. Rd: rechts. 7. Rd: stets 2 M rechts zusammenstricken. Die restlichen M mit dem Faden zusammenziehen.

Für den Winter

Blauer Herrenpullover

Abbildung Seite 130

Größen: kleine, mittlere und große Herrengröße
Bei abweichenden Angaben: mittlere und große Herrengröße in Klammern.

Material

Laines Plassard Wolle, Qualität »Musarde«: 100 g in Escale Nr. 24, 50 g in Nomade Nr. 89, 50 g in Croisiere Nr. 25, 200 (250/250) g in Poete Nr. 72, 150 (200/200) g in Canal Nr. 336. Je 1 Paar Stricknadeln Nr. 3 1/2 und 4 1/2, 2 Reißverschlüsse, 10 cm lang.

Strickmuster

I (Bündchenmuster): Mit Nadeln Nr. 3 1/2 2 M rechts, 2 M links.
II: Mit Nadeln Nr. 4 1/2 im Phantasiemuster stricken.
1. R: * die 2. M hinter der 1. M rechts stricken, danach die 1. M rechts stricken, beide M zusammen von der linken Nadel gleiten lassen, 6 M links, ab * immer wiederholen.
2. R: * 6 M rechts, die 2. M vor der 1. M links stricken, danach die 1. M links stricken, beide M zusammen von der linken Nadel gleiten lassen, ab * immer wiederholen.
Diese 2 R immer wiederholen.

Maschenprobe

18 M und 22 R im Strickmuster II = 10 x 10 cm.

Arbeitsanleitung

Rücken

82 (86/90) M in Croisiere anschlagen. 8 cm im Strickmuster I arbeiten, in der letzten R verteilt 12 M zunehmen, so daß man 94 (98/102) M erhält. Im Strickmuster II weiterarbeiten, dabei beginnen mit 2 (4/6) M links, dann die 1. R des Musters wie angegeben arbeiten. Wie folgt stricken: 40 (42/44) R in Canal, 2 R in Poete, 4 R in Nomade, 40 (42/44) R in Poete, 2 R in Escale, 3 R in Croisiere, enden in Escale. In einer Gesamthöhe von 62 (64/66) cm für den Halsausschnitt die mittleren 34 M abketten und jede Seite getrennt beenden. Am Halsausschnittrand nach 2 R noch 4 M abketten. Die restlichen 26 (28/30) M abketten.

Vorderteil

In Croisiere 82 (86/90) M anschlagen. 8 cm im Strickmuster I arbeiten, in der letzten R 18 M verteilt zunehmen, so daß man 100 (104/108) M erhält. Wie beim Rücken mit den Farbstreifen im Strickmuster II weiterarbeiten. Beginnen mit 5 (7/1) M links, dann die 1. R des Musters wie angegeben arbeiten. In einer Gesamthöhe von 40 (41/42) cm beidseitig für die Armausschnitte 1 x 3 M abketten = 94 (98/102) M. In einer Gesamthöhe von 59 (61/63) cm für den Halsausschnitt die mittleren 10 M abketten und jede Seite getrennt beenden. Am Halsausschnittrand in jeder 2. R

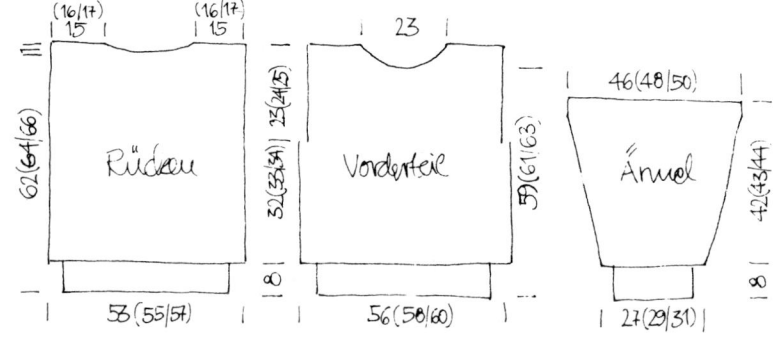

1 x 5, 2 x 4, 1 x 2 und 1 x 1 M abketten. In einer Gesamthöhe von 63 (65/67) cm die restlichen 26 (28/30) M für die Schulter gerade abketten.

Ärmel

In Croisiere 36 (36/40) M anschlagen und 8 cm im Strickmuster I stricken. In der letzten R 12 (16/16) M verteilt zunehmen, so daß man 48 (52/56) M erhält. Im Strickmuster II und in der Streifenfolge wie beim Rückenteil weiterarbeiten. Beginnen mit 2 M rechts (2 M links / 4 M links). Beidseitig abwechselnd in jeder 4. und 6. R 18 x 1 M zunehmen. In einer Gesamthöhe von 50 (51/52) cm die 84 (88/92) M gerade abketten.

Fertigstellung

Schulternähte schließen. Ärmel über 23 (24/25) cm an beiden Seiten der Schulternaht einsetzen. In Poete mit Nadeln Nr. 4 ½ über den mittleren 28 M des Vorderteils 28 M aufnehmen und 20 cm im Strickmuster II arbeiten. Dann die M abketten. Über dem übrigen Halsausschnittrand 60 M in Poete aufnehmen, 20 cm im Strickmuster II arbeiten, die M abketten. Die beiden Kragenteile jeweils zur Hälfte nach innen schlagen und mit unsichtbaren Stichen annähen. Anschließend die Außenränder der beiden Teile schließen: Hierfür die Reißverschlüsse zwischen den jeweiligen Kragenhälften einsetzen.

Damenpullover mit Weste

Abbildung Seite 131

Größen 38/40, 42/44 und 46/48
Bei abweichenden Angaben: Größen 42/44 und 46/48 in Klammern.

Pullover

Material

Laines Plassard Wolle, Qualität »Flores«, 550 (600/600) g in Farbe Nr. 5 F. Je 1 Paar Stricknadeln Nr. 3 ½, 4 und 6, 1 Hilfsnadel.

Strickmuster

I (Bündchenmuster): Mit Nadeln Nr. 3 ½ 1 M rechts, 1 M links.
II: Mit Nadeln Nr. 4 glatt rechts (Hinr. rechts, Rückr. links).
III: Mit Nadeln Nr. 4 glatt links (Hinr. links, Rückr. rechts).
IV: Zopf über 16 M mit Nadeln Nr. 4.
1. R: rechts.
2. und alle geraden R: links.
3. R: 4 M auf die Hilfsnadel vor die Arbeit legen, 4 M rechts, die 4 M der Hilfsnadel rechts stricken, 8 M rechts.
5. R: 4 M rechts, 4 M auf die Hilfsnadel hinter die Arbeit legen, 4 M rechts, die M der Hilfsnadel rechts stricken, 4 M rechts.
7. R: 8 M rechts, 4 M auf die Hilfsnadel vor die Arbeit legen, 4 M rechts, die 4 M der Hilfsnadel rechts stricken.
9. R: das Muster ab der 3. R wiederholen.

Maschenprobe

18 M und 28 R im Strickmuster II = 10 x 10 cm.

Arbeitsanleitung

Rücken

102 (108/114) M anschlagen und im Strickmuster I arbeiten. Nach 3 cm wie folgt weiterarbeiten: 38 (41/44) M im Muster II, 5 M im Muster III, 16 M im Muster IV, 5 M im Muster III, 38 (41/44) M im Strickmuster II. In einer Gesamthöhe von 32 (33/34) cm beidseitig für die Armausschnitte 1 x 3 (1 x 4 / 1 x 6) M abketten, danach 2 M von den Kanten entfernt * 1 M in der folgenden 4. R, 1 M in der folgenden 2. R abnehmen, ab * 12 x (13 x / 13 x) wiederholen: an der rechten Kante 1 M stricken, 1 M abheben, die folgende M stricken, die abgehobene M über die gestrickte ziehen, an der linken Kante die dritt- und zweitletzte M rechts zusammenstricken. Für den Halsausschnitt die restlichen 44 (44/46) M gerade abketten, die M des Zopfes jeweils 2 und 2 zusammenstricken.

Vorderteil

Wie das Rückenteil stricken. In einer Gesamthöhe von 54 (57/58) cm für den Halsausschnitt die mittleren 24 (24/26) M abketten und jede Seite getrennt beenden. An der Halsausschnittkante in jeder 2. R 1 x 5, 1 x 2, 3 x 1 M abketten.

Ärmel

45 (49/53) M anschlagen und 3 cm im Strickmuster I arbeiten, in der letz-

ten R 17 (19/21) M verteilt zunehmen. Man erhält 62 (68/74) M. Weiterarbeiten wie folgt: 18 (21/24) M im Muster II, 5 M im Muster III, 16 M im Muster IV, 5 M im Strickmuster III und 18 (21/24) M im Strickmuster II arbeiten. Beidseitig in jeder 6. R 19 x 1 M zunehmen, so daß man 100 (106/112) M erhält. In einer Gesamthöhe von 45 (46/46) cm beidseitig 1 x 3 (1 x 3 / 1 x 5) M abketten. Danach für den Raglan wie beim Rückenteil abnehmen. Die restlichen 16 (16/18) M gerade abketten.

Fertigstellung

Raglannähte schließen, eine rückwärtige Raglannaht offen lassen.
Für den Kragen um die Halsausschnittkanten 112 (112/120) M mit Nadeln Nr. 3 ½ aufnehmen. Im Strickmuster I stricken: 3 cm mit Nadeln Nr. 3 ½, 29 cm mit Nadeln Nr. 6. Die M abketten. Die offene Raglannaht schließen und den Kragen schließen, an der Außenkante die Naht auf der anderen Seite der Arbeit schließen, dieser Rand wird umgeschlagen. Ärmel- und Seitennähte schließen.

Weste

Material

Laines Plassard Wolle, Qualität »Musarde«, 350 (400/400) g in Chalan Nr. 346. Je 1 Paar Stricknadeln Nr. 5 und 5 ½.

Strickmuster

Die Weste wird mit doppeltem Faden gearbeitet.
I (Bündchenmuster): Mit Nadeln Nr. 5 1 M rechts, 1 M links.
II: Mit Nadeln Nr. 5 ½ im Webmuster.

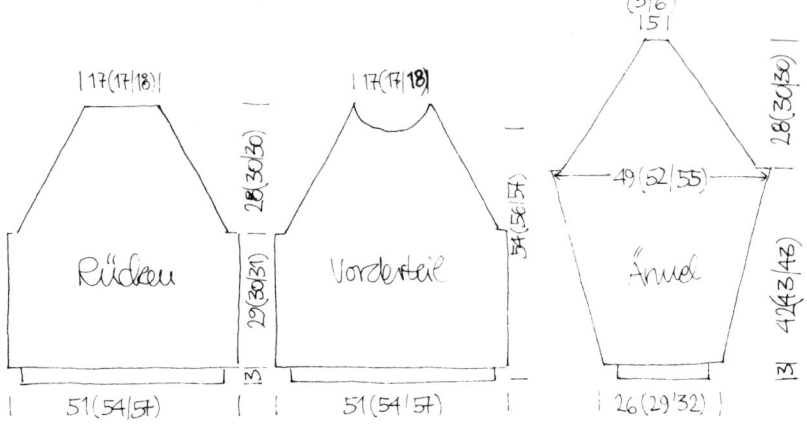

1. R: * 1 M rechts, Faden vor die Arbeit legen, 1 M links abheben, Faden hinter die Arbeit legen, ab * immer wiederholen.
2. und alle geraden R: alle M links.
3. R: * Faden vor die Arbeit legen, 1 M links abheben, Faden hinter die Arbeit legen, 1 M rechts, ab * immer wiederholen.
5. R: das Muster von der 1. R ab wiederholen.

Maschenprobe

13 M = 10 cm Breite.

Arbeitsanleitung

Die Weste wird in einem Stück gestrickt, die linke Seite des Musters entspricht beim Tragen der rechten Seite der Weste.
142 (150/158) M anschlagen, 2 cm im Strickmuster I stricken, dann im Strickmuster II weiterarbeiten. In einer Gesamthöhe von 6 cm für die Taschenschlitze beidseitig 10 M von den Kanten entfernt 18 M abketten, diese M in der folgenden R wieder neu anschlagen. In einer Gesamthöhe von 23 (24/25) cm wie folgt strik-

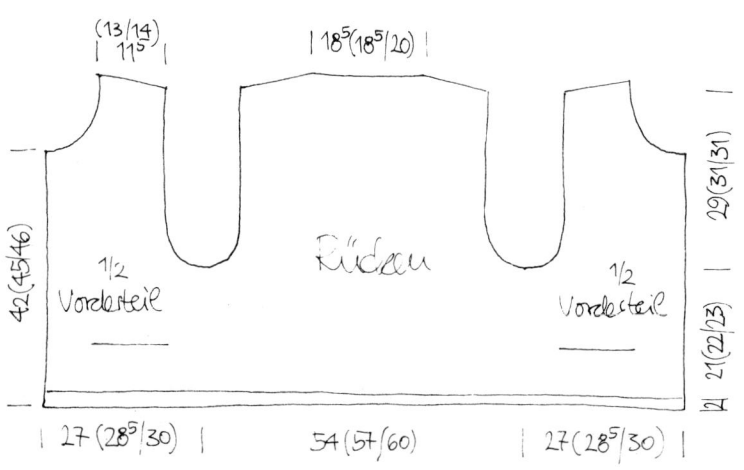

ken: 32 (34/36) M stillegen, 7 M abketten, 64 (68/72) M stillegen, 7 M abketten, über die letzten 32 (34/36) M zunächst das 2. Vorderteil weiterarbeiten, für den Armausschnitt in jeder 2. R 2 x 2 und 1 x 1 M abketten, so daß man 27 (29/31) M erhält. In einer Gesamthöhe von 42 (45/46) cm für den Halsausschnitt in jeder 2. R 1 x 5 (1 x 5 / 1 x 6), 1 x 3, 1 x 2 und 2 x 1 M abketten. In einer Gesamthöhe von 52 (55/56) cm für die Schulter in jeder 2. R 3 x 5 (2 x 5 und 1 x 5 / 3 x 6) M abketten. Das 2. Vorderteil gegengleich arbeiten. Die M des Rückenteils aufnehmen, beidseitig für die Armausschnitte wie bei den Vorderteilen abnehmen. In einer Gesamthöhe von 52 (55/56) cm beidseitig die Schultern wie bei den Vorderteilen abschrägen. Gleichzeitig für den Halsausschnitt nach der 1. Schulterabnahme die mittleren 24 (24/26) M abketten und jede Seite getrennt beenden. Innentaschen: Am oberen Taschenschlitz 18 M aufnehmen und 20 cm im Strickmuster II arbeiten. Die M abketten.

Fertigstellung

Um jeden Armausschnitt 71 (77/77) M aufnehmen und 4 R im Muster I arbeiten. Die M abketten, alle Nähte schließen. An jeder vorderen Kante 43 (47/49) M aufnehmen und 4 R im Muster I stricken, die M abketten. Um den Halsausschnitt 83 (87/87) M aufnehmen und die Blende ebenso arbeiten. Die Innentaschen doppelt legen, am unteren Rand des Taschenschlitzes ansetzen. Die Seitennähte schließen.

Jacke mit Pelzstreifen

Abbildung Seite 134

Größen 38/40 und 42/44
Bei abweichenden Angaben: Größe 42/44 in Klammern.

Material

Berger du Nord Wolle, Qualität »TWEED«: 600 (700) g in Naturel; Qualität »FOURRURE«: 3 Packungen. Je 1 Paar Stricknadeln Nr. 4, Nr. 4 ½ und Nr. 5, 7 Knöpfe, 2 Druckknöpfe.

Strickmuster

I (Bündchenmuster): Mit Nadeln Nr. 4 2 M rechts, 2 M links.
II: Mit Nadeln Nr. 4 ½ oder Nr. 5 glatt rechts (= Hinr. rechts und Rückr. links) stricken.
III: Mit Nadeln Nr. 4 ½ im Phantasiemuster stricken.
1. R: über jeder M – die Nadel wie beim Rechtsstricken einstechen, den Faden jedoch 2 x um die Nadel legen.
2. R: alle M links aus dem ersten Maschenglied stricken, die übrigen 2 Schlingen fallen lassen.

Maschenprobe

14 M und 22 R im Strickmuster II = 10 x 10 cm.

Arbeitsanleitung

Rücken

72 (78) M in »TWEED« anschlagen und 8 cm im Muster I stricken. Dann im Strickmuster II weiterarbeiten, in der 1. R 10 M verteilt zunehmen = 82 (88) M. In einer Gesamthöhe von 61 (63) cm die 82 (88) M abketten.

Rechtes Vorderteil

45 (49) M in »TWEED« anschlagen und 8 cm im Strickmuster I stricken. Dann im Muster II weiterarbeiten, dabei in der 1. R verteilt 5 M zunehmen = 50 (54) M. In einer Gesamthöhe von 50 (52) cm die ersten 17 M am rechten Rand im Muster I stricken (mit 1 M links beginnen). In einer Gesamthöhe von 53 (55) cm 1 x 15 M abketten, danach in jeder 2. R 2 x 2 und 4 (5) x 1 M abketten. In einer Gesamthöhe von 59 (61) cm 1 Streifen im Strickmuster III stricken. In einer Gesamthöhe von 61 (63) cm die restlichen 27 (30) M für die Schulter gerade abketten.

Linkes Vorderteil

Gegengleich zum rechten Vorderteil arbeiten.

Ärmel

47 (51) M in »TWEED« anschlagen und wie folgt in Musterstreifen stricken, dabei beidseitig in jeder 4. R 17 (18) x 1 M und in jeder 2. R 3 x 1 M zunehmen.
Mit 1 R (Rückr.) rechts, 1 R links, 1 R rechts beginnen, dann 1 R rechts, 1 Streifen im Muster III, 10 R glatt rechts, 1 Streifen im Muster III, 10 R glatt rechts, 1 Streifen im Muster III, im

Muster II weiterarbeiten. In einer Gesamthöhe von 36 (38) cm 1 Streifen im Muster III stricken, enden mit 1 R links, 1 R rechts. Anschließend alle 87 (93) M in der Rückr. gerade abketten.

Fertigstellung

Am linken Vorderteil 95 (98) M aufnehmen und 3 cm im Strickmuster I stricken. Die Blende am rechten Vorderteil ebenso arbeiten, jedoch in der 3. R 7 Knopflöcher über 2 M einarbeiten (= 2 M abketten, diese M in der folgenden R wieder neu anschlagen), das 1. Knopfloch 2 (3) M vom unteren Rand entfernt, das 2. im Abstand von 7 (8) M, die übrigen im Abstand von 14 M.
Die Schulternähte schließen. Um den Halsausschnitt mit den Nadeln Nr. 4 in »TWEED« 9 M vom Rand entfernt (auf diese Weise wird das Strickmuster I fortgesetzt) 86 M aufnehmen und 5 cm im Muster I stricken, danach mit Nadeln Nr. 4 ½ noch 15 cm stricken, die M abketten.

Die Qualität »FOURRURE« über den Streifen des Strickmusters III (Phantasiemuster) jeweils unter 1 M im Abstand von 4 M einziehen. Die Ärmel flach einsetzen. An jedem Ärmel durch die Streifen des Strickmusters III ebenfalls die Qualität »FOURRURE« einziehen, und zwar jeweils über 3 Streifen am unteren Rand und 1 Streifen oben.
Seiten- und Ärmelnähte schließen. Knöpfe und Druckknöpfe (innen) entsprechend der Schemazeichnung ansetzen.

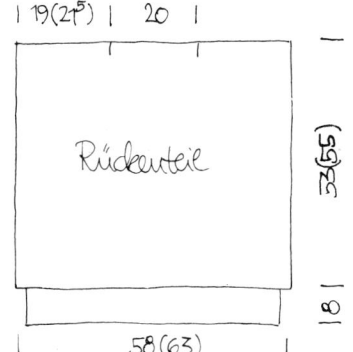

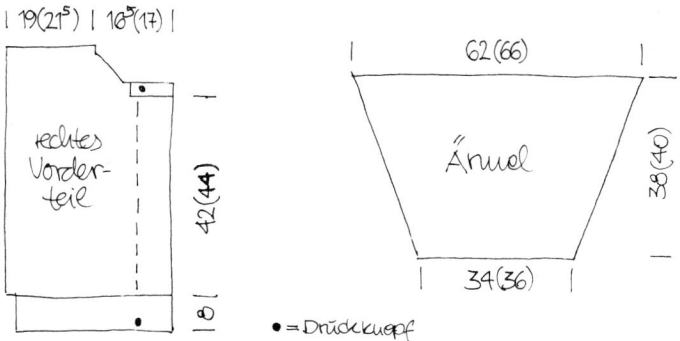

Herrenpullover in Beige und Natur

Abbildung Seite 135

Größen 48 und 50/52
Bei abweichenden Angaben: Größe 50/52 in Klammern.

Material

Lang Wolle, Qualität TAIGA: 400 (450) g in Beige Nr. 5921, 400 (450) g in Écru Nr. 5902. Je 1 Paar Stricknadeln Nr. 5 und Nr. 6, 1 Nadelspiel oder 1 Rundstricknadel Nr. 5.

Strickmuster

I (Bündchenmuster): Mit Nadeln Nr. 5 2 M rechts, 2 M links stricken.
II: Mit Nadeln Nr. 6 stricken.
1. R (Hinr.): in Beige Randm., alle M rechts, Randm.
2. R (Rückr.): in Beige Randm., alle M links, Randm.
3. R: in Écru Randm., 1 M rechts, * 1 M abheben (Faden hinter dieser M durchführen), 1 M rechts, ab * wiederholen, Randm.
4. R: in Écru Randm., 1 M rechts, * 1 M abheben (Faden vor dieser M, also auf der Rückseite, durchführen), 1 M rechts, ab * wiederholen, Randm.

Grundfarbe = beige. Die 1.–4. R fortlaufend wiederholen.
III: Mit Nadeln Nr. 6 wie das Strickmu-

ster II arbeiten, jedoch die Farben versetzen:
1. und 2. R in Écru, 3. und 4. R in Beige stricken. Grundfarbe = écru. Die 1.–4. R fortlaufend wiederholen.

Maschenprobe

17 M und 28 R im Muster II und III = 10 x 10 cm.

Arbeitsanleitung

Rücken

82 (90) M in Beige anschlagen und 8 cm im Muster I stricken. Im Muster II weiterarbeiten und in der 1. R verteilt 9 M zunehmen = 91 (99) M. In 40 (42) cm Gesamthöhe, endend in Écru mit der 4. R des Mustersatzes, wie folgt weiterarbeiten: 16 R im Muster III, endend in Beige mit einer 4. R des Mustersatzes, 8 R im Muster II, endend in Écru mit einer 4. R des Mustersatzes, den Rest im Muster III stricken. In 66 (68) cm Gesamthöhe für den Halsausschnitt die mittleren 25 (27) M abketten und jede Hälfte

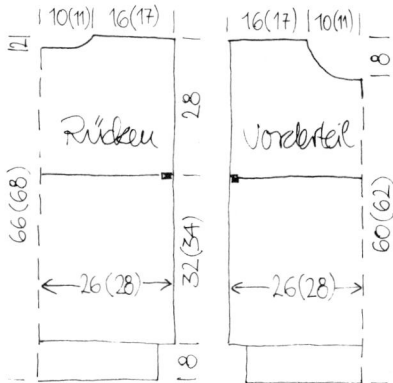

getrennt beenden, dabei am Ausschnittrand noch 1 x 3 und 1 x 2 M abketten, dann die restlichen 28 (31) M für die Schulter abketten.

Vorderteil

Wie das Rückenteil arbeiten, jedoch für den Halsausschnitt in 60 (62) cm Gesamthöhe die mittleren 15 (17) M abketten. Jede Hälfte getrennt weiterstricken und am Ausschnittrand noch 1 x 3, 2 x 2, 3 x 1 M abketten. Schultern: In gleicher Höhe wie am Rückenteil die restlichen 28 (31) M abketten.

Ärmel

40 M in Beige anschlagen und im Muster I 8 cm stricken. Im Muster II weiterarbeiten und in der 1. R verteilt 13 M zunehmen = 53 M. In der 9. R des Musters II an beiden Rändern 1 M zunehmen und danach 22 x in jeder 4. R an beiden Rändern 1 M zunehmen. In 40 cm Gesamthöhe wie folgt weiterarbeiten: 16 R im Muster III, 8 R im Muster II, den Rest bis 50 cm Gesamthöhe glatt rechts in Écru stricken, dann alle 99 M abketten.

Fertigstellung

Alle Teile spannen und unter feuchten Tüchern trocknen lassen. Nähte schließen, dabei für jedes Armloch 28 cm offen lassen. Für den Kragen rund um den Halsausschnitt 96 M in Écru aufnehmen und im Muster I mit der Rundstricknadel 24 cm stricken, dann alle M locker abketten. Die Ärmel einsetzen.

Pullover mit quergestrickten Teilen

Abbildung Seite 139

Größen 36/38 und 40/42
Bei abweichenden Angaben: Größe 40/42 in Klammern.
Obere Weite 98 (108) cm, fertige Länge 58 cm.

Material

H.E.C. Wolle, Qualität aarlan royaltweed, 530 (570) g in Braun Nr. 1335. 1 Paar Stricknadeln Nr. 4 1/2–5, 1 Häkelnadel Nr. 4.

Strickmuster

Rückr.: Randm., * 2 M rechts, 1 M links, ab * wiederholen. Enden mit 2 M rechts, Randm.
Hinr.: Randm., * 2 M links, 1 M rechts verschränkt, ab * wiederholen. Enden mit Randm.

Maschenprobe

24 M und 28 R im Strickmuster = 10 x 10 cm.

Arbeitsanleitung

Rücken

In 2 Teilen stricken. Rechte Hälfte: An der unteren Kante 61 (67) M anschlagen und im Muster 58 cm stricken, dann abketten.
Linke Hälfte (quergestrickt): An der mittleren Kante 139 M anschlagen und im Muster 25 (27,5) cm stricken, dann abketten. Den Anschlag der linken Rückenteilhälfte und die innere

Längskante der rechten Hälfte auf der Vorderseite mit 1 R fester M zusammenhäkeln.

Vorderteil

Wie den Rücken anfertigen, dabei wird die rechte Hälfte quergestrickt und die linke längsgestrickt.

Linker Ärmel

81 (87) M anschlagen und im Muster stricken und dabei die Rückr. mit Randm., 1 M links, 2 M rechts beginnen. An beiden Kanten 6 x alle 2 cm und 20 x alle 1,5 cm (28 x alle 1,5 cm) 1 M zunehmen = 133 (143) M. In 44 cm Gesamthöhe alle M abketten.

Rechter Ärmel

6 M anschlagen. Die Rückr. nach der Randm. im Muster mit 1 M links, 2 M rechts, 1 M links beginnen, mit Randm. enden. Stets an der rechten Kante in jeder 2. R 15 x 6 und 1 x 11 M dazu anschlagen und danach 32 (36) cm gerade stricken. Dann an der rechten Kante in jeder 2. R 1 x 11 und 16 x 6 M abketten.

Fertigstellung

Die Nähte schließen, dabei die Seitennähte entsprechend der Ärmelweite und für den Halsausschnitt die mittleren 23 (24) cm offen lassen. Den unteren Rand des Pullovers mit 1 R fester M umhäkeln. Die Ärmel einnähen.

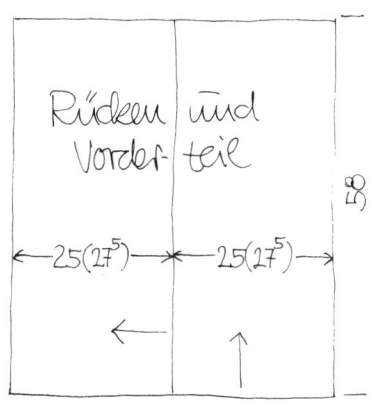
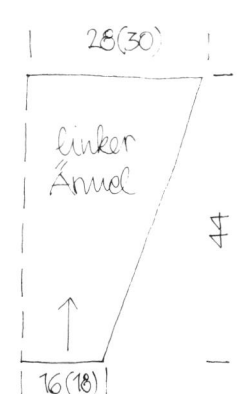
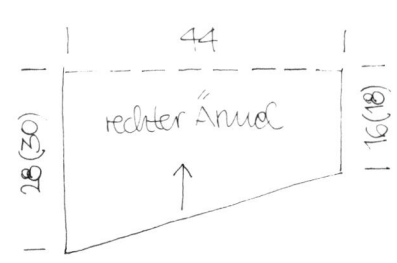

Kinderpullover mit Rollkragen

Abbildung Seite 142

Größen 116, 128 und 152 (6, 8 und 12 Jahre)
Bei abweichenden Angaben: Größen 128 und 152 in Klammern.

Material

H.E.C. Wolle, Qualität aarlan royal: 170 (180/200) g in Rost Nr. 4311, 150 (160/180) g in Helljeans Nr. 4254, 70 (70/80) g in Jeans meliert Nr. 4260, 70 (70/80) g in Dunkeljeans Nr. 4306. 1 Paar Stricknadeln Nr. 2½–3, 1 Paar Stricknadeln mit 2 Spitzen oder 1 Rundstricknadel Nr. 3–3½, je 1 Nadelspiel Nr. 3–3½ und 3½–4.

Strickmuster

I: Mit Nadeln Nr. 2½ 1 M rechts, 1 M links.
II: Mit den Nadeln mit 2 Spitzen oder der Rundstricknadel das zweifarbige Patentmuster wie folgt arbeiten. Es werden jeweils 2 R in der gleichen Richtung gestrickt.
1. R (Hinr., in Dunkeljeans): Randm., * 1 M links abheben, dabei den Faden auf die Nadel legen, 1 M rechts stricken, ab * immer wiederholen.
2. R (Hinr., in Rost): Randm., * 1 M mit dem auf der Nadel liegenden Faden links zusammenstricken, 1 M links abheben, dabei den Faden auf die Nadel legen, ab * fortlaufend wiederholen.

3. R (Rückr., in Dunkeljeans): Randm., * 1 M links abheben, dabei den Faden auf die Nadel legen, 1 M mit dem auf der Nadel liegenden Faden links zusammenstricken, ab * immer wiederholen.
4. R (Rückr., in Rost): Randm., * die M mit dem auf der Nadel liegenden Faden rechts zusammenstricken, 1 M links abheben, ab * wiederholen.
5. R (Hinr., in Dunkeljeans): wie die 1. R in Dunkeljeans arbeiten, jedoch die M mit dem auf der Nadel liegenden Faden rechts zusammenstricken.
Farbfolge: * 32 R in Dunkeljeans und Rost, 32 R in Jeans meliert und Rost, 32 R in Helljeans und Rost, ab * immer wiederholen. So entstehen auf der Rückseite in Rost Längsstreifen über die ganze Länge und auf der Vorderseite Querstreifen in den 3 verschiedenen Blautönen.

Maschenprobe

Im Strickmuster II: 19 M und 48 R = 10 x 10 cm.

Arbeitsanleitung

Rücken

In Helljeans 79 (83/91) M anschlagen. Im Strickmuster I arbeiten. Nach 7 cm im Muster II und in der Farbfolge wie beschrieben weiterstricken. Die Kanten bleiben gerade. In 47 (51/55) cm Gesamthöhe für die Schultern beidseitig in jeder 4. R 2 x 9, 1 x 8 (3 x 9 / 2 x 10 und 1 x 9) M abketten. Die restlichen 27 (29/33) M für den Halsausschnitt abketten.

Vorderteil

Wie das Rückenteil arbeiten, aber in 44 (48/51) cm Höhe für den Halsausschnitt die mittleren 9 (11/15) M abketten. Dann in jeder 4. R 1 x 4, 1 x 2, 2 x 1, 1 x 0, 1 x 1 M abketten.

Ärmel

In Helljeans 42 (44/50) M anschlagen und im Strickmuster I stricken. Nach 6 (7/6) cm 1 M zunehmen und im Muster II und in der Farbfolge wie beim Rückenteil weiterarbeiten, dabei an beiden Kanten 8 (9/11) x 1 M alle 3 cm und 2 (2/1) x 1 M alle 2 cm zunehmen, so daß man 63 (67/75) M erhält. In 36 (40,5/43) cm Gesamthöhe alle M locker abketten.

Fertigstellung

Die Nähte schließen, dabei die Seitennähte entsprechend der Ärmelweite offen lassen. Für den Rollkragen in Helljeans mit dem Nadelspiel 3–3 ½ am Rückenteil 27 (29/33) M und am Vorderteil 51 (55/63) M aufnehmen, so daß man 78 (84/96) M erhält. In Rd im Strickmuster I arbeiten, dabei nach 3 cm mit dem Nadelspiel 3 ½–4 ca. 13 (15/18) cm und wieder mit dem Nadelspiel 3–3 ½ noch 3 cm stricken. Nun alle M abketten. Die Ärmel einsetzen.

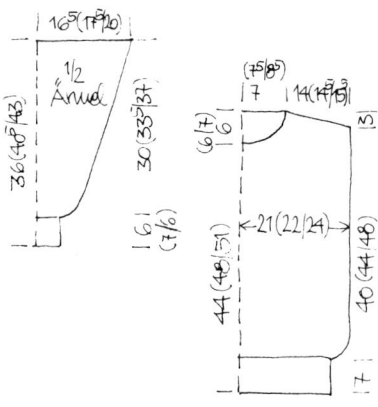

Herrenpullover mit Passe

Abbildung Seite 142

Größen 48, 50 und 52
Bei abweichenden Angaben: Größen 50 und 52 in Klammern.

Material

H.E.C. Wolle, Qualität aarlan royal color: 380 (400/420) g in Beige-grau Nr. 1193; Qualität royal: 150 (160/170) g in Braun Nr. 4249, 30 g in Hellgrau Nr. 4246. Je 1 Paar Stricknadeln Nr. 3–3 ½ und 4–4 ½. Je 1 Nadelspiel Nr. 3 und 4.

Strickmuster

I: Mit Nadeln Nr. 3–3 ½ 2 M rechts, 2 M links.
II: Mit Nadeln Nr. 4–4 ½ in den Rückr. immer alle M links stricken. Jede Hinr. wie folgt arbeiten: Randm., 4 (6/8) M rechts, * 1 M links, 1 M rechts, 1 M links, 1 M rechts, 1 M links, 11 M rechts, ab * immer wiederholen, enden mit 4 (6/8) M rechts, Randm.
III: Mit Nadeln Nr. 4–4 ½ glatt rechts (= Hinr. rechts, Rückr. links) stricken. Den Jacquardstreifen glatt rechts nach der Strickschrift arbeiten. Den nicht benötigten Faden auf der Rück-

seite locker mitführen, damit die Strickfläche elastisch bleibt.

Maschenprobe

20 M und 26 R im Strickmuster II = 10 x 10 cm.

Arbeitsanleitung

Rücken

In Beige-grau 94 (98/102) M anschlagen und im Strickmuster I arbeiten. Nach 9 cm verteilt 17 M zunehmen, so daß man 111 (115/119) M erhält. Im Strickmuster II weiterarbeiten. Die Kanten bleiben gerade. In 43 (44/45) cm Gesamthöhe in Braun 2 R im Strickmuster III stricken. Nun den Jacquardstreifen einstricken. Im Muster III in Braun weiterstricken. In 66 (68/70) cm Gesamthöhe für die Schultern beidseitig in jeder 2. R 2 x 12 und 1 x 13 (3 x 13 / 1 x 14 und 1 x 13) M abketten. Die restlichen 37 M gerade abketten.

Vorderteil

Wie das Rückenteil arbeiten, aber in 58 (60/62) cm Höhe die mittleren 17 M für den Halsausschnitt abketten. Beidseitig davon in jeder 2. R 1 x 4, 2 x 2, 1 x 1, 1 x 0, 1 x 1 M abketten.

Ärmel

In Beige-grau 50 M anschlagen und im Strickmuster I arbeiten. Nach 7 cm verteilt 17 M zunehmen, so daß man 67 M erhält. Im Muster II weiterarbeiten, dabei die Hinr. wie folgt einteilen: Randm., 1 M links, 1 M rechts, 1 M links, 11 M rechts usw. An den beiden Kanten 11 x 1 M alle 3 cm und 4 x 1 M alle 1,5 cm (14 x 1 M alle 2,5 cm und 3 x 1 M alle 1,5 cm / 12 x 1 M alle 2,5 cm und 7 x 1 M alle 1,5 cm) zunehmen. Man erhält 97 (101/105) M. Die Farben wie folgt einteilen: in 36 (37/38) cm Gesamthöhe in Braun im Muster III 2 R und dann den Jacquardstreifen stricken. Den Rest in Braun im Strickmuster III arbeiten. In 47 (48/49) cm Gesamthöhe alle M locker abketten.

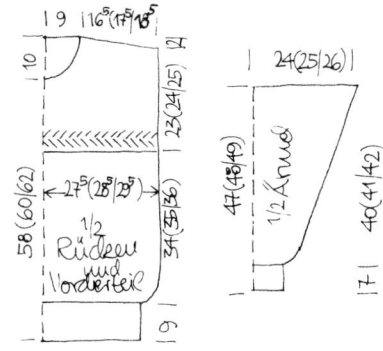

Fertigstellung

Die Teile spannen und unter einem feuchten Tuch trocknen lassen. Die Nähte schließen, dabei die Seitennähte entsprechend der Ärmelweite offen lassen. Für den Halsabschluß mit dem Nadelspiel Nr. 4 in Braun am Rücken 38 (40/42) M aufnehmen. Am Vorderteil 62 (64/66) M aufnehmen, so daß man insgesamt 100 (104/108) M erhält. In Rd im Strickmuster I 1,5 cm arbeiten. Dann 1,5 cm mit Nadelspiel Nr. 3 und noch 1,5 cm mit Nadelspiel Nr. 4 stricken, danach alle M locker abketten und die Blende zur Hälfte nach innen nähen. Die Ärmel einsetzen.

V = 1 M hellgrau
☐ = 1 M braun

Damenpullover im Jacquardmuster

Abbildung Seite 143

Größen 38/40 und 42/44
Bei abweichenden Angaben: Größe 42/44 in Klammern.

Material

H.E.C. Wolle, Qualität aarlan royal: 170 (200) g in Dunkelbraun Nr. 4249, 120 (150) g in Mittelbraun Nr. 4317, 140 (170) g in Grau Nr. 4246 und 110 (140) g in Hellblau Nr. 4254.
Je 1 Paar Stricknadeln Nr. 3–3 1/2 und Nr. 4–5, außerdem 1 Nadelspiel Nr. 3–3 1/2.

Strickmuster

I: Mit Nadeln Nr. 3–3 1/2 2 M links, 2 M rechts.

II: Mit Nadeln Nr. 4–5 glatt rechts (d.h. Hinr. rechts, Rückr. links) stricken. Das Jacquardmuster nach der

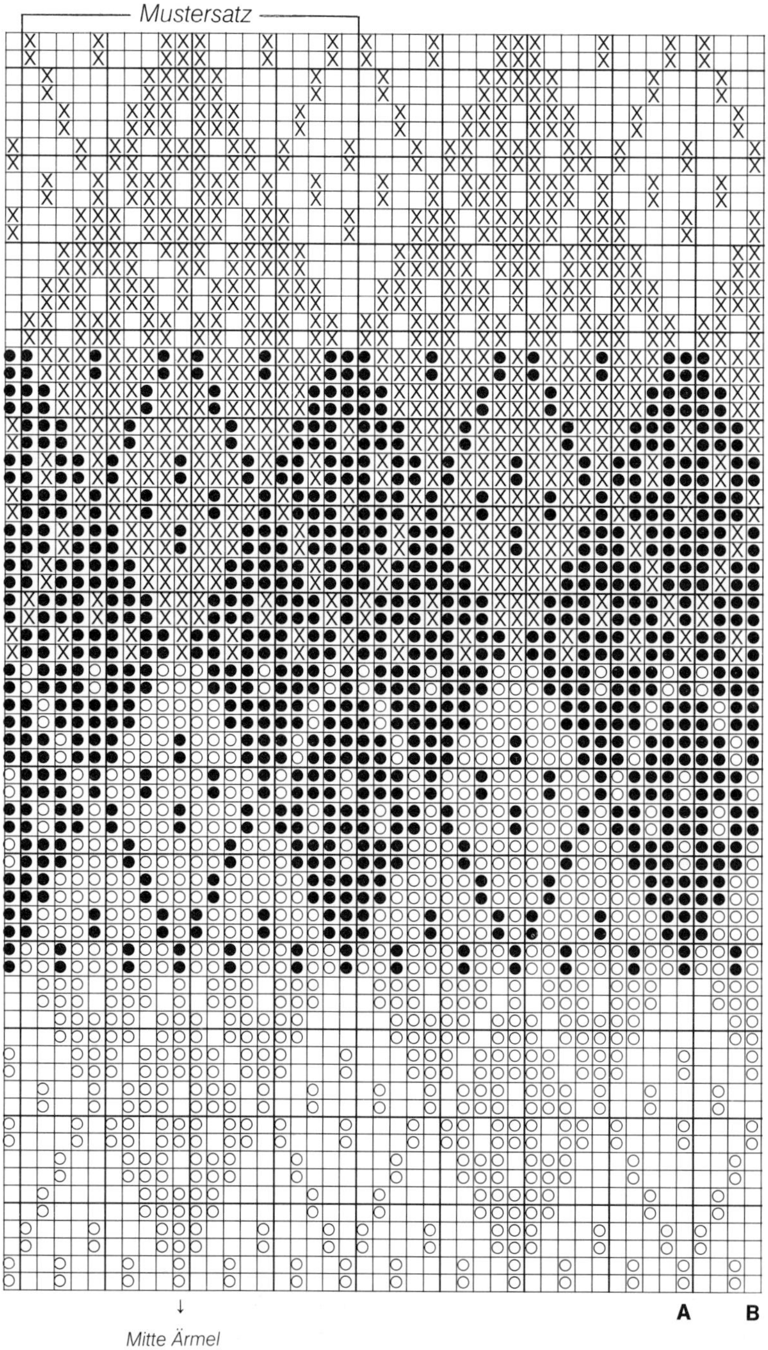

Strickschrift arbeiten. Den jeweils nicht benötigten Faden auf der Rückseite locker mitführen, damit die Strickfläche elastisch bleibt.

Maschenprobe

24 M und 24 R im Strickmuster II = 10 x 10 cm.

Arbeitsanleitung

Rücken

In Dunkelbraun 90 (98) M anschlagen und im Strickmuster I arbeiten.

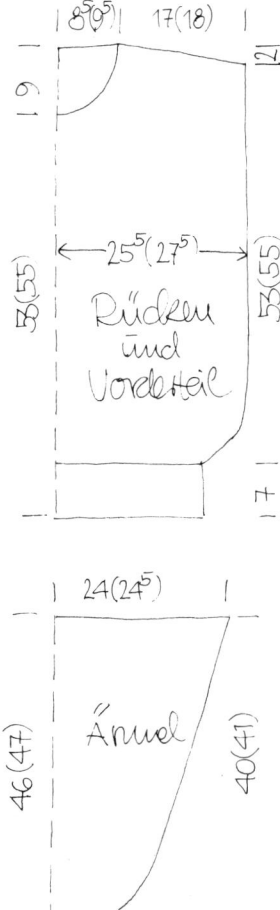

☐ = dunkelbraun
X = hellblau
● = mittelbraun
O = grau

Dabei in der Rückr. mit Randm., 1 M links, 2 M rechts, 2 M links beginnen und enden mit 1 M links, Randm. Nach 7 cm verteilt 33 M zunehmen = 123 (131) M. Im Strickmuster II weiterarbeiten. Für Größe 38/40 bei A und für Größe 42/44 bei B der Strickschrift beginnen. In 60 (62) cm Gesamthöhe für die Schultern beidseitig in jeder 2. R 2 x 14 und 1 x 13 (2 x 15 und 1 x 14) M abketten. Die restlichen 41 (43) M für den Halsausschnitt gerade abketten.

Vorderteil

Wie das Rückenteil arbeiten, jedoch in 53 (55) cm Gesamthöhe die mittleren 19 (21) M abketten. Beide Teile getrennt beenden und für den Halsausschnitt in jeder 2. R 1 x 4, 1 x 3, 1 x 2, 1 x 1, 1 x 0, 1 x 1 M abketten.

Ärmel

In Dunkelbraun 50 (50) M anschlagen und im Strickmuster I arbeiten. Dabei in der Rückr. wie beim Rücken das Muster I beginnen. Nach 6 cm verteilt 25 (27) M zunehmen. Man erhält 75 (77) M. Im Strickmuster II weiterarbeiten, dabei an beiden Kanten 12 x 1 M alle 2,5 cm und 8 (9) x 1 M alle 1 cm zunehmen. Man erhält 115 (119) M. In 46 (47) cm Gesamthöhe alle M locker abketten.

Fertigstellung

Die Teile spannen und unter einem feuchten Tuch trocknen lassen. Die Nähte schließen, dabei die Seitennähte entsprechend der Ärmelweite offen lassen. Für den Halsabschluß mit dem Nadelspiel in Dunkelbraun am Rückenteil 40 (42) M und am Vorderteil 54 (56) M aufnehmen = 94 (98) M. Im Strickmuster I 5 cm arbeiten und dann alle M abketten. Die Hälfte der Blende nach innen nähen. Die Ärmel einsetzen.

Kinderpullover mit Knopfleiste

Abbildung Seite 143

Größen 128, 140 und 164 (8, 10 und 14 Jahre)
Bei abweichenden Angaben: Größen 140 und 164 in Klammern.

Material

H.E.C. Wolle, Qualität aarlan royal: 240 (260/290) g in Dunkeljeans Nr. 4306, 70 (80/100) g in Rostbraun Nr. 4312, 70 (80/100) g in Jeans meliert Nr. 4260, 50 (60/80) g in Hellgrau Nr. 4337. 1 Paar Stricknadeln Nr. 2 1/2–3 und 1 Paar Stricknadeln mit 2 Spitzen oder 1 Rundstricknadel Nr. 3–3 1/2, 1 Häkelnadel Nr. 3, 2 Knöpfe.

Strickmuster

I: Mit Nadeln Nr. 2 1/2–3 1 M rechts, 1 M links.
II: Mit Nadeln Nr. 3–3 1/2 mit 2 Spitzen oder der Rundstricknadel das zweifarbige Patentmuster stricken. Es werden immer 2 R in der gleichen Richtung gestrickt.
1. R (Hinr., in Dunkeljeans): Randm., * 1 M links abheben, dabei den Faden auf die Nadel legen, 1 M rechts, ab * immer wiederholen.
2. R (Hinr., in Rostbraun): Randm., * 1 M mit dem auf der Nadel liegenden Faden links zusammenstricken, 1 M links abheben, ab * wiederholen.
3. R (Rückr., in Dunkeljeans): Randm., * 1 M links abheben, die folgende M mit dem Faden links zusammenstricken, ab * wiederholen.
4. R (Rückr., in Rostbraun): Randm., * 1 M mit dem Faden rechts zusammenstricken, 1 M links abheben, ab * immer wiederholen.
5. R (Hinr.): wie die 1. R stricken, jedoch die M mit dem Faden rechts zusammenstricken. Pro Farbstreifen 32 R stricken: in Dunkeljeans mit Rostbraun, in Dunkeljeans mit Jeans meliert, in Dunkeljeans mit Hellgrau. Diese Streifen immer wiederholen. Auf der rechten Seite sind jeweils die Längsstreifen in Dunkeljeans sichtbar.

Maschenprobe

Im Strickmuster II: 19 M und 48 R = 10 x 10 cm.

Arbeitsanleitung

Rücken

In Dunkeljeans 83 (87/95) M anschlagen und im Strickmuster I arbeiten. Nach 7 cm mit Nadeln mit 2 Spitzen im Muster II weiterstricken. Die Kanten bleiben gerade.
In 52 (55/58) cm Gesamthöhe für die Schultern beidseitig in jeder 4. R 3 x 9 (2 x 9 und 1 x 10 / 2 x 10 und 1 x 11) M abketten. Anschließend die

restlichen 29 (31/33) M für den Halsausschnitt gerade abketten.

Vorderteil

Wie den Rücken arbeiten, dabei für den Knopfverschluß wie folgt stricken: In 36 (39/41) cm Gesamthöhe von der rechten Kante her 44 (46/50) M stricken, die restlichen 39 (41/45) M stillegen. 12 cm stricken. Nun für den Halsausschnitt 1 x 8 (9/10) M abketten. Für die Rundung in jeder 4. R 1 x 4, 1 x 2, 2 x 1, 1 x 0, 1 x 1 M abketten. Nun mit den stillgelegten 39 (41/45) M gegengleich arbeiten, aber für den Untertritt noch 5 M dazu anschlagen = 44 (46/50) M.

Ärmel

In Dunkeljeans 44 (48/50) M anschlagen und im Strickmuster I arbeiten. Nach 7 cm verteilt 3 M zunehmen, so daß man 47 (51/53) M erhält. Im Muster II weiterarbeiten, dabei an den beiden Kanten 6 x 1 M alle 4 cm und 5 x 1 M alle 1,5 cm (7 x 1 M alle 4 cm und 4 x 1 M alle 1,5 cm / 10 x 1 M alle 3 cm und 4 x 1 M alle 1,5 cm) zunehmen. Man erhält 69 (73/81) M. In 40 (42,5/46) cm Gesamthöhe alle M abketten.

Fertigstellung

Nähte schließen, dabei die Seitennähte entsprechend der Ärmelweite offen lassen. Für den Stehkragen am Rückenteil 29 (31/33) M und am Vorderteil auf beiden Seiten je 19 (20/21) M aufnehmen, so daß man 67 (71/75) M erhält. Im Strickmuster II in den Farben des 2. Farbstreifens 4 cm stricken und alle M stillegen. Für die Einfassung an der rechten vorderen Verschlußkante mit Nadeln Nr. 2 ½–3 in Dunkeljeans ca. 20 M aufnehmen, die stillgelegten M vom Stehkragen aufnehmen und an der linken Verschlußkante 20 M aufnehmen. Glatt rechts 9 R stricken, dann alle M abketten und die Einfassung zur Hälfte nach innen nähen. Für die Schlaufen in Dunkeljeans je eine Luftmaschenkette von 3,5 cm häkeln und am Untertritt befestigen: die eine Schlaufe in der Mitte des Stehkragens, die andere in der Mitte der Öffnung. Die Knöpfe annähen und die Ärmel so einsetzen, daß die linke Musterseite außen ist.

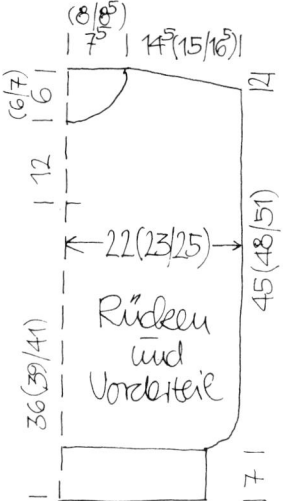

Lange Jacke

Abbildung Seite 146

Größen 36, 38/40, 42/44, 46/48 und 50/52
Bei abweichenden Angaben: Größen 38/40, 42/44, 46/48 und 50/52 in Klammern.

Material

Pingouin Wolle, Qualität »Orage«, 900 (950/950/1000/1050) g in Ecru Nr. 105. Je 1 Paar Stricknadeln Nr. 4 und Nr. 5, 2 Knöpfe.

Strickmuster

I (Bündchenmuster): Mit Nadeln Nr. 4 1 M rechts, 1 M links.
II: Mit Nadeln Nr. 5 im Phantasierippenmuster stricken.
1. und alle weiteren ungeraden R (Hinr.): rechte M.
2. und alle weiteren geraden R: 1 Randm., * 1 M links, 1 M rechts tiefer stechen, d. h. unter der normal abzustrickenden M der Vorreihe einstechen, ab * wiederholen, 1 Randm.

Maschenprobe

17 M und 36 R im Strickmuster II = 10 x 10 cm.

Arbeitsanleitung

Rücken

95 (101/105/107/109) M anschlagen und im Strickmuster II stricken. In 42 (44/46/47/47) cm Gesamthöhe für die Armausschnitte beidseitig wie folgt abketten:
1 x 5 (5/6/6/6) M = 85 (91/ 93/95/ 97) M. In 69 (72/75/76/77) cm Gesamthöhe beidseitig für die Schulterschrägungen alle 2 R abketten: 1 x 10 M und 2 x 9 M (3 x 10 M / 3 x 10 M / 1 x 11 M und 2 x 10 M / 1 x 11 M und 2 x 10 M). Die restlichen 29 (31/33/33/35) M locker abketten.

Rechtes Vorderteil

57 (59/61/63/65) M anschlagen und im Strickmuster II arbeiten. In 26 (28/ 30/31/31) cm Gesamthöhe für den Taschenschlitz – 8 M von der linken Kante entfernt – 27 M abketten. Getrennt für das Taschenfutter 27 M mit Nadeln Nr. 5 anschlagen und im Strickmuster II stricken.
In 14 (14/15/15/16) cm Gesamthöhe diese M hinter die abgeketteten M legen und die Arbeit wieder über alle M aufnehmen. In 42 (44/46/47/47) cm Gesamthöhe an der linken Kante für den Armausschnitt die gleichen Abnahmen wie beim Rückenteil durchführen = 52 (54/55/57/59) M. In 62 (65/68/69/70) cm Gesamthöhe an der rechten Kante für den Halsausschnitt alle 2 R abketten: 1 x 9 (9/10/ 11/13) M, 2 x 4 M, 1 x 3 M, 1 x 2 M und 2 x 1 M. In 69 (72/75/76/77) cm Gesamthöhe für die Schulterschrägung wie beim Rückenteil abketten.

Linkes Vorderteil

Gegengleich zum rechten Vorderteil arbeiten.

Ärmel

38 (38/41/41/44) M anschlagen und 5 cm im Muster I stricken. Dann im Strickmuster II weiterarbeiten, dabei in der 1. R verteilt 3 (7/8/8/9) M zunehmen = 41 (45/49/49/53) M. Alle 4 R beidseitig 25 x 1 M zunehmen = 91 (95/99/99/103) M. In 40 (41/42/ 44/46) cm Gesamthöhe alle M locker abketten.

Fertigstellung

Die Schulternähte schließen. Ärmel einsetzen. Die Ärmel- und Seitennähte schließen. Taschenfutter annähen. An der linken Vorderteilkante (in Halsausschnitthöhe) 1 Schlaufe anbringen, die 2. auf der Innenseite des rechten Vorderteils – 4 M vom Rand und ca. 34 cm von der unteren Jackenkante entfernt. Die Knöpfe annähen.

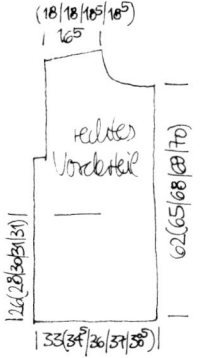
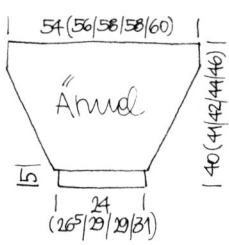

Rollkragenpullover mit Accessoires

Abbildung Seite 147

Größen 38/40 und 42/44
Bei abweichenden Angaben: Größe 42/44 in Klammern.

Material

Berger du Nord Wolle, Qualität »SHETLAND«, ca. 1050 (1100) g in Ecru. Je 1 Paar Stricknadeln Nr. 4, 4 ½ und Nr. 5.

Strickmuster

I (Bündchenmuster): Mit Nadeln Nr. 4 1 M rechts, 1 M links.
II: Mit Nadeln Nr. 5 im doppelten andalusischen Muster stricken (Maschenzahl teilbar durch 6 + 2 M + 1 Randm. an beiden Seiten):
1. R und 3. R (Hinr.): rechte M.

2. R: 1 Randm., 2 M rechts, * 4 M links, 2 M rechts *, von * bis * wiederholen, enden mit 1 Randm.
4. R: 1 Randm., 2 M links, * 1 M links, 2 M rechts, 3 M links *, von * bis * wiederholen, enden mit 1 Randm.
Diese 4 R fortlaufend wiederholen.
III: Mit Nadeln Nr. 4 und 4 ½ stricken.
1. R: 1 M links, 3 M rechts
2. R: 3 M links, 1 tiefer gestochene M.
Diese beiden R stets wiederholen.

Maschenprobe

16 ½ M und 25 R im Strickmuster II = 10 x 10 cm.

Arbeitsanleitung

Rücken

88 (94) M anschlagen und 1 R (Rückr.) rechte, 1 R linke und 1 R rechte M stricken. Dann im Strickmuster II weiterarbeiten. In 58 (59) cm Höhe beidseitig für die Schultern in jeder 2. R 2 x 9 und 1 x 8 (2 x 10 und 1 x 8) M abketten. Gleichzeitig mit der 1. Schulterabnahme die mittleren 26 (28) M abketten und jede Seite getrennt beenden. Am Halsausschnittrand noch je 1 x 5 M abketten.

Vorderteil

Wie das Rückenteil stricken. In einer Gesamthöhe von 54 (55) cm die mittleren 10 (12) M abketten und jede Seite getrennt beenden. Am Halsausschnittrand in jeder 2. R 1 x 4, 2 x 3, 1 x 2 und 1 x 1 M abketten. In einer Gesamthöhe von 58 (59) cm die Schultern genau wie beim Rückenteil arbeiten.

Ärmel

55 M anschlagen und 1 R (Rückr.) rechte, 1 R linke und 1 R rechte M stricken. Dann im Strickmuster II weiterarbeiten und beidseitig in jeder 6. R 17 x 1 M und in jeder 4. R 2 x 1 M zunehmen. In einer Gesamthöhe von 46 (47) cm die 93 M locker abketten.

Fertigstellung

Die rechte Schulternaht schließen. Um den Halsausschnitt 94 (98) M aufnehmen und 3 cm im Strickmuster I stricken, dann im Muster III weiterarbeiten. Nach 3 cm mit Nadeln Nr. 4 ½ stricken. In einer Gesamthöhe von 22 cm die M abketten. Die 2. Schulternaht und die Kragennaht schließen, die Kragennaht zur Hälfte auf der anderen Seite schließen. Seiten- und Ärmelnähte schließen.

Schal

33 M anschlagen und 5 R mit Nadeln Nr. 5 krausgerippt (alle M rechts) stricken, dann im Strickmuster II weiterarbeiten, dabei die ersten 3 und die letzten 3 M krausgerippt stricken. Bei einer Gesamtlänge von 150 cm 5 R krausgerippt stricken, dann die M locker abketten.

Pulswärmer

Für die linke Hand 44 M mit Nadeln Nr. 4 ½ anschlagen und im Muster I stricken. In 7 cm Höhe beidseitig 1 M zunehmen. Diese Zunahmen in einer Höhe von 10 cm wiederholen. Gleichzeitig in einer Höhe von 10 cm die 17 M am rechten Rand stricken, die folgenden 6 M abketten, über die 25 M am linken Rand weiterarbeiten und rechts von diesen M in jeder 2. R 3 x 1 M zunehmen = 28 M. Die M stilllegen. Die zunächst stillgelegten 17 M am rechten Rand aufnehmen, links von diesen M in jeder 2. R 3 x 1 M zunehmen = 20 M. Über alle 48 M gerade weiterarbeiten. In einer Gesamthöhe von 20 cm die M abketten. Die rechte Hand gegengleich arbeiten. Die Seitennähte schließen.

Stulpen

61 M anschlagen und mit Nadeln Nr. 4 ½ im Strickmuster I arbeiten. In einer Gesamthöhe von 60 cm die M locker abketten. 2 gleiche Stulpen arbeiten. Die Nähte mit unsichtbaren Stichen schließen.

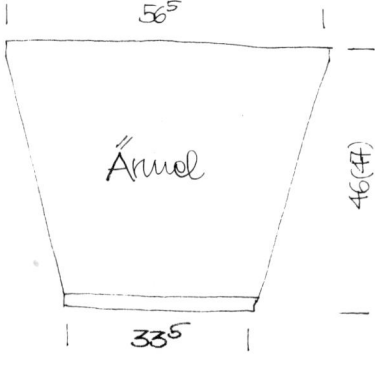

Damenjacke mit Längsstreifen

Abbildung Seite 155

Größen 38, 40 und 42
Bei abweichenden Angaben: Größen 40 und 42 in Klammern.

Material

H.E.C. Wolle, Qualität aarlan royal: 300 (330/350) g in Blaugrau Nr. 4352, 290 (320/340) g in Rost Nr. 4241. Je 1 Paar Stricknadeln mit 2 Spitzen oder je 1 Rundstricknadel Nr. 2 und Nr. 2 ½-3, 1 Nadelspiel Nr. 2 ½, 1 Häkelnadel Nr. 2, 1 teilbarer Reißverschluß ca. 58 (62/62) cm lang.

Strickmuster

I: Mit Nadeln Nr. 2 ½-3 in Rost bzw. in Blau stricken.
1. R (Hinr.): 1 Randm., 1 M links, 2 M rechts, 2 M links, enden mit 2 M rechts, 1 M links, 1 Randm.
2. R (Rückr.): die M stricken, wie sie erscheinen.
Diese beiden R stets wiederholen.
II: Mit den Stricknadeln mit 2 Spitzen oder der Rundstricknadel Nr. 2 ½-3 stricken (das Muster wird wesentlich lockerer als das Bündchen). Für das Muster werden immer 2 R in der gleichen Richtung gestrickt, also jeweils 2 Hinr. und 2 Rückr. Die letzte R vom Bündchen als Hinr. stricken und den Faden am Ende hängen lassen.
1. R (Hinr., in Blau): die M stricken, wie sie vom Muster I erscheinen.
2. R (Rückr., in Blau): die M stricken, wie sie erscheinen, den Faden am Ende der R hängen lassen.
3. R (Rückr., in Rost): die linken M links stricken, die rechts erscheinenden M rechts stricken, jedoch 2 R tiefer einstechen, d.h. in die letzte R in Rost.
4. R (Hinr., in Rost): 2 M links, 2 M rechts deckend stricken.
5. R (Hinr., in Blau): wie die 3. R.
6. R (Rückr., in Blau): 2 M links, 2 M rechts deckend stricken.
3.–6. R fortlaufend wiederholen.
III (Ärmelmuster): Das gleiche Muster wie II stricken, jedoch die Farben wechseln = blau für rost, rost für blau.

Maschenprobe

20 M und 46 R im Strickmuster II = 10 x 10 cm.

Arbeitsanleitung

Rücken

102 (110/114) M in Rost anschlagen und im Muster I arbeiten, dabei in einer Rückr. beginnen mit Randm., 1 M rechts, 2 M links und enden mit 2 M links, 1 M rechts, Randm. In 7,5 cm Gesamthöhe im Muster II weiterarbeiten. Die Kanten bleiben gerade. In 57,5 (61,5/61,5) cm Gesamthöhe beidseitig in jeder 4. R 3 x 11 (2 x 12 und 1 x 13 / 3 x 13) M abketten. Die restlichen 36 M für den Halsausschnitt gerade abketten.

Rechtes Vorderteil

50 (54/56) M in Rost anschlagen und im Muster I arbeiten, dabei darauf achten, daß an der linken Kante (= Seitennaht) das Muster genau zum Rückenteil paßt. In 7,5 cm Gesamthöhe im Muster II weiterarbeiten. Die Seitenlänge und die Schulter an der linken Kante wie beim Rückenteil arbeiten. An der rechten Kante in 52,5 (56,5/56,5) cm Gesamthöhe für den Halsausschnitt in jeder 4. R 1 x 6, 1 x 4, 2 x 2, 2 x 1, 1 x 0 und 1 x 1 M abketten.

Linkes Vorderteil

Gegengleich zum rechten Vorderteil arbeiten.

Ärmel

62 (62/62) M in Blau anschlagen und im Muster I arbeiten. Nach 7,5 cm verteilt 10 (10/14) M zunehmen = 72 (72/76) M. Im Muster III arbeiten, dabei an beiden Kanten 9 x 1 M alle 3 cm und 6 x 1 M alle 1,5 cm (11 x 1 M alle 2,5 cm und 6 x 1 M alle 1,5 cm / 11 x 1 M alle 2,5 cm und 6 x 1 M alle 1,5 cm) zunehmen = 102 (106/110) M. In 45,5 cm Gesamthöhe alle M locker abketten.

Tasche

26 M in Blau anschlagen und im Muster II arbeiten, d.h. die 1. R (Rückr., in Blau): 2 M links, 2 M rechts.
2. R (Rückr., in Rost): 2 M rechts, 2 M links.
3. R (Hinr., in Rost): 2 M rechts, 2 M links.
4. R (Hinr., in Blau): wie die 3. R vom Muster II arbeiten.
3.–6. R vom Muster II fortlaufend wiederholen. Nach 17 cm alle M locker abketten.

Fertigstellung

Die Teile spannen und unter feuchten Tüchern trocknen lassen. Die Nähte schließen, dabei die Seitennähte von der Schulter her 27 (28/29) cm offen lassen für die Ärmel. Für die Tasche vom Anschlag her 9,5 cm zusammennähen, die folgenden 15 cm offen lassen und den Rest der Seitennaht bis zum Armausschnitt schließen. Die Tasche an der Öffnung der Seitennaht so einsetzen, daß der Anschlag gleich nach dem Bündchen angenäht werden kann. Die übrigen 3 Seiten der Tasche annähen. Für die Ärmelpasse am Armausschnitt mit dem Nadelspiel 108 (112/116) M in Blau aufnehmen und im Muster I in Runden arbeiten. Nach 4 cm alle M locker abketten. Für den Kragen mit den Nadeln mit 2 Spitzen oder der Rundstricknadel Nr. 2 in Blau an beiden Vorderteilen je 25 (25/27) M und am Rückenteil 36 M aufnehmen, dabei darauf achten, daß die M so aufgenommen sind, daß das Muster entsprechend vom Vorderteil und vom Rückenteil weiterläuft.

1. R (Rückr., in Blau): 2 M links, 2 M rechts.
2. R (Rückr., in Rost): 2 M links, 2 M rechts.
3. R (Hinr., in Rost): 2 M links, 2 M rechts.
4. R (Hinr., in Blau): ab der 3. R im Muster II weiterarbeiten. Nach 12 cm alle M locker abketten und die Blende zur Hälfte nach innen nähen. Die vorderen Kanten mit je 1 R feste M umhäkeln und den Reißverschluß einsetzen. Die Ärmel unter der Ärmelpasse annähen. Die Taschenöffnung mit 2 R feste M in Blau umhäkeln.

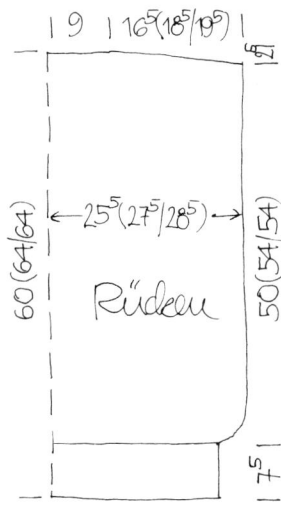
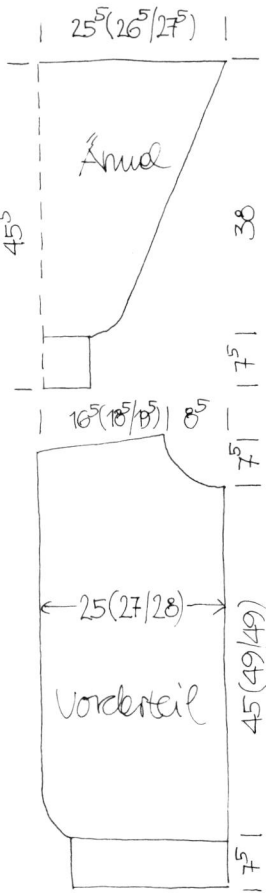

Herrenjacke zum Wenden

Abbildung Seite 154

Größen 46, 48, 50 und 52
Bei abweichenden Angaben: Größen 48, 50 und 52 in Klammern.

Material

H.E.C. Wolle, Qualität aarlan royal color: 360 (370/390/400) g in Braun meliert Nr. 1191; Qualität aarlan royal: 350 (360/380/390) g in Mittelbeige Nr. 4317, 80 (80/90/90) g in Blaugrau Nr. 4352, 80 (80/90/90) g in Beige Nr. 4330, 100 (100/110/110) g in Rostbraun Nr. 4241. Je 1 Paar Stricknadeln Nr. 2 1/2–3, 3–3 1/2 und Nr. 4–4 1/2, 1 teilbarer Reißverschluß beidseitig tragbar, ca. 70 (70/72/72) cm lang.

Strickmuster

I (Bündchenmuster): Mit Nadeln Nr. 2 1/2–3 1 M rechts, 1 M links.
II: Mit Nadeln Nr. 4–4 1/2 glatt rechts (Hinr. rechts, Rückr. links) stricken.
III: Mit Nadeln Nr. 3–3 1/2 im Halbpatentmuster stricken.
1. R (Rückr.): Randm., * 1 M links abheben, dabei den Faden auf der Nadel liegenlassen, 1 M rechts abheben, ab * fortlaufend wiederholen.
2. R (Hinr.): Randm., * 1 M mit dem auf der Nadel liegenden Faden rechts zusammenstricken, 1 M links, ab * fortlaufend wiederholen.
Die 1. und 2. R stets wiederholen.

Maschenprobe

21 M und 28 R im Strickmuster II = 10 x 10 cm.

Arbeitsanleitung

Rücken

93 (97/103/111) M in Rostbraun anschlagen und im Muster I arbeiten, dabei je 6 R in Rostbraun, Beige, Blaugrau und 12 R in Mittelbeige stricken = die Mitte des Bündchens. Dann nochmals je 6 R in Blaugrau, Beige und Rostbraun = 14 cm. Nun verteilt 21 (21/21/17) M zunehmen = 114 (118/124/128). Im Muster II in Mittelbeige weiterarbeiten. In 40 (41/41/41) cm Gesamthöhe je 12 R in Blaugrau, Beige und Rostbraun stricken = 13 cm Streifenhöhe. Nun wieder in Mittelbeige weiterarbeiten. In 77 (79/79/79) cm Gesamthöhe für die Schultern beidseitig in jeder 2. R 2 x 13 und 1 x 12 (3 x 13 / 3 x 14 / 2 x 14 und 1 x 15) M abketten. Die restlichen 38 (40/40/42) M für den Halsausschnitt gerade abketten.
Für das Rückenfutter beim Anschlag unten mit royal color in Braun meliert alle M aufnehmen = 93 (97/103/111) M. Im Muster II arbeiten, dabei darauf achten, daß glatt rechts nach außen kommt. In der 1. R verteilt 21 (21/21/17) M zunehmen = 114 (118/124/128) M. Die seitliche Höhe, Schultern und Hals wie beim Rücken arbeiten.

Rechtes Vorderteil

49 (51/55/59) M in Rostbraun anschlagen und im Muster I arbeiten, dabei die Farbstreifen wie beim Rückenteil einteilen. In 14 cm Gesamthöhe verteilt 8 (8/7/5) M zunehmen = 57 (59/62/64) M. Im Muster II arbeiten, dabei die Farbstreifen und die seitliche Höhe wie beim Rückenteil arbeiten. In 57 (58/58/57) cm Höhe ab dem Bündchen für den Halsausschnitt an der rechten Kante in jeder 2. R 1 x 6 (7/7/8), 1 x 5, 1 x 3, 1 x 2, 2 x 1, 1 x 0, 1 x 1 M abketten. An der linken Kante die Schulter wie beim Rückenteil arbeiten. Futter: Beim Anschlag alle M mit royal color aufnehmen = 49 (51/55/59) M. Im Muster II wie beim Rückenfutter arbeiten. In der 1. R verteilt 8 (8/7/5) M zunehmen = 57 (59/62/64) M. Die seitliche Höhe, Schulter und Halsausschnitt wie beim Außenteil arbeiten.

Linkes Vorderteil

Gegengleich arbeiten.

Ärmel

64 (66/68/72) M in Rostbraun anschlagen und im Muster I arbeiten, die Farbstreifen wie beim Rückenteil arbeiten. In 14 cm Höhe jede An-

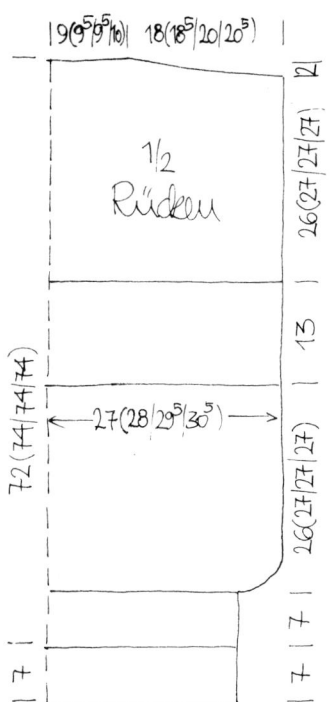
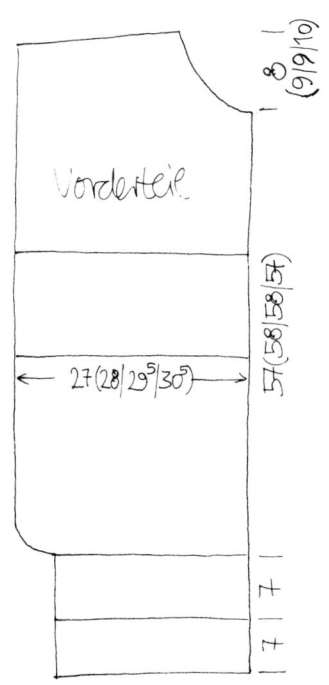
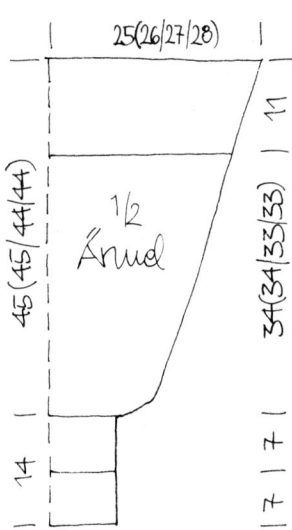

schlagm. mit der entsprechenden M von der Nadel zusammenstricken. Im Muster III in Mittelbeige weiterarbeiten, dabei in der 1. R verteilt 5 M zunehmen = 69 (71/73/77) M. An beiden Kanten 12 x 1 M alle 3 cm und 4 x 1 M alle 2 cm (12 x 1 M alle 3 cm und 5 x 1 M alle 1,5 cm / 10 x 1 M alle 3 cm und 8 x 1 M alle 1,5 cm / 10 x 1 M alle 3 cm und 8 x 1 M alle 1,5 cm) zunehmen = 101 (105/109/113) M. In 34 (34/33/33) cm Höhe ab dem Bündchen je 16 R in Blaugrau, Beige und Rostbraun arbeiten. In 52 (52/51/51) cm Höhe alle M abketten.

Fertigstellung

Die Seitennähte wie folgt schließen: Die Mitte vom Bündchen bestimmen und die Außenteile sowie das Futter jeweils zusammennähen, dabei entsprechend der Ärmelweite offen lassen. Die Schulternähte der Teile sowie des Futters zusammennähen. Beim Halsausschnitt die Teile mit dem Futter zusammennähen, aber beidseitig an den vorderen Kanten etwas offen lassen, so daß der Reißverschluß Platz hat. Für den Kragen an der Außenseite an beiden Vorderteilen je 36 (37/38/40) M und am Rückenteil 37 (39/39/41) M in Rostbraun mit Nadeln Nr. 3–3 1/2 aufnehmen. Im Muster I die Farbstreifen wie beim Bündchen des Rückenteils arbeiten. Nach 14 cm alle M abketten. Den Kragen zur Hälfte nach innen nähen und die Öffnung für den Reißverschluß ebenfalls offen lassen. Den Reißverschluß von der Mitte des Bündchens unten bis zur Mitte des Kragens zwischen dem Futter und dem Vorderteil einsetzen. Am Außenteil die Ärmel annähen. Dabei innen das Futter so annähen, daß beidseitig keine Nähte sichtbar sind.

Für den Sommer

Quergestrickter Pulli mit Zöpfen

Abbildung Seite 158

Größe 38/40

Material

Austermann Wolle, Qualität Lino-Color, 400 g in Apricot-Violett meliert Nr. 81. Je 1 Rundstricknadel Nr. 3, 80 und 100 cm lang, 2 Zopfmusternadeln.

Strickmuster

I: Mit der 100-cm-Nadel 2 M rechts, 2 M links.
II: Mit der 100-cm-Nadel 1 M rechts, 1 M links.
III: Mit der 100-cm-Nadel über 16 M stricken.
1. R (Hinr.): alle M links.
2. R (Rückr.): * 3 M links zusammenstricken, aus der nächsten M 3 M herausstricken (= 1 M rechts, 1 Umschlag, 1 M rechts); ab * wiederholen.
3. R: alle M links.
4. R: * aus 1 M 3 M rechts herausstricken, 3 M links zusammenstricken; ab * wiederholen.
Die 1.–4. R fortlaufend wiederholen.
IV: Mit der 100-cm-Nadel und den Zopfmusternadeln im Zopfmuster über 19 M stricken.
1. R (Hinr.): 2 M nach links verkreuzen (= die 2. M hinter der 1. M rechts verschränkt abstricken, dann die 1. M rechts stricken), 3 M links, 9 M rechts, 3 M links, 2 M nach links verkreuzen.
2. R (Rückr.): 2 M nach rechts verkreuzen (= die 2. M vor der 1. M links stricken, dann die 1. M links abstricken), 3 M rechts, 9 M links, 3 M rechts, 2 M nach rechts verkreuzen.
3. und 5. R: wie die 1. stricken.
4. und 6. R: wie die 2. R stricken.
7. R: 2 M nach links verkreuzen, 3 M links, 9 M verkreuzen (= 3 M auf die 1. Zopfnadel nehmen und hinter die Arbeit legen, die folgenden 3 M auf die 2. Zopfnadel nehmen und vor die Arbeit legen, die nächsten 3 M rechts stricken, dann die 3 M der 2. Zopfnadel rechts stricken, danach die 3 M der 1. Zopfnadel rechts abstricken), 3 M links, 2 M nach links verkreuzen.
8., 10., 12., 14., 16., 18. und 20. R: wie die 1. R stricken.
9., 11., 13., 15., 17. und 19. R: wie die 2. R stricken.
21. R: 2 M nach links verkreuzen, 3 M links, 9 M verkreuzen (= 3 M auf die 1. Zopfnadel hinter die Arbeit legen, die 3 folgenden M auf die 2. Zopfnadel hinter die Arbeit legen, die nächsten 3 M rechts stricken, dann die 3 M der 2. Zopfnadel rechts stricken, danach die 3 M der 1. Zopfnadel rechts stricken), 3 M links, 2 M links verkreuzen.
22., 24., 26. und 28. R: wie die 2. R stricken.
23., 25., 27. und 29. R: wie die 1. R stricken.
Die 2. bis 29. R stets wiederholen.

Maschenprobe

26 M und 34 R im Strickmuster III = 10 x 10 cm.

Arbeitsanleitung

Rücken

Den Pullover quer arbeiten und am linken Armausschnitt beginnen.
Für den Rücken 138 M mit der 100-cm-Nadel anschlagen und die M wie folgt aufteilen: 14 M im Strickmuster II, Muster III (16 M), IV (Zopfmuster, 19 M), Muster III, IV (Zopfmuster), Muster III, IV (Zopfmuster), Muster III. Dann gerade stricken. In 59 cm Gesamtlänge alle M abketten.

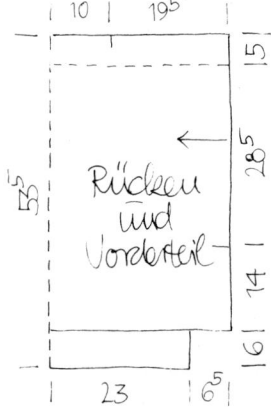

Vorderteil

Wie den Rücken arbeiten, jedoch dafür die M wie folgt aufteilen: Muster III, IV (Zopfmuster), Muster III, IV (Zopfmuster), Muster III, IV (Zopfmuster), Muster III, danach 14 M im Strickmuster II.

Fertigstellung

Die Teile spannen und unter feuchten Tüchern trocknen lassen. Die Halsausschnittblende zur Hälfte nach innen umlegen und annähen. Die Schulternähte auf je 19,5 cm zusammennähen. Für die Ärmelblenden je 13 M anschlagen und 62 cm im Strickmuster II stricken, dann die M abketten. Die Blenden zur Hälfte umlegen und an die Ärmelränder nähen. Seitennähte schließen. Am unteren Rand für das Bündchen mit der 80-cm-Nadel 180 M aufnehmen und 6 cm im Muster I stricken.

Herrenpullover aus Sommer-Tweed

Abbildung Seite 159

Größe 50/52

Material

Austermann Wolle, Qualität Lino-Color, 750 g in Bleu Nr. 77. 1 Paar Stricknadeln Nr. 3 ½, 1 Rundstricknadel Nr. 3, 40 cm lang, 1 Zopfmusternadel.

Strickmuster

I (Bündchenmuster): Mit Nadeln Nr. 3 ½ 2 M rechts, 2 M links.

II (Großes Zopfmuster): 1. R: * 3 M links, 2 M rechts, 2 M links, 2 M rechts, 2 M links, 2 M rechts, ab * wiederholen.
2.–6. R: M stricken, wie sie erscheinen.
7. R: * 3 M links, 3 M nach links verkreuzen (= 2 M auf die Hilfsnadel vor die Arbeit legen, die folgende M links stricken, dann die 2 M der Hilfsnadel rechts stricken), 1 M links, 2 M rechts, 1 M links, 3 M nach rechts verkreuzen (= 1 M auf die Hilfsnadel hinter die Arbeit legen, die folgenden 2 M rechts stricken, dann die M der Hilfsnadel links stricken), ab * wiederholen.
8. R: M stricken, wie sie erscheinen.
9. R: * 4 M links, 3 M nach links verkreuzen, 2 M rechts, 3 M nach rechts verkreuzen, ab * wiederholen.
10. R: M stricken, wie sie erscheinen.
11. R: * 5 M links, 3 M nach links verkreuzen, 3 M nach rechts verkreuzen, ab * wiederholen.
12. R: M stricken, wie sie erscheinen.
13. R: * 6 M links, 4 M nach links verkreuzen (= 2 M auf die Hilfsnadel vor die Arbeit legen, die folgenden 2 M rechts stricken, dann die 2 M der Hilfsnadel rechts stricken), ab * wiederholen.
14. R: M stricken, wie sie erscheinen.
15. R: * 5 M links, 3 M nach rechts verkreuzen (= 1 M auf die Hilfsnadel hinter die Arbeit legen, die folgenden 2 M rechts stricken, dann die M der Hilfsnadel rechts stricken), 3 M nach links verkreuzen (= 2 M auf die Hilfsnadel vor die Arbeit legen, die folgende M rechts stricken, dann die 2 M der Hilfsnadel rechts stricken), ab * wiederholen.
16. R: M stricken, wie sie erscheinen.
17. R: * 4 M links, 3 M nach rechts verkreuzen (= 1 M auf die Hilfsnadel hinter die Arbeit legen, die folgenden 2 M rechts stricken, dann die M der Hilfsnadel links stricken), 2 M rechts, 3 M nach links verkreuzen (= 2 M auf die Hilfsnadel vor die Arbeit legen, die folgende M links stricken, dann die 2 M der Hilfsnadel rechts stricken), ab * wiederholen.
18. R: M stricken, wie sie erscheinen.
19. R: * 3 M links, 3 M nach rechts ver-

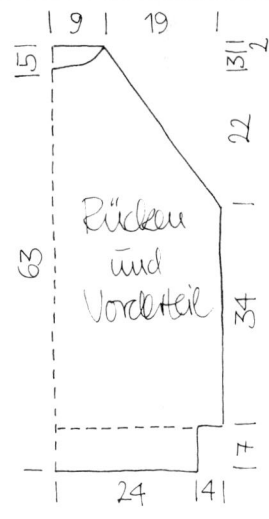

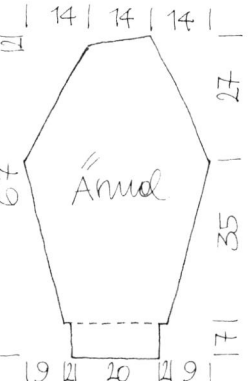

kreuzen, 1 M links, 2 M rechts, 1 M links, 3 M nach links verkreuzen, ab * wiederholen.
20. R: M stricken, wie sie erscheinen.
21. R: * 3 M links, 2 M rechts, 2 M links, 2 M rechts, 2 M links, 2 M rechts, ab * wiederholen.
22.–24. R: M stricken, wie sie erscheinen.
Die 1.–24. stets wiederholen.
III (Kleines Zopfmuster):
1. R: * 1 M rechts, 2 M links, 1 M links abheben (der Faden liegt dabei hinter der M), 2 M rechts, die abgehobene M über die beiden gestrickten M ziehen und gleichzeitig rechts verschränkt abstricken, 2 M links, ab * wiederholen.
2. R: * 2 M rechts, 3 M links, 2 M rechts, 1 M links, ab * wiederholen.
1. und 2. R fortlaufend wiederholen.

Maschenprobe

22,5 M und 32 R glatt rechts gestrickt = 10 x 10 cm.

Arbeitsanleitung

Rücken

104 M anschlagen und 7 cm im Bündchenmuster arbeiten. Nun verteilt 24 M zunehmen = 128 M, und wie folgt weiterstricken: 46 M links (einschließlich der 3 ersten linken M des großen Zopfmusters), 10 M Zopf, 3 M links, 10 M Zopf, 3 M links, 10 M Zopf, 46 M links. In 41 cm Gesamthöhe für die Raglanschrägung die ersten 3 und die letzten 3 M rechts stricken. In jeder Hinr. 43 x wie folgt abnehmen: Am Anfang jeder Hinr. 2 M rechts stricken, 1 M rechts abheben, 1 M rechts stricken, die abgehobene M darüberziehen; am Ende der R die viertletzte mit der drittletzten M rechts zusammenstricken, 2 M rechts. Die verbleibenden 42 M gerade abketten.

Vorderteil

Wie den Rücken arbeiten, jedoch in 63 cm Gesamthöhe für den vorderen Halsausschnitt gleichzeitig mit der 36. Abnahme für die Raglanschrägung die mittleren 26 M abketten und beide Ausschnitthälften getrennt beenden. Am inneren Arbeitsrand in jeder 2. R noch 3 x 2 M und 2 x 1 M abketten. Gleichzeitig mit der Raglanschrägung fortfahren (insgesamt 40 x). Die 2. Ausschnitthälfte gegengleich beenden.

Ärmel

44 M anschlagen und 7 cm im Strickmuster I arbeiten. Nun verteilt 22 M zunehmen = 66 M und im Strickmuster III weiterstricken. Dabei in jeder 4. R beidseitig 25 x 1 M zunehmen = 116 M. In 41 cm Gesamthöhe mit der Raglanschrägung beginnen. Die Abnahmen wie beim Rücken beschrieben vornehmen, d. h. 40 Abnahmen an der vorderen Kante, 43 Abnahmen an der hinteren Kante. Nach der 40. Raglanabnahme an der vorderen Kante in jeder 2. R noch 3 x 11 M abnehmen. Den 2. Ärmel gegengleich arbeiten.

Fertigstellung

Raglan-, Ärmel- und Seitennähte schließen. Am Halsausschnitt 122 M aufnehmen und mit der Rundstricknadel 12 R glatt rechts stricken. In der 13. R alle M locker abketten. Die Blende nach innen umschlagen und annähen.

Damenpullover mit Kimonoärmeln

Abbildung Seite 159

Größe 38

Material

Austermann Wolle, Qualität Lino-Color, 350 g in Gelb-Grün meliert Nr. 79. Je 1 Paar Stricknadeln Nr. 3 1/2 und 4.

Strickmuster

I (Bündchenmuster): Mit Nadeln Nr. 3 1/2 3 M rechts, 3 M links.
II: Mit Nadeln Nr. 4 glatt links stricken (= Hinr. links, Rückr. rechts).
III: Mit Nadeln Nr. 4 im Rechts-Patent.
1. R (Hinr.): Randm., * 1 Umschlag und dabei die folgende M links abheben, 1 M rechts, ab * wiederholen, Randm.
2. R (Rückr.): Randm., * 1 Umschlag und dabei die folgende M links abheben, die M mit dem Umschlag links zusammenstricken, ab * wiederholen, Randm.
3. R: Randm., * 1 Umschlag, 1 M mit dem Umschlag rechts zusammenstricken, ab * wiederholen, Randm. Die 2. und 3. R stets wiederholen.

Maschenprobe

18 M und 27 R im Strickmuster II = 10 x 10 cm.

Arbeitsanleitung

Rücken

Am rechten Ärmelrand beginnen und quer stricken. 52 M anschlagen und im Muster II stricken, dabei am linken Arbeitsrand in jeder 2. R 3 x 1 M, 1 x 0 M, 1 x 1 M, 1 x 0 M, 2 x 10 M und 1 x 12 M zunehmen = 88 M. Gleichzeitig in der 10. R am linken Arbeitsrand mit 1 M im Muster III beginnen. In jeder R 1 M mehr im Strickmuster III arbeiten, bis nur noch 18 M glatt links auf der Nadel sind. Nun wieder in jeder R 1 M mehr im Strickmuster II stricken, bis 33 M im Muster II auf der Nadel sind. Jetzt das Strickmuster III in jeder R um 2 M vermindern. Wenn alle M glatt links gestrickt werden, ist gleichzeitig die Mitte des Rückens erreicht. Das Teil gegengleich beenden: Aus den Zunahmen werden also Abnahmen.

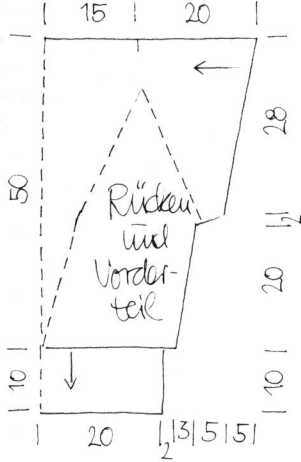

Vorderteil

Wie den Rücken arbeiten, aber am linken Ärmelrand beginnen.

Fertigstellung

Am Taillenrand 83 M aufnehmen und 10 cm im Strickmuster I stricken (mit 1 Randm. beginnen und auch wieder enden). Die M dann abketten. Ärmel-, Seiten- und Schulternähte nach dem Schnitt schließen.

Damenpullover – hinten geknöpft

Abbildung Seite 163

Größen 38 und 40/42
Bei abweichenden Angaben: Größe 40/42 in Klammern.

Material

Schaffhauser Wolle, Qualität SUNDAY: 195 (ca. 215) g in Senf Nr. 36, 190 (ca. 200) g in Vanille Nr. 37, 100 (ca. 110) g in Weiß Nr. 19 (Ersatzqualität: Nancy). Je 1 Paar Stricknadeln Nr. 2½ und Nr. 3½, 1 Hilfsnadel, 6 Knöpfe.

Strickmuster

I (Bündchenmuster): Mit Nadeln Nr. 2½ 1 M rechts, 1 M links.
II: Mit Nadeln Nr. 3½ glatt rechts stricken (= Hinr. rechts, Rückr. links).
III: Mit Nadeln Nr. 3½ im Zackenmuster nach der Strickschrift in der angegebenen Streifenfolge stricken.

Maschenprobe

24 M im Muster II = 10 cm Breite.

Arbeitsanleitung

Rücken

107 (115) M in Senf anschlagen und im Strickmuster I arbeiten. In 8 cm Gesamthöhe in der letzten Rückr. verteilt 20 M zunehmen = 127 (135) M. Dann im Strickmuster II und III weiterstricken, dabei für das rechte Rückenteil die ersten 60 (64) M auf 1 Hilfsnadel heben. Für den Verschluß die mittleren 7 M abketten und die 1. R für das linke Rückenteil wie folgt stricken: Randm., 44 M im Muster III, 14 (18) M im Muster II, Randm. In der Rückr. die M stricken, wie sie erscheinen. In der 3. R wie folgt stricken: Randm., 3 M rechts, dann das Muster III wie in der 19. Muster-R der Strickschrift beginnen, dabei 41 M stricken, 14 (18) M im Muster II, Randm. Die Seitenpartie bis oben im Muster II stricken und die ersten 3 M nach der Randm. in der 1. und 2. R und in der 17. und 18. R glatt links, in allen übrigen R glatt rechts stricken. In ca. 23 cm Gesamthöhe – wenn 3 Zacken gestrickt sind – noch die ersten 2 R in Senf arbeiten, dann in Vanille im Muster weiterstricken. Nach 4 Zacken in Vanille noch die ersten 2 R in Vanille stricken, dann das Teil im Muster in Weiß beenden. In 48 (50) cm Gesamthöhe für den Halsausschnitt von der rechten Kante her stets in der Hinr. je 5, 4, 3, 3, 2, 2, 1, 1, 1, 0, 1 M abketten. Den Rest gerade stricken. In 55 (57) cm Gesamthöhe für die Schulterschrägung von der linken Kante her stets am Anfang der R 3 x

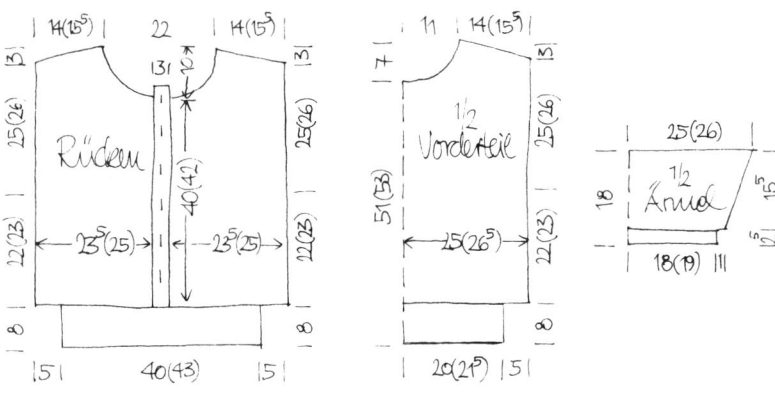

9 und 1 x 10 (3 x 10 und 1 x 11) M abketten.
Mit den M der Hilfsnadel das rechte Rückenteil gegengleich stricken, dabei das Muster III in der 3. R so beginnen, wie beim linken Rückenteil geendet wurde.

Vorderteil

Den Anschlag, das Bündchen und die Zunahme nach dem Bündchen wie beim Rückenteil arbeiten. Dann im Strickmuster II und III weiterstricken, dabei die 1. R wie folgt stricken: Randm., 14 (18) M im Muster II, 97 M im Muster III. Dabei genau nach der Strickschrift beginnen, 14 (18) M im Muster II, Randm. Die beiden Seitenpartien bis zur Schulter im Muster II stricken. Die Farbwechsel und die Schulterschrägung wie beim Rücken arbeiten. Dabei in 51 (53) cm Gesamthöhe für den Halsausschnitt die mittleren 17 M, dann beidseitig davon noch 5, 3, 2, 2, 2, 1, 1, 0, 1 M abketten.

Ärmel

95 (99) M in Senf anschlagen und im Strickmuster I stricken. Nach 2,5 cm in der letzten Rückr. verteilt 6 M zunehmen = 101 (105) M. Dann im Strickmuster II und III weiterarbeiten und die 1. R wie folgt arbeiten: Randm., 9 (11) M im Muster II, 81 M im Muster III, dabei das Muster genau nach der Strickschrift beginnen, 9 (11) M im Muster II, Randm. Nach 1 cm ab dem Bündchen beidseitig 1 M zunehmen und dies beidseitig 11 x im Wechsel 1 x nach 1,5 cm und 1 x nach 1 cm wiederholen = 125 (129) M. Die zugenommenen M stets im Muster II stricken. Gleichzeitig, wenn 1 Zacke und 2 R gestrickt sind, den Ärmel in Vanille beenden. In ca. 18 cm Ge-

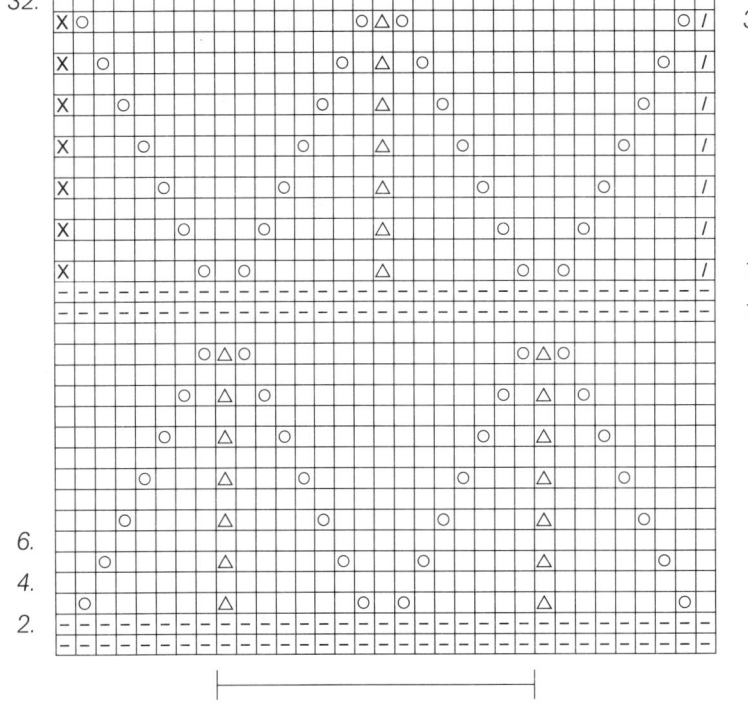

1 Mustersatz = 16 M breit.
Die M sind so gezeichnet, wie sie auf der Vorderseite erscheinen, dabei sind die ungeraden R Hinr., die geraden R Rückr.

☐ = in Hinr. 1 M rechts, in Rückr. 1 M links

− = in Hinr. 1 M links, in Rückr. 1 M rechts

○ = 1 Umschlag

△ = 2 M zusammen rechts abheben, 1 M rechts, dann die abgehobenen M darüberziehen

X = 1 M rechts abheben, 1 M rechts, dann die abgehobene M darüberziehen

/ = 2 M rechts zusammenstricken

samthöhe – nach Beendigung eines Musters – alle M abketten.

Fertigstellung

Nähte schließen, dabei bei den Bündchen 1 ½ M tief stechen und bei den Seitennähten die oberen 25 (26) cm für den Armausschnitt offen lassen. Rings um den Halsausschnitt in Weiß mit den Nadeln Nr. 2 ½ 157 M aufnehmen = aus der hinteren Rundung je 41 M und aus dem vorderen Halsausschnitt 75 M. Im Strickmuster I 2,5 cm stricken, dabei die 1. R (Rückr.) mit Randm., 1 M links beginnen. Locker 1 M rechts, 1 M links abketten. Für die Verschlußblende mit Nadeln Nr. 2 ½ jeweils mit der entsprechenden Farbe aus den Rückenteilkanten je 110 (116) M aufnehmen. Im Strickmuster I stricken, dabei die 1. R (Rückr.) mit Randm., 1 M links beginnen und an der Hüftbündchenkante je 1 M für die Naht dazu anschlagen. Beim Farbwechsel die Fäden jeweils miteinander verkreuzen. In 1,5 cm Bündchenhöhe beim linken Rückenteil 6 Knopflöcher einarbeiten = in der Hinr. 14 (15) M stricken, * 3 M abketten, dann sofort wieder dazu anschlagen, 15 (16) M stricken, ab * 4 x wiederholen, 3 M abketten, 4 M stricken. Nach 3 cm die M abketten. Die linke Verschlußblende über die rechte legen und beide zusammen an die Bündchenkante nähen. Die Knöpfe befestigen. Ärmel einsetzen.

Gestreifter Herrenpullover

Abbildung Seite 163

Größen 48 und 50/52
Bei abweichenden Angaben: Größe 50/52 in Klammern.

Material

Schaffhauser Wolle, Qualität SUNDAY: 380 (ca. 420) g in Vanille Nr. 37, 270 (ca. 300) g in Weiß Nr. 19 (Ersatzqualität: NANCY). Je 1 Paar Stricknadeln Nr. 3 und 3 ½.

Strickmuster

I (Bündchenmuster): Mit Nadeln Nr. 3 2 M rechts, 2 M links.
II: Mit Nadeln Nr. 3 ½ im Flächenmuster nach der Strickschrift stricken.

Maschenprobe

24 M im Muster II = 10 cm Breite.

Arbeitsanleitung

Rücken

122 (130) M in Vanille anschlagen und im Muster I stricken. Nach 8 cm in Weiß im Strickmuster II weiterarbeiten, dabei in der 1. R verteilt 8 M zunehmen = 130 (138) M. In 61 (63) cm Gesamthöhe für den Halsausschnitt die mittleren 32 M, dann beidseitig davon noch 4, 3, 2, 2, 2, 1, 1, 1, 0 M abketten und in 65 (67) cm Gesamthöhe für die Schulterschrägung beidseitig stets am Anfang der R 1 x 10 und 2 x 11 (3 x 12) M abketten.

Vorderteil

Genau wie das Rückenteil arbeiten.

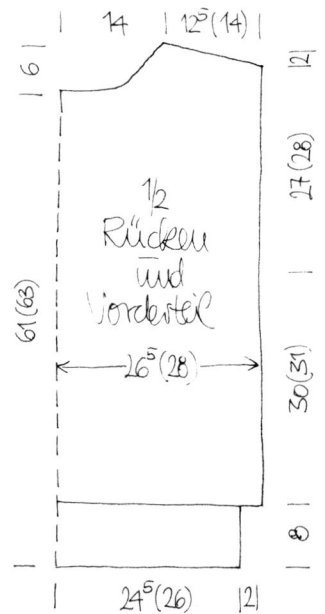

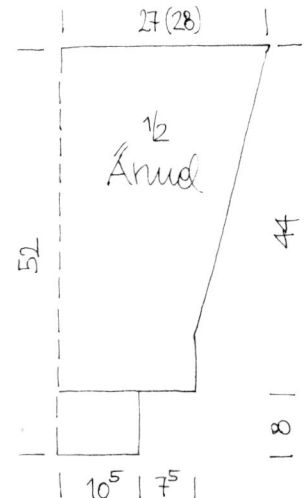

Ärmel

54 M in Vanille anschlagen und im Strickmuster I stricken. Nach 8 cm in Weiß im Muster II weiterarbeiten, dabei in der 1. R verteilt 34 M zunehmen = 88 M und beim Muster II 8 rechte M in die Mitte richten. Nach 8 cm ab dem Bündchen beidseitig 1 M zunehmen und dies 5 x alle 2 cm und 16 x alle 1,5 cm (23 x alle 1,5 cm) wiederholen = 132 (136) M. In 52 cm Gesamthöhe – nach 18 R in Vanille – alle M abketten.

Fertigstellung

Die Halsblende 2 x stricken: Dafür 38 M in Vanille anschlagen und im Muster I stricken, dabei die 1. R (Rückr.) mit 1 Randm., 1 M links, 2 M rechts beginnen und beidseitig stets am Ende der R 1 x 5, 2 x 3, 3 x 2 und 4 x 1 M dazu anschlagen = 80 M. In 6 cm Höhe – in der Mitte gemessen – alle M locker abketten. Die Blende 2 R oberhalb der Anschlagkante am Halsausschnitt des Vorder- und Rückenteils annähen und die Anschlagkante auf der Rückseite befestigen. Die Nähte schließen, dabei bei den Seitennähten die oberen 27 (28) cm für den Armausschnitt offen lassen. Die Ärmel einsetzen.

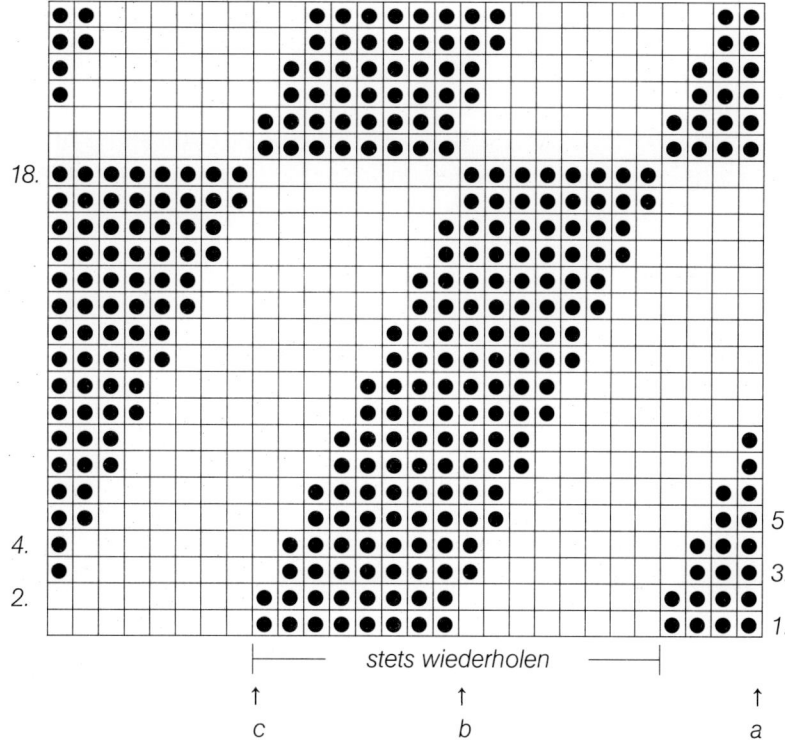

1 Mustersatz = 16 M breit.
Die M sind so gezeichnet, wie sie auf der Vorderseite erscheinen.
□ = in Hinr. 1 M links, in Rückr. 1 M rechts
● = in Hinr. 1 M rechts, in Rückr. 1 M links
a = Musteranfang für Rücken und Vorderteil in Größe 48
b = Musteranfang Rücken Größe 50/52
c = Musteranfang Vorderteil Größe 50/52

Die 1.–18. R stets wiederholen, dabei im Wechsel 1 x in Weiß und 1 x in Vanille arbeiten.

Weiße Damenjacke

Abbildung Seite 166

Größen 36/38, 42 und 46
Bei abweichenden Angaben: Größen 42 und 46 in Klammern.

Material

Phildar Wolle, Qualität DEDICACE: 250 (250/300) g in Blanc; Qualität LOOK PHIL: 250 (250/275) g in Blanc. Je 1 Paar Stricknadeln Nr. 2 ½ und 5; 5 Knöpfe.

Strickmuster

I (Bündchenmuster): Mit Nadeln Nr. 2 ½ 1 M rechts, 1 M links.
II: Mit Nadeln Nr. 5 im Phantasiemuster stricken (Maschenzahl teilbar durch 4 + 2 Randm.).
1. und 3. R: rechte M mit LOOK PHIL.
2. und 4. R: linke M mit LOOK PHIL.
5. R: mit DEDICACE, 1 Randm., * 1 M

links, 3 M rechts zusammenstricken, jedoch die M nicht von der Nadel gleiten lassen, sondern erneut zusammenstricken, 1 x links und 1 x rechts (= 3 M); ab * wiederholen und mit 1 Randm. enden.
6. R: linke M mit DEDICACE.
Die 1.–6. R stets wiederholen.

Maschenprobe

22 M und 27 R im Strickmuster II = 10 x 10 cm.

Arbeitsanleitung

Rücken

109 (115/121) M in DEDICACE anschlagen und 8 cm im Muster I stricken. Dann im Strickmuster II weiterarbeiten, dabei in der 1. R verteilt 16 (14/16) M zunehmen und das Muster mit 1 Randm. und dann der 2. M des Diagramms beginnen. In 24 cm Höhe ab dem Bündchen für die Armausschnitte beidseitig in jeder 2. R 1 x 4, 1 x 3, 2 x 2 und 2 x 1 M (1 x 4, 1 x 3, 2 x 2 und 2 x 1 M / 1 x 4, 1 x 3, 2 x 2 und 4 x 1 M) abketten = 99 (103/107) M. In 50 (51/52) cm Höhe ab dem Bündchen für den Halsausschnitt die mittleren 15 M, dann an der Halsseite in jeder 2. R 1 x 7 und 1 x 8 M (1 x 7 und 1 x 8 M / 2 x 8 M) abketten. In 53 (54/55) cm Höhe ab dem Bündchen die restlichen 27 (29/30) M für die Schulter abketten.

Rechtes Vorderteil

52 (56/58) M in DEDICACE anschlagen und 8 cm im Muster I stricken. Dann im Muster II weiterarbeiten, dabei in der 1. R verteilt 7 (7/9) M zunehmen und mit 1 Randm. und dann der 1. M des Diagramms beginnen. In 24 cm Höhe ab dem Bündchen für den Armausschnitt links in jeder 2. R 1 x 4, 1 x 3, 2 x 2 und 3 x 1 M (1 x 4, 1 x 3, 2 x 2 und 3 x 1 M / 1 x 4, 1 x 3, 2 x 2 und 5 x 1 M) abketten = 45 (49/51) M. Gleichzeitig in 25 (26/27) cm Höhe ab dem Bündchen für den Halsausschnitt rechts 1 x 1 M, dann 6 R höher 1 x 1 M und in jeder 4. R 16 x 1 M (1 x 1 M, dann in jeder 4. R 18 x 1 M und 2 R höher 1 x 1 M / 1 x 1 M, dann in jeder 4. R 17 x 1 M und in jeder 2. R 3 x 1 M) abketten. In 53 (54/55) cm Höhe ab dem Bündchen die restlichen 27 (29/30) M für die Schulter abketten.

Linkes Vorderteil

Gegengleich arbeiten.

Ärmel

48 (52/56) M in DEDICACE anschlagen und 7 cm im Muster I stricken. Dann im Muster II weiterarbeiten, dabei in der 1. R verteilt 34 (34/36) M zunehmen und mit 1 Randm. und dann der 1. (1./2.) M des Diagramms beginnen. Beidseitig in jeder 4. R 10 x 1 M und in jeder 2. R 14 x 1 M (in jeder 4. R 11 x 1 M und in jeder 2. R 13 x 1 M / in jeder 4. R 11 x 1 M und in jeder 2. R 12 x 1 M) zunehmen = 130 (134/138) M. In 25,5 (25,5/26,5) cm Höhe ab dem Bündchen beidseitig in jeder 2. R 2 x 1 M, 2 x 2 M und 1 x 3 M (1 x 1 M, 2 x 2 M und 2 x 3 M / 1 x 1 M, 1 x 2 M, 2 x 3 M und 1 x 4 M) abketten. Die restlichen 112 M abketten.

Fertigstellung

Hals- und Verschlußblende: 333

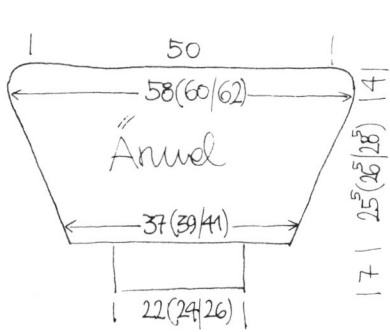

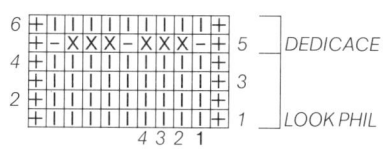

+ = Randm.
| = in Hinr. 1 M rechts, in Rückr. 1 M links
− = in Hinr. 1 M links, in Rückr. 1 M rechts
XXX = 3 M rechts zusammenstricken und wieder herausstricken (s. Strickmuster)

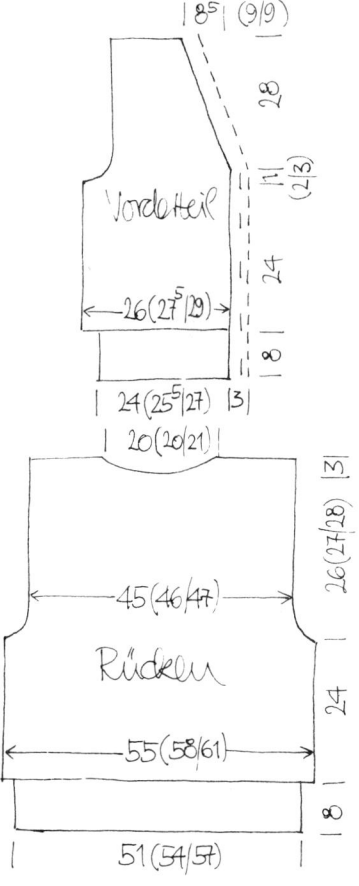

(337/341) M mit Nadeln Nr. 2 ½ in DEDICACE anschlagen und 3 cm im Muster I stricken. Dann 1 R rechte M auf der rechten Seite und 3 R glatt rechts in einer anderen Farbe stricken und stillegen. An der linken Kante gleichzeitig in der 6. R 5 Knopflöcher über je 2 M stricken. Das 1. Knopfloch 3 M vom Rand entfernt, das 2. im Abstand von 14 M und die anderen im Abstand von je 17 (18/19) M. Die Nähte schließen und die Ärmel einsetzen. 2 R in der Kontrastfarbe auftrennen und die rechte R der Blende M um M mit Steppstichen auf der rechten Seite annähen, dabei den Rest des Kontrastfadens heraustrennen (S. 30).

Rosa Pulli

Abbildung Seite 170

Größen 36, 38/40 und 42/44
Bei abweichenden Angaben: Größen 38/40 und 42/44 in Klammern.

Material

Lang Wolle, Qualität LINO-FINO 550 (600/650) g in Rosa Nr. 2109. Je 1 Paar Stricknadeln Nr. 3 ½ und 4 ½, 1 Rundstricknadel Nr. 3 ½, ca. 50 cm lang.

Strickmuster

Der Pullover wird mit doppeltem Faden gearbeitet.
I (Bündchenmuster): Mit Nadeln Nr. 3 ½ 1 M rechts, 1 M links.
II: Mit Nadeln Nr. 4 ½ stricken.
1.–20. R: glatt rechts (= Hinr. rechts, Rückr. links).
21. R (Hinr.): alle M rechts stricken, dabei vor jeder M 2 Umschläge ausführen.
22. R (Rückr.): Randm., * 3 M links abheben, dabei die dazwischenliegenden Umschläge fallen lassen und die M hochziehen, diese 3 M erneut auf die linke Nadel legen und links zusammenstricken, ohne sie von der linken Nadel gleiten zu lassen, dann aus diesen M noch 1 M rechts und 1 M links aus der gleichen Einstichstelle herausstricken, ab * wiederholen, enden mit 1 Randm.
23. R: ab der 1. R wiederholen.

Maschenprobe

20 M und 22 R im Strickmuster II = 11 x 10 cm.

Arbeitsanleitung

Rücken

78 (80/86) M anschlagen und im Muster I 8 (8/10) cm stricken. Im Muster II weiterarbeiten und in der 1. R verteilt 5 (9/9) M zunehmen = 83 (89/95) M. Weiter an beiden Rändern 12 x abwechselnd in jeder 2. und 4. R 1 M zunehmen = 107 (113/119) M. Für den Raglan in 28 (28/30) cm Gesamthöhe an beiden Rändern 1 x 4 (1 x 4 / 1 x 6) M abketten und danach 32 x (32 x / 33 x) in jeder 2. R 1 M abnehmen. In 29 (29/30) cm Raglanhöhe an beiden Rändern die Randm. abketten und die restlichen 33 (39/39) M stillegen.

Vorderteil

Wie das Rückenteil arbeiten.

Ärmel

42 (46/50) M anschlagen und 8 cm im Muster I stricken. Dann im Muster II weiterarbeiten und in der 1. R verteilt 5 (7/9) M zunehmen = 47 (53/59) M, dabei das Muster mit 24 R glatt rechts (statt 20 R) beginnen und an beiden Rändern in jeder 2. R 1 M zunehmen. Anschließend nach dem

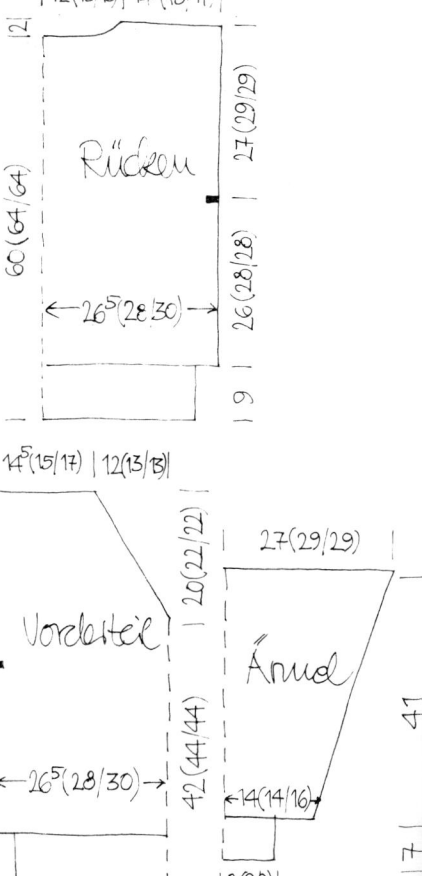

Lochmusterstreifen am folgenden glatt rechts gestrickten Streifen von 20 R an beiden Rändern in jeder 2. R 9 x 2 M dazu anschlagen = 107 (113/119) M. In 30 cm Gesamthöhe an beiden Rändern 1 x 4 (1 x 4 / 1 x 6) M abketten, dann die Abnahme für die Raglanschrägung wie beim Rückenteil arbeiten. In 59 (59/60) cm Gesamthöhe beidseitig die Randm. abketten, die restlichen 33 (39/39) M stillegen.

Fertigstellung

Alle Teile nach Schnitt spannen und unter feuchten Tüchern trocknen lassen. Die Nähte schließen, die Ärmel einsetzen.
Ausschnittblende: Über die stillgelegten 132 (156/156) M mit der Rundstricknadel im Muster I in Rd 5 cm stricken, anschließend alle M locker abketten.

Sommerpullover mit V-Ausschnitt

Abbildung Seite 170

Größen 36, 38/40 und 42/44
Bei abweichenden Angaben: Größen 38/40 und 42/44 in Klammern.

Material

Lang Wolle, Qualität LINO-FINO: 400 (450/500) g in Rosa Nr. 2109, 300 (350/350) g in Weiß Nr. 2101. Je 1 Paar Stricknadeln Nr. 3 und Nr. 4 ½, 1 Rundstricknadel Nr. 3, ca. 50 cm lang.

Strickmuster

Der Pullover wird mit doppeltem Faden gestrickt.
I (Bündchenmuster): Mit Nadeln Nr. 3 1 M rechts, 1 M links.

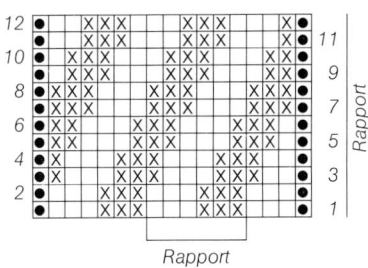

● = Randm.
X = in Hinr. 1 M rechts, in Rückr. 1 M links
□ = in Hinr. 1 M links, in Rückr. 1 M rechts

II: Mit Nadeln Nr. 4 ½ rechte und linke M nach der Strickschrift und in folgender Streifeneinteilung arbeiten: * 12 R mit 2 Fäden in Rosa, 12 R mit 1 Faden in Rosa und 1 Faden in Weiß, 12 R mit 2 Fäden in Weiß, ab * fortlaufend wiederholen.

Maschenprobe

21 M und 26 ½ R im Strickmuster II = 10 x 10 cm.

Arbeitsanleitung

Rücken

94 (100/106) M in Rosa (2 Fäden) anschlagen und 9 cm im Muster I stricken. Im Muster II weiterarbeiten und in der 1. R verteilt 19 M zunehmen = 113 (119/125) M. Für den Halsausschnitt in 60 (64/64) cm Gesamthöhe die mittleren 35 (39/39) M abketten und jede Hälfte getrennt beenden, dabei am Ausschnittrand noch je 2 x 4 M abketten. Die restlichen 31 (32/35) M für die Schulter gerade abketten.

Vorderteil

Wie das Rückenteil stricken, jedoch für den spitzen Ausschnitt die Arbeit in 42 (44/44) cm Gesamthöhe in der Mitte teilen: Die Mittelm. auf einen Hilfsfaden legen und jede Hälfte ge-

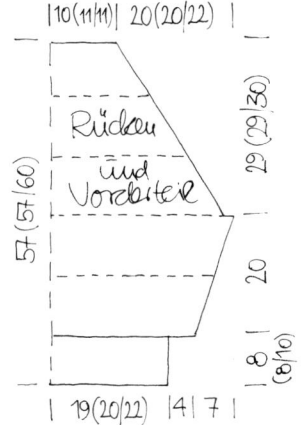

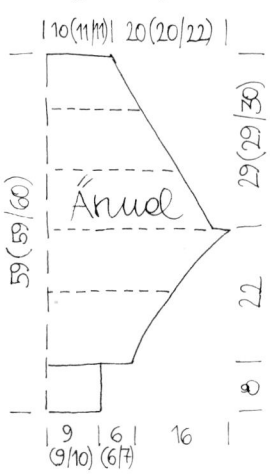

trennt weiterstricken, dabei am inneren Arbeitsrand für die Ausschnittschrägung 25 x (27 x / 27 x) in jeder 2. R 1 M abnehmen. Die Schultern in gleicher Höhe und wie beim Rückenteil abketten.

Ärmel

42 (46/46) M in Rosa (2 Fäden) anschlagen und 7 cm im Muster I stricken. Im Muster II weiterarbeiten und in der 1. R verteilt 11 (13/13) M zunehmen = 53 (59/59) M. Weiter an beiden Rändern 26 x in jeder 4. R 1 M zunehmen. In 48 cm Gesamthöhe alle 105 (111/111) M abketten.

Fertigstellung

Alle Teile spannen und unter feuchten Tüchern trocknen lassen. Schulternähte schließen. Ausschnittblende: Rund um den Halsausschnitt die M in Rosa (2 Fäden) wie folgt aufnehmen: am Rückenteil 51 (55/55) M, an den Ausschnittschrägungen des Vorderteils je 44 (48/48) M und die stillgelegte Mittelm. dazwischenfügen = 140 (152/152) M. Im Muster I mit der Rundstricknadel in Rd stricken, dabei vorn in jeder Rd wie folgt abnehmen: Die Mittelm. und die davorliegende M rechts zusammen abheben, die folgende M rechts stricken und die beiden abgehobenen M darüberziehen. In 2,5 cm Blendenhöhe die restlichen M abketten. Seitennähte schließen, dabei für jedes Armloch 27 (29/29) cm offen lassen. Ärmelnähte schließen und die Ärmel einsetzen.

Weißes Kleid

Abbildung Seite 171

Sonnentop

Größen 36/38, 42, 46 und 48
Bei abweichenden Angaben: Größen 42, 46 und 48 in Klammern.

Material

Phildar Wolle, Qualität CANNELLE, 200 (200/200/250) g in Blanc. Je 1 Paar Stricknadeln Nr. 1½, 2 und 2½.

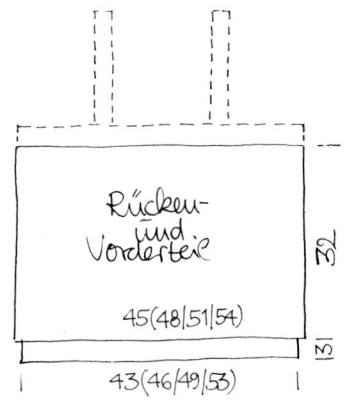

Strickmuster

I (Bündchenmuster): Mit Nadeln Nr. 2 und 1½ 1 M rechts, 1 M links.
II: Mit Nadeln Nr. 2½ 1 M rechts, 9 M links.

Maschenprobe

33 M und 38 R im Strickmuster II = 10 x 10 cm.

Arbeitsanleitung

Rücken

144 (154/164/174) M mit Nadeln Nr. 2 anschlagen und 3 cm im Muster I stricken. Dann 1 Rückr. rechte M stricken und verteilt 7 M zunehmen = 151 (161/171/181) M. Danach im Muster II weiterstricken, dabei mit 1 Randm., dann 4 M links, 1 M rechts beginnen. In 32 cm Höhe ab dem Bündchen die M locker abketten.

Vorderteil

Die gleiche M-Zahl anschlagen und genauso stricken wie das Rückenteil, jedoch 9 M zunehmen und das Muster II mit Randm., 5 M links, 1 M rechts beginnen.

Band und Träger

27 M mit Nadeln Nr. 1½ anschlagen und 90 (96/102/108) cm im Muster I stricken, dann alle M abketten.
Für die Träger jeweils 38 (40/42/44) cm genauso stricken.

Fertigstellung

Die Nähte schließen und das Band um den oberen Rand nähen, dann die Träger befestigen.

Weste

Größen 36/38, 42–46 und 48
Bei abweichenden Angaben: Größen 42–46 und 48 in Klammern.

Material

Phildar Wolle, Qualität PHILDANGO-

RA: 120 (140/160) g in Blanc; Qualität CANNELLE: 250 (250/300) g in Blanc. Je 1 Paar Stricknadeln Nr. 3 und 3 ½, 6 Knöpfe.

Strickmuster

I (Bündchenmuster): Mit Nadeln Nr. 3 1 M rechts, 1 M links.

II: Mit Nadeln Nr. 3 ½ im Phantasiemuster (M-Zahl teilbar durch 24 + 1 + 2 Randm.).

1. R in PHILDANGORA: 1 Randm., * 1 M rechts, 11 M links, 1 M rechts, 11 M links *. Von * bis * wiederholen und mit 1 M rechts, 1 Randm. enden.

2. R in PHILDANGORA: 1 Randm., 1 M links, * 4 M rechts, 1 einfacher Überzug (= 1 M rechts abheben, die folgende M rechts stricken, und die abgehobene M über die gestrickte M ziehen), 1 Umschlag, 5 M rechts, 1 M links, 5 M rechts, 1 Umschlag, 2 M rechts zusammenstricken, 4 M rechts, 1 M links *. Von * bis * wiederholen und mit 1 Randm. enden.

3. R in CANNELLE (doppelter Faden): wie die 1. R.

4. R in CANNELLE (doppelter Faden): wie die 2 R.

Die 1.–4. R fortlaufend wiederholen.

Maschenprobe

30 M und 38 R im Strickmuster II = 10 x 10 cm.

Arbeitsanleitung

Rücken

159 (171/183) M in CANNELLE (doppelter Faden) anschlagen und 4 cm im Muster I stricken. Dann im Muster II weiterarbeiten, dabei mit 1 Randm. und der 1. (13./13.) M des Diagramms beginnen. In 35 cm Höhe ab dem Bündchen für die Armausschnitte beidseitig 1 x 5 M abketten = 149 (161/173) M. In 56 (57/58) cm Höhe ab dem Bündchen für den Halsausschnitt die mittleren 17 M, dann an der Halsseite 2 R höher: 1 x 16 (1 x 17 / 1 x 17) M abketten. In 57 (58/59) cm ab dem Bündchen die restlichen 50 (55/61) M für die Schulter abketten.

Rechtes Vorderteil

77 (83/89) M in CANNELLE (doppelter Faden) anschlagen und 4 cm im Muster I stricken. Im Muster II weiterarbeiten, dabei mit 1 Randm. und der 22. (4./22.) M des Diagramms beginnen. In 35 cm Höhe ab dem Bündchen für den Armausschnitt links 1 x 4 M abketten = 73 (79/85) M. In 37 (38/39) cm Höhe ab dem Bündchen für den Halsausschnitt rechts 1 x 1 M, dann in jeder 4. R 15 x 1 M und in jeder 2. R 7 x 1 M (in jeder 4. R 14 x 1 M und in jeder 2. R 9 x 1 M / in jeder 4. R 14 x 1 M und in jeder 2. R 9 x 1 M) abketten. In 57 (58/59) cm Höhe ab dem Bündchen die restlichen M für die Schulter abketten.

Linkes Vorderteil

Gegengleich arbeiten, aber das Muster II mit 1 Randm. und der 14. (14./2.) M des Diagramms beginnen.

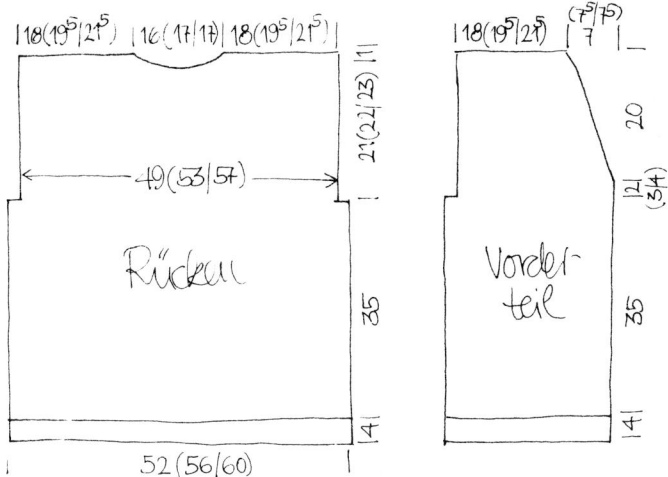

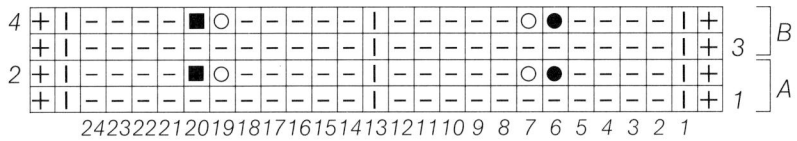

+ = Randm.
I = Hinr. rechte M, Rückr. linke M
− = Hinr. linke M, Rückr. rechte M
○ = 1 Umschlag
■ = 1 einfacher Überzug
● = 2 M rechts zusammenstricken
A = Qualität PHILDANGORA
B = Qualität CANELLE (doppelter Faden)

Fertigstellung

Armblenden: 143 (149/155) M in CANNELLE (doppelter Faden) anschlagen und 1,5 cm im Muster I stricken. Dann 1 Hinr. rechte M stricken und 3 R glatt rechts in einer Kontrastfarbe stricken und die M nicht abketten. Nun die andersfarbigen R

dämpfen und vor dem Annähen auftrennen.
Hals- und Verschlußblenden: 218 (224/230) M in CANNELLE (doppelter Faden) anschlagen und 2 cm im Muster I stricken. Dann 1 R (Hinr.) rechte M stricken und wie für die Armblenden enden.
Eine 2. Blende über 219 (225/229) M genauso stricken, jedoch in der 4. R verteilt 6 Knopflöcher über je 2 M stricken. Das 1. Knopfloch 9 M vom Rand entfernt und die anderen im Abstand von je 20 (21/22) M.
Die Nähte schließen und die Blenden M um M in der R mit rechten M mit Steppstichen auf der rechten Seite annähen (siehe S. 30).

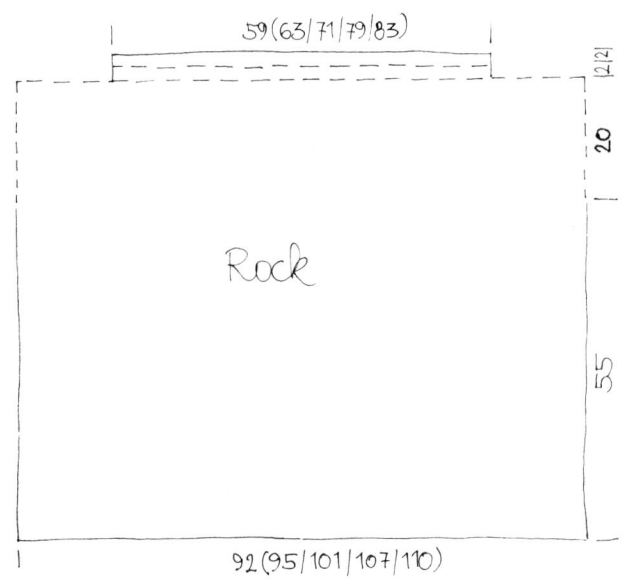

Rock

Größen 36, 38, 42, 46 und 48
Bei abweichenden Angaben: Größen 38, 42, 46, 48 in Klammern.

Material

Phildar Wolle, Qualität CANNELLE, 400 (450/500/550/550) g in Blanc. Je 1 Paar Stricknadeln Nr. 1 ½, 2 und 2 ½, Gurtband, 2 cm breit.

Strickmuster

I (Bündchenmuster): Mit Nadeln Nr. 2 1 M rechts, 1 M links.
II: Mit Nadeln Nr. 2 ½ abwechselnd 11 M Rippen aus 1 M rechts, 1 M links, 7 M glatt links.

Maschenprobe

62 M und 40 R im Strickmuster II = 10 x 10 cm.

Arbeitsanleitung

290 (290/308/344/344) M anschlagen und im Muster II stricken, dabei mit 1 Randm. und 7 M glatt links beginnen. In 55 cm Höhe in den glatt links gestrickten M je 1 M abnehmen. Diese Abnahme in jeder 14. R insgesamt 6 x arbeiten = 194 (194/206/230/230) M. In 75 cm Höhe im Muster I weiterstricken. In 79 cm Höhe alle M locker abketten. Für das 2. Teil 290 (308/326/326/344) M anschlagen und genauso stricken.

Fertigstellung

Die Nähte schließen, das Taillenbündchen zur Hälfte nach innen schlagen, das Gurtband einlegen und das Bündchen befestigen.

Sonnenhemd

Abbildung Seite 174

Größen 38/40 und 42
Bei abweichenden Angaben: Größe 42 in Klammern.

Material

Schoeller Wolle, Qualität »tina«, 350 (400) g in Melone Nr. 46. Esslinger Wolle, Qualität »carina«, 100 g in Hellbeige meliert Nr. 34.
1 Paar Stricknadeln Nr. 3 ½, außerdem 1 Rundstricknadel Nr. 3, 50 cm lang.

Strickmuster

I: Mit der Nadel Nr. 3 kraus (d. h. Hinr. rechts, Rückr. rechts) stricken.
II: Mit Nadeln Nr. 3 ½ glatt rechts (d. h. Hinr. rechts, Rückr. links) * 24 R in Melone, 2 R in Hellbeige meliert strik-

ken, ab * fortlaufend wiederholen.

Maschenprobe

19 M und 32 R im Strickmuster II = 10 x 10 cm.

Arbeitsanleitung

Rücken

106 (112) M in Hellbeige meliert anschlagen. 4 R im Strickmuster I arbeiten, dann im Muster II weiterarbeiten. In 44 cm Gesamthöhe beidseitig für die Armausschnitte 1 x 4, 2 x 3, 1 x 2 und 3 (4) x 1 M abketten, dann gerade weiterstricken. In 55 cm Gesamthöhe für den Rückenausschnitt die mittleren 22 M abketten und die beiden Seiten getrennt fertigstellen. Dabei noch je 1 x 4, 2 x 3, 1 x 2, 1 x 1 M für den Ausschnitt abketten. In 69 cm Gesamthöhe die restlichen 14 (16) M stillegen.

Vorderteil

Wie das Rückenteil arbeiten, aber für

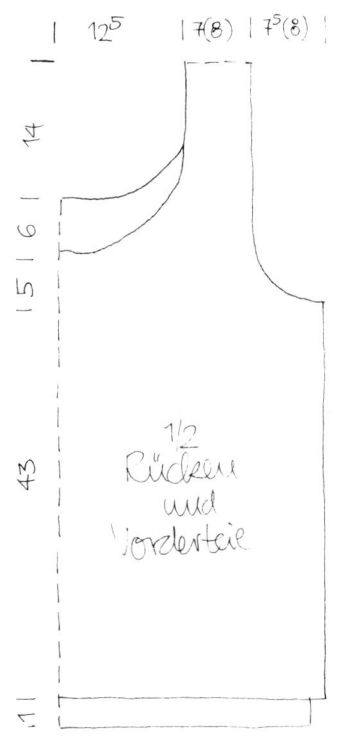

den Halsausschnitt wie folgt abnehmen: In 49 cm Gesamthöhe die mittleren 12 M abketten. Die beiden Seiten dann getrennt fertigstellen. Für den Ausschnitt noch jeweils 1 x 4, 2 x 3, 1 x 2, 3 x 1 M alle 2 R abketten und 3 x 1 M alle 4 R abketten. Die restlichen 14 (16) M gerade hochstricken, in einer Gesamthöhe von 69 cm die M stillegen.

Fertigstellung

Die Nähte schließen, die offenen M der Schultern von links, also auf der Innenseite zusammenstricken: Immer 1 M von Rücken-und Vorderteil links zusammenstricken, dann die M nach und nach abketten. An den Armausschnitten mit der Rundstricknadel in Melone 110 M aufnehmen, 1 Rd links stricken und in der folgenden, rechts gestrickten Rd die M abketten. Am Halsausschnitt 168 M in Melone aufnehmen und wie die Ausschnittblende ebenso die Armausschnitte arbeiten.

Lochmusterpulli

Abbildung Seite 175

Größen 36/38 und 40/42
Bei abweichenden Angaben: Größe 40/42 in Klammern.

Material

Schewe Wolle, Qualität »Sahara«, 450 (500) g in Rosé Nr. 6013. 1 Paar Stricknadeln Nr. 3 1/2–4, 1 Häkelnadel Nr. 3.

Strickmuster

I: Mit Nadeln Nr. 3 1/2–4 nach der Strickschrift arbeiten, dabei die 2. bis 15. R ständig wiederholen. Die 1. und alle anderen ungeraden R (Rückr.) links stricken.

Maschenprobe

17 M und 24 R = 10 x 10 cm.

Arbeitsanleitung

Rücken

86 (93) M anschlagen und die 1. R (Rückr.) links stricken, dann mit der Strickschrift beginnen, dabei an beiden Seiten je 1 Randm. und 2 M rechts arbeiten (Größe 40/42: mit 1 Randm. beginnen und mit 1 M rechts und 1 Randm. enden). Ca. 60 cm gerade arbeiten und alle M abketten, wenn das Muster wieder in der 6. oder 14. R gestrickt ist.

Vorderteil

Bis auf den Halsausschnitt wie das

|V|O|I|O|X|V|O|I|O|X|V|O|I| 16. R
|I|I|I|I|I|I|O|●|O|I|I|I|I| 14.
|I|I|I|I|I|O|X|I|V|O|I|I|I| 12.
|O|I|I|I|O|X|I|I|I|V|O|I|I| 10.
|V|O|I|O|X|I|I|I|I|I|V|O|I| 8.
|V|O|I|O|X|V|O|I|O|X|V|O|I| 6.
|V|O|I|O|X|V|O|I|O|X|V|O|I| 4.
|V|O|I|O|X|V|O|I|O|X|V|O|I| 2. R
13.12.11.10. 9. 8. 7. 6. 5. 4. 3. 2. 1. M

1 Rapport

1 Mustersatz = 10 M breit.
I = 1 M rechts
O = 1 Umschlag
V = 1 M rechts abheben, 1 M rechts, die abgehobene M darüberziehen
X = 2 M rechts zusammenstricken
● = 1 M rechts abheben, 2 M rechts zusammenstricken, die abgehobene M darüberziehen
In den Rückr. (ungerade R) werden alle M links gestrickt.

Rückenteil arbeiten. In ca. 37 cm Gesamthöhe oder später, wenn das Muster wieder in der 6. oder 14. R angelangt ist und die Abnahme für den V-Ausschnitt mit einer Spitze beginnen kann, die mittlere M abketten und beide Teile getrennt weiterarbeiten. Dabei an der Ausschnittkante in jeder 4. R 15 x 1 M abketten. In der gleichen Höhe und mit dem gleichen Musterabschluß wie beim Rückenteil alle M abketten.

Ärmel

53 (63) M anschlagen und die 1. R (Rückr.) links stricken. Dann mit der Strickschrift beginnen. Dabei jede R mit 1 Randm. beginnen und mit 1 M rechts und 1 Randm. enden. Beidseitig 15 x in jeder 2. und 4. R 1 M zunehmen = 83 (93) M. Nach ca. 20 cm, wenn das Muster wieder in der 6. R gestrickt wurde, alle M abketten.

Fertigstellung

Alle Nähte schließen. Die Ausschnittkante und Säume mit 1 Rd fester M umhäkeln.

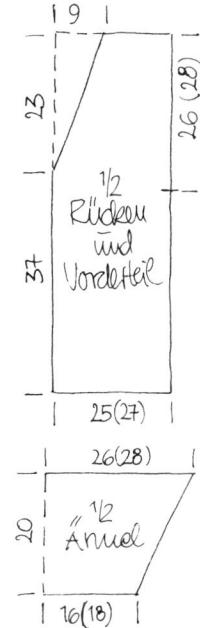

Sommerpullover in Pastelltönen

Abbildung Seite 179

Größen 36/38 und 40/42
Bei abweichenden Angaben: Größe 40/42 in Klammern.

Material

Schachenmayr Wolle, Qualität Capriosa: 450 (500) g in Weiß Nr. 5800, 50 g in Zartgelb Nr. 5801, 50 g in Lido Nr. 5802, 50 g in Bleu Nr. 5803. 1 Paar Stricknadeln Nr. 3–3 1/2, 1 Häkelnadel Nr. 3.

Strickmuster

I (Bündchenmuster): 2 M rechts, 2 M links.

II: Glatt rechts (= Hinr. rechts, Rückr. links) stricken.
Für jedes Farbfeld einen extra Knäuel verwenden und beim Farbwechsel die Fäden auf der Rückseite stets verkreuzen.

Maschenprobe

23 M und 32 R im Strickmuster II = 10 x 10 cm.

Arbeitsanleitung

Rücken

104 (114) M in Weiß anschlagen und 13 R im Strickmuster I arbeiten. In der 14. R verteilt 7 M zunehmen und im Strickmuster II weiterarbeiten. In 10 cm Gesamthöhe mit der Mittelm. in Zartgelb beginnen. Man arbeitet von jetzt an also immer mit 2 Knäueln (Weiß-Farbe-Weiß). Bis zu einer Gesamthöhe von 30,5 cm mit Zartgelb in der Mitte arbeiten, dabei in jeder 6. R die Farbe beidseitig um 1 M weiter nach außen versetzen, so daß sich ein Keil bildet. In 30,5 cm Höhe alle gelben M in Lido weiterarbeiten, dabei immer weiter nach außen versetzen. In 43 cm Gesamthöhe den Farbkeil in Bleu weiterstricken und immer

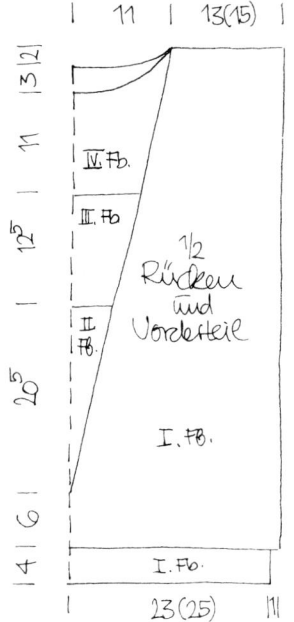
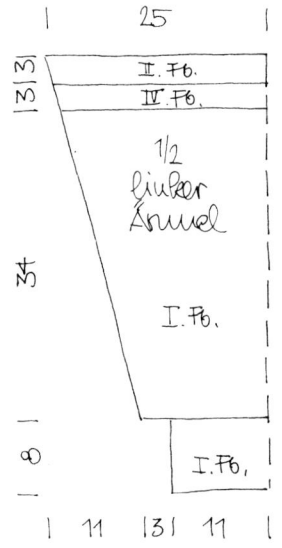

weiter verbreitern. In einer Gesamthöhe von 57 cm für den Halsausschnitt die mittleren 39 M abketten, weiter in jeder 2. R 2 x 3 M für die Rundung abketten. In einer Gesamthöhe von 59 cm die restlichen 30 (35) M abketten.

Vorderteil

Wie das Rückenteil arbeiten, jedoch für den Halsausschnitt bereits in 54 cm Gesamthöhe die mittleren 19 M abketten und beide Seiten getrennt fertigstellen. In jeder 2. R 2 x 3 und 5 x 2 M abketten, dann die restlichen 30 (35) M gerade abketten.

Ärmel

In Weiß 58 M anschlagen und im Strickmuster I 8 cm stricken. Dann verteilt 8 M zunehmen und im Strickmuster II weiterarbeiten. Für die Weite dabei in jeder 4. R 25 x 1 M beidseitig zunehmen. Den linken Ärmel in 42 cm Gesamthöhe in Bleu weiterstricken, nach 3 cm zu Zartgelb wechseln. Dabei die Zunahmen immer weiterführen. In Zartgelb noch 3 cm stricken, dann in einer Gesamthöhe von 48 cm alle 116 M gerade abketten. Den rechten Ärmel ganz in Weiß stricken.

Fertigstellung

Die Teile spannen und unter einem feuchten Tuch trocknen lassen. Die Nähte schließen, Seitennähte entsprechend der Ärmelweite offen lassen. Die Halsausschnittkante in Bleu mit 1 R festen M und 1 R Krebsstichen umhäkeln. Die Ärmel einsetzen.

Mit sportlicher Note

Karierter Mohairpullover

Abbildung Seite 182

Größen 38/40 und 42/44
Bei abweichenden Angaben: Größe 42/44 in Klammern.

Material

Berger du Nord Wolle, Qualität »KID MOHAIR«: ca. 400 g in Violine, 100 g in Irlande, 100 g in Encre. Je 1 Paar Stricknadeln Nr. 3, 3 ½ und 4.

Strickmuster

I (Rippenmuster): Mit Nadeln Nr. 3 1 M rechts, 1 M links.
II (Jacquardmuster): Mit Nadeln Nr. 4 glatt rechts nach der Strickschrift arbeiten, für jede Farbfläche 1 Knäuel verwenden, beim Farbwechsel die Fäden auf der Rückseite der Arbeit verkreuzen.

Maschenprobe

19 M und 32 R glatt rechts im Strickmuster II = 10 x 10 cm.

Arbeitsanleitung

Rücken

89 (95) M in Violine anschlagen. 4 cm im Strickmuster I stricken. Glatt rechts nach der Strickschrift weiterarbeiten (in der Mitte ein Motiv in Violine von 27 (29) M anordnen). Gleichzeitig beidseitig in jeder 6. R 11 x 1 M zunehmen, die zugenommenen M anschließend im Muster II stricken. Über die 111 (117) M gerade weiterarbeiten. In einer Gesamthöhe von 62,5 (64) cm für den Halsausschnitt die mittleren 17 (19) M abketten und jede Seite getrennt beenden. Am Halsausschnittrand in jeder 2. R 2 x 5 M abketten. In einer Gesamthöhe von 64,5 (66) cm die restlichen

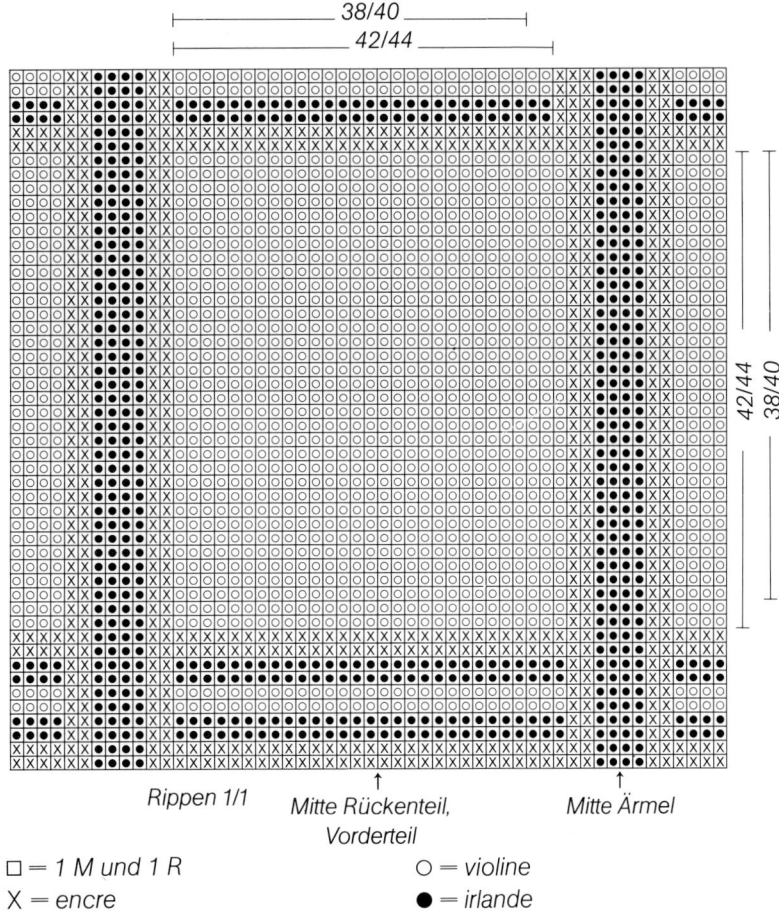

Rippen 1/1 Mitte Rückenteil, Vorderteil Mitte Ärmel

☐ = 1 M und 1 R
X = encre
○ = violine
● = irlande

Pullover im Schachbrettmuster (unten)

Karierter Mohairpullover (oben)

37 (39) M für die Schulter gerade abketten.

Vorderteil

Wie den Rücken stricken. Aber in einer Gesamthöhe von 58,5 (60) cm die mittleren 9 M abketten und jede Seite getrennt beenden. Am Halsausschnitt in jeder 2. R 2 x 4 und 2 x 3 (3 x 4 und 1 x 3) M abketten.
In einer Gesamthöhe von 64,5 (66) cm die restlichen 37 (39) M für die Schulter abketten.

Ärmel

52 (56) M in Violine anschlagen und 4 cm im Strickmuster I stricken. Dann im Muster II weiterarbeiten, in der Mitte einen senkrechten Streifen anordnen, danach glatt rechts einfarbig weiterstricken. Beidseitig abwechselnd in jeder 2. und 4. R 28 (29) x 1 M zunehmen. In einer Gesamthöhe von 41 (42) cm die 108 (114) M gerade abketten.

Fertigstellung

Eine Schulternaht schließen. Um den Halsausschnitt mit Nadeln Nr. 3 1/2 in Violine 94 (98) M aufnehmen und im Strickmuster I stricken. Nach 10 cm mit Nadeln Nr. 4 im Muster I weiterarbeiten. In einer Gesamthöhe von 20 cm alle M locker abketten. Die Ärmel flach einsetzen. Anschließend alle Nähte schließen.

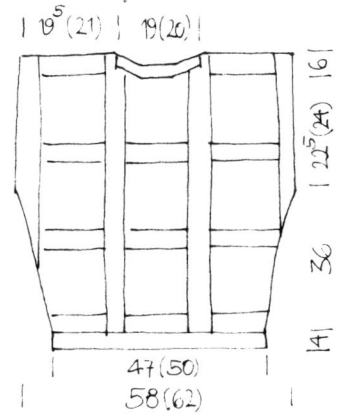
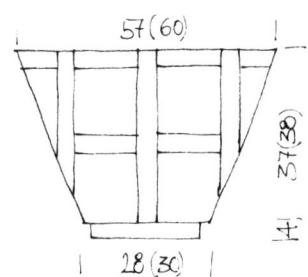

Pullover im Schachbrettmuster

Abbildung Seite 182

Größe 38 bis 42

Material

Pingouin Wolle, Qualität »Orage«, 500 g in Ecru Nr. 105. Je 1 Paar Stricknadeln Nr. 3 1/2, 4 1/2 und 5 1/2.

Strickmuster

I (Rippenmuster 1/1): 1 M rechts, 1 M links.
II: Mit Nadeln Nr. 5 1/2 im Schachbrettmuster stricken.
1.–14. R: * 10 M kraus (alle M rechts), 10 M glatt rechts (Hinr. rechts, Rückr. links), ab * wiederholen.
15.–16. R: glatt rechts.
17.–30. R: * 10 M glatt rechts, 10 M kraus, ab * wiederholen.
31.–32. R: glatt rechts.
33. R: Muster wiederholen.

Maschenprobe

17 M und 24 R im Strickmuster II = 10 x 10 cm.

Arbeitsanleitung

Rücken

86 M mit Nadeln Nr. 3 1/2 anschlagen und 8 cm im Strickmuster I arbeiten, dabei in der letzten R 6 M verteilt zunehmen. Man erhält 92 M. Im Strick-

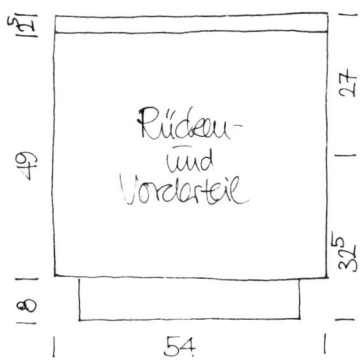
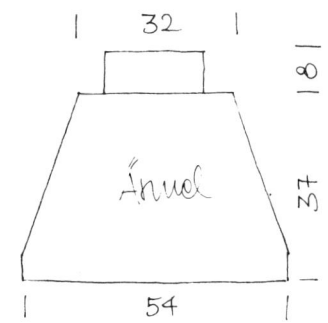

muster II mit 1 Randm. auf beiden Seiten weiterstricken.
Nach dem 7. Schachbrettmusterstreifen (57 cm Gesamthöhe) mit Nadeln Nr. 4 1/2 im Strickmuster I stricken, dabei in der Mitte der Arbeit in der 1. R 1 M abnehmen. Noch 2,5 cm weiterarbeiten, dann abketten.

Vorderteil

Wie den Rücken arbeiten, dabei den 1. Schachbrettmusterstreifen aber mit 10 M glatt rechts beginnen.

Rechter Ärmel

Man beginnt den Ärmel mit der oberen Ärmelkante. 92 M mit Nadeln Nr. 5 1/2 anschlagen und im Strickmuster II stricken, dabei mit 2 R glatt rechts beginnen. Dann wie folgt stricken: 6 M glatt rechts, * 10 M kraus rechts, 10 M glatt rechts, ab * wiederholen. Mit 6 M kraus rechts enden. Zunächst beidseitig alle 6 R 5 x 1 M abnehmen, dann alle 4 R 14 x 1 M. Man erhält also 54 M.
Nach dem 5. Schachbrettmusterstreifen 4 R glatt rechts stricken, dabei in der letzten R 14 M verteilt abnehmen. Mit Nadeln Nr. 3 1/2 über die restlichen 40 M 8 cm im Strickmuster I stricken und anschließend alle M gerade abketten.

Linker Ärmel

Ebenso arbeiten, dabei die Motive aber wie folgt beginnen: 6 M im Strickmuster III, * 10 M glatt rechts, 10 M Krausmuster, ab * wiederholen. Mit 6 M glatt rechts enden.

Fertigstellung

Die im Strickmuster I gestrickte Blende an der oberen Vorderteilkante über die des Rückenteils legen und beidseitig über 16 cm mit unsichtbaren Stichen festnähen. Die Ärmel einsetzen und die Ärmel- und Seitennähte schließen.

Kinderpullover mit Passe

Abbildung Seite 186

Größen 128, 140 und 152 (= 8, 10 und 12 Jahre)
Bei abweichenden Angaben: Größen 140 und 152 in Klammern.

Material

H.E.C. Wolle, Qualität aarlan royal color: 200 (240/280) g in Grau Nr. 1181; Qualität aarlan royal: 60 (60/70) g in Rost Nr. 4311, 30 (30/40) g in Dunkelgrau Nr. 4309, 20 (20/30) g in Hellgrau Nr. 4307. Je 1 Paar Stricknadeln Nr. 3–3 1/2 und 4–4 1/2, 1 Nadelspiel Nr. 3–3 1/2.

Strickmuster

I (Bündchenmuster): Mit Nadeln Nr. 3–3 1/2 2 M rechts, 2 M links.
II: Mit Nadeln Nr. 4–4 1/2 glatt rechts (= Hinr. rechts, Rückr. links).
III: Mit Nadeln Nr. 4–4 1/2 glatt rechts im Jacquardmuster nach der Strickschrift arbeiten.

Maschenprobe

19 M und 26 R im Strickmuster II = 10 x 10 cm.

Arbeitsanleitung

Rücken

62 (66/70) M in Grau anschlagen und im Muster I arbeiten. Nach 7 cm verteilt 18 M zunehmen = 80 (84/88) M. Im Muster II weiterarbeiten. In 31 (32/33) cm Gesamthöhe im Strickmuster III weiterarbeiten. Nach dem Jacquard-Streifen 2 R in Rost im Muster II stricken = 35 (36/37) cm Gesamthöhe. Nun beidseitig für den Armausschnitt 1 x 5 M abketten. Für

den Raglan beidseitig 25 (26/27) x 1 M in jeder 2. R wie folgt abnehmen: Am Anfang der R 1 Randm., 1 M rechts, 2 M rechts zusammenstricken, am Ende der R 2 M rechts überzogen zusammenstricken. 1 M rechts, Randm. Die restlichen 20 (22/24) M für den Halsausschnitt dann gerade abketten.

Vorderteil

Wie den Rücken arbeiten, jedoch für den Raglan nur 23 (24/25) x 1 M abnehmen und für den Halsausschnitt nach 11 (12/13) cm ab dem Raglan die mittleren 6 (8/10) M abketten. Beidseitig davon in jeder 2. R 2 x 2, 1 x 1, 1 x 0, 1 x 1 M abketten. Die restlichen 3 M abketten.

Linker Ärmel

In Grau 38 (38/38) M anschlagen und im Muster I arbeiten. Nach 7 cm verteilt 10 M zunehmen. Im Muster II weiterarbeiten, dabei an beiden Kanten 10 (11/12) x 1 M alle 2,5 cm zunehmen = 68 (70/72) M. In 34 (36/38) cm Gesamthöhe den Jacquard-Streifen stricken und dann wie beim Rückenteil in Rost weiterarbeiten. In

Rost

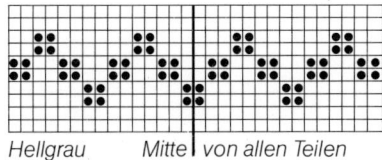

Hellgrau   Mitte von allen Teilen

□ = 1 M in Dunkelgrau
● = 1 M in Hellgrau

38 (40/42) cm Gesamthöhe beidseitig 1 x 5 M abketten. Für den Raglan wie beschrieben am Anfang der R 25 (26/27) x 1 M abnehmen und am Ende der R 23 (24/25) x 1 M und 2 x 5 M abketten.

Rechter Ärmel

Gegengleich arbeiten.

Fertigstellung

Die Teile spannen und unter feuchten Tüchern trocknen lassen. Die Nähte schließen. Für den Halsabschluß mit dem Nadelspiel 60 (64/68) M in Rost aufnehmen und in Rd im Muster I arbeiten. Nach 4,5 cm alle M locker abketten und die Blende zur Hälfte nach innen nähen.

Roter Kinderpullover

Abbildung Seite 186

Größen 116 und 128 (6 und 8 Jahre)
Bei abweichenden Angaben: Größe 128 in Klammern.

Material

H. E. C. Wolle, Qualität aarlan famosa, 320 (350) g in Rot Nr. 3475. Je 1 Paar Stricknadeln Nr. 2½–3 und 3½–4, 1 Nadelspiel Nr. 2½–3.

Strickmuster

I (Bündchenmuster): Mit Nadeln Nr. 2½–3 2 M rechts, 2 M links.
II: Mit Nadeln Nr. 3½–4 nach der Strickschrift arbeiten.

Maschenprobe

28 M und 34 R im Strickmuster II = 10 x 10 cm.

Arbeitsanleitung

Rücken

86 (90) M anschlagen und 6 (7) cm im Muster I stricken. Dann alle M rechts stricken, dabei verteilt 24 (32) M zunehmen = 110 (122) M. Die folgende Rückr. links stricken. Nun im Muster II nach der Strickschrift A arbeiten, dabei die 1.–24. R fortlaufend wiederholen. Die Kanten bleiben gerade. Nach 138 (150) R ab dem Bündchen = 40 (43,5) cm, für die Schultern beidseitig in jeder 2. R 2 x 12, 1 x 11 (2 x 13, 1 x 14) M abketten. Die restlichen 40 (42) M für den Halsausschnitt gerade abketten.

Vorderteil

Wie das Rückenteil arbeiten, jedoch bei 112 (124) R = 34,5 (38) cm ab dem Bündchen für den Halsausschnitt die mittleren 18 (20) M abketten. Für die Rundung beidseitig in jeder 2. R 1 x 4, 2 x 2, 2 x 1, 1 x 0 und 1 x 1 M abketten.

Linker Ärmel

6 M anschlagen und im Muster II nach der Strickschrift B arbeiten, dabei für die Größe 116, wie in der Strickschrift eingezeichnet, 6 x 9, 2 x 10 M an der rechten Kante in jeder 2. R dazu anschlagen = 80 M. Für Größe 128 8 x 10 M dazu anschlagen = 86 M. 40 (52) R gerade weiterarbeiten, damit ist die Ärmelmitte erreicht. In der 2. Hälfte das Muster gleich weiterführen, aber nach 40 (52) R ab Mitte in jeder 2. R vom vor-

Strickschrift A

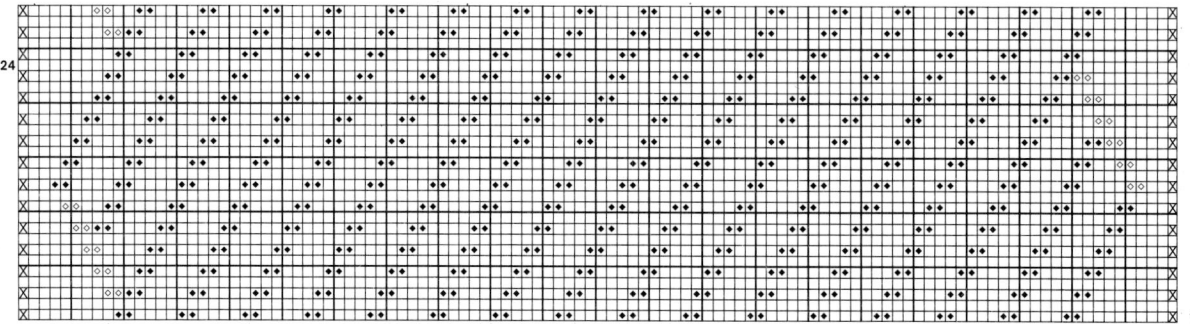

Bei den Rückr. alle M jeweils links stricken, die M erscheinen also auf der Vorderseite rechts.

X = Randm.

□ = 1 M rechts auf der Vorderseite

◇◇ = die 2. M hinter der 1. rechts, dann die 1. M rechts stricken.

◆◆ = die 2. M vor der 1. rechts, dann die 1. rechts stricken.

Strickschrift B

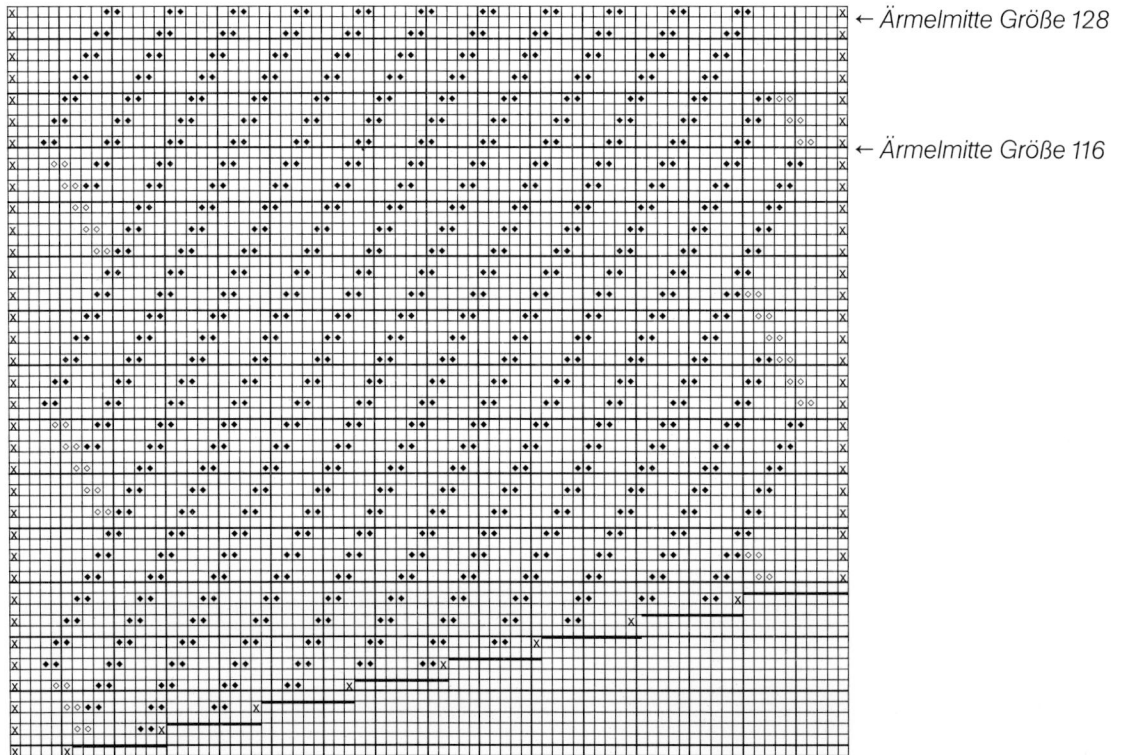

← Ärmelmitte Größe 128

← Ärmelmitte Größe 116

Strickschrift C

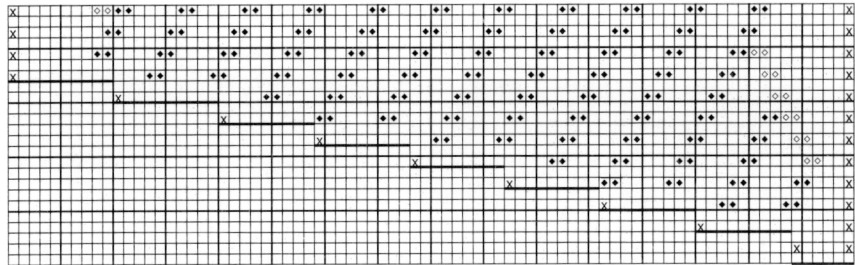

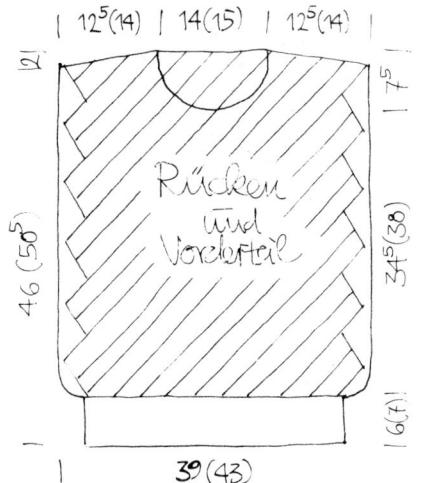

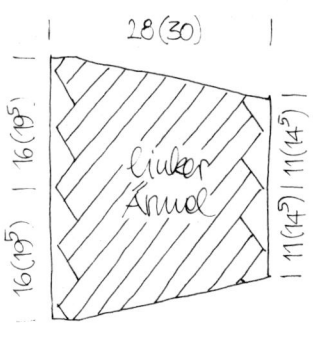

deren Ärmelrand her 2 x 10, 6 x 9 (8 x 10) M abketten.

Rechter Ärmel

Gegengleich arbeiten, dabei jedoch das Muster II und die Zunahmen zu Beginn nach der Strickschrift C arbeiten.

Fertigstellung

Die Teile spannen, ein feuchtes Tuch darüberlegen und so trocknen lassen. Die Nähte schließen, dabei die Seitennähte entsprechend der Ärmelweite offen lassen. Für den Halsabschluß mit dem Nadelspiel am Rückenteil 36 (38) M und am Vorderteil 60 (62) M aufnehmen = 96 (100) M. In Runden glatt rechts stricken. Nach 4,5 cm alle M locker abketten und die Blende zur Hälfte nach innen nähen. An der vorderen Ärmelkante mit dem Nadelspiel 44 (48) M aufnehmen und in Runden im Muster I arbeiten. Nach 6 cm alle M locker abketten und die Ärmel einsetzen.

Herrenpullover im Jacquardmuster

Abbildung Seite 187

Größen 46, 48 und 50/52
Bei abweichenden Angaben: Größen 48 und 50/52 in Klammern.

Material

H.E.C. Wolle, Qualität aarlan royal: 360 (380/400) g in Schwarz Nr. 4322, 280 (300/320) g in Dunkelgrau Nr. 4309. Je 1 Paar Stricknadeln

● = 1 M in Schwarz
□ = 1 M in Grau

↑ Mustersatz
Mitte von allen Teilen

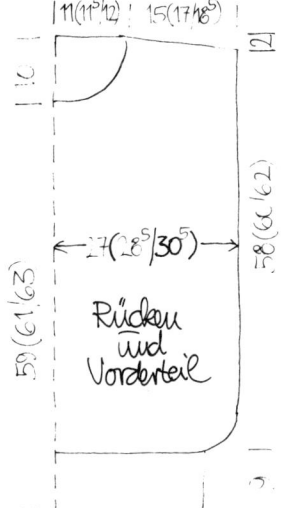

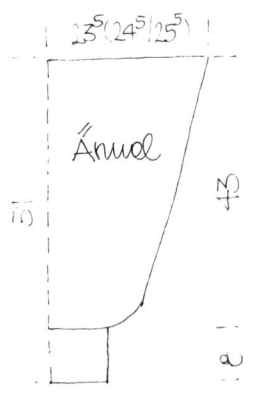

Nr. 2 ½–3 und Nr. 4–4 ½, 1 Nadelspiel Nr. 2 ½–3.

Strickmuster

I (Bündchenmuster): Mit Nadeln Nr. 2 ½–3 2 M rechts, 2 M links.
II: Mit Nadeln Nr. 4–4 ½ glatt rechts, d.h. Hinr. rechts, Rückr. links, dabei das Jacquardmuster nach der Strickschrift arbeiten; der Mustersatz = 24 M und die 1. bis 20. R werden fortlaufend wiederholt. Den nicht benötigten Faden auf der Rückseite locker mitführen, damit die Strickfläche elastisch bleibt.

Maschenprobe

26 M und 26 R im Strickmuster II = 10 x 10 cm.

Arbeitsanleitung

Rücken

In Schwarz 122 (126/130) M anschlagen und im Muster I arbeiten, dabei mit einer Rückr. wie folgt beginnen: Randm., 2 M rechts, 2 M links und enden mit 2 M rechts, Randm. Nach 9 cm verteilt 17 (25/33) M zunehmen = 139 (151/163) M und im Muster II weiterarbeiten. Die Kanten bleiben gerade. In 67 (69/71) cm Gesamthöhe für die Schultern beidseitig in jeder 2. R 3 x 12, 1 x 11 (3 x 13, 1 x 12 / 3 x 14, 1 x 13) M abketten. Die restlichen 45 (49/53) M für den Halsausschnitt abketten.

Vorderteil

Wie den Rücken arbeiten, jedoch in 59 (61/63) cm Höhe für den Halsausschnitt die mittleren 17 (19/23) M abketten. Beidseitig in jeder 2. R 1 x 5, 1 x 3, 2 x 2, 1 x 1, 1 x 0, 1 x 1 (1 x 5, 1 x 3, 2 x 2, 2 x 1, 1 x 0, 1 x 1 / 1 x 5, 1 x 3, 2 x 2, 2 x 1, 1 x 0, 1 x 1) M abketten.

Ärmel

In Schwarz 54 (58/62) M anschlagen und im Muster I arbeiten, dabei mit einer Rückr. wie folgt beginnen: Randm., 1 M links, 2 M rechts und enden mit 1 M links, Randm. Nach 8 cm verteilt 29 M zunehmen. Im Muster II weiterarbeiten, dabei an beiden Kanten 8 (10/12) x 1 M alle 2,5 cm zunehmen und 12 (10/8) x 1 M alle 1,5 cm zunehmen = 123 (127/131) M. In 51 (51/51) cm Gesamthöhe alle M locker abketten.

Fertigstellung

Die Teile spannen, ein feuchtes Tuch darüberlegen und so trocknen lassen. Die Nähte schließen, dabei die Seitennähte entsprechend der Ärmelweite offen lassen. Für den Halsabschluß mit dem Nadelspiel in Schwarz am Rückenteil 46 (50/54) M und am Vorderteil 78 (82/86) M aufnehmen = 124 (132/140) M und in Runden im Muster I arbeiten. Nach 6 cm alle M locker abketten und die Blende zur Hälfte nach innen nähen. Die Ärmel einsetzen.

Goldbrauner Damenpullover

Abbildung Seite 187

Größen 36 und 38/40.
Bei abweichenden Angaben: Größe 38/40 in Klammern.

Material

H. E. C. Wolle, Qualität aarlan famosa, 400 (450) g in Gold Nr. 3468. Je 1 Paar Stricknadeln Nr. 2 ½–3 und Nr. 3 ½–4, 1 Nadelspiel Nr. 2 ½–3.

Strickmuster

I (Bündchenmuster): Mit Nadeln Nr. 2 ½–3 2 M rechts, 2 M links.
II: Mit Nadeln Nr. 3 ½–4 nach der Strickschrift arbeiten.

Maschenprobe

25 M und 32 R im Strickmuster II = 10 x 10 cm.

Arbeitsanleitung

Rücken

94 (102) M anschlagen und im Muster I arbeiten. Nach 7 cm verteilt 28 (32) M zunehmen = 122 (134) M. Im Muster II nach der Strickschrift A arbeiten. Für Größe 36 ist die ganze Breite aufgezeichnet, für Größe 38/40 muß man beidseitig der Mitte je einen Mustersatz = 6 M zusätzlich stricken. Die Kanten bleiben gerade. Nach dem 7. Rapport, in 60 cm Gesamthöhe für die Schultern beidseitig in jeder 2. R 2 x 13, 1 x 12 (3 x 14) M abketten. Die restlichen 46 (50) M für den Halsausschnitt abketten.

Vorderteil

Wie das Rückenteil arbeiten, jedoch in 56 cm Gesamthöhe für den Halsausschnitt die mittleren 26 (28) M abketten. Für die Rundung beidseitig davon in jeder 2. R 1 x 4, 1 x 3, 1 x 2, 1 x 1, 1 x 0, 1 x 1 M abketten.

Rechter Ärmel

5 M anschlagen und im Muster II nach der Strickschrift B arbeiten, dabei an der linken Kante in jeder 2. R 5 x 1, 14 x 2, 10 x 4, 4 x 5 M zunehmen = 98 M nach 66 R. Die rechte Kante bleibt gerade. Nun gerade weiter im Muster II arbeiten (bei der Strickschrift A ist es die 18. R). Nach 108 (132) R ist die Mitte vom Ärmel erreicht. Die 2. Hälfte gegengleich ar-

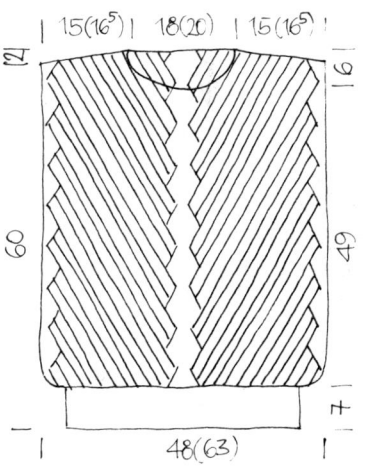

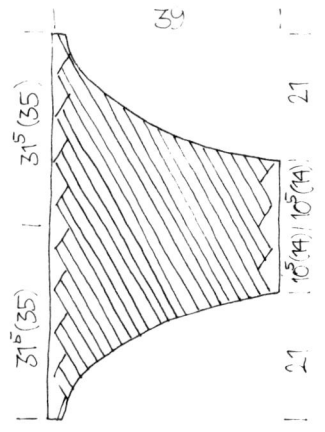

Strickschrift A

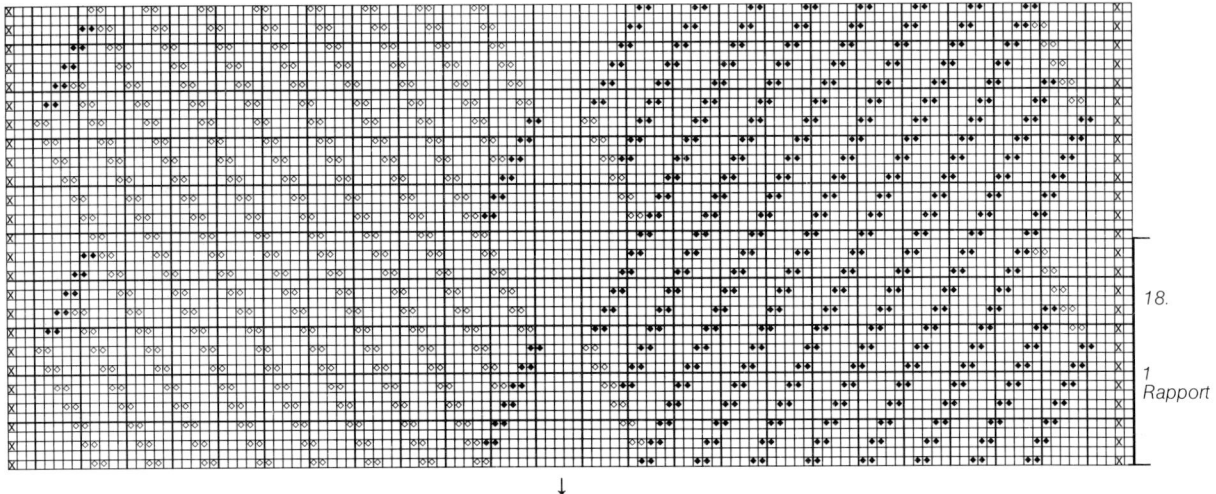

18.

1 Rapport

↓ Mitte

Strickschrift B

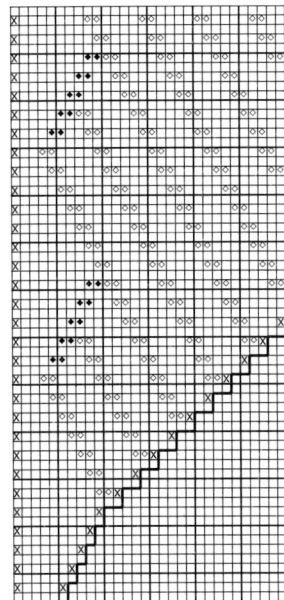

rechter Ärmel

Bei den Rückr. alle M jeweils links stricken, die M erscheinen also auf der Vorderseite rechts.

X = Randm.
□ = 1 M rechts auf der Vorderseite
◇◇ = die 2. M hinter der 1. rechts, dann die 1. M rechts stricken.
◆◆ = die 2. M vor der 1. rechts, dann die 1. M rechts stricken.

Strickschrift C

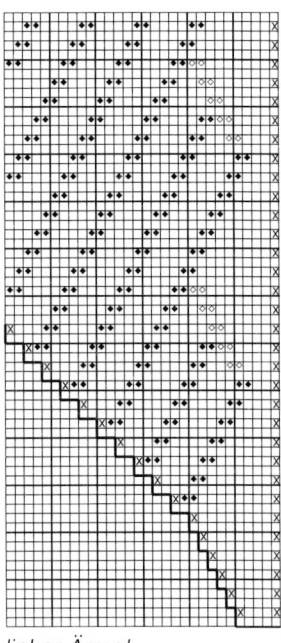

linker Ärmel

beiten, jedoch das Strickmuster gleich weiterführen. Nach 42 (66) R ab Mitte an der linken Kante in jeder 2. R 4 x 5, 10 x 4, 14 x 2, 5 x 1 M abketten. Die restlichen 5 M abketten.

Linker Ärmel

Gegengleich arbeiten, jedoch nach der Strickschrift C im Muster II arbeiten. Das Muster läuft gegengleich zum rechten Ärmel.

Fertigstellung

Die Teile spannen, ein feuchtes Tuch darüberlegen und so trocknen lassen. Die Nähte schließen, dabei die Seitennähte entsprechend der Ärmelweite offen lassen. Für den Halsabschluß mit dem Nadelspiel am Rückenteil 45 (49) M und am Vorderteil 54 (56) M aufnehmen = 99 (105) M. In Runden glatt rechts stricken. Nach 4,5 cm alle M locker abketten und die Blende zur Hälfte nach innen nähen. Die Ärmelnähte schließen und an der vorderen Kante mit dem Nadelspiel ca. 48 M aufnehmen und in Runden im Muster I arbeiten. Nach 7 cm alle M locker abketten. Die Ärmel so einsetzen, daß an der Naht das gleiche Musterbild entsteht wie in der Mitte vorn.

Beiger Herrenpullover

Abbildung Seite 194

Größen 50/52 und 54
Bei abweichenden Angaben: Größe 54 in Klammern.

Material

Lang Wolle, Qualität CASABLANCA, 800 (850) g in Beige Nr. 4294. Je 1 Paar Stricknadeln Nr. 4 und Nr. 4 1/2, 1 Nadelspiel Nr. 4.

Strickmuster

I (Bündchenmuster): Mit Nadeln Nr. 4 1 M rechts, 1 M links.
II: Mit Nadeln Nr. 4 1/2 stricken.
1. R (Hinr.): Randm., * 1 M links, 11 (12) M rechts, ab * wiederholen, enden mit 1 M links, Randm.
2. R und jede folgende R: M stricken, wie sie erscheinen.
III: Mit Nadeln Nr. 4 1/2 stricken.
1.–6. R: * 13 (14) M glatt links (= Hinr. links, Rückr. rechts stricken, wobei die 1. M und die letzte M jeweils die linke M des Musters II sein soll), 11 (12) M glatt rechts (= Hinr. rechts, Rückr. links), ab * wiederholen.
7.–12. R: 1 M glatt links, * 11 (12) M glatt rechts, 13 (14) M glatt links, ab * wiederholen.
13. R: ab 1. R wiederholen.
IV: Mit Nadeln Nr. 4 1/2 glatt rechts stricken.

Maschenprobe

16 1/2 M und 21 R im Strickmuster II = 10 x 10 cm.

Arbeitsanleitung

Rücken

88 (92) M anschlagen und 8 cm im Strickmuster I arbeiten. Im Muster II weiterstricken und in der 1. R verteilt 11 (15) M zunehmen = 99 (107) M. In 38 (40) cm Gesamthöhe das Muster III für die Passe wie folgt beginnen: Vom rechten Arbeitsrand her 1 Randm., 13 (14) M im Muster III (= glatt links) stricken, die restlichen M wie bisher im Muster II weiterführen, dies 6 R hoch.
7.–12. R: Randm., 1 M links, 11 (12) M glatt rechts, 13 (14) M glatt links, die restlichen M im Muster II. In dieser Weise das Muster III nach jeweils 6 R Höhe nach links verbreitern, bis alle

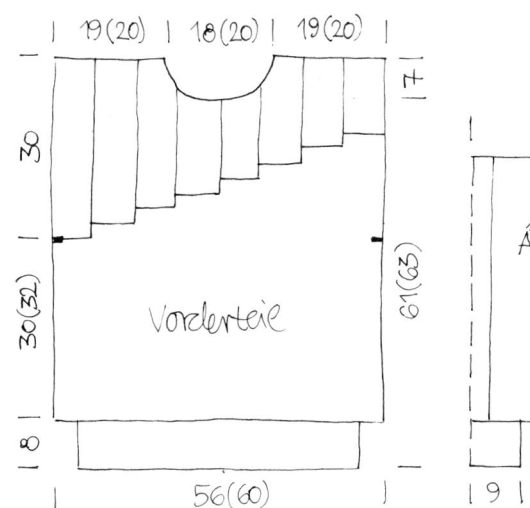
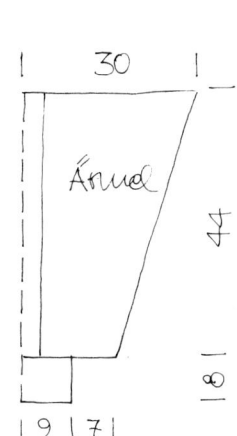

M im Muster III weiterlaufen. In 66 (68) cm Gesamthöhe die mittleren 21 (25) M abketten und jede Hälfte für sich beenden, dabei am Ausschnittrand noch 1 x 3 und 1 x 2 M abketten. Die restlichen 34 (36) M für die Schulter abketten.

Vorderteil

Wie das Rückenteil stricken, jedoch das Muster III entgegengesetzt einarbeiten, d.h. vom rechten Arbeitsrand her bis vor die letzten 14 (15) M der R im Muster II stricken, 13 (14) M glatt links, Randm. Weiter nach jeweils 6 R Höhe das Muster III wie beim Rückenteil, jedoch nach rechts verbreitern. In 61 (63) cm Gesamthöhe die mittleren 15 (19) M abketten und jede Hälfte für sich weiterstricken, dabei am Ausschnittrand noch 1 x 3, 1 x 2, 3 x 1 M abketten. Für die Schultern in gleicher Höhe und wie am Rückenteil abketten.

Ärmel

42 M anschlagen und 8 cm im Muster I stricken. Dann in folgender Einteilung weiterarbeiten und in der 1. R verteilt 11 M zunehmen = 53 M: Die mittleren 13 M der Arbeit im Muster III, die übrigen M nach beiden Seiten hin im Muster IV stricken, dabei an beiden Rändern 25 x in jeder 4. R 1 M zunehmen. In 52 cm Gesamthöhe alle 103 M locker abketten.

Fertigstellung

Alle Teile spannen, feuchte Tücher darüberlegen und so trocknen lassen. Die Nähte schließen, dabei für jedes Armloch 30 cm offen lassen. Ausschnittblende: Mit dem Nadelspiel rund um den Halsausschnitt 94 (102) M aufnehmen, 1 Rd links und 3 cm hoch im Muster I in Rd stricken, dann alle M locker abketten. Die Ärmel einsetzen.

Weißer Damenpullover

Abbildung Seite 194

Größen 36, 38/40 und 42
Bei abweichenden Angaben: Größen 38/40 und 42 in Klammern.

Material

Lang Wolle, Qualität LAGUNA; 500 (550/550) g in Weiß Nr. 6001; Qualität TRICOTINE; 200 g in Weiß Nr. 5501. Je 1 Paar Stricknadeln Nr. 3 ½ und Nr. 4 ½, 1 Rundstricknadel Nr. 3 ½, 40 cm lang.

Strickmuster

I (Bündchenmuster): Mit Nadeln Nr. 3 ½ 1 M rechts, 1 M links.
II: Mit Nadeln Nr. 4 ½.
1.–2. R: glatt rechts mit TRICOTINE.
3.–10. R: glatt rechts mit LAGUNA.
11. R, mit TRICOTINE: Randm., 3 M rechts, * in die folgende M 8 R tiefer einstechen und rechts abstricken, dabei die M von der linken Nadel gleiten lassen und die Querdrähte lösen (= 1 tiefer gestochene M), 7 M rechts, ab * wiederholen, enden mit: 1 tiefer gestochene M, 3 M rechts, Randm.
12. R, mit TRICOTINE: alle M links stricken.
Die 3.–12. R stets wiederholen.

Maschenprobe

Ca. 17 M und 33 R im Strickmuster II = 10 x 10 cm.

Arbeitsanleitung

Rücken

84 (90/94) M mit LAGUNA anschlagen und 10 cm im Muster I stricken. Dann im Muster II weiterarbeiten und in der 1. R verteilt 5 (7/11) M zunehmen = 89 (97/105) M. Nach 57 (57/60) cm Gesamthöhe die mittleren 19 (19/23) M abketten und jede Hälfte

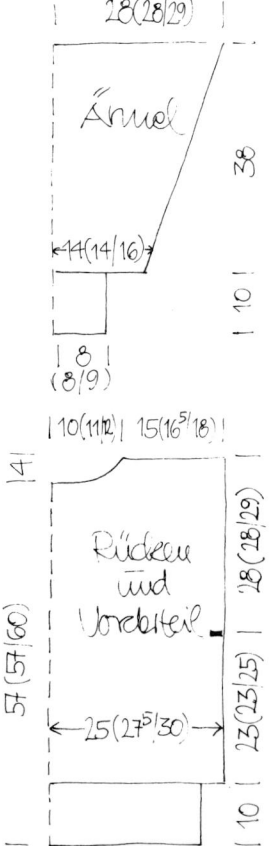

196

für sich beenden, dabei am Ausschnittrand noch 1 x 4, 2 x 2 M (1 x 4, 2 x 3 M / 1 x 4, 2 x 3 M) abketten. Die restlichen 27 (29/31) M für die Schulter locker abketten.

Vorderteil

Wie das Rückenteil arbeiten.

Ärmel

42 (42/46) M mit LAGUNA anschlagen und 10 cm im Muster I stricken. Im Muster II weiterarbeiten und in der 1. R verteilt 7 (7/11) M zunehmen = 49 (49/57) M. Weiter an beiden Rändern 18 x in jeder 6. R, dann 4 x in jeder 4. R 1 M zunehmen. In 48 cm Gesamthöhe alle 93 (93/101) M locker abketten.

Fertigstellung

Alle Teile nach den Maßen des Schnittes spannen, feuchte Tücher darüberlegen und so trocknen lassen. Danach alle Nähte schließen, dabei für jedes Armloch 28 (28/29) cm offen lassen.
Ausschnittblende: Rund um den Halsausschnitt 108 (114/122) M mit LAGUNA mit der Rundstricknadel aufnehmen, 5 cm hoch glatt rechts in Rd stricken, dann alle M abketten – die Blende rollt sich nach außen. Ärmel einsetzen.

Pullover mit Einsatz

Abbildung Seite 195

Größe 38/40

Material

Staufen Wolle, Qualität »piccadilly«: 400 g in Kamel Nr. 14 und je 40 g in Rost Nr. 21 und in Braun Nr. 24. Je 1 Paar Stricknadeln Nr. 3 und Nr. 3 1/2, 1 Rundstricknadel Nr. 3, 80 cm lang, 3 Knöpfe, 1 Druckknopf.

Strickmuster

I (Bündchenmuster): Mit Nadeln Nr. 3 1 M rechts, 1 M links.

II (Großes Perlmuster): Mit Nadeln Nr. 3 1/2 2 M rechts, 2 M links im Wechsel, die immer nach 2 R versetzt gestrickt werden.

III: Mit Nadeln Nr. 3 glatt rechts = Hinr. rechts, Rückr. links.

IV: 1., 2. R in Rost im Strickmuster III.
3.–6. R in Braun im Strickmuster III.
7. R in Rost: 3 M rechts, * folgende M 5 R tiefer (= in die 2. R in Rost) einstechen und rechts abstricken, 3 M rechts *, von * bis * wiederholen.
8. R in Rost: links.
9.–12. R in Braun im Strickmuster III.
13. R in Rost: 1 M rechts, * folgende M 5 R tiefer einstechen und rechts abstricken, 3 M rechts *, von * bis * wiederholen.
14. R in Rost: links.
3.–14. R fortlaufend stricken.

Maschenprobe

21 M und 31 R im Strickmuster II = 10 x 10 cm.

Arbeitsanleitung

Rücken

99 M in Kamel anschlagen und 6 cm im Muster I stricken, anschließend im Strickmuster II arbeiten, dabei in der 1. R verteilt 11 M zunehmen. In 50 cm Gesamthöhe für den Ausschnitt die mittleren 18 M abketten und beidseitig davon 2 x 4, 2 x 3, 4 x 2, 6 x 1 M abketten. In 60 cm Gesamthöhe alle M abketten.

Vorderteil

Wie den Rücken beginnen, jedoch nach 36 cm ab Anschlag die Arbeit

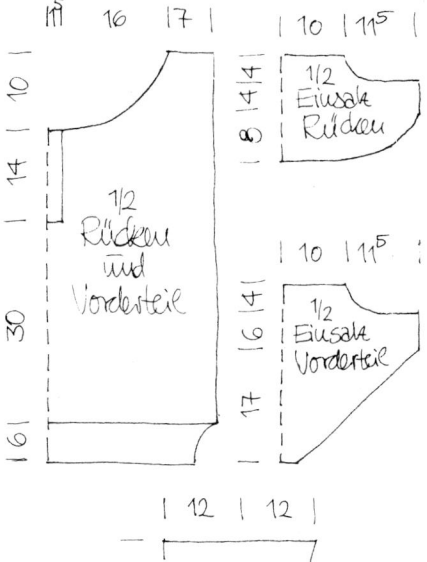

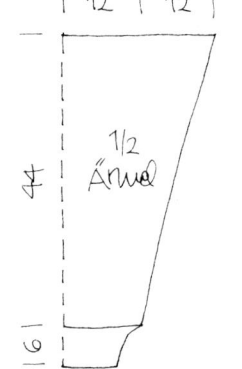

teilen, dabei die mittleren 6 M abketten. Nach 50 cm ab Anschlag beidseitig davon 1 x 7, 2 x 4, 2 x 3, 3 x 2 und 7 x 1 M jede 2. R abketten. Nach 60 cm ab Anschlag alle M abketten.

Ärmel

39 M in Kamel anschlagen und im Muster I 6 cm stricken. Dann im Strickmuster II weiterarbeiten. In der 1. R verteilt 11 M zunehmen und beidseitig davon 10 x 1 M jede 6. R und 16 x 1 M jede 4. R zunehmen. In 50 cm Gesamthöhe alle M abketten.

Einsatz-Rücken

30 M in Rost anschlagen und im Strickmuster IV stricken, dabei beidseitig 2 x 2, 1 x 3, 4 x 2 und 7 x 1 M jede 2. R zunehmen. In 12 cm Gesamthöhe für die Schultern beidseitig 1 x 12, 3 x 2 und 1 x 1 M abketten. In 16 cm Gesamthöhe die M abketten (das Teil endet mit 2 R in Rost).

Einsatz-Vorderteil

12 M in Rost anschlagen und im Strickmuster IV arbeiten, dabei beidseitig 29 x 1 M jede 2. R zunehmen. Nach 23 cm ab Anschlag beidseitig für die Schultern 1 x 12, 3 x 2 und 1 x 1 M jede 2. R abnehmen. In 27 cm Gesamthöhe alle M abketten.

Fertigstellung

An der linken Schlitzkante des Vorderteils 32 M mit Nadeln Nr. 3 aufnehmen und im Muster I 6 R stricken. Anschließend alle M abketten.
An der rechten Schlitzkante ebenfalls 32 M aufnehmen und 6 R im Muster I stricken, dabei in der 3. R 2 Knopflöcher über je 2 M im Abstand von 12 M einstricken, das 1. Knopfloch nach 3 M ab unterer Kante. Die Blenden übereinander legen und an der unteren Kante sorgfältig anheften. Schulternähte schließen, Ärmel einsetzen und Ärmel- und Seitennähte ebenfalls schließen. Aus dem Halsausschnitt einschließlich den Blenden mit der Rundstricknadel 169 M in Kamel aufnehmen und im Strickmuster I 5 R stricken, dabei an der rechten Schlitzkante in der 3. R über der 3. M ein weiteres Knopfloch einstricken. Die M dann abketten. Am Einsatz die Schulternähte schließen, dabei an der linken Seite am Halsrand ca. 3 cm offen lassen. Einsatz sorgfältig nach der Abbildung in den Halsausschnitt einsetzen. Die Knöpfe annähen, am Halsrand einen Druckknopf anbringen.

Pullover im Strukturmuster

Abbildung Seite 199

Größen 34/36, 38/40 und 42/44
Bei abweichenden Angaben: Größen 38/40, 42/44 in Klammern.

Material

Scheepjeswol, Qualität VOLUMA, 400 (400/450) g in Blau Nr. 5357. Je 1 Paar Stricknadeln Nr. 3 und Nr. 4, 1 Hilfsnadel.

Strickmuster

I (Rippenmuster): Mit Nadeln Nr. 3 1 M rechts, 1 M links.
II (Zopfmuster): Mit Nadeln Nr. 4 nach der Strickschrift arbeiten.

Maschenprobe

24 M und 27 R im Strickmuster II = 10 x 10 cm.

Arbeitsanleitung

Rücken

100 (108/116) M anschlagen und 8 cm im Strickmuster I stricken, dabei in der letzten R auf das Bündchen verteilt 22 M aus dem Querdraht rechts verschränkt zunehmen (= 122/130/138 M), dann im Muster II weiterarbeiten. Nach 126 (132/144) R ab dem Bund alle M locker abketten. Die Gesamtlänge beträgt 54,5 (57/61) cm.

Vorderteil

Wie das Rückenteil arbeiten, jedoch für den Halsausschnitt nach 108 (114/126) R ab dem Bund die mittleren 30 (32/34) M abketten und getrennt weiterarbeiten, dabei am Halsrand noch jeweils 1 x 4, 1 x 3, 2 x 2 und

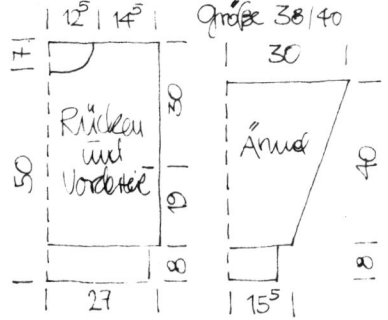

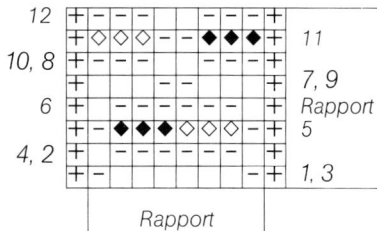

+ = Randm.
□ = 1 M rechts
− = 1 M links
◇◇◇ = 1 M auf die Hilfsnadel vor die Arbeit legen, die folgenden 2 M rechts stricken, dann die M der Hilfsnadel rechts stricken.
◆◆◆ = 2 M auf die Hilfsnadel hinter die Arbeit legen, die folgende M rechts stricken, dann die 2 M der Hilfsnadel rechts stricken.

Die M der Rückr. sind ebenfalls gezeichnet, wie sie abgestrickt werden.

3 x 1 M in jeder 2. R abketten. Nach 18 R ab Beginn des Halsausschnittes die für die Schulter restlichen jeweils 32 (35/38) M abketten.

Ärmel

42 M anschlagen und 8 cm im Muster I stricken, dabei in der letzten R auf das Bündchen verteilt 32 M aus dem Querdraht rechts verschränkt zunehmen (= 74 M), dann im Strickmuster II weiterarbeiten. Für die Ärmelschräge 33 (35/37) x in jeder 3. R beidseitig je 1 M zunehmen, nach 102 (108/114) R ab dem Bund alle 140 (144/148) M locker abketten. Die Gesamtlänge beträgt 46 (48/50) cm.

Fertigstellung

Für die Halsblende 105 (109/113) M anschlagen und im Muster I stricken, dabei beidseitig 6 x jeweils 3 M in jeder 2. R zunehmen (= 141/145/149) M. Nach 12 R ab dem Anschlag beidseitig 6 x je 3 M in jeder 2. R abnehmen. Nach 24 R ab Anschlag alle M locker abketten. Die Schulternähte schließen, Ärmel annähen, Seiten- und Ärmelnähte schließen. Die Halsblende der Länge nach in der Mitte umknicken und vorne rechts über links überlappen um den Halsausschnitt nähen.

Jacke mit V-Ausschnitt

Abbildung Seite 203

Größen 38/40, 42/44, 46/48 und 50/52
Bei abweichenden Angaben: Größen 42/44, 46/48 und 50/52 in Klammern.

Material

Pingouin Wolle, Qualität »Mohair 50«: 550 (600/650/700) g in Faïence Nr. 508; Qualität »Corrida 4«: 100 g in Blanc Nr. 501. (Ersatzqualitäten: Pingofrance, 4 Pingouins, Confort.) 1 Paar Stricknadeln Nr. 4; 3 Knöpfe.

Strickmuster

I: Mit Nadeln Nr. 4 im Phantasiemuster stricken.
1. R: * 2 M links, 1 M rechts tiefer stechen, d.h. unter der normal abzustrickenden M der Vorr. einstechen; ab * wiederholen.
2. R: rechts.
Diese 2 R stets wiederholen.
II: Mit Nadeln Nr. 4 glatt rechts.

Maschenprobe

22 M und 32 R im Strickmuster I = 10 x 10 cm.

Arbeitsanleitung

Rücken

116 (122/128/134) M in Faïence anschlagen und im Strickmuster I stricken. In 40 (43/44/44) cm Gesamthöhe für die Armausschnitte beidseitig 1 x 8 (9/10/10) M abketten. Es verbleiben 100 (104/108/114) M. In 65 (69/71/72) cm Gesamthöhe für die Schulterschrägungen beidseitig alle 2 R abketten: 1 x 8 M und 3 x 7 M (2 x 8 M und 2 x 7 M / 1 x 7 M und 3 x 8 M / 4 x 8 M).
Gleichzeitig nach der 2. Schulterabnahme für den Halsausschnitt die mittleren 42 (44/46/50) M abketten und jede Seite getrennt beenden.

Linkes Vorderteil

58 (61/64/67) M in Faïence anschlagen und im Strickmuster I stricken. In

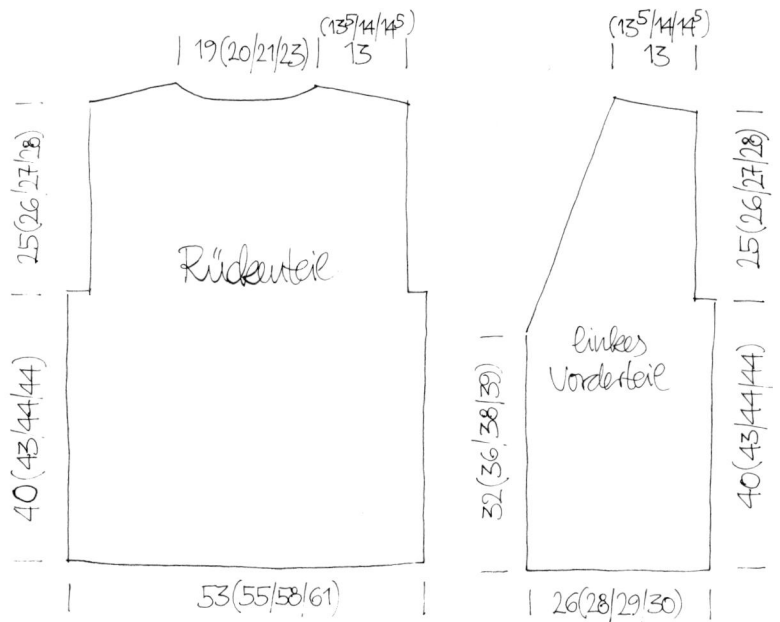
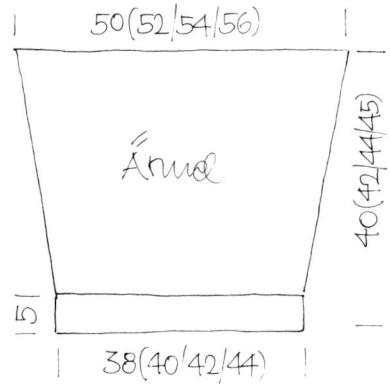

32 (36/38/39) cm Gesamthöhe an der linken Kante für den Halsausschnitt abketten: alle 2 R 6 (6/6/8) x 1 M, dann alle 4 R 6 (6/6/8) x 1 M und anschließend alle 6 R 9 (10/11/9) x 1 M. Gleichzeitig in 40 (43/44/44) cm Gesamthöhe an der rechten Kante für den Armausschnitt 1 x 8 (9/10/10) M abketten.
In 65 (69/71/72) cm Gesamthöhe für die Schulterschräge wie beim Rückenteil abketten.

Rechtes Vorderteil

Gegengleich arbeiten.

Ärmel

55 (59/63/67) M in Blanc anschlagen und im Muster II stricken. In 5 cm Strickhöhe in Faïence im Strickmuster I weiterarbeiten, dabei in der 1. R 30 M verteilt zunehmen. Man erhält 85 (89/93/97) M. Beidseitig zunehmen: 1 M alle 8 R 13 x (alle restlichen Größen: 1 M alle 8 R und 1 M alle 10 R: 6 x). Dann alle 10 R 0 (1/1/1) x 1 M zunehmen. In 40 (42/44/45) cm Gesamthöhe die 111 (115/119/123) M gerade abketten.

Taschen

In Faïence 42 M anschlagen und im Strickmuster I stricken. In 18 cm Gesamthöhe in Blanc im Muster II weiterstricken, dabei in der 1. R 8 M verteilt abnehmen. In 22 cm Gesamthöhe abketten.

Fertigstellung

Die Teile spannen und unter feuchten Tüchern trocknen lassen.
Die Schulternähte schließen.
Vorderteilblenden: In Blanc ca. 60 (65/68/68) M entlang der geraden Kante des rechten Vorderteils aufnehmen, im Anschluß daran 59 M an der Halsausschnittschräge des rechten Vorderteils. Im Muster II stricken. In 2 cm Höhe 3 Knopflöcher über der geraden Partie einarbeiten, das 1. 6 (7/8/8) M von der unteren Kante entfernt, die weiteren jeweils im Abstand von 18 (20/21/21) M. Für jedes Knopfloch 3 M abketten und in der folgenden R über den abgeketteten 3 M neu anschlagen. Nach 6 cm eine weitere Knopflochreihe über der vorhergehenden einarbeiten. In 8 cm Höhe abketten. In Blanc ca. 32 (34/36/40) M an der rückwärtigen Halsausschnittkante aufnehmen, im Anschluß daran 59 M an der Halsausschnittschräge des linken Vorderteils und 60 (65/68/68) M an der geraden Partie des linken Vorderteils. 8 cm im Muster II stricken und abketten. Die Halsausschnittblende zusammennähen. Die Blenden an den oberen Taschenkanten zur Hälfte nach innen umlegen und von links gegennähen, Vorderteil- und Halsausschnittblenden zur Hälfte nach innen umlegen und von links gegennähen. Knopflöcher umstechen, dabei über beide Lagen einstechen. Die Taschen auf die Vorderteile ab

unterer Kante und entlang der Seitennaht aufsetzen (darauf achten, daß die Rippen übereinstimmen). Ärmel einsetzen. Die Ärmelnähte schließen. Die Blenden an den Ärmelkanten ebenfalls zur Hälfte nach innen umlegen und von links gegennähen. Die Seitennähte schließen und die Knöpfe annähen.

Jacke mit asymmetrischem Verschluß

Abbildung Seite 203

Größen 38/40, 42/44, 46/48 und 50/52
Bei abweichenden Angaben: Größen 42/44, 46/48 und 50/52 in Klammern.

Material

Pingouin Wolle, Qualität »Mohair 50«: 600 (650/700/750) g in Faïence Nr. 508; Qualität »Corrida 4«: 100 g in Blanc Nr. 501. (Ersatzqualitäten: Pingofrance, 4 Pingouins, Confort.) 1 Paar Stricknadeln Nr. 4; 1 kleiner Knopf, 1 großer Knopf.

Strickmuster

I: Mit Nadeln Nr. 4 im Phantasiemuster stricken.
1. R: * 2 M links, 1 M rechts tiefer stechen, d.h. unter der normal abzustrickenden M der Vorr. einstechen; ab * wiederholen.
Diese beiden R stets wiederholen.
II: Mit Nadeln Nr. 4 glatt rechts.

Maschenprobe

22 M und 32 R im Strickmuster I = 10 x 10 cm.

Arbeitsanleitung

Rücken

116 (128/134/140) M in Faïence anschlagen und im Strickmuster I stricken. In 48 (51/53/54) cm Gesamthöhe für die Armausschnitte beidseitig 1 x 8 (8/9/10) M abketten. Es verbleiben 100 (112/116/120) M. In 73 (77/80/82) cm Höhe für die Schulterschrägungen beidseitig alle 2 R abketten: 2 x 8 M und 2 x 9 M (2 x 9 M und 2 x 10 M / 4 x 10 M / 4 x 10 M). Gleichzeitig für den Halsausschnitt mit der 3. Schulterabnahme die mittleren 32 (36/36/40) M abketten und jede Seite getrennt beenden.

Rechtes Vorderteil

74 (80/83/86) M in Faïence anschlagen und im Strickmuster I stricken. In 31 (34/36/37) cm Gesamthöhe, 2 M von der rechten Kante entfernt, 1 Knopfloch einarbeiten. Dafür 2 M abketten und in der folgenden R über den abgeketteten 2 M neu anschlagen. In 32 (35/37/38) cm Gesamthöhe an der rechten Kante für den Halsausschnitt abketten: * 1 M alle 4 R 2 x und 1 M alle 2 R 1 x, ab * insgesamt 10 (11/11/11) x, dann 1 M alle 6 R 2 (1/1/3) x. Gleichzeitig in 48 (51/53/54) cm Gesamthöhe an der linken Kante für den Armausschnitt 1 x 8 (8/9/10) M abketten. In 73 (77/80/82) cm Höhe für die Schulterschrägung wie beim Rückenteil abketten.

Linkes Vorderteil

74 (80/83/86) M in Faïence anschlagen und im Strickmuster I stricken. In 48 (51/53/54) cm Höhe an der rechten Kante die gleichen Armausschnittabnahmen wie beim rechten Vorderteil vornehmen. Man erhält 66 (72/74/76) M. In 61 (65/68/69) cm Gesamthöhe an der linken Kante für den Halsausschnitt abketten: alle 2 R * 2 x 2 M und 1 x 1 M, ab * insgesamt 6 (6/6/7) x, dann alle 2 R 1 x 2 M (2 x 2 M/2 x 2 M / 1 x 1 M).
In 73 (77/80/82) cm Gesamthöhe für die Schulterschrägung wie beim Rückenteil abketten.

Ärmel

64 (68/74/78) M in Blanc anschlagen und 3 cm im Muster II stricken. Danach in Faïence im Strickmuster I weiterarbeiten, dabei in der 1. R 20 M verteilt zunehmen. Man erhält 84 (88/94/98) M. Beidseitig zunehmen: * 1 M alle 10 R und 1 M alle 8 R, ab * insgesamt 6 (5/4/3) x, dann 1 M alle 10 R 1 (3/5/7) x. In 42 (45/47/48) cm Gesamthöhe die 110 (114/120/124) M locker abketten.

Tasche

53 M in Faïence anschlagen und im

Strickmuster I stricken. In 23 cm Gesamthöhe in Blanc glatt rechts weiterarbeiten, dabei in der 1. R 10 M verteilt abnehmen. Man erhält 43 M. In 27 cm Gesamthöhe abketten.

Fertigstellung

Die Teile spannen und unter feuchten Tüchern trocknen lassen.
Die Schulternähte schließen.
Vorderteilblenden: In Blanc 141 (148/153/158) M entlang der rechten Vorderteilkante aufnehmen, im Anschluß daran 26 (30/30/34) M über der rückwärtigen Halsausschnittkante und 154 (160/165/170) M entlang der linken Vorderteilkante. 3 cm im Muster II stricken, dann abketten. Diese Blende zur Hälfte nach innen umlegen und von links gegennähen. Die glatt rechts gestrickte Blende an der oberen Taschenkante zur Hälfte nach innen umlegen und von links gegennähen. Nun die Seitennähte schließen. Die Tasche auf das rechte Vorderteil, entlang der Seitennaht und ab der unteren Jackenkante aufsetzen. Die Ärmel einsetzen. Ärmelnähte schließen. Die Blenden an den unteren Ärmelkanten nach innen umlegen und von links gegennähen. In der Mitte der Halsausschnittschräge am rechten Vorderteil auf der Innenseite (über der 1. R der Blende) eine Schlaufe anbringen. Den kleinen Knopf gegenüberliegend annähen. Den 2. Knopf dem Knopfloch gegenüber annähen.

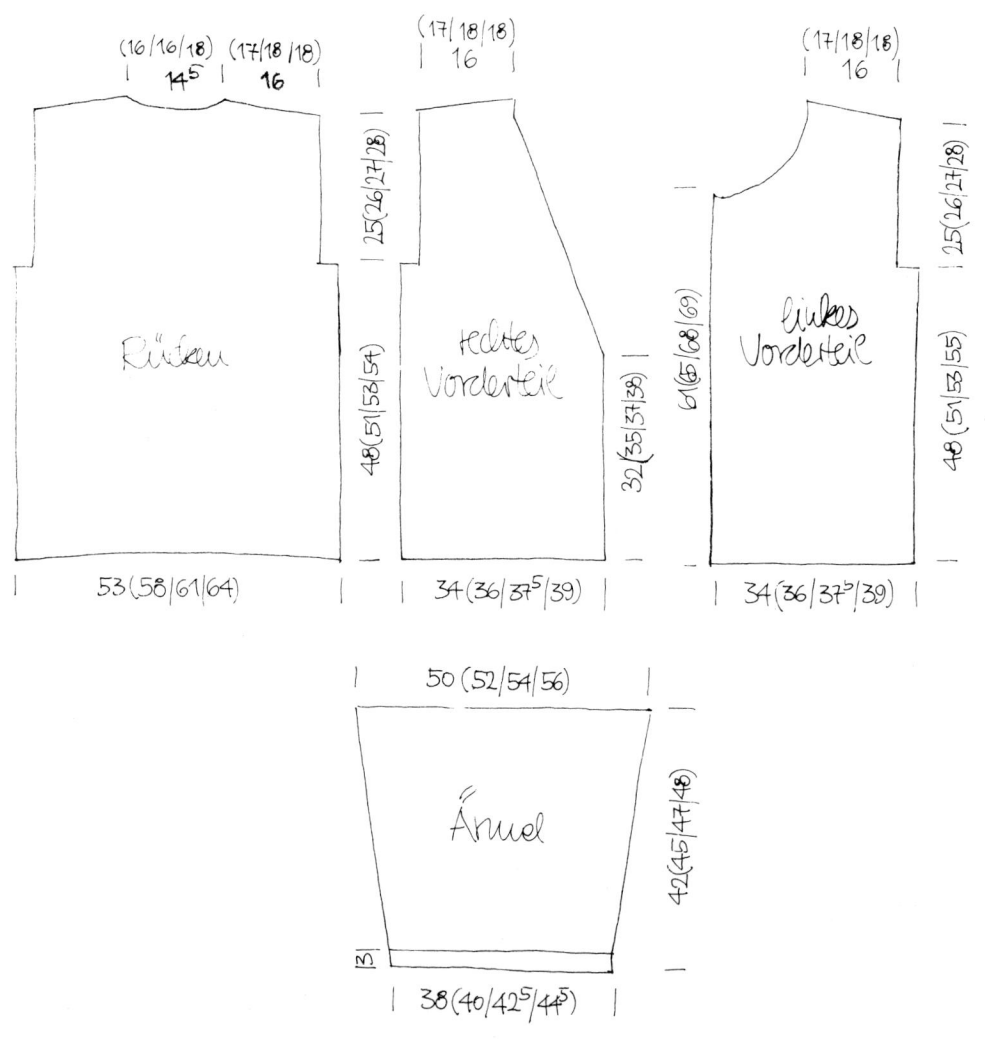

Mit besonderem Pfiff

Pullover mit geometrischem Muster

Abbildung Seite 206

Größe 38/40

Material

Welcomme Wolle, Qualität »Kizo«: 120 g in Ebène Nr. 05, 80 g in Taupe Nr. 17; Qualität »Le Soie et Lin«: 100 g in Nuage Nr. 04, 100 g in Pluie Nr. 02; Qualität »Le Maxi Mohair«: 200 g in Noir Nr. 350; Qualität »La Soie«: 100 g in Schiste Nr. 04. Je 1 Paar Stricknadeln Nr. 3 ½ und 5, 1 Hilfsnadel.

Strickmuster

I: Mit Nadeln Nr. 3 ½ 2 M rechts, 2 M links.

II: Mit Nadeln Nr. 5 glatt rechts (d.h. Hinr. rechts, Rückr. links) stricken.

III (doppelter Zopf): Mit Nadeln Nr. 5; das Muster erstreckt sich über 16 M.
1. R (Hinr.): 2 M links, 12 M rechts, 2 M links.
2., 3., 4. und 6. R: die M stricken, wie sie erscheinen.
5. R: 2 M links, 3 M auf die Hilfsnadel hinter die Arbeit legen, die 3 folgenden M abstricken, dann die 3 M auf der Hilfsnadel; 3 M auf die Hilfsnadel vor die Arbeit legen, die 3 folgenden M abstricken, dann die 3 M auf der Hilfsnadel, 2 M links.
7. R: das Muster in der 1. R wieder aufnehmen.

Maschenprobe

15 M und 20 R im Strickmuster II = 10 x 10 cm.

Arbeitsanleitung

Rücken

76 M in Ebène anschlagen und 6 cm im Strickmuster I arbeiten, dann im Muster II weiterstricken mit »La Soie« (Faden doppelt nehmen). Dabei in der 1. R 7 M verteilt zunehmen. Nach dem Zählmuster arbeiten.
Die Streifen haben eine Höhe von 18 R. Die schmalen Zwischenstreifen jeweils auf einer Breite von 3 M mit 5 M stricken, also zu Beginn des Streifens 2 M zunehmen und am oberen Ende 2 M abnehmen. In der 27. R nach dem Bündchen beidseitig 1 M zunehmen, dann 6 x 1 M in jeder 4. R, 3 x 1 M in jeder 2. R, 12 x 1 M in jeder R beidseitig zunehmen, in der folgenden 2. R 1 x 2 M, dann in jeder 2. R 3 x 5 und 1 x 15 M beidseitig dazu anschlagen = 191 M (die zusätzlichen M für die Zwischenstreifen sind dabei nicht berücksichtigt) nach 78 R. 32 R gerade stricken, dann alle M abketten.

Vorderteil

Wie den Rücken arbeiten, doch in der 12. R des letzten Streifens in Ebène für den Halsausschnitt die mittleren 13 M abketten und jede Seite getrennt fertigstellen. Dabei an der Halsausschnittkante alle 2 R 1 x 4 und 2 x 3 M abketten. In ca. 61 cm Höhe alle M abketten.

Zopfstreifen

16 M anschlagen und im Muster III und in Farbe »Noir« arbeiten. Nach der 15. Verkreuzung die Arbeit für den Halsausschnitt in der Mitte teilen und jede Seite getrennt beenden. Für den vorderen Halsausschnitt über die M der rechten Seite arbeiten. An der linken Kante dieses Teils 4 M dazu anschlagen und diese glatt links stricken. Über diese 12 M einen einfachen Zopf arbeiten. Nach der 10. (einfachen) Verkreuzung die 4 glatt links gestrickten M abketten und die restlichen 8 M stillegen. Für den rückwärtigen Halsausschnitt die still-

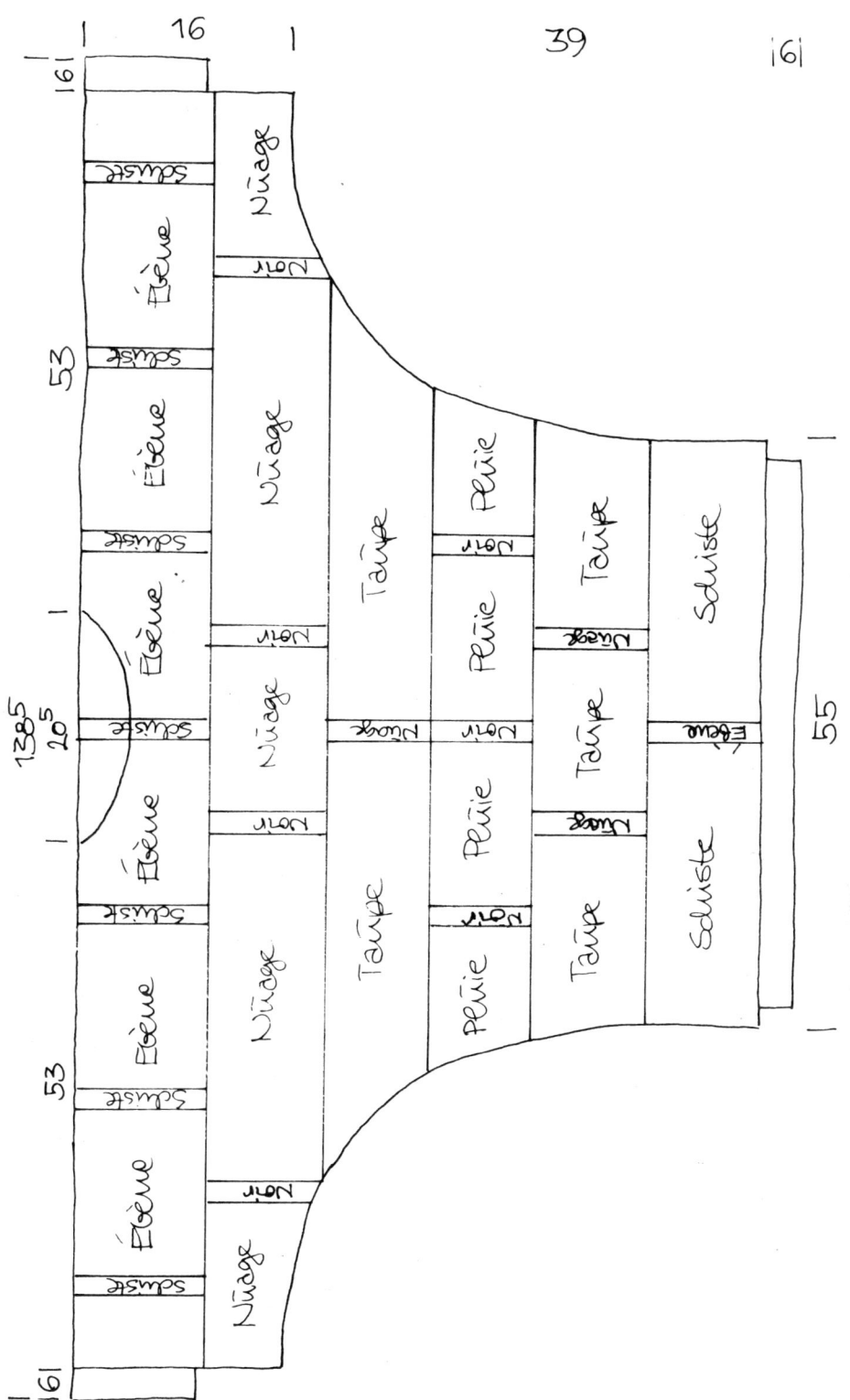

gelegten M der linken Seite aufnehmen. An der rechten Kante 4 M dazu anschlagen und 9 einfache Zopfverkreuzungen arbeiten. Die 4 glatt links gestrickten M abketten. Die beiden einfachen Zöpfe verbinden und wieder im doppelten Zopfmuster stricken. Nach weiteren 15 Verkreuzungen alle M abketten.

Fertigstellung

Den Zopfstreifen an der oberen Vorderteil- und Rückenteilkante annähen, dabei an den Halsausschnittkanten die 4 glatt links gestrickten M umschlagen und festnähen. An jeder unteren Ärmelkante 38 M in Ebène aufnehmen, 5 cm im Strickmuster I arbeiten und abketten. Ärmel- und Seitennähte schließen.

Pullover mit Zopfeinsätzen

Abbildung Seite 210

Größe 38/40

Material

KKK Wolle, Qualität Setalino: 600 g in Natur Nr. 7; Qualität Macco: 100 g in Natur Nr. 5. Je 1 Rundstricknadel Nr. 4 und 4 ½, 80 cm lang, 1 Zopfmusternadel.

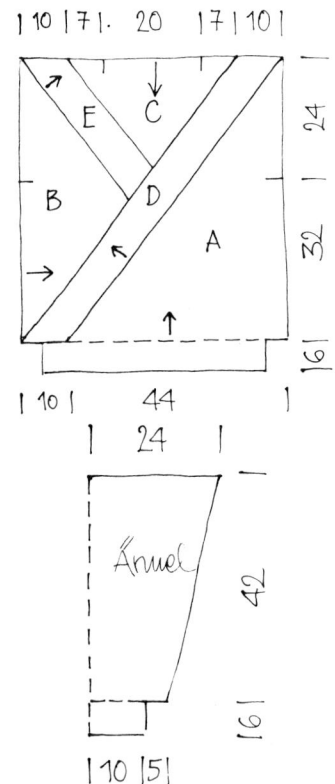

Strickmuster

I (Bündchenmuster): Mit Nadel Nr. 4 1 M rechts, 1 M links.
II: Mit Nadel Nr. 4 ½ Hinr. = rechte M, Rückr. = 1 M rechts, 1 M links.
III: Mit Nadel Nr. 4 ½ Hinr. = linke M, Rückr. = 1 M rechts, 1 M links.
IV: Zopfmuster mit Nadel Nr. 4 ½.
1.–7. R: 6 M rechts, 3 M links, 8 M rechts, 3 M links.
2. und alle geraden R (Rückr.): die M stricken, wie sie erscheinen.
9. und 17. R: 6 M rechts, 3 M links, 4 M auf die Hilfsnadel hinter die Arbeit legen, 4 M rechts, die M auf der Hilfsnadel ebenfalls rechts abstricken, 3 M links.
11.–15. und 19.–23. R: wie die 1.–7. R arbeiten.

Maschenprobe

16 M und 24 R im Muster II und III = 10 x 10 cm.

Arbeitsanleitung

Rücken

70 M in Setalino anschlagen und 6 cm im Muster I stricken. Anschließend im Muster III weiterarbeiten. Dabei in der 1. R verteilt 16 M zunehmen: man erhält 86 M. In einer Gesamthöhe von 62 cm dann alle M locker abketten.

Vorderteil

Die Pfeile im Schnitt kennzeichnen die Strickrichtung der Teile.
Teil A: Genauso wie den Rücken beginnen. Nach dem Bündchen an der linken Seite 12 M abketten = 58 M. Im Muster II weiterarbeiten und dabei in der 1. R 12 M verteilt zunehmen = 70 M. Für die Schräge an der linken Seite in jeder 2. R 67 x 1 M abnehmen. Die restlichen 3 M in einer Gesamthöhe von 62 cm abketten.
Teil B quer stricken. Dafür 90 M anschlagen und im Muster II arbeiten. Beidseitig in jeder 2. R 1 M abnehmen, bis alle M abgekettet sind.
Teil C: 54 M anschlagen und die Abnahmen wie bei Teil B arbeiten.
Für Teil D 138 M in Macco anschlagen und die M wie folgt in der Hinr. einteilen: Randm., 18 M rechts, * 3 M links, 8 M rechts (Zopf), 3 M links, 6 M rechts; ab * 4 x wiederholen. Mit 18 M rechts, Randm. enden. 24 R im Muster IV stricken, dabei an der rechten Seite in jeder 2. R 12 x 1 M abnehmen und an der linken Seite in jeder 2. R 12 x 1 M zunehmen. Alle M locker abketten.

208

Für Teil E 72 M in Macco anschlagen und die M wie folgt in der Hinr. einteilen: * 6 M rechts, 3 M links, 8 M rechts (Zopf), 3 M links; ab * 2 x wiederholen; mit 12 M rechts enden. Im Muster IV arbeiten, dabei an der linken Seite in jeder 2. R 12 x 1 M abnehmen = 60 M; die rechte Seite bleibt gerade. Nach 24 R alle M abketten.

Rechter Ärmel

40 M in Setalino anschlagen und 6 cm im Muster I stricken. Im Muster III weiterarbeiten. In der 1. R verteilt 8 M zunehmen = 48 M. Für die Schräge beidseitig in jeder 7. R 14 x 1 M zunehmen = 76 M. In einer Gesamthöhe von 48 cm alle M locker abketten.

Linker Ärmel

Wie den rechten Ärmel, aber im Muster II arbeiten.

Fertigstellung

Die Vorderteile zusammensetzen und die Seiten-, Schulter- und Ärmelnähte schließen. Ärmel einsetzen.

Bestickter Mohairpullover

Abbildung Seite 211

Größe 38/40

Material

Berger du Nord Wolle, Qualität »KID MOHAIR«, 350 g in Encre und 100 g in Irlande. Je 1 Paar Stricknadeln Nr. 3 und Nr. 3 ½.

Strickmuster

I (Bündchenmuster): Mit Nadeln Nr. 3 1 M rechts, 2 M links.
II: Mit Nadeln Nr. 3 ½ glatt rechts (= Hinr. rechte M, Rückr. linke M).

Maschenprobe

19 M und 26 R im Strickmuster II = 10 x 10 cm.

Arbeitsanleitung

Vorderteil

101 M in Encre anschlagen und im Muster I 3,5 cm stricken, dann im Muster II weiterarbeiten. In einer Gesamthöhe von 8,5 cm einen Streifen von 18 R in Irlande stricken, diesen Streifen mit 1 R links auf der Vorderseite der Arbeit beginnen und enden, im Muster II in Encre weiterarbeiten.

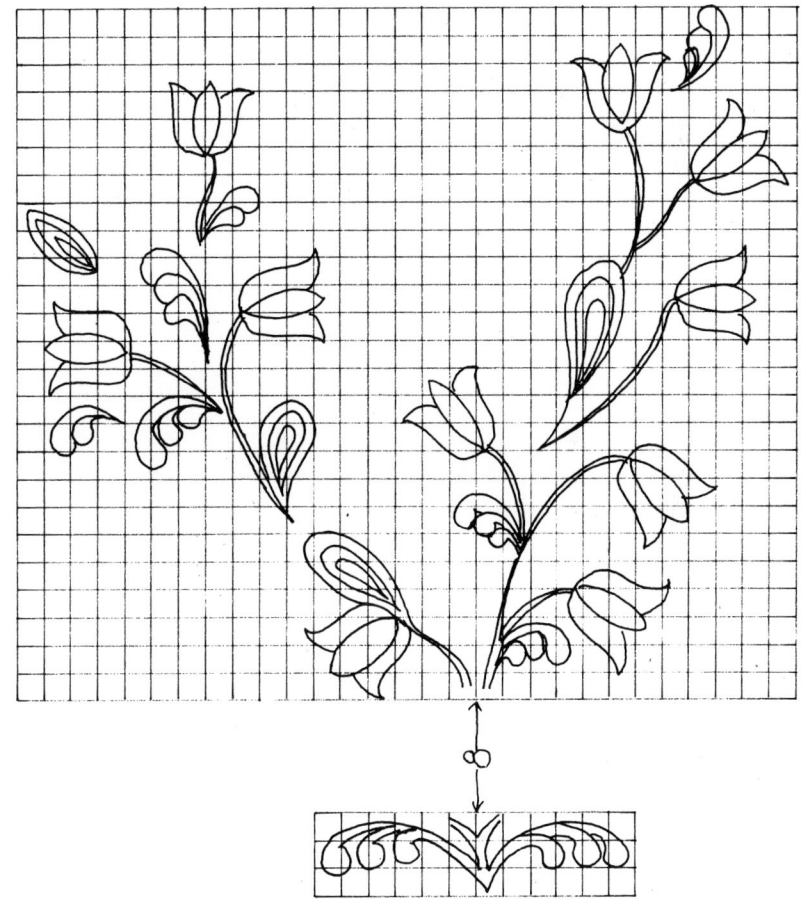

In einer Gesamthöhe von 26 cm beidseitig für die Armausschnitte 7 M abketten. Für den Halsausschnitt in einer Gesamthöhe von 46 cm die mittleren 11 M abketten und jede Seite getrennt beenden. Am Halsaus-

schnittrand in jeder 2. R 1 x 4, 2 x 3, 2 x 2 und 3 x 1 M abketten. In einer Gesamthöhe von 54 cm beidseitig für die Schultern in jeder 2. R 1 x 10 und 1 x 11 M abketten.

Rücken

Wie das Vorderteil stricken, jedoch ohne den Streifen in Irlande.
Für den Halsausschnitt gleichzeitig mit der Schulterschrägung die mittleren 45 M abketten.

Ärmel

50 M in Encre anschlagen und 3,5 cm im Muster I stricken, dann im Muster II weiterarbeiten und beidseitig in jeder 4. R 29 x 1 M zunehmen = 108 M. In einer Gesamthöhe von 49 cm die 108 M locker abketten.

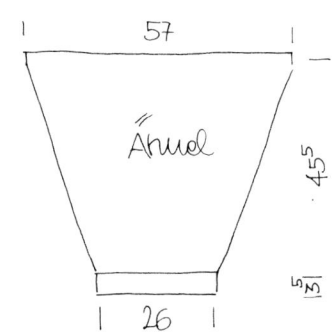

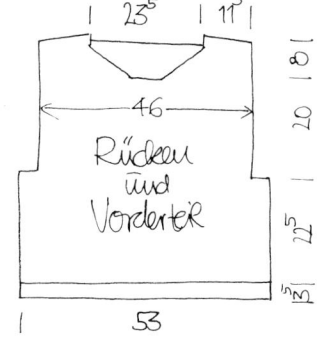

Fertigstellung

Eine Schulternaht schließen. Um den Halsausschnitt in Encre 122 M aufnehmen und 3 cm im Muster I stricken, die M dann abketten. Die 2. Schulternaht schließen. Die Ärmel einsetzen und die Ärmel- und Seitennähte schließen. Über dem Streifen in Irlande am Vorderteil eine Wellenlinie im Kettenstich in Encre aufstikken und die Blumen nach der Schemazeichnung im Stiel- und Spannstich in Irlande auf das Vorderteil und die Ärmel sticken.

Hahnentritt-Pullover

Abbildung Seite 214

Kleine, mittlere und große Damengröße
Bei abweichenden Angaben: mittlere und große Größe in Klammern.

Material

Pierre-Cardin-Wolle, Qualität Cardin 16: 500 (550/600) g in Grau Nr. 16001; Qualität Cardin 38: 400 (440/480) g in Schwarz Nr. 38006. Je 1 Paar Stricknadeln Nr. 4 und 5, 1 Nadelspiel Nr.4.

Strickmuster

Die schwarze Wolle wird mit doppeltem Faden verstrickt.
I (Bündchenmuster): Mit Nadeln Nr. 4 in Grau 2 M rechts, 2 M links.
II: Glatt rechts (= Hinr. rechts, Rückr. links) im Jacquardmuster nach der Strickschrift arbeiten und den jeweils nicht gebrauchten Faden locker auf der Rückseite mitführen, so daß die Strickfläche elastisch bleibt.

Maschenprobe

18 M und 20 R im Strickmuster II = 10 x 10 cm.

Arbeitsanleitung

Rücken und Vorderteil

Der Pullover wird, vom Rücken beginnend, in einem Stück gearbeitet. 82 (86/90) M anschlagen und im Strickmuster I 10 cm arbeiten. Dabei in der letzten R verteilt 5 (7/9) M zunehmen, so daß man 87 (93/99) M erhält. Dann im Strickmuster II weiterarbeiten. In 65 (67/69) cm Gesamt-

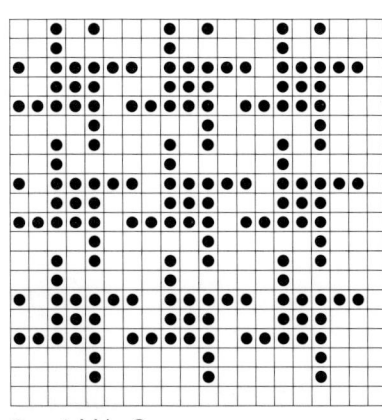

● = 1 M in Grau
□ = 1 M in Schwarz

höhe für den Halsausschnitt die mittleren 15 M abketten und beide Seiten getrennt weiterstricken. Bei beiden Seiten am Halsausschnitt noch in jeder 2. R 2 x 5 M abnehmen. In einer Gesamthöhe von 70 (72/74) cm hat man – mit jeweils 26 (29/32) M für die Schultern – die Arbeitsmitte erreicht. Nun das Vorderteil gegengleich arbeiten.

Ärmel

Für das Bündchen 42 (46/50) M anschlagen und im Strickmuster I 10 cm stricken. Dabei in der letzten R verteilt 4 M zunehmen. Dann im Muster II weiterstricken. Für die Ärmelweite wie folgt arbeiten: * 5 x 1 M alle 2 R zunehmen, 2 R ohne Zunahme stricken, ab * 6 x wiederholen, dann noch 5 x 1 M alle 2 R zunehmen. In einer Gesamthöhe von 58 (59/60) cm alle 126 (130/134) M abketten.

Fertigstellung

Mit dem Nadelspiel in Grau am Halsausschnitt 72 M aufnehmen und 5 cm im Strickmuster I arbeiten, dann alle M abketten. Die Nähte schließen, dabei entsprechend der Ärmelweite an den Seitennähten offen lassen. Die Ärmel einsetzen.

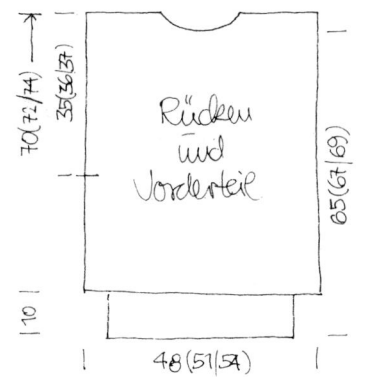
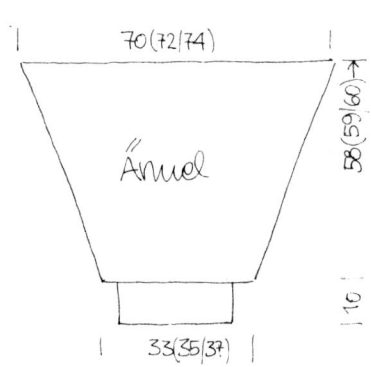

Roter Pullover mit Streifen

Abbildung Seite 215

Kleine Herrengröße (Damengröße 40/42)

Material

Pierre-Cardin-Wolle, Qualität 13: 300 g in Rot Nr. 032, 100 g in Grün Nr. 033, 50 g in Gelb Nr. 028. 1 Paar Stricknadeln Nr. 3 ½.

Strickmuster

I (Bündchenmuster): 2 M rechts in Rot, 2 M links in Grün.
II: Glatt rechts (= Hinr. rechte M, Rückr. linke M).

Maschenprobe

23 M und 28 R im Strickmuster II = 10 x 10 cm.

Arbeitsanleitung

Rücken

116 M in Rot anschlagen und 10 cm im Muster I stricken. Weiter in Rot im Muster II arbeiten, dabei in der 1. R gleichmäßig verteilt 14 M zunehmen = 130 M. In 38 cm Gesamthöhe 10 R in Grün stricken. Weiter 20 R wie folgt arbeiten: 4 M rechts in Grün, * 4 M

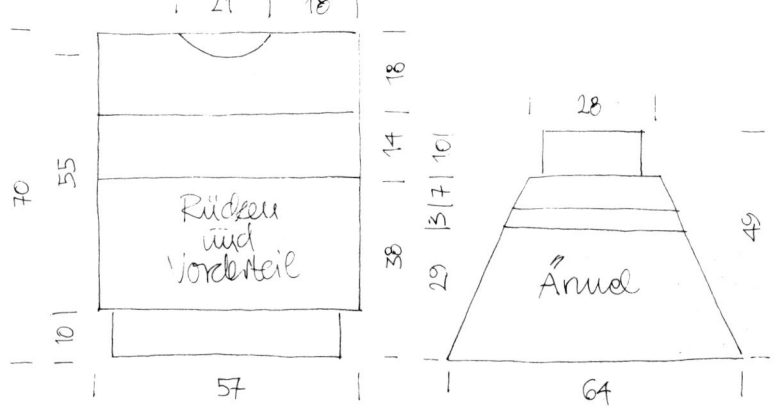

links in Gelb, 4 M rechts in Grün, ab *
fortlaufend wiederholen. Dann wieder 10 R in Grün und danach in Rot
stricken. In 70 cm Gesamthöhe alle
M locker abketten.

Vorderteil

Wie den Rücken stricken, jedoch für
den Halsausschnitt in 65 cm Gesamthöhe die mittleren 22 M und
beidseitig davon in jeder 2. R 2 x 4,
2 x 2, 1 x 1 M abketten. In 70 cm Gesamthöhe beidseitig die 41 Schulterm. gerade abketten. Die Schulternähte schließen.

Rechter Ärmel

Die Ärmel werden von oben nach unten gestrickt und gleich angestrickt.
148 M aufnehmen und 2 R in Rot
stricken. Weiter 10 R (für die Biese) in
Grün stricken, dann in Rot weiterstricken, dabei die Falte arbeiten: Jeweils 1 M von links aus der 1. roten R
aufnehmen und mit 1 M von der jetzigen R zusammen rechts abstricken.
Dann im Muster II weiterarbeiten, jedoch abwechselnd in jeder 4. und 2.
R beidseitig 1 M abnehmen (= die
letzten 2 M einer R zusammenstricken). In 29 cm Gesamthöhe 10 R in
Gelb stricken, dann in Rot weiterarbeiten, bis in 39 cm Gesamthöhe 64
M in einer R sind. 10 M gleichmäßig
verteilt abnehmen = 54 M. Nun 10
cm im Muster I stricken.

Linker Ärmel

Den linken Ärmel genau wie den
rechten, aber ohne den Streifen in
Gelb arbeiten.

Fertigstellung

Alle Nähte schließen. Für die Halsausschnittblende 90 M aufnehmen
und 2,5 cm im Muster I stricken, dann
alle M locker abketten.

Pullover mit eingestrickten Blättern

Abbildung Seite 219

Eine Größe

Material

Berger du Nord Wolle, Qualität »KID
MOHAIR«: ca. 300 g in der Grundfarbe, 50 g in der 2. Farbe, 50 g in der 3.
Farbe. 1 Paar Stricknadeln Nr. 3 1/2
oder 4.

Strickmuster

I: Im gestreiften Phantasiemuster arbeiten.
2. Farbe: 1., 3. und 4. R: linke M. 2. R:
rechte M.
3. Farbe: 5., 6. und 8. R: rechte M. 7.
R: linke M.
2. Farbe: 9. und 12. R: rechte M. 10.,
11., 13. und 14. R: linke M.
II: Glatt rechts im Jacquardmuster
nach der Zeichnung arbeiten.
III: 2 M rechts, 2 M links stricken.

Maschenprobe

19 M und 26 R im Strickmuster II =
10 x 10 cm.

Arbeitsanleitung

Rücken

In der 2. Farbe 111 M anschlagen und
14 R im Muster I arbeiten, danach im
Muster II weiterstricken. In einer Gesamthöhe von 30 cm beidseitig 3 M
abketten, danach beidseitig 2 M von
den Rändern entfernt in jeder 2. R
35 x 1 M abnehmen = 35 M. Dann
alle M locker abketten.

Vorderteil

111 M anschlagen und wie das Rückenteil stricken. In einer Gesamthöhe von 30 cm beidseitig 3 M abketten, danach 2 M von den Rändern
entfernt in jeder 2. R 33 x 1 M abnehmen. Gleichzeitig mit der 27. Raglanabnahme die mittleren 11 M abketten
und jede Seite getrennt beenden.
Am Halsausschnitt in jeder 2. R 1 x 4,
1 x 3, 1 x 2 und 3 x 1 M abketten. Die
restlichen 2 M abketten.

Rechter Ärmel

In der 2. Farbe 62 M anschlagen und
im Muster I stricken. Dann im Muster
II in der Grundfarbe und im Jacquardmuster weiterarbeiten und beidseitig
in jeder 8. R 11 x 1 M zunehmen. In
einer Gesamthöhe von 41 cm für den
Raglan am rechten Rand wie beim
Vorderteil und am linken Rand wie

beim Rückenteil abnehmen. Nach Beendigung der Raglanabnahmen am rechten Rand an diesem Rand in jeder 2. R noch 2 x 3 und 1 x 4 M abketten.

Linker Ärmel

Gegengleich arbeiten.

Fertigstellung

Raglannähte schließen. Eine rückwärtige Raglannaht offen lassen. Um den Halsausschnitt in der 2. Farbe 130 M aufnehmen und im Muster III stricken. In einer Gesamthöhe von 18 cm einen Streifen von 3 cm in der 3. Farbe stricken, dann in der 2. Farbe weiterarbeiten. In einer Gesamthöhe von 24 cm die M locker abketten. Ärmel- und Seitennähte schließen, anschließend die offene Raglannaht und die Kragennaht schließen. Die Kragennaht über der oberen Hälfte auf der anderen Seite schließen, denn der Kragen wird zur Hälfte umgeschlagen.

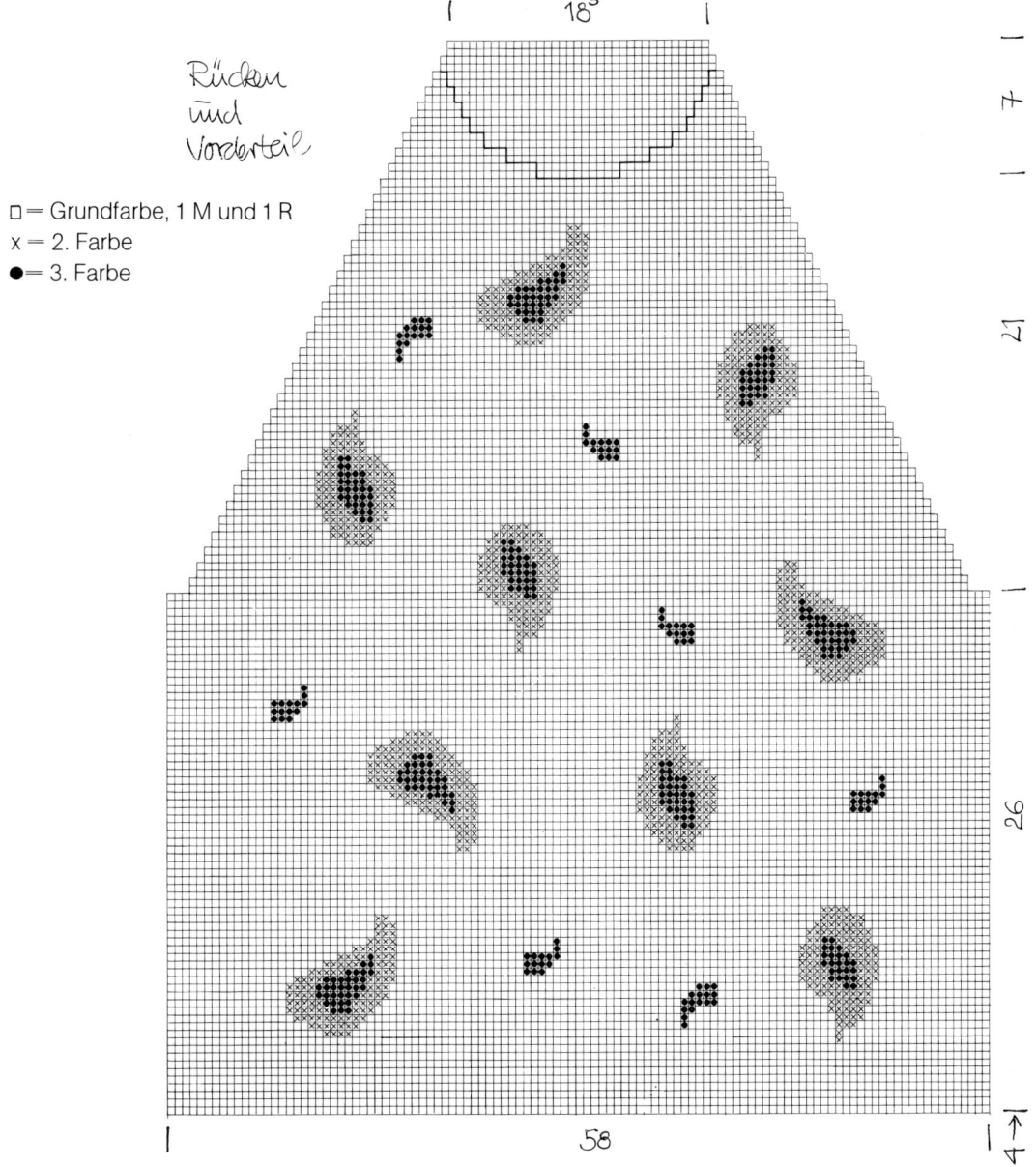

□ = Grundfarbe, 1 M und 1 R
x = 2. Farbe
● = 3. Farbe

rechter
Ärmel

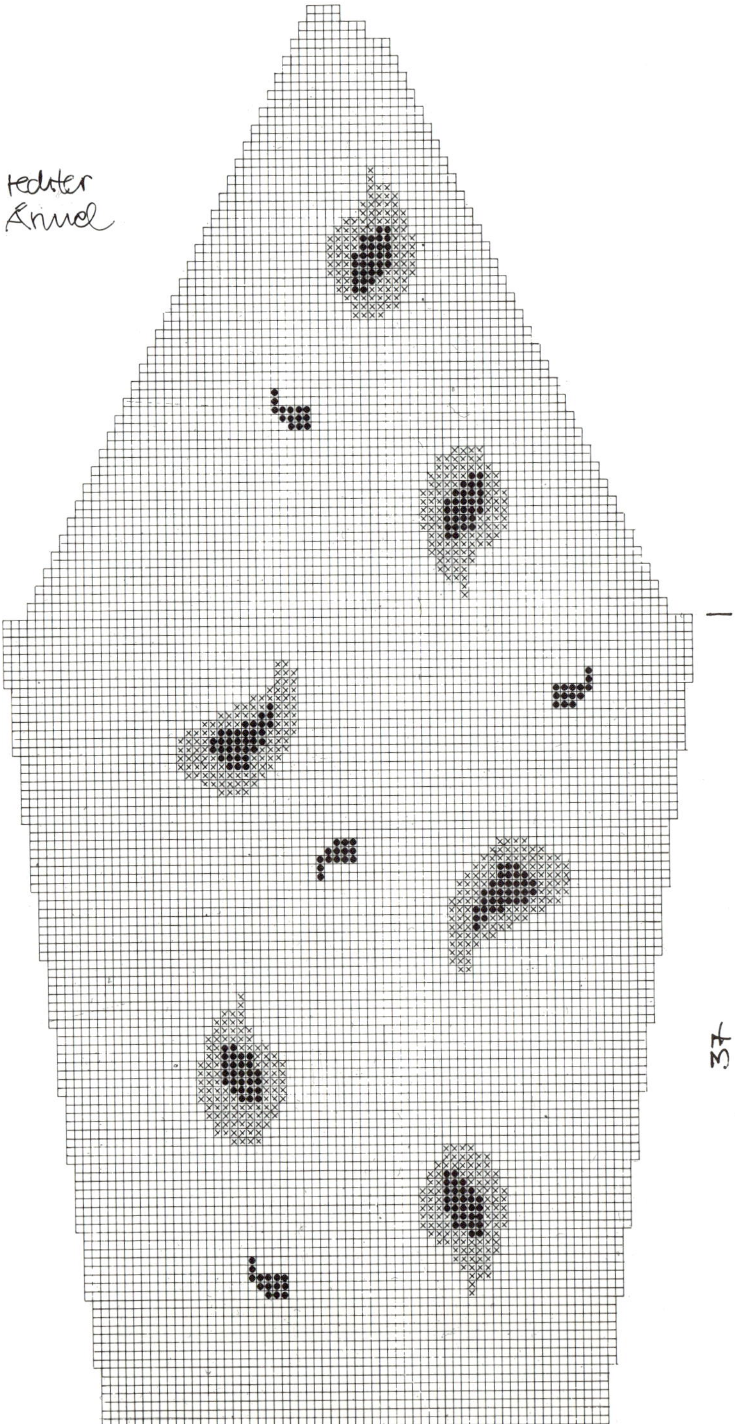

32⁵

218

Zum Ausgehen

Gesmokter Pullover

Abbildung Seite 222

Größen 34/36, 38/40 und 42/44
Bei abweichenden Angaben: Größen 38/40 und 42/44 in Klammern.

Material

Sjöberg Wolle, Qualität Pigalle: 500 (550/600) g in Weiß Nr. 801 (= Grundfarbe); Qualität Daletta: 150 g in Weiß Nr. 0010 (= Musterfarbe). Je 1 Paar Stricknadeln Nr. 4 oder 4 ½, je 1 Nadelspiel Nr. 2 ½ und 4 oder 4 ½, 1 Rundstricknadel Nr. 2 ½.

Strickmuster

I (Bündchenmuster): Mit Nadeln Nr. 2 ½ 1 M rechts, 1 M links stricken.
II: Mit Nadeln Nr. 4 oder 4 ½ stricken. 1.–12. R: glatt rechts (Hinr. rechts, Rückr. links) in der Grundfarbe. 13.–16. R: glatt links (Hinr. links, Rückr. rechts) in der Musterfarbe. Die 1.–16. R stets wiederholen.
III: Glatt rechts mit Nadeln Nr. 4 oder 4 ½ stricken.

Maschenprobe

20 M = 10 cm Breite.

Arbeitsanleitung

Unteres Rücken- und Vorderteil

Das untere Teil des Rückens wird quer gestrickt. In der Grundfarbe 92 (92/92) M anschlagen und im Muster II arbeiten. (Bei Größe 34/36: 4 R glatt rechts in der Grundfarbe; bei Größe 38/40: 6 R glatt rechts in der Grundfarbe; bei Größe 42/44: 8 R glatt rechts in der Grundfarbe am Anfang und zum Schluß des Teils stricken.) In einer Gesamthöhe von 83 (85/87) cm alle M abketten. Das untere Teil des Vorderteils genauso stricken.

Das Smokmuster am Vorder- und Rückenteil wie folgt arbeiten: Die aus der Musterfarbe gebildeten Rippen im Abstand von jeweils etwa 15 cm versetzt zum Muster zusammennähen (siehe Foto).

Passe

Für die rückwärtige Passe in der Grundfarbe an der oberen Kante 108 (112/116) M aufnehmen und 7 (8/9) cm im Strickmuster III arbeiten. Dann für den Halsausschnitt die mittleren 38 (40/42) M stillegen und jede Seite getrennt beenden. Von der Schulteraußenkante zum Halsausschnitt stricken, wenden, weitere 2 M stillegen, zurückstricken, aber die äußersten 10 (10/11) M ungestrickt lassen für die Schulterschrägung. Wenden, zum Halsausschnitt stricken, wenden, 1 M stillegen, und beim Zurückstricken die vorletzten 10 (10/11) M ungestrickt lassen. Wenden, zum Halsausschnitt stricken, 1 M stillegen. Nun eine R mit allen M, auch mit den stillgelegten, stricken, dann abketten. Die andere Seite gegengleich arbeiten. Die vordere Passe mit 108 (112/116) M nur 1 (2/3) cm hoch im Muster III arbeiten. Dann für den Halsausschnitt die mittleren 26 (28/30) M stillegen und beide Seiten getrennt beenden. Für die Aus-

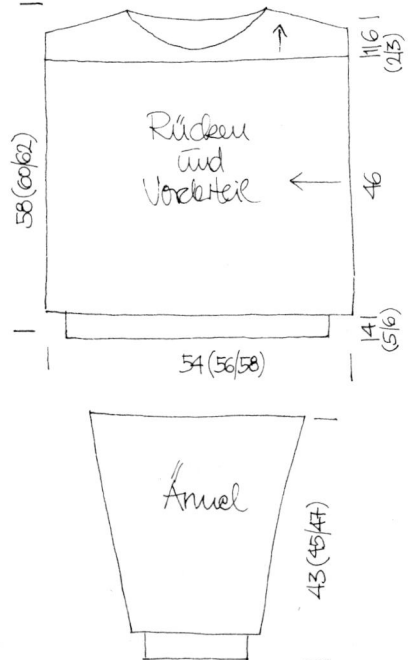

schnittrundung dann noch jeweils 1 x 3, 2 x 2 und 3 x 1 M alle 2 R stillegen. Die Schultern und das Abketten wie beim Rücken arbeiten.

Ärmel

Es wird in Rd gestrickt. In der Musterfarbe mit dem Nadelspiel Nr. 2 ½ 48 (50/52) M anschlagen und im Strickmuster I arbeiten. Nach 4 (5/6) cm in der Grundfarbe im Muster III stricken, dabei in der 1. Rd verteilt 4 M zunehmen. Dann alle 1,5 cm jeweils am Anfang und Ende der Rd im Abstand von 2 M je 1 M zunehmen, bis 108 (112/114) M auf dem Nadelspiel sind. In einer Gesamthöhe von 43 (45/47) cm alle M abketten.

Fertigstellung

Die Teile unter einem feuchten Tuch trocknen lassen. Die Nähte schließen, dabei die Seitennähte entsprechend der Ärmelweite offen lassen. Die Ärmel einsetzen. Für die Halsblende mit dem Nadelspiel Nr. 2 ½ in der Musterfarbe an den Kanten des Halsausschnitts 140 (144/148) M aufnehmen und im Strickmuster I 6 cm arbeiten. Die Blende zur Hälfte nach innen nähen.

Für das Taillenbündchen mit der Rundstricknadel in der Musterfarbe entlang der unteren Vorder- und Rückenteilkante 238 (242/246) M aufnehmen und 4 (5/6) cm im Strickmuster I arbeiten. Dann alle M abketten.

Bolerojacke und Pullunder

Abbildung Seite 223

Größen 38/40 und 42/44
Bei abweichenden Angaben: Größe 42/44 in Klammern.

Jacke

Material

Welcomme Wolle, Qualität »Le Tivoli«: 850 (950) g in Adriatique Nr. 13; Qualität »Le Bolduc«: 40 (60) g in Adriatique Nr. 05; Qualität »L'Akala«: 100 (100) g in Adriatique Nr. 34. Je 1 Paar Stricknadeln Nr. 3 ½ und 4.

Strickmuster

I: Mit Nadeln Nr. 3 ½ glatt rechts (= Hinr. rechts, Rückr. links) stricken.
II: Mit Nadeln Nr. 4 stricken.
1., 3., 7., 11. und 15. R: mit »Le Tivoli«, rechts.
2., 4., 6., 8., 10., 12., 14. und 16. R: mit »Le Tivoli«, links.
5. R: mit »Le Bolduc«, 2 M abheben, * 1 M rechts, 5 M abheben, dabei liegt der Faden vor der Arbeit, den Faden hinter die Arbeit führen, ab * wiederholen, 1 M rechts, 2 M abheben.
9. R: mit »Le Bolduc«, 5 M abheben, den Faden hinter die Arbeit führen, * die Nadel in die Mitte unter dem vorn liegenden Faden der 5. R einstechen und diesen Faden zusammen mit der folgenden M rechts abstricken, 5 M abheben, Faden liegt vor der Arbeit, Faden hinter die Arbeit führen, ab * wiederholen; Reihenende bei der letzten Wiederholung: 5 M abheben, Faden liegt hinter der Arbeit.
13. R: mit »Le Bolduc«, 2 M abheben, 1 M rechts, * 5 M abheben, Faden liegt vor der Arbeit, den Faden hinter die Arbeit führen, die Nadel unter dem vorn liegenden Faden der 9. R einstechen und diesen Faden zusammen mit der folgenden M rechts abstricken, ab * wiederholen, bei der letzten Wiederholung: 1 M rechts, 2 M abheben.
In der 17. R das Muster der 9. R wieder aufnehmen und die 9.–16. R fortlaufend wiederholen. In der Abkettr. den vorn liegenden Faden in »Le Bolduc« jeweils über der 3. abgehobenen M mit abstricken.

Maschenprobe

21 M und 38 R im Strickmuster II = 10 x 10 cm.

Arbeitsanleitung

Rücken

89 (97) M in »Le Tivoli« anschlagen und im Strickmuster II arbeiten (bei Größe 42/44: beidseitig noch je 1 Randm.). Nach 18 (20) R beidseitig alle 18 (20) R 9 (8) x 1 M zunehmen. In 48 (50) cm Gesamthöhe die 107 (113) M abketten.

Rechtes Vorderteil

In »Le Tivoli« 47 (51) M anschlagen und im Strickmuster II arbeiten (bei Größe 42/44: mit 3 M glatt rechts an der rechten Kante und 1 Randm. an der linken Kante). Nach 18 (20) R an der linken Kante alle 18 (20) R 9 (8) x 1 M zunehmen. In 42,5 (44,5) cm Gesamthöhe an der rechten Kante für den Halsausschnitt alle 2 R wie folgt abketten: 1 x 10 (11), 3 x 2 und 2 x 1 M.

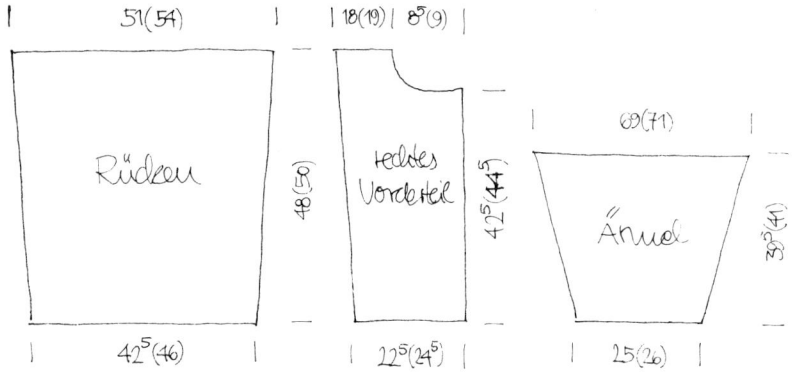

In 48 (50) cm Gesamthöhe an der linken Kante die restlichen 38 (40) M abketten.

Linkes Vorderteil

Gegengleich arbeiten.

Ärmel

In »Le Tivoli« 53 (55) M anschlagen und im Strickmuster II arbeiten (bei Größe 42/44: je 1 Randm. beidseitig). Nach 12 R beidseitig abwechselnd alle 2 und alle 4 R 46 (47) x 1 M zunehmen. In 39,5 (41) cm Gesamthöhe alle 145 (149) M abketten.

Fertigstellung

Die Schulternähte über 38 (40) M schließen, die Seitennähte über 21 (22) cm. Die Ärmelnähte schließen und die Ärmel einsetzen, dabei je 3 cm beidseitig der Schulter eine Kellerfalte einlegen. Für die Blenden in »L'Akala« 10 M anschlagen und im Strickmuster I arbeiten. Ist die zum Einfassen von Halsausschnittkante, Vorderteilkante und unterer Jackenkante erforderliche Länge erreicht, die M abketten.
Für die unteren Ärmelkanten die gleichen Blenden in entsprechender Länge arbeiten. Die Kanten mit den Blenden einfassen (auf der Vorder- und Rückseite festnähen).

Pullunder

Material

Welcomme Wolle, Qualität »Les Années 30«, 300 (350) g in Adriatique Nr. 05. 1 Paar Stricknadeln Nr. 4.

Strickmuster

I (Bündchenmuster): 1 M rechts, 1 M links.

II: Im Phantasierippenmuster.
1. R (Rückr.): * 2 M links, 1 M rechts aus dem Querdraht zwischen der letzten Linksm. und der folgenden M stricken, 1 M rechts.
2. R: * 1 M links, 1 M links abheben, 2 M rechts, die abgehobene M über die beiden rechten M ziehen.
Diese beiden R und jeweils ab * fortlaufend wiederholen.

Maschenprobe

25 M und 27 R im Strickmuster II = 10 x 10 cm.

Arbeitsanleitung

Rücken

105 (113) M anschlagen und 1,5 cm im Muster I stricken. Dann im Muster II weiterarbeiten und mit 0 (1) Randm. beginnen und enden. Beidseitig alle 10 R 4 x 1 M zunehmen = 113 (121) M. In 18,5 (19,5) cm Gesamthöhe beidseitig für die Armausschnitte alle 2 R wie folgt abketten: 1 x 3, 2 x 2 und 4 x 1 M. Gleichzeitig die 3 mittleren M abketten und jede Seite getrennt beenden = 44 (48) M. Anschließend gerade stricken und in 35,5 (37,5) cm Gesamthöhe von der Innenkante aus für den Halsausschnitt alle 2 R abketten: 1 x 27 (30) M, 1 x 5 und 1 x 4 M. Gleichzeitig in 36,5 (38,5) cm Gesamthöhe für die Schulterschrägung alle 2 R abketten: 1 x 4 (5) und 1 x 4 M. Die andere Seite dann gegengleich beenden.

Vorderteil

114 (122) M anschlagen und 1,5 cm im Muster I stricken. Dann im Muster II weiterarbeiten und mit 0 (1) Randm. beginnen und enden. Beidseitig alle 8 R 5 x 1 M zunehmen = 124 (132) M. In 18,5 (19,5) cm Gesamthöhe beid-

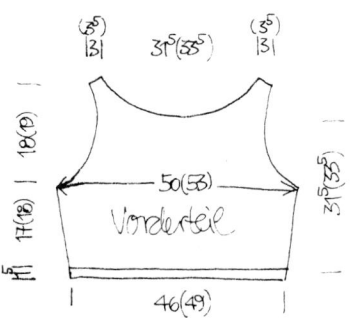
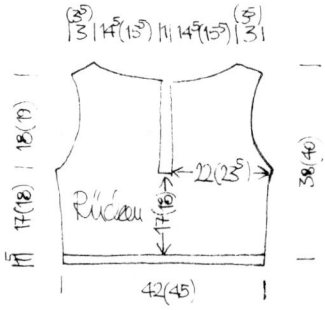

seitig für die Armausschnitte alle 2 R abketten: 1 x 6, 1 x 4, 1 x 3, 1 x 2 und 2 x 1 M = 90 (98) M. Dann beidseitig nach 4 R alle 16 R 2 x 1 M zunehmen = 94 (102) M. In 33 (35) cm Gesamthöhe die mittleren 12 (18) M für den Halsausschnitt abketten und jede Seite getrennt beenden, dabei an der Halsausschnittkante alle 2 R abketten: 4 x 4, 1 x 5 und 2 x 6 M. Gleichzeitig in 36,5 (38,5) cm Gesamthöhe für die Schulterschrägung alle 2 R abketten: 1 x 4 (5) und 1 x 4 M. Die andere Seite gegengleich beenden.

Fertigstellung

Entlang der rückwärtigen Schlitzöffnung 78 M aufnehmen, 2 R im Muster I stricken und dann alle M abketten. Die Schulternähte schließen. Rund um den Halsausschnitt 162 M aufnehmen, 1,5 cm im Muster I stricken und alle M abketten. Entlang jeder Armausschnittkante 84 M aufnehmen, 1,5 cm im Muster I stricken und alle M locker abketten. Die Seitennähte schließen.

Pullover aus Chenille-Garn

Abbildung Seite 226

Größe 38 bis 42

Material

Pingouin Wolle, Qualität »1920«, 400 g in Mika Nr. 02. 1 Paar Stricknadeln Nr. 6.

Strickmuster

I (Bündchenmuster): 1 M rechts, 1 M links.
II: Glatt rechts (d.h. Hinr. rechts, Rückr. links) stricken.

Maschenprobe

14 M und 21 R im Strickmuster II = 10 x 10 cm.

Arbeitsanleitung

Rücken

61 M anschlagen und 2 cm im Strickmuster I arbeiten. Dann im Muster II weiterstricken. In 15 cm Gesamthöhe beidseitig 1 M vom Rand entfernt wie folgt zunehmen: * 2 x 1 M alle 4 R, 1 x 1 M alle 6 R, ab * 4 x wiederholen, dann 2 x 1 M alle 2 R. Man erhält 95 M. In 53 cm Gesamthöhe für die Schulterschrägungen beidseitig in jeder 2. R 1 x 3, 2 x 4, 2 x 5, 1 x 6 und 1 x 7 M abketten. Gleichzeitig für den Halsausschnitt nach der 5. Schulterabnahme die mittleren 19 M abketten, dann jede Seite getrennt beenden. Dabei an der Halsausschnittkante nach 2 R 1 x 4 M abketten.

Vorderteil

61 M anschlagen und 2 cm im Strickmuster I arbeiten. Dann im Muster II weiterstricken. Nach 15 cm die gleichen Zunahmen wie beim Rücken vornehmen. In 21 cm Gesamthöhe für die Weite des Einsatzes zunächst beidseitig der mittleren M, dann der 3, 5, 7 etc. mittleren M keilförmig zunehmen: * 2 x 1 M alle 4 R, 1 x 1 M alle 6 R, ab * 4 x wiederholen. In 53 cm Gesamthöhe für die Schulterschrägung wie beim Rückenteil 7 x abketten. Danach die restlichen 57 M zusammen abketten.

Fertigstellung

Die Schulternähte schließen und die Seitennähte nur über die unteren 15 cm schließen.

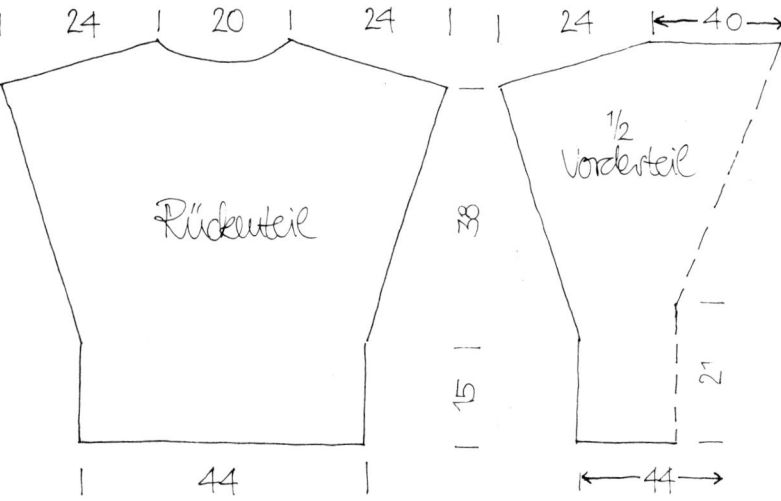

Pullover mit Schalkragen

Abbildung Seite 227

Eine Größe

Material

Berger du Nord Wolle, Qualität »LIN D'HIVER«, 900 g in Acajou. Je 1 Paar Stricknadeln Nr. 4 und Nr. 4 ½.

Strickmuster

I (Bündchenmuster): Mit Nadeln Nr. 4 1 M rechts, 1 M links.

II: Mit Nadeln Nr. 4 ½ glatt rechts (= Hinr. rechts, Rückr. links).

III: Mit Nadeln Nr. 4 ½ im verschränkten Rippenmuster stricken.
1. R: * 3 M links, 1 M rechts verschränkt, ab * wiederholen.
2. R: * 1 M links, 3 M rechts *.
Diese 2 R fortlaufend wiederholen.

Maschenprobe

16 M und 22 R im Strickmuster II = 10 x 10 cm.

Arbeitsanleitung

Rücken

33 M anschlagen und im Muster II stricken, dabei beidseitig in jeder 2. R 2 x 4, 5 x 3, 4 x 2 und 3 x 1 M und in jeder 4. R 3 x 1 und 1 x 3 M dazu anschlagen = 113 M. Dann gerade weiterstricken und in einer Gesamthöhe von 70 cm die M locker abketten.

Vorderteil

Wie das Rückenteil stricken.
Für den Halsausschnitt in einer Gesamthöhe von 40 cm die mittleren 9 M abketten und jede Seite getrennt beenden. Am Halsausschnittrand in jeder 2. R 1 x 3, 3 x 2 und in jeder 4. R 4 x 1 M abketten = 39 M. Gerade weiterstricken und in einer Gesamthöhe von 70 cm die M abketten.

Ärmel

56 M anschlagen und 2 cm im Muster I stricken. Im Muster II weiterarbeiten und beidseitig in jeder 4. R 11 x 1 M und in jeder 2. R 17 x 1 M zunehmen = 112 M. In einer Gesamthöhe von 38 cm die M locker abketten.

Fertigstellung

Einsatz: 21 M anschlagen und im Muster III stricken (1 M rechts in der Mitte anordnen). Beidseitig in jeder 2. R 3 x 2 und 2 x 1 M und in jeder 4. R 3 x 1 M zunehmen = 43 M. Dann gerade weiterstricken und in einer Gesamthöhe von 20 cm die M abketten.
Für die Halsausschnittblende 20 M anschlagen und im Muster II stricken, bis die Blende um den rückwärtigen und vorderen Halsausschnitt reicht. Um die Rundung am unteren Rand des Vorderteils 159 M aufnehmen und 2 cm im Muster I stricken. Die Blende am unteren Rand des Rückenteils ebenso arbeiten.
Die Schulternähte schließen. Die Halsausschnittblende der Länge nach doppelt legen (die glatt rechts gestrickte Seite liegt außen), die Blende in den Halsausschnitt nähen. Den Einsatz in den vorderen Halsausschnitt nähen. Die Ärmel einsetzen, danach Seiten- und Ärmelnähte schließen.

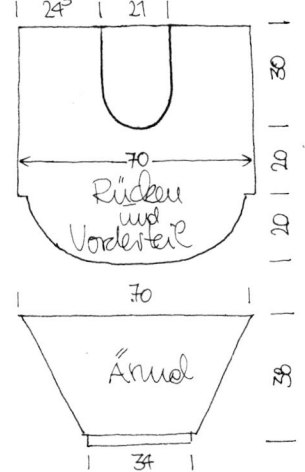

Damenjacke mit Fledermausärmeln

Abbildung Seite 230

Größen 38 und 40/42
Bei abweichenden Angaben: Größe 40/42 in Klammern.

Material

Schaffhauser Wolle, Qualität LIVIA: 460 (ca. 490) g in Graphit Nr. 34; Qualität MOHAIR SOUPLESSE 50: 90 (ca. 110) g in Silber Nr. 32. Je 1 Paar

Stricknadeln Nr. 3 und Nr. 3 1/2, 8 Knöpfe.

Strickmuster

I (Bündchenmuster): Mit Nadeln Nr. 3 2 M rechts, 2 M links.

II: Mit Nadeln Nr. 3 1/2 nach der Strickschrift arbeiten.

Maschenprobe

24 M im Muster II = 10 cm Breite.

Arbeitsanleitung

Die ganze Jacke wird an einem Stück gestrickt. Für den Rücken 124 (132) M in Graphit anschlagen und im Muster I arbeiten, dabei die 1. R (= Rückr.) mit 1 Randm., 2 M rechts beginnen. In 12 cm Höhe mit Nadeln Nr. 3 1/2 weiterstricken, dabei die Muster wie folgt wechseln und in der 1. R verteilt 3 M zunehmen: 2 R in Graphit glatt rechts, * 1 x die 1.–25. R im Muster II, dieses laut Schema von der Mitte her einteilen, 11 R in Graphit glatt rechts ab * fortlaufend wiederholen.

Gleichzeitig, wenn 2 (6) R nach dem Bündchen gestrickt sind, für die Seitennähte beidseitig 1 x 1 M und dann in jeder 4. R 9 x 1 M zunehmen. Weiter beidseitig in jeder 2. R (stets am Ende der R) für die Ärmel 25 x 2 M und 1 x 19 M dazu anschlagen. Mit diesen 285 (293) M gerade weiterstricken. In 56 (58) cm Gesamthöhe, bis zur Mitte eines Musters fehlen noch 6 R, für den hinteren Halsausschnitt die mittleren 25 M abketten, dann beidseitig davon noch 4 und 2 M abketten.

Pro Hälfte sind nun noch 124 (128) M auf der Nadel, und die Schulterbruchkante ist erreicht = 46 (48) cm Höhe ab dem Bündchen.

Für die Vorderteile in 2 separaten Hälften und im fortlaufenden Muster weiterstricken. Wenn nach der Schulterbruchkante 6 R gerade gestrickt sind, für den Halsausschnitt in jeder 2. R zur Mitte hin 1, 1, 1, 2, 3, 4 und 7 M dazu anschlagen = 143 (147) M. Wenn nach der Schulterbruchkante gleich viele gerade R beim Ärmel gestrickt sind wie vor derselben, entsprechend der hinteren Hälfte zuerst in jeder 2. R 1 x 19 und 25 x 2 M abketten, dann weiter für die Seitennähte in jeder 4. R 10 x 1 M abnehmen = 64 (68) M. Wenn ab der Schulterbruchkante 46 (48) cm gestrickt sind – nach einem Jacquardstreifen sind 2 R in Graphit gestrickt – für das Hüftbündchen im Muster I in Graphit arbeiten, dabei in der Hinr. mit 1 Randm., 2 M rechts beginnen und im Gegensatz zum Rückenteil keine M abnehmen. In 12 cm Bündchenhöhe die M locker abketten. Für die Ärmelkanten in Graphit 50 (58) M aufnehmen. 12 cm im Muster I stricken, dann die M locker abketten.

Fertigstellung

Die fehlenden Motive laut Schema mit Maschenstichen aufsticken. Die Nähte schließen. Rings um den Halsausschnitt 110 M in Graphit aufnehmen und beidseitig 1 M für die Naht dazu anschlagen. Dann im Muster I stricken, dabei die 1. R (= Rückr.) mit 1 Randm., 2 M links beginnen. In 3,5 cm Höhe ab der Aufnahmekante die

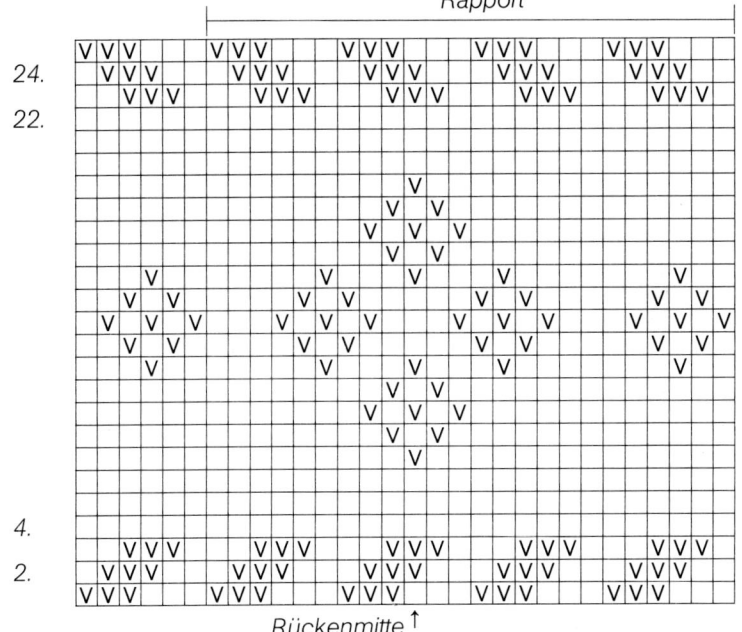

□ = 1 M in Graphit
V = 1 M in Silber
1.–3. und 23.–25. R: im Jacquardmuster glatt rechts stricken.
4.–22. R: in Graphit stricken und das Muster in Silber im Maschenstich aufsticken.

M locker abketten und das Bündchen zur Hälfte nach innen klappen und annähen. Für die Verschlußblende am linken Vorderteil 126 (133) M in Graphit aufnehmen und beidseitig 1 M für die Naht dazu anschlagen. Im Muster I stricken, dabei die 1. R (= Rückr.) mit 1 Randm., 2 M links beginnen. In gut 3 cm Höhe die M abketten, das Bündchen zur Hälfte nach innen klappen und annähen und die Naht an den Schmalkanten schließen. Die Verschlußblende am rechten Vorderteil gleich arbeiten, jedoch in der 2. R verteilt 8 Knopflöcher einarbeiten = von der rechten Kante her 5 M stricken, * 4 M abketten und diese mit dem Arbeitsfaden sofort wieder dazu anschlagen, 12 (13) M stricken, ab * wiederholen, bis es 8 Knopflöcher sind. In der vorletzten R 8 Knopflöcher in gleicher Weise einarbeiten. Die Seiten- und unteren Ärmelnähte schließen. Zuletzt die Knopflöcher im Knopflochstich umnähen und die Knöpfe am linken Vorderteil befestigen.

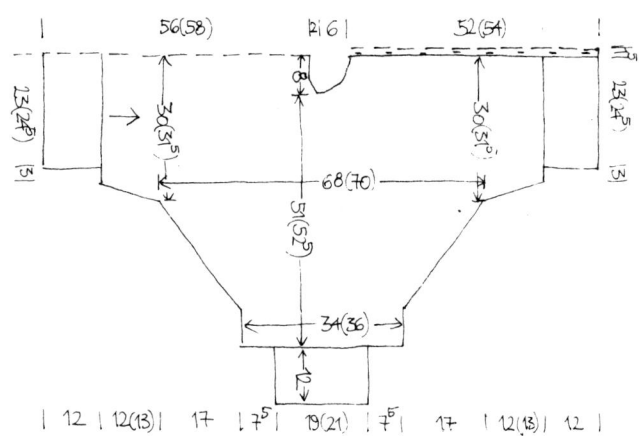

Mohairpullover mit Lochmuster-Zopf

Abbildung Seite 231

Größen 38 und 40/42
Bei abweichenden Angaben: Größe 40/42 in Klammern.

Material

Schaffhauser Wolle, Qualität MOHAIR SOUPLESSE 50, 360 (410) g in Platin Nr. 73. Je 1 Paar Stricknadeln Nr. 3 ½ und Nr. 4 ½, 1 Nadelspiel Nr. 3 ½.

Strickmuster

I (Bündchenmuster): Mit Nadeln Nr. 3 ½ 1 M rechts, 1 M links.
II: Mit Nadeln Nr. 4 ½ im Gerstenkornmuster arbeiten.
1. R (Hinr.): 1 M rechts, 1 M links.
2. und 4. R (Rückr.): linke M.
3. R (Hinr.): 1 M links, 1 M rechts = versetzt zur 1. R.
Die 1.–4. R fortlaufend wiederholen.
III: Mit Nadeln Nr. 4 ½ nach der Strickschrift arbeiten.

Maschenprobe

18 M im Muster II = 10 cm Breite.

Arbeitsanleitung

Rücken

82 (90) M anschlagen und 10 cm im Strickmuster I stricken, dabei in der letzten Rückr. verteilt 9 M zunehmen = 91 (99) M. Mit Nadeln Nr. 4 ½ weiterarbeiten, dabei die Muster wie folgt einteilen: Randm., 30 (34) M im Muster II, 1 Effektstreifen im Muster III, 30 (34) M im Muster II, Randm. Die Seitennähte bleiben gerade. In 35 (36) cm Gesamthöhe für den Armausschnitt beidseitig stets am Anfang der R 4, 3, 2, 1, 1 (5, 3, 2, 2, 1, 1) M abketten. Gleichzeitig in 37 (39) cm Gesamthöhe für den Halsausschnitt die Mittelm. abketten und jede Hälfte getrennt arbeiten.
Für die Ausschnittschrägung 20 x im Wechsel 2 x in jeder 2. R und 1 x in jeder 4. R 1 M abketten. In 22 (23) cm Höhe ab dem Armausschnittbeginn für die Schulterschrägung beidseitig von der äußeren Kante her in jeder 2. R 4, 4, 5 (3 x 5) M abketten.
Für die beiden Ausschnittbändchen jeweils 7 M anschlagen und 16 cm im Muster I stricken, dann für das eine Bändchen an der rechten Kante und für das andere Bändchen an der linken Kante in jeder 2. R jeweils 1 M abketten, bis schließlich alle M abgekettet sind.

Vorderteil

Wie das Rückenteil arbeiten, jedoch für den Halsausschnitt in 45 (47) cm Gesamthöhe die Mittelm. abketten. Für die Ausschnittschrägung in jeder 2. R 1, 2, 1, 2, 1, 2 und 11 x 1 M abketten. Die Ausschnittbändchen fallen weg.

Ärmel

44 (46) M anschlagen und 10 cm im Muster I stricken, dabei in der letzten R verteilt 29 M zunehmen = 73 (75) M. Dann im Muster II weiterarbeiten. In 10 cm Höhe ab dem Bündchen beidseitig 1 M zunehmen und dies 3 x alle 5 cm (4 x alle 4 cm) wiederholen = 81 (85) M. In 41 cm Gesamthöhe für die Armkugel beidseitig stets am Anfang der R die M wie folgt abketten: 3, 2, 5 x 1, 0, 5 x 1, 0, 5 x 1, 0, 4 x 1, 2, 2 und 3 M (3, 2, 1, 0, 1, 0, 19 x 1, 2, 2 und 3 M), dann die restlichen 19 M gerade abketten.

Fertigstellung

Nähte schließen. Rings um den Halsausschnitt mit dem Nadelspiel 174 M aufnehmen = hinten aus jeder Schrägung 50 M, in der hinteren Mitte 1 M, vorne aus jeder Schrägung 36 M und in der vorderen Mitte 1 M. Im Muster I stricken, dabei für die vordere und hintere Spitze in jeder 2. Rd 1 Doppelabnahme ausführen = 2 M zusammen rechts abheben, 1 M stricken, dann die beiden abgehobenen M darüberziehen. In 2 cm Bündchenhöhe die M abketten. Beim Rückenteil die Bändchen laut Schnitt innen an die Aufnahmekante des Bündchens nähen. Ärmel einsetzen, dabei oben über die Kugel entsprechend der Weite verteilt 4 Fältchen legen.

Effektstreifen = 29 M breit
Alle M auf der Rückseite stricken, wie sie erscheinen, die Umschläge links stricken.
Die 1.–10. R stets wiederholen.

– = 1 M links
□ = 1 M rechts
X = 2 M rechts zusammenstricken
V = 2 M rechts überzogen zusammenstricken
O = 1 Umschlag
◆◆ = die 2. M vor der 1. M rechts stricken, dann die 1. M rechts stricken
◇◇ = die 2. M hinter der 1. M rechts stricken, dann die 1. M rechts stricken

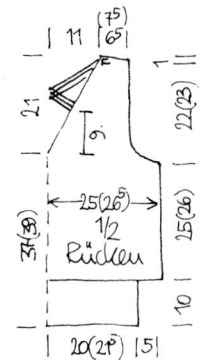 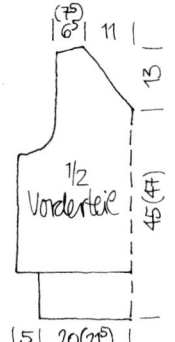 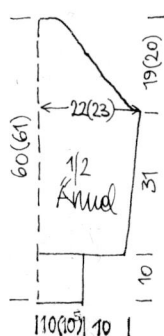

Abendpullover mit Blumen

Abbildung Seite 234

Größe 38/40

Material

Welcomme Wolle, Qualität »Le W«: 600 g in Blanc Nr. 01; Qualität »La Soie«: 50 g in Blanc Nr. 01, 50 g in Schiste Nr. 04. Je 1 Paar Stricknadeln Nr. 3½ und 4, 1 Häkelnadel Nr. 3½.

Strickmuster

I (Bündchenmuster): Mit Nadeln Nr. 3½ 1 M rechts, 1 M links.

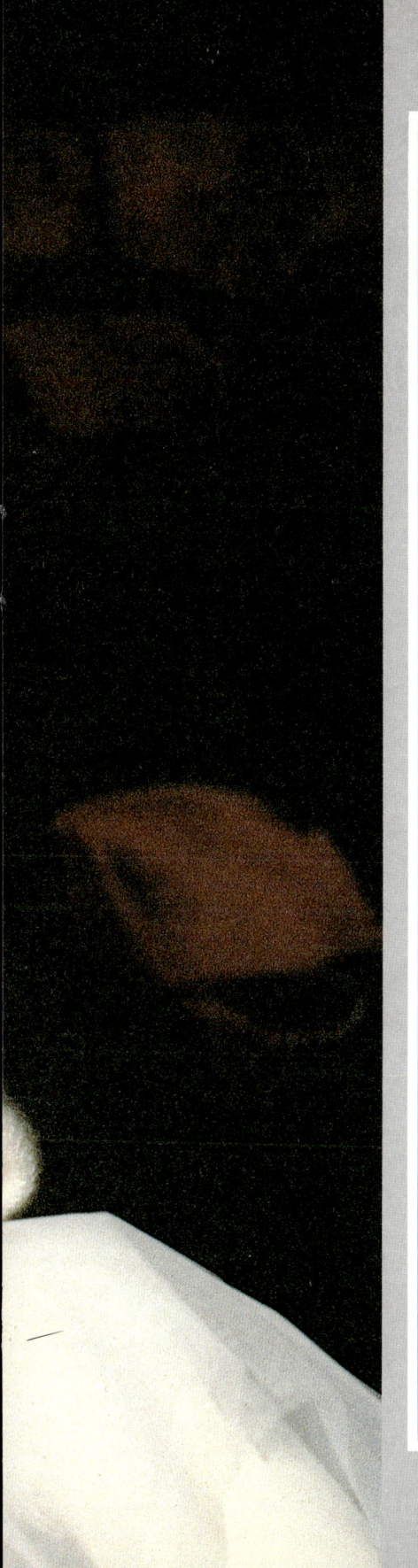

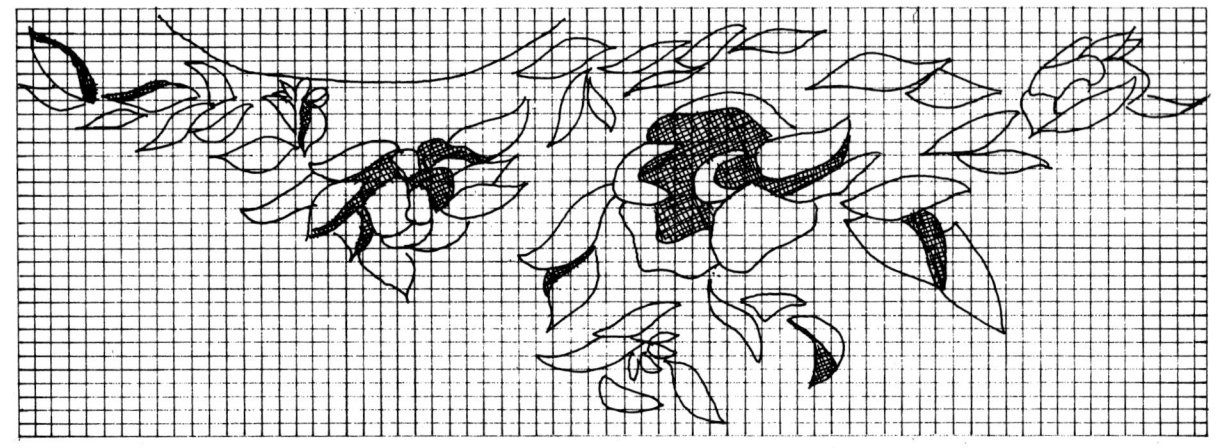

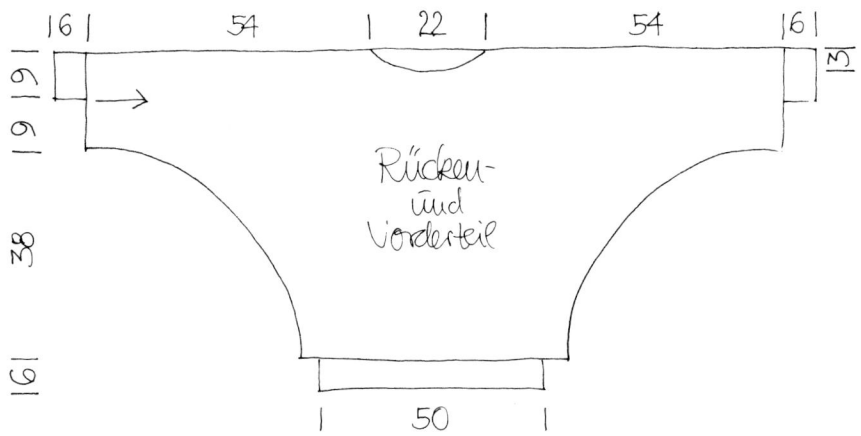

II: Mit Nadeln Nr. 4 glatt rechts (d.h. Hinr. rechts, Rückr. links) stricken.

Maschenprobe

17 ½ M und 24 R im Strickmuster II = 10 x 10 cm.

Arbeitsanleitung

Rücken

Der Pullover wird quer gestrickt. In »Le W« 32 M anschlagen und im Strickmuster II arbeiten. Nach 16 R an der rechten Kante wie folgt zunehmen: 3 x 1 M alle 6 R, 1 x 1 M nach 4 R, 1 x 1 M nach 3 R, 14 x 1 M alle 2 R, 20 x 1 M in jeder R, 4 x 2 M in jeder R, 2 x 4 M in jeder R. Dann in der folgenden R 1 x 10 M dazu anschlagen. 50 cm gerade stricken, dann an der rechten Kante die Zunahmen durch Abnahmen ersetzen.

Vorderteil

Wie den Rücken arbeiten. Für den Halsausschnitt in 54 cm Höhe an der linken Kante abnehmen: 3 x 1 M in jeder R, 1 x 1 M nach 2 R, 1 x 1 M nach 3 R, 9 R gerade arbeiten (Mitte), dann gegengleich beenden.

Fertigstellung

Schulternähte schließen. An jeder unteren Ärmelkante in »Le W« 43 M aufnehmen und 6 cm im Strickmuster I arbeiten. Dann die M locker abketten. An der unteren Rückenteilkante in »Le W« 83 M aufnehmen, 6 cm im Strickmuster I stricken, dann abketten. An der unteren Vorderteilkante das gleiche Bündchen stricken. Den Halsausschnitt in »Le W« mit 1 Rd Krebsstich umhäkeln. Die Blumenmotive nach dem Schema aufsticken. Seiten- und Ärmelnähte schließen.

Pullover mit angestricktem Kragen

Abbildung Seite 235

Größen 36/38 und 40/42
Bei abweichenden Angaben: Größe 40/42 in Klammern.

Material

Staufen Wolle, Qualität »beverly«, 950 (1000) g in Rosé Nr. 26. Je 1 Paar Stricknadeln Nr. 3 1/2 und 4.

Strickmuster

I (Bündchenmuster): Mit Nadeln Nr. 3 1/2 2 M rechts, 2 M links.
II: Mit Nadeln Nr. 4 nach der Strickschrift arbeiten. Es sind nur die Hinr. eingezeichnet, in den Rückr. werden alle M links gestrickt.
Die 1.–14. R ständig wiederholen.

Maschenprobe

22 M und 28 R im Strickmuster II = 10 x 10 cm.

Arbeitsanleitung

Rücken

96 (100) M anschlagen und im Strickmuster I arbeiten. Nach 11 cm im Muster II nach der Strickschrift arbeiten, dabei in der 1. R verteilt 18 (22) M zunehmen. Bis zu einer Gesamthöhe von 67 cm stricken, dann im Strickmuster I weiterarbeiten, dabei in der 1. R wieder verteilt 28 (26) M zunehmen. In einer Höhe von 78 cm alle M locker abketten.

Vorderteil

Wie das Rückenteil arbeiten.

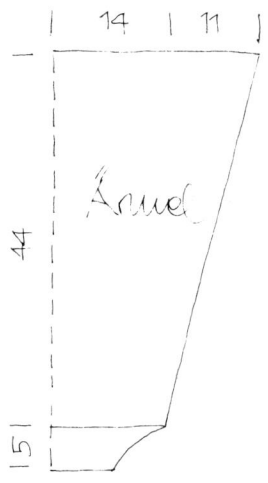

Ärmel

34 M anschlagen und im Strickmuster I 5 cm stricken. Dann im Muster II weiterarbeiten, dabei in der 1. R verteilt 27 M zunehmen. Für die Weite abwechselnd 12 x 1 M alle 4 R und 11 x 1 M alle 6 R beidseitig zunehmen. In einer Gesamthöhe von 49 cm alle M abketten.

Fertigstellung

Das Vorderteil und das Rückenteil in einer Höhe von 67 cm nach außen umschlagen, so daß die in Strickmuster I gestrickten oberen 11 cm als Kragen außen liegen. Die Schulternähte jeweils über 13 (15) cm schließen. Die Ärmel einsetzen und die Seiten- und Ärmelnähte schließen.

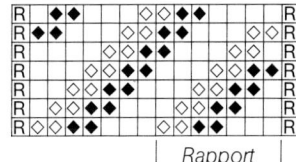

R = Randm.
□ = rechte M
◆◆ = die 2. M vor der 1. M rechts stricken, dann die 1. M rechts stricken.
◇◇ = die 2. M hinter der 1. M rechts stricken, dann die 1. M rechts stricken.

Dreiteiliges Ensemble

Abbildung Seite 239

Größen 34/36, 38/40 und 42/44
Bei abweichenden Angaben: Größen 38/40, 42/44 in Klammern.

Jacke

Material

Scheepjeswol, Qualität LINNEN: 450 (450/450) g in Blau Nr. 255, 400 (400/450) g in Weiß Nr. 261. Je 1 Paar Stricknadeln Nr. 4 und Nr. 4 ½.

Strickmuster

Die Jacke wird mit doppeltem Faden gearbeitet.
I (Bündchenmuster): Mit Nadeln Nr. 4 mit 2 Fäden in Blau 1 M rechts, 1 M links.
II: Mit Nadeln Nr. 4 ½ im Patentmuster mit 1 Faden in Blau und 1 Faden in Weiß stricken.
1. R (Hinr.): rechte M.
2. R: Randm., * 1 M rechts, dabei 1 R tiefer einstechen, 1 M links, ab * wiederholen, enden mit 1 M rechts, dabei 1 R tiefer einstechen und 1 Randm.
Die 1. und 2. R stets wiederholen.

Maschenprobe

17 M und 33 R im Strickmuster II = 10 x 10 cm.

Arbeitsanleitung

Rücken

91 (97/103) M anschlagen und im Muster II arbeiten. Nach 232 (242/252) R ab dem Anschlag alle M abketten.

Rechtes Vorderteil

47 (51/55) M anschlagen und wie das Rückenteil arbeiten, jedoch für die Tasche nach 92 R ab dem Anschlag die ersten 14 (18/22) und die letzten 6 M abstricken, die dazwischen liegenden 27 M für den Taschenschlitz abketten.
Für das Taschenfutter 27 M anschlagen und 16 cm im Muster II stricken. Die M nicht abketten, sondern an Stelle der abgeketteten M setzen und über alle M im Muster II weiterarbeiten. Nach 154 (160/166) R ab dem Anschlag für den Halsausschnitt 12 (14/16) x in jeder 6. (5./5.) R je 1 M abnehmen. Nach 78 (82/86) R ab dem Beginn des Halsausschnittes die restlichen 35 (37/39) M dann locker abketten.

Linkes Vorderteil

Gegengleich arbeiten.

Ärmel

47 (51/55) M anschlagen und im Muster II arbeiten, dabei für die Ärmelschräge 17 x in jeder 8. R beidseitig je 1 M zunehmen. Nach 148 (152/156) R ab dem Anschlag alle 81 (85/89) M locker abketten.

Fertigstellung

Schulternähte schließen, Ärmel annähen, Seiten- und Ärmelnähte schließen, Innentaschen annähen. Für die Abschlußblende entsprechend der Maße der Vorderkanten und des Halsausschnittes über 7 M im Muster I stricken. Die Blende der Länge nach anpassen und annähen.

Pullover

Material

Scheepjeswol, Qualität LINNEN: 200 (200/250) g in Blau Nr. 255, 150 (150/200) g in Weiß Nr. 261.

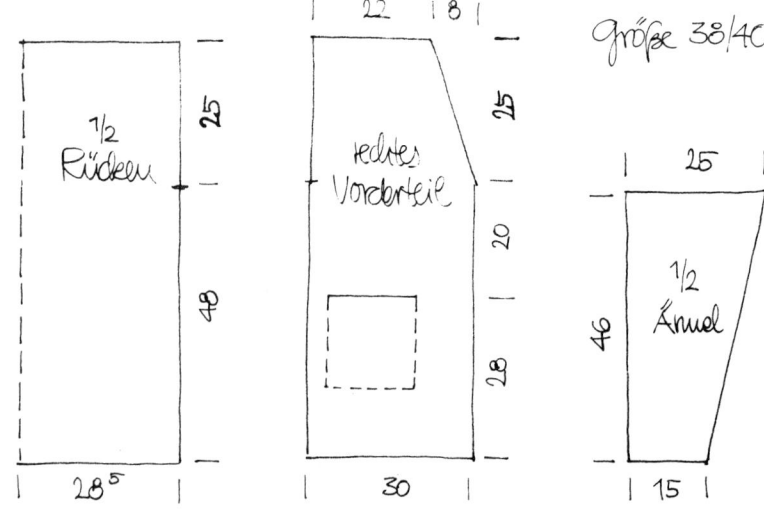

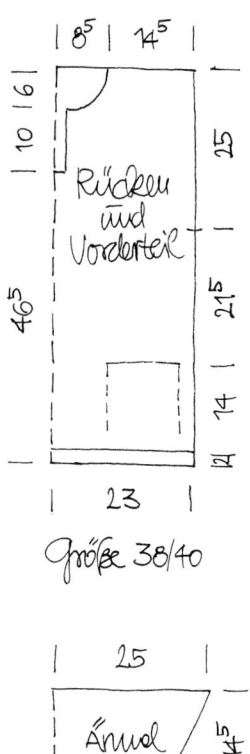

Je 1 Paar Stricknadeln Nr. 3 und Nr. 3 ½, 3 Knöpfe.

Strickmuster

I (Bündchenmuster): Mit Nadeln Nr. 3 in Blau 1 M rechts, 1 M links.
II: Mit Nadeln Nr. 3 glatt rechts (= Hinr. rechte M, Rückr. linke M) in Blau.
III: Mit Nadeln Nr. 3 ½ im Jacquardmuster glatt rechts.
1. R: Randm., 1 M in Blau und 1 M in Weiß stets im Wechsel, enden mit Randm.
2. und alle Rückr.: in Blau über Blau und in Weiß über Weiß arbeiten.
3. R: Randm., 1 M in Weiß und 1 M in Blau, stets im Wechsel, enden mit Randm.
Die 1.–4. R fortlaufend wiederholen.

Maschenprobe

28 M und 26 R im Strickmuster III = 10 x 10 cm.

Arbeitsanleitung

Rücken

120 (130/140) M in Blau anschlagen und 2 cm im Muster I stricken, im Muster III weiterarbeiten. Nach 148 (158/168) R ab dem Bündchen alle M locker abketten.

Vorderteil

Wie das Rückenteil arbeiten, jedoch für die Taschen nach 36 R ab dem Bündchen die ersten und letzten 6 M und die mittleren 40 (50/60) M abstricken, die dazwischen liegenden jeweils 34 M für die beiden Taschenschlitze stilllegen. Nun für die zwei Taschenfutter je 34 M anschlagen und 11 cm im Muster II arbeiten, M nicht abketten, sondern an Stelle der stillgelegten M setzen und über alle M im Muster III weiterarbeiten. Nach 106 (116/126) R ab dem Bündchen für den Schlitz die mittleren 8 M abketten und getrennt weiterarbeiten. Nach 26 R ab Beginn des Schlitzes für den Halsausschnitt noch jeweils 1 x 7 (8/9), 1 x 3, 3 x 2 und 3 x 1 M in jeder 2. R abketten. Nach 16 R ab Beginn des Halsausschnittes die restlichen jeweils 37 (41/45) M dann locker abketten.

Ärmel

100 (104/108) M in Blau anschlagen und 2 cm im Muster I stricken, dann im Muster III weiterarbeiten, dabei für die Armelschräge 17 (18/19) x in jeder 2. R beidseitig je 1 M zunehmen, nach 36 (38/40) R ab dem Bündchen alle 134 (140/146) M abketten.

Fertigstellung

Schulternähte schließen, Ärmel annähen, Seiten- und Ärmelnähte schließen. An den beiden seitlichen Kanten des Schlitzes 27 M in Blau aufnehmen und 3 cm im Muster I stricken, dabei in die Knopflochleiste verteilt 3 Knopflöcher einarbeiten, hierfür nach halber Höhe jeweils 2 M abketten und in der nächsten R wieder anschlagen. Für den Kragen 115 (119/123) M aufnehmen und 8 cm in Blau im Muster I stricken, M locker abketten. Über die jeweils 34 für den Taschenschlitz stillgelegten M 2 cm in Blau im Muster I stricken, Taschenfutter und Knöpfe annähen.

Rock

Material

Scheepjeswol, Qualität LINNEN, 350 (350/400) g in Blau Nr. 255. Je 1 Paar Stricknadeln Nr. 3 und Nr. 3 ½, 1 Gummi-Gurtband, 2 cm breit.

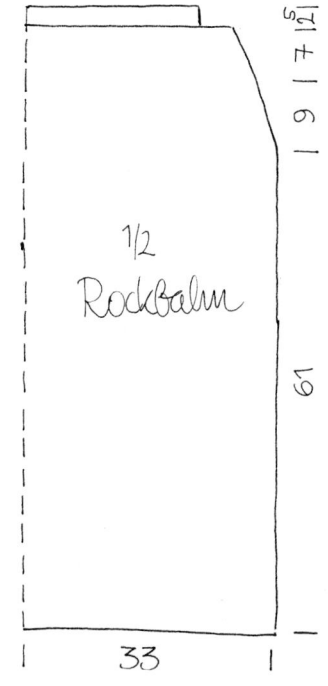

Strickmuster

I (Bündchenmuster): Mit Nadeln Nr. 3 1 M rechts, 1 M links.
II: Mit Nadeln Nr. 3 ½ im breiten Rippenmuster stricken.
1. R und alle folgenden Hinr.: Randm., * 2 M links, 6 M rechts, 2 M links, ab * wiederholen, enden mit Randm.
2. und alle folgenden Rückr.: M stricken, wie sie erscheinen.

Maschenprobe

26 M und 32 R im Strickmuster II = 10 x 10 cm.

Arbeitsanleitung

Rückwärtiges Teil

162 (172/182) M anschlagen und im Muster II arbeiten. In 57 (61/65) cm Gesamthöhe in einer Hinr. die 6. und 7. M rechts zusammenstricken, dies noch 15 (16/17) x in einem Abstand von 8 M wiederholen (= jede weitere 9. und 10. M rechts zusammenstricken). Nun über 146 (155/164) M noch 9 cm stricken, dann in einer Hinr. die 10. und 11. M links zusammenstricken, dies noch 14 (15/16) x in einem Abstand von 7 M wiederholen (= jede weitere 8. und 9. M links zusammenstricken). Die restlichen 131 (139/147) M dann noch 7 cm im Muster II stricken und dann 2,5 cm im Muster I arbeiten. Anschließend alle M locker abketten.

Vorderes Teil

Wie das rückwärtige Teil arbeiten.

Fertigstellung

Seitennähte schließen. Das Gummiband von innen locker an das Taillenbündchen anheften.

Strick-Klassiker

Dunkelroter Damenpullover

Abbildung Seite 243

Größen 38 und 40/42
Bei abweichenden Angaben: Größe 40/42 in Klammern.

Material

H.E.C. Wolle, Qualität aarlan sportiwo, 840 (900) g in Dunkelrot Nr. 1928. Je 1 Paar Stricknadeln Nr. 5–5 ½ und 6–7, 1 Rundstricknadel Nr. 5–5 ½, 1 Zopfmusternadel.

Strickmuster

I: Mit Nadeln Nr. 5–5 ½ Hinr. und Rückr. rechts stricken.
II: Mit Nadeln Nr. 6–7 stricken.
1. R: Randm., 4 (8) M links, * 8 M rechts, 8 M links, ab * wiederholen, enden mit 4 (8) M links, Randm.
Nun 40 R die M stricken, wie sie erscheinen, dabei für den Zopf in der 21. R bei den 8 rechten M 4 M auf einer Hilfsnadel nach vorn legen, die folgenden 4 M rechts stricken, nun die 4 M von der Hilfsnadel rechts stricken. Die 41. bis 80. R versetzt stricken, die 81. bis 120. R wie die ersten 40 R stricken. Den Zopf in der 61. und der 101. R wiederholen.

Maschenprobe

16 M und 20 R im Strickmuster II = 10 x 10 cm.

Arbeitsanleitung

Rücken

72 M anschlagen. Im Strickmuster I arbeiten. Nach 4 (5) cm verteilt 10 (18) M zunehmen = 82 (90) M. Im Strickmuster II weiterarbeiten. In 62 (63) cm Höhe in jeder 2. R beidseitig 2 x 11 (1 x 12, 1 x 13) M abketten. Die restlichen 38 (40) M stillegen.

Vorderteil

Wie den Rücken arbeiten.

Ärmel

40 M anschlagen. Im Strickmuster I arbeiten. Nach 5 cm 12 (16) M verteilt zunehmen. Weiter im Strickmuster II arbeiten, dabei mit der Hinr. wie folgt beginnen: Randm., 5 (7) M links, 8 M rechts, 8 M links, enden mit 5 (7) M links, Randm. An beiden Kanten zuerst alle 4 cm 5 x 1 M, dann alle 3 cm 4 x 1 M und alle 1,5 cm 4 x 1 M zunehmen. Man erhält 78 (82) M. Nach dem 2. Mustersatz, in 45 cm Gesamthöhe, alle M locker abketten.

Fertigstellung

Die Teile spannen und unter einem feuchten Tuch trocknen lassen. Die Seitennähte schließen, dabei entsprechend der Ärmelweite offen lassen. Die stillgelegten M vom Halsausschnitt aufnehmen, so daß man 76 (80) M auf der Nadel hat. Mit der Rundstricknadel glatt rechts wie folgt

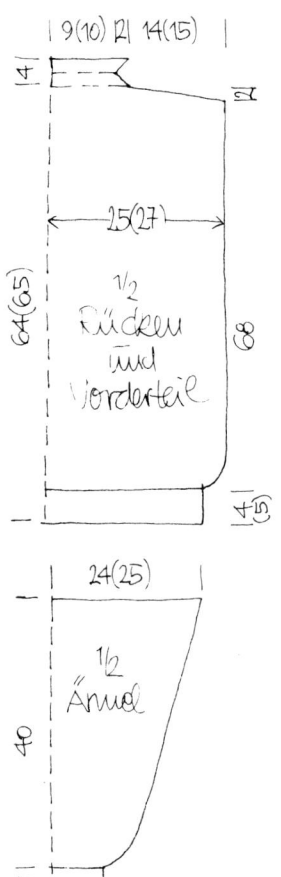

arbeiten: Auf beiden Seiten der Schulternähte 2 x in jeder 2. Rd 1 Abnahme durch Überziehen und 2 M rechts zusammenstricken. In der 6. und 8. Rd je 2 M zunehmen. In der 9. Rd alle M locker abketten und die Blende zur Hälfte nach innen schlagen, festnähen. Anschließend die Ärmel einsetzen.

Kinderpullover mit Streifen

Abbildung Seite 243

Größen 116, 128, 140 und 152 (6, 8, 10 und 12 Jahre)
Bei abweichenden Angaben: Größen 128, 140 und 152 in Klammern.

Material

H.E.C. Wolle, Qualität aarlan match: 210 (230/250/280) g in Jeans Nr. 2035, 120 (130/140/150) g in Dunkeljeans Nr. 2609, 80 (90/100/120) g in Grün Nr. 2614. Je 1 Paar Stricknadeln Nr. 3 1/2–4 und 4 1/2–5 1/2. Je 1 Nadelspiel Nr. 3 1/2–4 und 4–4 1/2.

Strickmuster

I (Bündchenmuster): Mit Nadeln Nr. 3 1/2–4 2 M rechts, 2 M links.
II: Mit Nadeln 4 1/2–5 1/2 stricken. In den Hinr. alle M rechts stricken. In den Rückr. für Größe 116/128/152: Randm., 1 M rechts * 5 M links, 2 M rechts, ab * stets wiederholen. Für Größe 140: Randm., 3 M links, * 2 M rechts, 5 M links, ab * stets wiederholen. Immer je 16 (18/20/22) R abwechselnd in Dunkeljeans und Grün, dazwischen immer je 1 Streifen in Jeans im Muster III.
III: Mit Nadeln Nr. 4 1/2–5 1/2 nach der Strickschrift arbeiten.
Für die Größen 128, 140 und 152 gilt der Pfeil als Mitte von allen Teilen. Für Größe 116 ist dagegen ein Motiv die Mitte aller Teile.

Maschenprobe

Im Strickmuster II: 18 M und 26 R = 10 x 10 cm.

Arbeitsanleitung

Rücken

In Jeans 62 (66/74/78) M anschlagen. Im Strickmuster I arbeiten, dabei in einer Rückr. mit Randm., 1 M rechts, 2 M links beginnen. Nach 7 (7/7/8) cm verteilt 10 (13/13/15) M zunehmen. Man erhält dann 72 (79/87/93) M. Im Strickmuster II und III weiterarbeiten. Die Kanten bleiben gerade. In 47 (50/53/57) cm Ge-

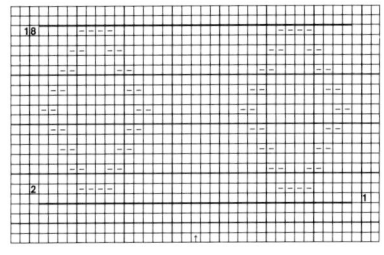

Strickschrift für den Kinderpullover und den Herrenpullover.
Hinr.: alle M rechts stricken.
Rückr.: –– = 2 M rechts, –––– = 4 M rechts stricken. Alle übrigen M werden links gestrickt.

samthöhe für die Schultern dann beidseitig in jeder 2. R 3 x 8 (2 x 9, 1 x 8/ 3 x 10/ 2 x 11, 1 x 10) M abketten. Die restlichen 24 (27/27/29) M für den Halsausschnitt anschließend gerade abketten.

Vorderteil

Wie den Rücken arbeiten, aber in einer Gesamthöhe von 43 (45,5/48/ 51) cm für den Halsausschnitt die mittleren 8 (11/11/13) M abketten. Für die Rundung beidseitig davon in jeder 2. R 1 x 4, 1 x 2, 1 x 1, 1 x 0, 1 x 1 M abketten.

Ärmel

In Jeans 38 (38/42/46) M anschlagen und im Strickmuster I arbeiten. Nach 6 (6/6/7) cm verteilt 7 (9/13/11) M zunehmen, so daß man 45 (47/ 55/57) M erhält. Im Strickmuster II und III weiterarbeiten, dabei an den Kanten beidseitig 6 x 1 M alle 4 cm und 2 x 1 M alle 2 cm (7 x 1 M alle 4 cm und 2 x 1 M alle 2 cm / 5 x 1 M alle 5 cm und 4 x 1 M alle 2 cm / 6 x 1 M alle 5 cm und 3 x 1 M alle 2 cm) zunehmen, bis man schließlich 61 (65/73/ 75) M erhält. In 36 (39/41/44) cm Gesamthöhe alle M locker abketten.

Fertigstellung

Die Nähte schließen, dabei die Seitennähte entsprechend der Ärmelweite offen lassen. Für den Halsausschnitt in Jeans auf das Nadelspiel Nr. 4–4 ½ am Ruckenteil 22 (24/26/ 26) M aufnehmen und am Vorderteil 42 (44/46/46) M, so daß man 64 (68/72/72) M erhält. In Rd im Strickmuster I arbeiten, je 2 cm mit Nadeln Nr. 4–4 ½, 3 ½–4, 4–4 ½. In 6 cm Gesamthöhe alle M locker abketten und die Blende zur Hälfte nach innen nähen. Anschließend die Ärmel einsetzen.

Herrenpullover mit Streifen

Abbildung Seite 242

Größen 46, 48 und 50/52
Bei abweichenden Angaben: Größen 48 und 50/52 in Klammern.

Material

H.E.C. Wolle, Qualität aarlan sportiwo 500: (520/540) g in Grau Nr. 1945, 200 (210/220) g in Grün Nr. 1976, 270 (280/290) g in Dunkelrot Nr. 1929. Je 1 Paar Stricknadeln Nr. 4 ½– 5 und 5 ½–7. Je 1 Nadelspiel Nr. 4 ½–5 und 5 ½.

Strickmuster

I: Mit Nadeln Nr. 4 ½–5 2 M rechts, 2 M links stricken.
II: Mit Nadeln Nr. 5 ½–7 in den Hinr. alle M rechts stricken, in den Rückr. für Größe 46: Randm., 1 M rechts, * 5 M links, 2 M rechts, ab * stets wiederholen. Für Größe 48: Randm., 2 M links, * 2 M rechts, 5 M links, ab * stets wiederholen. Für Größe 50/52: Randm., 1 M rechts, * 5 M links, 2 M rechts, ab * stets wiederholen. Je 9 cm hoch abwechselnd in Dunkelrot und in Grün arbeiten, dazwischen immer je 1 Streifen in Grau im Strickmuster III.
III: Mit Nadeln Nr. 5 ½–7 nach der Strickschrift arbeiten. Der Pfeil bedeutet die Mitte von allen Teilen.

Maschenprobe

Im Strickmuster II: 15 M und 20 R = 10 x 10 cm.

Arbeitsanleitung

Rücken

In Grau 62 (66/74) M anschlagen. Im Strickmuster I arbeiten, dabei in der Rückr. das Muster wie folgt einteilen: Randm., 1 M rechts, 2 M links, 2 M rechts usw. In 7 (9/9) cm Gesamthöhe verteilt 17 (19/19) M zunehmen, so daß man 79 (85/93) M erhält. Im Strickmuster II und III weiterarbeiten. Die Kanten bleiben gerade. In 70 (72/72) cm Gesamthöhe für die Schultern beidseitig in jeder 2. R 2 x 9, 1 x 8 (2 x 10, 1 x 9 / 2 x 11, 1 x 10) M abketten. Anschließend die restlichen 27 (27/29) M für den Halsausschnitt gerade abketten.

Vorderteil

Wie das Rückenteil arbeiten, jedoch in 63,5 (65,5/65,5) cm Gesamthöhe die mittleren 11 (11/13) M abketten. Für die Rundung beidseitig davon in jeder 2. R 1 x 4, 1 x 2, 1 x 1, 1 x 0, 1 x 1 M abketten.

Ärmel

34 (34/38) M in Grau anschlagen. Im Strickmuster I arbeiten, dabei in der Rückr. mit Randm., 1 M rechts, 2 M links beginnen. In 8 cm Gesamthöhe

verteilt 13 (15/13) M zunehmen, so daß man 47 (49/51) M erhält. Im Strickmuster II und III arbeiten, wie beim Rückenteil, dabei an beiden Kanten 8 x 1 M alle 4 cm und 6 x 1 M alle 2 cm zunehmen. Man erhält 75 (77/79) M. In 53 cm Gesamthöhe alle M locker abketten.

Fertigstellung

Die Teile spannen und unter einem feuchten Tuch trocknen lassen. Die Nähte schließen, dabei die Seitennähte entsprechend der Ärmelweite offen lassen.
Für den Halsabschluß in Grau auf ein Nadelspiel am Rückenteil 24 (24/26) M und am Vorderteil 36 (36/38) M aufnehmen. In Rd im Strickmuster I arbeiten, je 2 cm mit Nadeln Nr. 5–5½, 4½–5, 5–5½ stricken. In 6 cm Gesamthöhe alle M locker abketten und die Blende zur Hälfte nach innen nähen. Anschließend die Ärmel einsetzen.

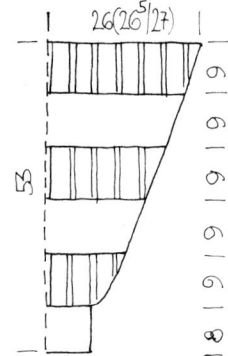

Gelber Rippenpullover

Abbildung Seite 247

Größen 38 und 40/42
Bei abweichenden Angaben: Größe 40/42 in Klammern.

Material

Schaffhauser Wolle, Qualität ST. TROPEZ, 850 (900) g in Vanille Nr. 33. (Ersatzqualität: ALLROUND.) Je 1 Paar Stricknadeln Nr. 3 und 3½, 1 Nadelspiel Nr. 3½.

Strickmuster

I (Bündchenmuster): Mit Nadeln Nr. 3 1 M rechts, 1 M links.
II: Mit Nadeln Nr. 3½ im Patentmuster arbeiten.
1. R: * 1 M rechts, 1 M links abheben, dabei den Faden über die Nadel legen, von * bis * ständig wiederholen.
2. und alle weiteren R: Die abgehobene M mit dem Umschlag zusammen rechts abstricken, die gestrickte M links abheben, dabei den Faden über die Nadeln legen.

III: Mit dem Nadelspiel in Rd glatt rechts = alle M rechts.

Maschenprobe

23 M im Muster II = 10 cm Breite.

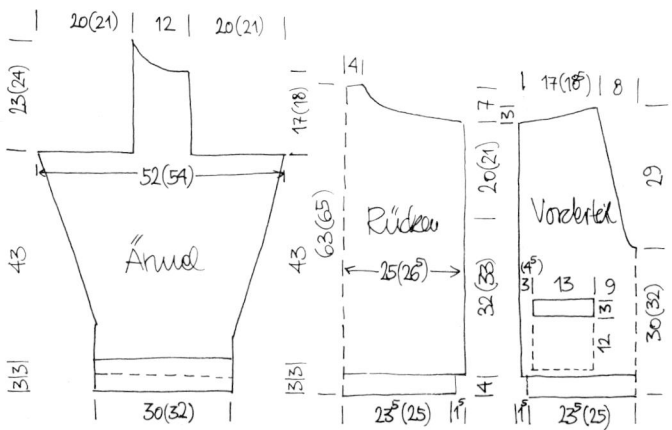

Arbeitsanleitung

Rücken

117 (123) M anschlagen. Im Strickmuster I stricken, dabei die 1. R = Rückr. mit Randm., 1 M links beginnen. Nach 4 cm im Muster II weiterarbeiten, dabei das Muster nach der Randm. wie beschrieben beginnen und etwas fester stricken als beim Bündchen. Die rechten Bündchen-M laufen somit im Patentmuster weiter. Die Seitennähte bleiben gerade. In 56 (58) cm Höhe für die Schulterschrägung jeweils am Reihenanfang wie folgt abketten: 4, 3, 4, 3, 4, 3, 4, 3, 4, 3, 4 x 2, 1, 2, 1, 1, 0, 0, (8 x 4, 2 x 3, 4 x 2, 1, 2, 1, 1, 0, 0) M, dann die restlichen 21 M gerade abketten.

Vorderteil

Wie das Rückenteil arbeiten, jedoch 12 cm oberhalb des Bündchens die beiden Taschen einarbeiten: Von der rechten Kante her die ersten 9 (12) M übergehen, 1 M für die Naht anschlagen, die folgenden 29 M rechts abstricken und 1 M für die Naht anschlagen. Mit diesen 31 M separat 6 cm hoch glatt rechts stricken, dann die M abketten. Bei der linken Kante das 2. Taschenbündchen gleich arbeiten. Für das Taschenfutter separat je 29 M anschlagen und 12 cm hoch glatt rechts stricken. Die je 29 M in einer Hinr. in die entstandenen Lücken einfügen und über alle M weiterstricken. In 30 (32) cm Höhe für den Ausschnitt die Mittel-M abketten und jede Hälfte einzeln stricken. Für die Schrägung 6 x in jeder 4. R und 14 x nach je 1,5 cm 1 M abketten. Die Schulterschrägung in gleicher Höhe wie beim Rückenteil von der äußeren Kante her in jeder 2. R 2 x 4, 6 x 5 (7 x 5, 1 x 6) M abketten.

Rechter Ärmel

71 (75) M anschlagen und mit Nadeln Nr. 3 6 cm hoch glatt rechts stricken, dann im Muster II weiterarbeiten. Nach 10 cm beidseitig 1 M zunehmen und dies beidseitig 25 x alle 1,5 cm wiederholen = 123 (127) M. In 49 cm Höhe beidseitig 1 x 47 (49) M abketten. Mit den restlichen 29 M für die Schulterpasse 17 (18) cm gerade weiterstricken, dann für den Halsausschnitt am Anfang der Hinreihen 10, 4, 3 x 2, 3 x 1, 0, 1, 0, 1, 0, 0, 1, 0, 0 M abketten, dann die restlichen 3 M gerade abketten.

Linker Ärmel

Gegengleich arbeiten.

Fertigstellung

Beim Vorderteil die Hälften der Taschenbündchen nach hinten klappen und festnähen, auf der Innenseite das Taschenfutter annähen. Die Nähte schließen, dabei bei den Seitennähten 1½ M tief stechen und die oberen 20 (21) cm für den Armausschnitt offen lassen. Die Ärmel einsetzen, die Längskanten der Schulterpassen an die Schulterschrägungen nähen. Für die Halsblende mit dem Nadelspiel aus dem Rückenteil 19 M, aus den Schulterpassen je 31 M, aus den vorderen Ausschnittschrägungen je 72 M und in der vorderen Spitze 1 M aufnehmen. In Rd rechts arbeiten, dabei in jeder 2. Rd an der Spitze 2 M abnehmen. Nach 3 cm 4 Rd ohne Abnahmen stricken, dann nochmal 3 cm stricken, dabei für die Spitze in jeder 2. Rd beidseitig der Mittel-M je 1 M verschränkt zunehmen. Die Maschen locker abketten und das Bündchen und die Ärmelbündchen zur Hälfte umklappen und festnähen.

Damen- und Herrenpullover mit V-Ausschnitt

Abbildung Seite 250

Damengrößen 38/40 und 42/44, Herrengrößen 48/50 und 52/54
Bei abweichenden Angaben: Größen 42/44, 48/50 und 52/54 in Klammern.

Material

Sjöberg Wolle, Qualität Daletta: 550 (550/600/650) g in Weiß Nr. 0010 (Grundfarbe), 50 (50/100/100) g in Hellblau Nr. 3025 oder in Mittelblau Nr. 5373 (Musterfarbe). Je 1 Paar Stricknadeln Nr. 2½ und 3, je 1 Nadelspiel Nr. 2½ und 3, 1 kurze Rundstricknadel Nr. 2½.

Strickmuster

I (Bündchenmuster): Mit Nadeln Nr. 2½ 1 M rechts, 1 M links stricken.
II: Mit Nadeln Nr. 3 im Rippenmuster stricken.
1. R: * 8 M rechts, 3 M links, ab * wiederholen. In den Rückr. die M stricken, wie sie erscheinen.

Maschenprobe

28 M und 38 R im Strickmuster II = 10 x 10 cm.

Arbeitsanleitung

Rücken

In Blau 124 (134/144/152) M anschlagen und im Strickmuster I wie folgt stricken: für den Damenpullover 2 R in Blau, 16 R in Weiß, 6 R in Blau, 16 R in Weiß und 2 R in Blau; für den Herrenpullover 2 R in Blau, 10 R in Weiß, 4 R in Blau, 10 R in Weiß und 2 R in Blau. Dabei bei jedem Farbwechsel 1 R rechts stricken. Dann im Muster II weiterarbeiten, dabei in der 1. R verteilt 16 (17/18/21) M zunehmen. Dann weiter alle 3,5 (4,5/5/5,5) cm beidseitig je 1 M zunehmen, bis 170 (177/186/195) M auf der Nadel sind. In einer Gesamthöhe von 61 (61/63/63) cm für den Halsausschnitt die mittleren 42 (43/44/45) M stilllegen und die beiden Seiten getrennt beenden. Für die Ausschnittrundung jeweils noch an beiden Teilen 1 x 3, 4 x 2 und 6 x 1 M stilllegen.
In einer Gesamthöhe von 67 (67/69/69) cm die Schulter wie folgt arbeiten: Beim Zurückstricken vom Ausschnitt die äußeren 11 (12/13/14) M ungestrickt lassen, wenden und in der nächsten R die vorletzten 12 (12/14/15) M ungestrickt lassen. Wenden, zum Halsausschnitt stricken, wenden, und nun 1 R mit allen stillgelegten M stricken, dann alle M locker abketten.

Vorderteil

Bis zu einer Gesamthöhe von 44 (44/46/46) cm wie das Rückenteil arbeiten. Dann für den V-Ausschnitt wie folgt weiterarbeiten: Die Arbeit in der Mitte teilen (bei den Größen 42/44 und 52/54 die Mittelm. stilllegen) und beide Seiten getrennt beenden. Dazu in jeder 2. R direkt hinter der Randm. 12 x 1 M beim Damenpullover und 13 x 1 M beim Herrenpullover und in jeder 3. R 26 x 1 M abnehmen. In einer Höhe von 67 (67/69/69) cm die Schultern wie beim Rücken arbeiten und abketten.

Ärmel

In Blau 56 (58/62/66) M mit dem Nadelspiel Nr. 2½ anschlagen und in Rd im Strickmuster I arbeiten. Dabei die Farben wie folgt wechseln: 2 Rd in Blau, 6 Rd in Weiß, 2 Rd in Blau, 6 Rd in Weiß, 2 Rd in Blau. Dabei bei jedem Farbwechsel 1 Rd rechts stricken. Dann im Muster II weiterstricken und in der 1. Rd verteilt 28 M beim Damenpullover und 30 M bei dem Herrenpullover zunehmen. Dann alle 1,5 cm am Anfang und Ende der Rd im Abstand von 2 M 14 x je 1 M beim Damenpullover und 16 x je 1 M beim Herrenpullover zunehmen, dann alle 1 cm 16 x je 1 M, bis 144 (146/156/160) M auf den Nadeln sind. In einer Gesamthöhe von 42 (44/46/48) cm alle M abketten.

Fertigstellung

Die Nähte schließen, dabei die Seitennähte entsprechend der Ärmelweite offen lassen. Ärmel einsetzen. Für die V-Ausschnittblende entlang der Ausschnittkanten mit der Rundstricknadel 230 M beim Damenpullover und 240 M beim Herrenpullover aufnehmen (bei den Größen 42/44 und 52/54 die stillgelegte Mittelm. mit aufnehmen). Für die Größen 38/40 und 48/50 eine Mittelm. anschlagen. Diese wird immer rechts gestrickt. In jeder Rd beidseitig dieser Mittelm. je 1 M abnehmen. Die Blende im Muster I stricken und die Farbfolge wie beim Ärmelbündchen arbeiten. Die Abkettr. ist in Blau.

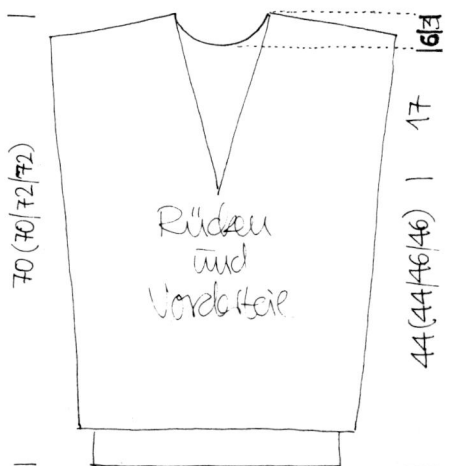

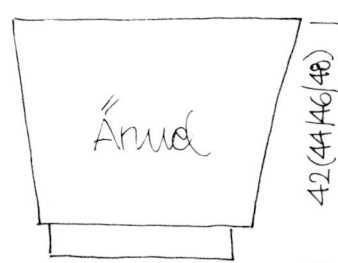

Kinderpullover mit V-Ausschnitt

Abbildung Seite 251

Größen 4–6, 8–10 und 12–14 Jahre
Bei abweichenden Angaben: Größen 8–10 und 12–14 Jahre in Klammern.

Material

Sjöberg Wolle, Qualität Daletta: 400 (400/450) g in Mittelblau Nr. 5373, 50 g in Weiß Nr. 0010. Je 1 Paar Stricknadeln Nr. 2 ½ und 3, je 1 Nadelspiel Nr. 2 ½ und 3, 1 kurze Rundstricknadel Nr. 2 ½.

Strickmuster

Wie bei den Erwachsenenmodellen.

Maschenprobe

Wie bei den Erwachsenenmodellen.

Arbeitsanleitung

Rücken

In Weiß 86 (96/108) M anschlagen, im Strickmuster I arbeiten. Den Farbwechsel wie folgt arbeiten: 2 R in Weiß, 8 R in Blau, 4 R in Weiß, 8 R in Blau, 2 R in Weiß. Dabei bei jedem Farbwechsel 1 R rechts stricken. Dann im Muster II in Blau weiterstricken, dabei in der 1. R verteilt 10 (11/10) M zunehmen. An beiden Seiten alle 4,5 (5,5/5,5) cm 8 (6/6) x 1 M zunehmen, bis 112 (119/130) M auf der Nadel sind. In einer Gesamthöhe von 36 (43/47) cm für den Halsausschnitt die mittleren 30 (35/38) M stilllegen und jede Seite getrennt beenden. Für die Ausschnittrundung bei beiden Teilen jeweils noch 3 x 2 und 5 x 1 M stilllegen. Zugleich in einer Gesamthöhe von 40 (47/51) cm mit den Schulterschrägungen wie folgt beginnen: Zunächst die äußersten 7 (7/8) M ungestrickt lassen, in der übernächsten R die vorletzten 7 (8/9) M ungestrickt lassen, in der übernächsten R weitere 8 (8/9) M. Dann eine R mit allen stillgelegten M stricken und alle M abketten.

Vorderteil

Wie den Rücken arbeiten, aber in einer Gesamthöhe von 25 (30/32) cm für den V-Ausschnitt wie folgt arbeiten: Die Arbeit in der Mitte teilen (bei Größe 8–10 Jahre die Mittelm. stilllegen) und beide Seiten getrennt beenden. In jeder 2. R direkt hinter der Randm. 17 (15/13) x 1 M abnehmen, dann in jeder 3. R 9 (13/17) x 1 M. In einer Höhe von 40 (47/51) cm die Schulterschrägung wie beim Rücken arbeiten.

Ärmel

In Weiß 48 (52/56) M mit dem Nadelspiel Nr. 2 ½ anschlagen und in Rd im Muster I arbeiten. Die Farbwechsel wie folgt arbeiten: 2 Rd in Weiß, 4 Rd in Blau, 2 Rd in Weiß, 4 Rd in Blau, 2 Rd in Weiß, dabei bei jedem Wechsel 1 Rd rechts stricken. Dann in Blau im Strickmuster II weiterstricken, dabei in der 1. Rd verteilt 12 M zunehmen. Dann alle 2 cm im Abstand von 2 M am Anfang und Ende der Rd jeweils 1 M zunehmen, bis 96 (100/108) M auf den Nadeln sind. In einer Gesamthöhe von 32 (35/38) cm alle M abketten.

Fertigstellung

Wie bei den Erwachsenenmodellen die Nähte schließen, dann für die V-Ausschnittblende in Weiß mit der Rundstricknadel entlang den Halsausschnittkanten 176 (182/196) M aufnehmen. Bei Größe 8–10 Jahre die stillgelegte Mittelm. mit aufnehmen, für die anderen Größen 1 Mittelm. anschlagen. Weiter wieder wie bei den Erwachsenenmodellen arbeiten, allerdings mit der Farbfolge wie beim Ärmelbündchen.

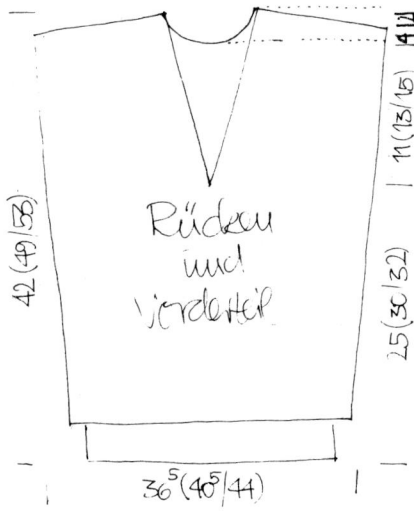

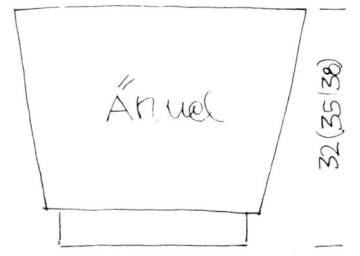

Damenpullover mit Zopfmuster

Abbildung Seite 254

Größe 38/40

Material

Woll–Service Wolle, Qualität Filpucci »Selva«, 600 g in Rot Nr. 5060. Je 1 Paar Stricknadeln Nr. 3½ und 5, 1 Zopfmusternadel.

Strickmuster

I (Bündchenmuster): Mit Nadeln Nr. 3½ 2 M rechts, 2 M links.

II: 1. R (Rückr.): Randm., * 2 M links, 2 M rechts, ab * wiederholen.
2. R: Randm., * 2 M links, 1 M auf einer Hilfsnadel vor die Arbeit legen, 1 M rechts, die M der Hilfsnadel rechts, ab * wiederholen.
3. R: M stricken, wie sie erscheinen.
2. und 3. R immer wiederholen.

III: 1. R: Randm., 4 M links, * 6 M rechts, 6 M links, ab * immer wiederholen, R beenden mit 4 M links, Randm.
2. R: M stricken, wie sie erscheinen.
3. R: Randm., 4 M links, * 3 M auf einer Hilfsnadel vor die Arbeit legen, 3 M rechts, die M der Hilfsnadel rechts stricken, 6 M links, ab * wiederholen, R beenden mit 4 M links, Randm.
4. R: M stricken, wie sie erscheinen.
5.–12. R: Randm., 4 M glatt links, * 6 M glatt rechts, 6 M glatt links, ab * immer wiederholen, R beenden mit 4 M glatt links, Randm.
3.–12. R stets wiederholen.

Maschenprobe

21 M und 24 R = 10 x 10 cm.

Arbeitsanleitung

Rücken

90 M anschlagen und 11 cm im Muster I stricken, dabei in der letzten Rückr. verteilt 22 M zunehmen. Mit Nadeln Nr. 5 im Strickmuster II stricken, nach 23 cm im Strickmuster III weiterarbeiten. In 64 cm Gesamthöhe alle M abketten.

Vorderteil

Bis zur Gesamthöhe von 56 cm wie den Rücken stricken, dann für den Halsausschnitt die mittleren 30 M abketten und beidseitig in jeder 2. R 1 x 3, 3 x 2, 3 x 1 M abketten. In Rückenteilhöhe (also in 64 cm Gesamthöhe) die restlichen M abketten.

Ärmel

40 M anschlagen und 7 cm im Muster I stricken, dabei in der letzten Rückr. verteilt 20 M zunehmen. Mit Nadeln Nr. 5 im Strickmuster II 35 cm stricken, dabei beidseitig gleichmäßig verteilt 34 x 1 M zunehmen. In 42 cm Höhe alle M abketten.

Fertigstellung

Die Teile spannen und unter einem feuchten Tuch trocknen lassen. Nähte schließen, dabei die Seitennähte entsprechend der Ärmelweite offen lassen. Aus der Halsausschnittkante mit Nadeln Nr. 3½ die M auffassen und im Muster I stricken. Nach 2 cm alle M abketten.

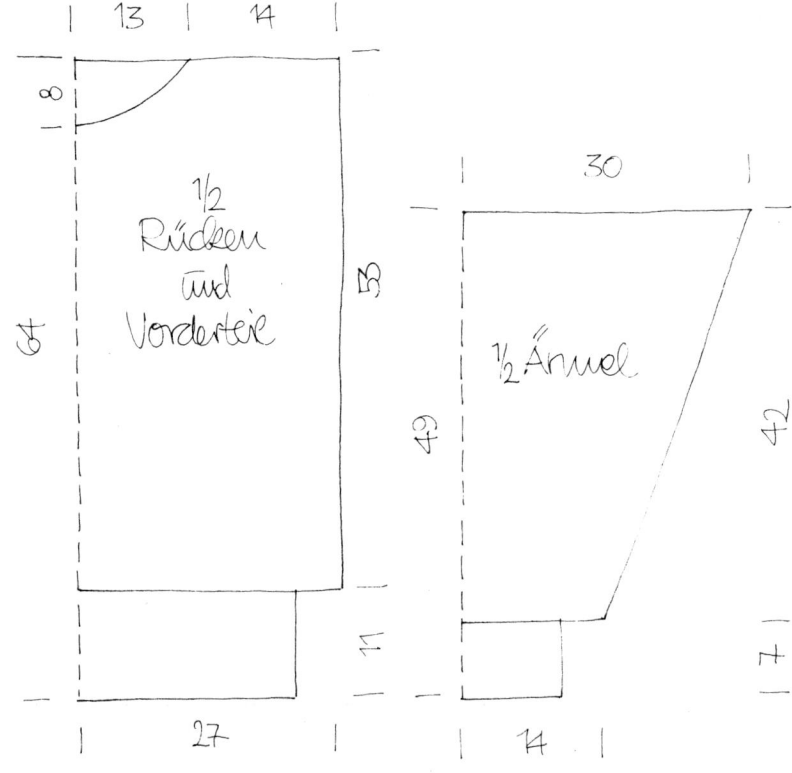

Herrenweste

Abbildung Seite 255

Größen für 15–16 und 18 Jahre, kleine, mittlere und große Herrengröße. Bei abweichenden Angaben: Größe für 18 Jahre und die Herrengrößen in Klammern.

Material

Pingouin Wolle, Qualität »4 Pingouins«, 450 (450/500/550/550) g in Sable Nr. 19 (Ersatzqualitäten: Pingofrance, Confort, Type Shetland, Mohair 70, Confort irisé, Laine et Mohair). Je 1 Paar Stricknadeln Nr. 2½ und 3; 5 Knöpfe.

Strickmuster

I (Rippenmuster 1/1): 1 M rechts, 1 M links.
II (Phantasiemuster): 1. R: * 5 M links, 3 M rechts, 2 M links, 3 M rechts, ab * immer wiederholen.
2. R: M stricken, wie sie erscheinen. Das Muster in der 1. R wieder aufnehmen.

Maschenprobe

Im Strickmuster II 34 M und 32 R = 10 x 10 cm.

Arbeitsanleitung

Rücken

126 (132/138/144/150) M mit Nadeln Nr. 2½ anschlagen und 5 cm im Strickmuster I arbeiten. Dann mit Nadeln Nr. 3 in Strickmuster II weiterstricken, dabei in der 1. R des Musters II 34 M verteilt zunehmen. Man erhält 160 (166/172/178/184) M. Die 1. R beginnen mit 1 M rechts, 2 M links, 3 M rechts, dann ab * weiterarbeiten (1 M links, 3 M rechts, 2 M links, 3 M rechts, dann ab */ 4 M links, 3 M rechts, 2 M links, 3 M rechts, dann ab */ 2 M links, 3 M rechts, dann ab *). Nach 36 (38/40/42/44) cm Gesamthöhe für die Armausschnitte beidseitig alle 2 R wie folgt abketten: 1 x 4 M, 1 (2/2/2/3) x 3 M, 2 x 2 M, 3 (1/2/3/1) x 1 M. Man erhält 132 (136/140/144/148) M. Nach 58 (61/64/67/70) cm Gesamthöhe für die Schultern beidseitig alle 2 R wie folgt abketten: 4 x 11 (1 x 12, 3 x 11 / 2 x 12, 2 x 11 / 1 x 11, 3 x 12 / 4 x 12 M). Gleichzeitig für den Halsausschnitt mit der 3. Schulterabnahme die mittleren 34 (36/38/40/42) M abketten und jede Seite getrennt beenden, dabei an der Halsausschnittkante in jeder R 5 M abketten.

Linkes Vorderteil

62 (65/68/71/74) M mit Nadeln Nr. 2½ anschlagen und 5 cm im Strickmuster I arbeiten. Dann mit Nadeln Nr. 3 im Strickmuster II fortfahren, dabei in der 1. R des Musters II 19 M verteilt zunehmen, so daß man 81 (84/87/90/93) M erhält. Die 1. R wie beim Rücken beginnen. In 14 (14/15/16/17) cm Gesamthöhe für den Taschenschlitz – 12 M von der rechten Kante (Seitennaht) entfernt – 44 M stillegen. Getrennt für den Taschenboden 44 M mit Nadeln Nr. 3 anschlagen und im Strickmuster II stricken. Nach 9 (9/10/11/12) cm Höhe diese M hinter das Vorderteil anstelle der stillgelegten M einfügen und über die gesamte Breite im Strickmuster II arbeiten. Nach 36 (38/40/42/44) cm Gesamthöhe an der rechten Kante für den Armausschnitt die gleichen Abnahmen wie beim Rücken durchführen. Gleichzeitig an der linken Kante für den Halsausschnitt wie folgt abketten: * 1 M alle 2 R, 1 M alle 4 R, ab * 11 x, dann 1 M alle 4 R: 1 x (2 x / 3 x / 4 x / 5 x). Nach 58 (61/64/67/70) cm Höhe für die Schultern wie beim Rücken abketten.

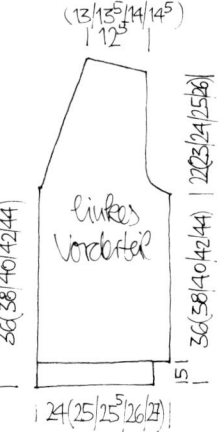

Rechtes Vorderteil

Gegengleich arbeiten.

Fertigstellung

Schulternähte schließen. Für die Armausschnittblenden mit Nadeln Nr. 2 ½ entlang jeder Ausschnittkante 47 (51/55/59/63) M aufnehmen, 2 cm im Strickmuster I arbeiten und abketten.

Für die Blenden nun gesondert 13 M mit Nadeln Nr. 2 ½ anschlagen und im Strickmuster I stricken. Nach 2 cm Strickhöhe ein Knopfloch einarbeiten, die 4 weiteren Knopflöcher jeweils im Abstand von 8 (8,5/9/9,5/10) cm. Für jedes Knopfloch die mittleren 3 M abketten und in der folgenden R über den abgeketteten M 3 neue M anschlagen. Abketten, wenn die zum Einfassen von Vorderteilkanten und Halsausschnitt erforderliche Länge erreicht ist.

Für die Taschenblenden mit Nadeln Nr. 2 ½ die 44 stillgelegten M der Taschenschlitzkanten wieder aufnehmen, 2 cm im Strickmuster I stricken und abketten. Die Endkanten der Blenden und die Taschenböden festnähen, Knopflöcher auf die linke Seite nehmen. Seitennähte schließen und Knöpfe annähen.

Dunkelblauer Herrenpullover

Abbildung Seite 258

Größen 48 und 50
Bei abweichenden Angaben: Größe 50 in Klammern.

Material

H. E. C. Wolle, Qualität aarlan famosa, 630 (650) g in Dunkeljeansblau Nr. 3491. Je 1 Paar Stricknadeln Nr. 2 ½–3, 3 ½ und 4.

Strickmuster

I: Mit Nadeln Nr. 2 ½–3 1 M rechts, 1 M links stricken.
II: Mit Nadeln Nr. 3–3 ½ Patentmuster stricken.
1. R (Hinr.): Randm., * 1 M links abheben, dabei den Faden auf der Nadel liegen lassen, 1 M rechts, ab * immer wiederholen, enden mit 1 M links abheben, Randm.
2. R (Rückr.): Randm., * die M mit dem darüber liegenden Faden rechts zusammenstricken, 1 M links abheben, dabei den Faden auf der Nadel liegen lassen, ab * immer wiederholen. Die 1. und 2. R immer wiederholen.
III: Mit Nadeln Nr. 3 ½–4 nach der Strickschrift arbeiten.
IV: Mit Nadeln Nr. 3–3 ½ glatt rechts (Hinr. rechts, Rückr. links).

Maschenprobe

Im Strickmuster II: 21 M und 50 R = 10 x 10 cm.

Arbeitsanleitung

Rücken

108 (114) M anschlagen. Im Muster I arbeiten. Nach 8 cm verteilt 7 M zunehmen = 115 (121) M. 2 R glatt rechts stricken. Nun im Muster II arbeiten. In 13 (14) cm Gesamthöhe im Muster III nach der Strickschrift arbeiten. Nach 10 cm wieder im Muster II stricken, nach 4 cm 2 R glatt rechts stricken. Im Muster II weiterarbeiten,

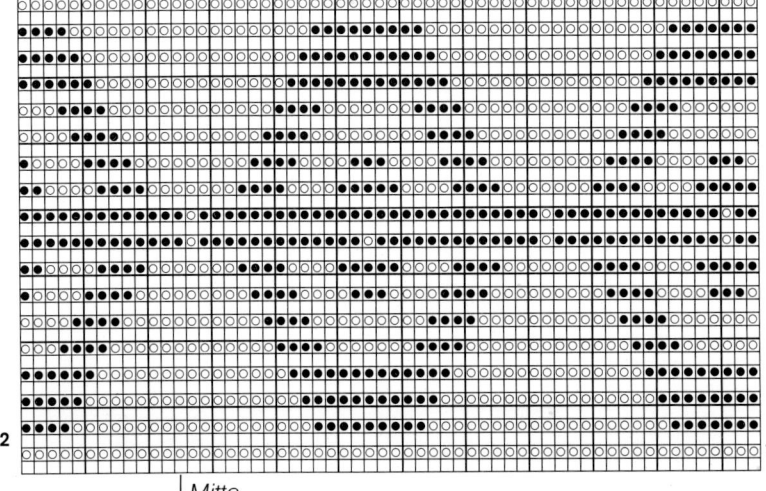

| Mitte

O = 1 M rechts bei den Hinr.
● = 1 M links bei den Hinr.

Bei den Rückr. immer alle M links stricken.

dabei versetzt zum unteren Muster stricken. Nach 20 (23) cm 2 R glatt rechts und wieder im Muster II versetzt zum unteren Muster arbeiten. Nach 4 cm 10 cm im Muster III arbeiten. Noch 4 cm im Muster II arbeiten. In 66 (70) cm Gesamthöhe für die Schultern beidseitig in jeder 4. R 3 x 11 (3 x 12) M abketten. Die restlichen 49 M im Muster IV weiterstricken, dabei beidseitig 3 x 11 (3 x 12) M dazu anschlagen. 3,5 cm gerade stricken, dann abketten.

Vorderteil

Wie den Rücken arbeiten.

Ärmel

60 M anschlagen. Im Strickmuster I arbeiten. Nach 7 cm verteilt 11 M zunehmen und 2 R glatt rechts stricken. An beiden Kanten 9 x 1 M alle 3 cm und 7 (9) x 1 M alle 1,5 cm zunehmen.

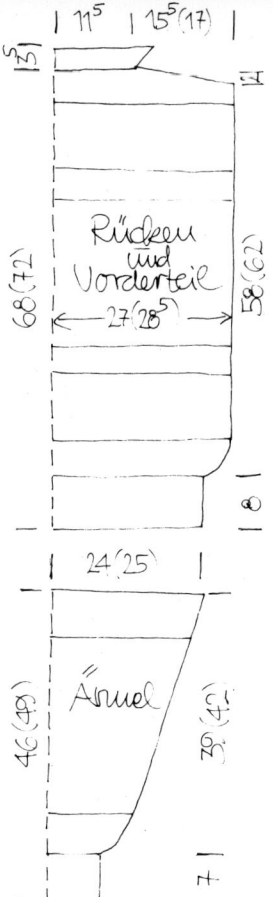

Man erhält 103 (107) M. Die Muster wie folgt einteilen: 6 cm im Strickmuster II arbeiten, 2 R glatt rechts und wieder im Muster II versetzt stricken. Bei 39 (42) cm Gesamthöhe 2 R glatt rechts stricken und den Rest im Strickmuster II versetzt stricken. Bei 46 (49) cm Gesamthöhe 2 R glatt rechts für die Ärmelnaht stricken und dann alle M locker abketten.

Fertigstellung

Die Teile spannen und unter einem feuchten Tuch trocknen lassen. Die Nähte schließen, dabei die Seitennähte entsprechend der Ärmelweite offen lassen. Schulternaht und seitliche Blendennaht schließen. Für den Halsausschnitt bleiben die mittleren 49 M offen. Den ganzen glattgestrickten Teil nach innen einbiegen und rundherum annähen. Die Ärmel einsetzen.

Hellblauer Kinderpullover

Abbildung Seite 258

Größen 116, 140 und 164 (6, 10 und 14 Jahre)
Bei abweichenden Angaben: Größen 140 und 164 in Klammern.

Material

H.E.C. Wolle, Qualität aarlan polo, 550 (630/720) g in Hellblau Nr. 3865. Je 1 Paar Stricknadeln Nr. 3–3½ und 4–4½. Je 1 Nadelspiel Nr. 2½–3, 3–3½ und 4–4½.

Strickmuster

I: Mit Nadeln Nr. 3–3½ 1 M rechts, 1 M links stricken.

II: Mit Nadeln Nr. 4–4½ stricken.
1.–8. R: glatt rechts = Hinr. rechts, Rückr. links.
9.–16. R: je 5 M glatt rechts und 5 M im Halbpatent.
9., 11., 13. und 15. R (Hinr.): Randm., * 5 M rechts, 1 M links abheben, dabei den Faden jeweils auf die Nadel legen, 1 M rechts, 1 M links abheben, 1 M rechts, 1 M links abheben, ab * wiederholen, die R mit 5 M rechts, Randm. beenden.
10., 12., 14. und 16. R (Rückr.): Randm., * 5 M links, die folgenden 3 rechten M jeweils mit dem Umschlag zusammenstricken, die beiden dazwischen liegenden links, ab * wiederholen, die R mit 5 M links, Randm. beenden.
17.–24. R: glatt rechts.

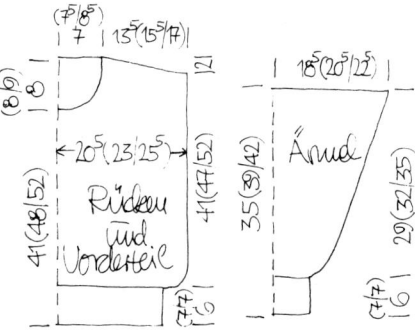

25.–32. R: Wie die 9.–16. R, jedoch versetzt, d. h. Randm., * 5 M im Halbpatent, 5 M glatt rechts, ab * wiederholen, mit 5 M Halbpatent, Randm. enden.
1.–32. R stets wiederholen.

Maschenprobe

Im Strickmuster II: 21 M und 28 R = 10 x 10 cm.

Arbeitsanleitung

Rücken

70 (74/78) M anschlagen. Im Strickmuster I arbeiten. Nach 6 (7/7) cm verteilt 17 (23/29) M zunehmen, so daß man 87 (97/107) M erhält. Im Strickmuster II weiterarbeiten. Die Kanten bleiben gerade. In 47 (54/59) cm Gesamthöhe für die Schultern beidseitig in jeder 2. R 2 x 10, 1 x 9 (3 x 11 / 3 x 12) M abketten. Die restlichen 29 (31/35) M für den Halsausschnitt gerade abketten.

Vorderteil

Wie das Rückenteil arbeiten, jedoch in 41 (48/52) cm Gesamthöhe für den Halsausschnitt die mittleren 11 (13/17) M abketten und beidseitig davon in jeder 2. R 1 x 4, 1 x 2, 2 x 1, 1 x 0, 1 x 1 M abketten.

Ärmel

38 (42/46) M anschlagen. Im Strickmuster I arbeiten. Nach 6 (7/7) cm verteilt 13 (15/17) M zunehmen, so daß man 51 (57/63) M erhält. Im Strickmuster II weiterarbeiten, dabei an beiden Kanten 8 (9/9) x 1 M alle 2 ½ cm und 5 (6/8) x 1 M alle 1 ½ cm zunehmen. Man erhält 77 (87/97) M. In 35 (39/42) cm Gesamthöhe alle M locker abketten.

Fertigstellung

Die Nähte schließen, dabei die Seitennähte entsprechend der Ärmelweite offen lassen. Mit dem Nadelspiel Nr. 3–3 ½ am Ausschnitt des Rückenteils 27 (29/31) M und am Vorderteil 47 (49/53) M aufnehmen, so daß man 74 (78/84) M erhält. In Rd im Halbpatent arbeiten:
1. Rd: * 1 M links abheben, dabei den Faden auf die Nadel legen, 1 M rechts, ab * immer wiederholen.
2. Rd: * die M mit dem Umschlag links zusammenstricken, 1 M rechts, ab * immer wiederholen.
1. und 2. Rd immer wiederholen. Je 2 cm mit Nadeln Nr. 3–3 ½, 2 ½–3, 3–3 ½ arbeiten. Bei 6 cm Höhe alle M locker abketten und die Blende zur Hälfte nach innen nähen. Die Ärmel einsetzen.

Stulpen

Mit einem Nadelspiel Nr. 3–3 ½ 42 (48/48) M anschlagen. Im Strickmuster I in Rd arbeiten. Nach 5 cm verteilt 8 (12/12) M zunehmen, so daß man 50 (60/60) M erhält. Im Strickmuster II mit Nadeln Nr. 4–4 ½ in Rd weiterarbeiten. In 26 (31/36) cm Gesamthöhe im Muster I mit Nadeln Nr. 3–3 ½ noch 5 cm stricken. Nun alle M locker abketten.

Mütze

Mit einem Nadelspiel Nr. 3 ½–4 100 M anschlagen. Im Strickmuster I in Rd arbeiten. Nach 3 cm im Strickmuster II mit Nadeln Nr. 4–4 ½ stricken. Bei etwa 16–18 cm Gesamthöhe die Abnahmen wie folgt durchführen: 1. Rd je 8 M stricken und 2 M rechts zusammenstricken. 2. Rd alle M rechts stricken. 3. Rd je 7 M stricken und 2 M rechts zusammenstricken. 4. Rd alle M rechts stricken. 5. Rd zwischen den Abnahmen je 6 M stricken, in der 7. Rd je 5 M usw. Die restlichen 10 M mit einem Faden zusammenziehen.

Hellblauer Damenpullover

Abbildung Seite 259

Größen 34/36, 38 und 40
Bei abweichenden Angaben: Größen 38 und 40 in Klammern.

Material

H.E.C. Wolle, Qualität aarlan polo, 600 (650/700) g in Hellblau Nr. 3865. Je 1 Paar Stricknadeln Nr. 3–3 ½ und 4–4 ½, 1 Nadelspiel Nr. 3–3 ½.

Strickmuster

I: Mit Nadeln Nr. 3–3 ½ 2 M rechts, 2 M links stricken.
II: Mit Nadeln Nr. 4–4 ½ nach der Strickschrift arbeiten.

Maschenprobe

Im Strickmuster II: 21 M und 30 R = 10 x 10 cm.

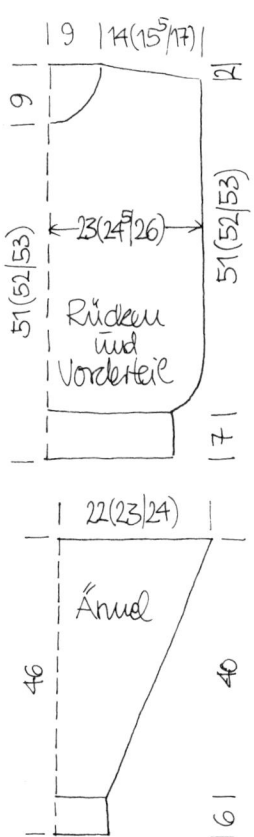

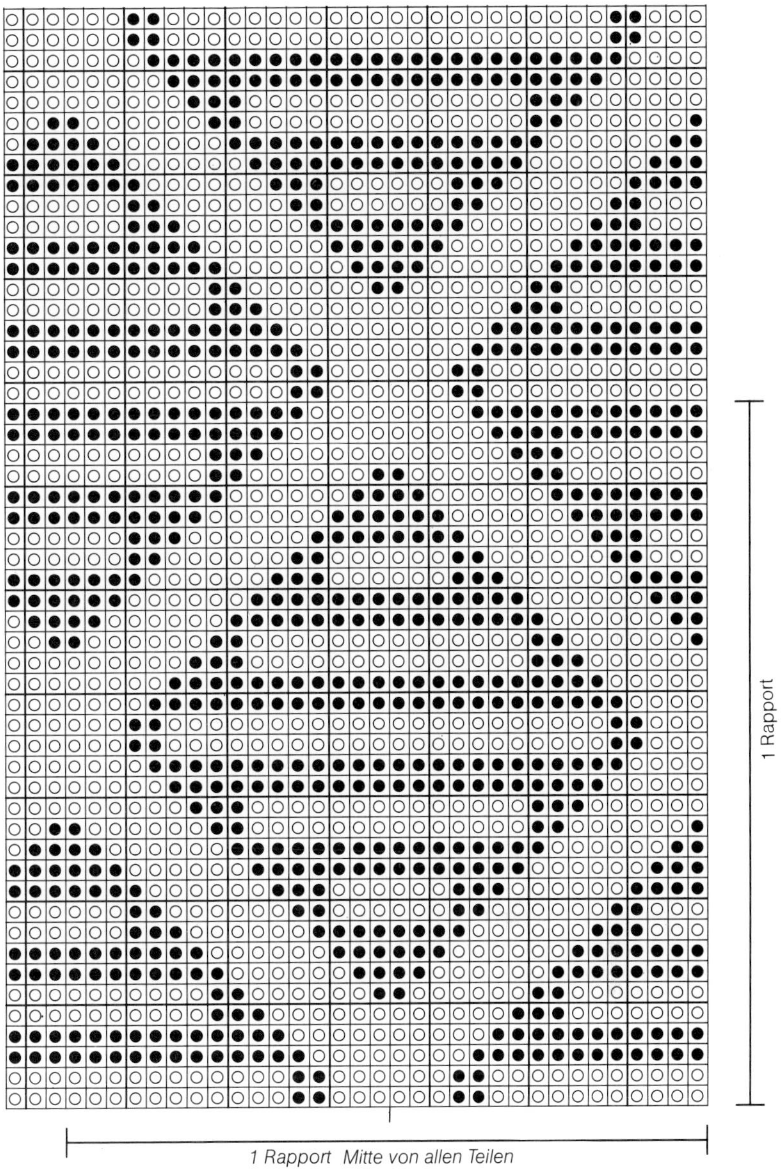

Arbeitsanleitung

Rücken

82 (86/90) M anschlagen. Im Strickmuster I arbeiten. Nach 7 cm verteilt 16 (18/20) M zunehmen, so daß man 98 (104/110) M erhält. Im Strickmuster II weiterarbeiten. Die Kanten bleiben gerade. Bei 58 (59/60) cm Gesamthöhe für die Schultern beidseitig in jeder 2. R 2 x 11, 1 x 10 (2 x 11, 1 x 12 / 3 x 12) M abketten. Die restlichen 34 (36/38) M gerade abketten.

Vorderteil

Wie das Rückenteil arbeiten, jedoch bei 51 (52/53) cm Gesamthöhe für den Halsausschnitt die mittleren 18 (20/22) M abketten und beidseitig davon in jeder 2. R 1 x 4, 1 x 2, 1 x 1, 1 x 0, 1 x 1 M abketten.

○ = bei Hinr. 1 M links, bei Rückr. 1 M rechts.

● = bei Hinr. 1 M rechts, bei Rückr. 1 M links.

Ärmel

50 (52/54) M anschlagen. Im Strickmuster I arbeiten. In 6 cm Gesamthöhe verteilt 16 (18/20) M zunehmen. Anschließend im Strickmuster II weiterarbeiten, dabei an beiden Kanten 5 x 1 M alle 4 cm, 4 x 1 M alle 3 cm, 4 x 1 M alle 1,5 cm zunehmen. Dadurch erhält man 92 (96/100) M. In 46 cm Gesamthöhe dann alle M locker abketten.

Fertigstellung

Die Teile spannen und unter einem feuchten Tuch trocknen lassen. Die Nähte schließen, dabei die Seitennähte entsprechend der Ärmelweite offen lassen. Für den Halsabschluß auf das Nadelspiel am Rückenteil 38 (40/42) M und am Vorderteil 66 (68/70) M aufnehmen, so daß man 104 (108/112) M erhält. In Rd im Strickmuster I arbeiten. Nach 6 cm alle M locker abketten und die Blende zur Hälfte nach innen nähen. Die Ärmel einsetzen.

Blaue Kinderjacke

Abbildung Seite 259

Größen 116 und 140 (6–7 und 9–10 Jahre)
Bei abweichenden Angaben: Größe 140 in Klammern.

Material

H.E.C. Wolle, Qualität aarlan sportiwo, 700 (770) g in Blau Nr. 1935. Je 1 Paar Stricknadeln Nr. 5–5 ½ und 6–7. 6 (7) Knöpfe. 1 Häkelnadel Nr. 6.

Strickmuster

I: Mit Nadeln Nr. 5–5 ½ kraus, (=Hinr. und Rückr. rechts) stricken.
II: Mit Nadeln Nr. 6–7 nach der Strickschrift arbeiten.

Maschenprobe

Im Strickmuster II: 15 M und 20 R = 10 x 10 cm.

Arbeitsanleitung

Rücken

52 (56) M anschlagen. Im Strickmuster I arbeiten. Nach 6 cm (9 Krausrippen) verteilt 13 M zunehmen 65 (69) M. Nach der Strickschrift im Muster II weiterarbeiten, dabei für Größe 116 zwischen A und A das Muster einteilen und beidseitig noch die Randm. dazustricken. Für die Größe 140 zwischen B und B das Muster einteilen und beidseitig die Randm. dazustricken. Die Kanten bleiben gerade. In 45 (52) cm Gesamthöhe für die Schultern beidseitig in jeder 2. R 2 x 10 (2 x 11) M abketten. Die restlichen 25 M für den Halsausschnitt gerade abketten.

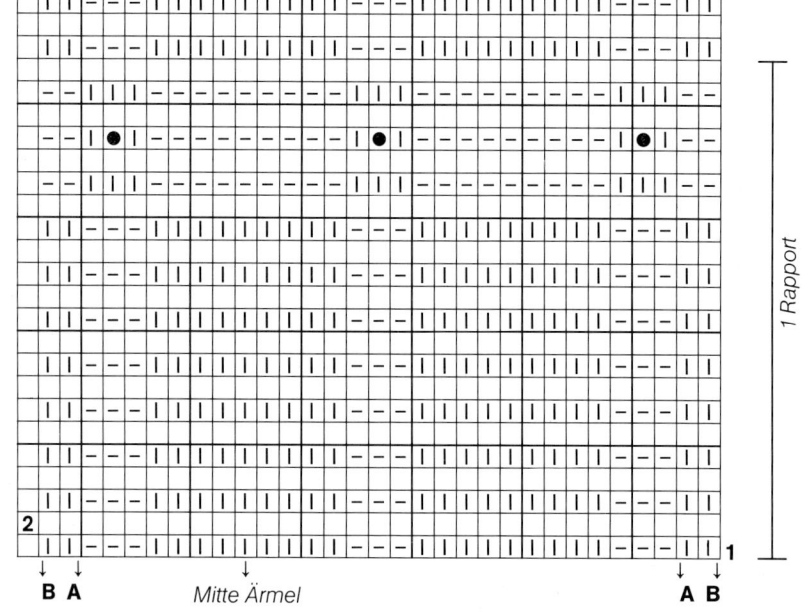

− = 1 M links bei den Hinr.
I = 1 M rechts bei den Hinr.
Bei den Rückr. immer alle M links stricken.
● = Noppe: Aus der mittleren M heraus 3 M stricken (1 M rechts, 1 M links, 1 M rechts, 1 M links) = insgesamt 4 M. Diese M einzeln 3 R hoch glatt rechts stricken, dann in einer Hinr. alle 4 M verschränkt zusammenstricken.

Linkes Vorderteil

34 (36) M anschlagen. Im Strickmuster I arbeiten. Nach 9 Krausrippen verteilt 7 M zunehmen, so daß man 41 (43) M erhält. Im Strickmuster II weiterarbeiten, dabei am Anfang der

R das Muster wie die Seiten des Rückenteils arbeiten; so ergeben sich an der Vorderkante die 3 M in Krausrippen und Randm. Die Seitenhöhe und die Schultern wie beim Rückenteil arbeiten. Für den Halsausschnitt in 40 (47) cm Gesamthöhe 1 x 10, 1 x 4, 1 x 3, 1 x 2, 1 x 1, 1 x 0, 1 x 1 M in jeder 2. R abketten.

Rechtes Vorderteil

Gegengleich arbeiten.

Ärmel

30 (30) M anschlagen. Im Strickmuster I arbeiten. Nach 5 cm verteilt 11 (13) M zunehmen. Im Strickmuster II weiterarbeiten, dabei an beiden Kanten 6 (8) x 1 M alle 3,5 (3) cm zunehmen = 53 (59) M. In 32 (35) cm Gesamthöhe alle M abketten.

Fertigstellung

Die Teile spannen und unter einem feuchten Tuch trocknen lassen. Die Nähte schließen, dabei entsprechend der Ärmelweite die Seitennähte offen lassen. Für den Kragen am Rückenteil 23 M und an beiden Vorderteilen je 22 (24) M aufnehmen, so daß man 67 (71) M erhält, und im Strickmuster I arbeiten. Nach 12 cm alle M abketten und die Blende zur Hälfte nach innen nähen. Die Vorderkanten mit 1 R feste M und einer R Krebsstich umhäkeln. Am rechten Vorderteil die Schlaufen für die Knöpfe auf der Höhe der Noppen anbringen, sowie an der oberen Ecke des Kragens und am unteren Rand. Eine Schlaufe = 3 M, ca. 3,5 cm glatt rechts rundgestrickt. Die Knöpfe in die vorhandenen Noppen nähen, in die 2. vorderste Noppenreihe, und zusätzlich die fehlenden Noppen stricken und annähen. Eine Noppe wie folgt arbeiten: 1 M anschlagen, aus dieser M 4 M stricken, 1 M rechts, 1 M links usw., 3 R glatt rechts stricken und die M mit einem Faden zusammenziehen. Die Ärmel einsetzen.

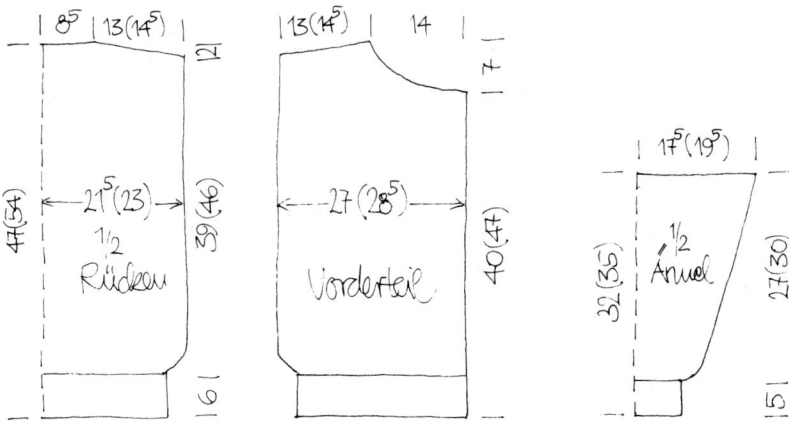

Mit Tradition

Pullover mit irischen Mustern

Abbildung Seite 266

Größen 15–16 und 18 Jahre, kleine, mittlere und große Herrengröße
Bei abweichenden Angaben: Größen 18 Jahre, kleine, mittlere und große Herrengröße in Klammern.

Material

Pingouin Wolle, Qualität »Confortable Sport«, 850 (900/950/1000/1000) g in Cactus Nr. 13. (Ersatzqualitäten: Orage, Tweedé, Multicolore.) Je 1 Paar Stricknadeln Nr. 3 ½ und 4 ½, 1 Nadelspiel Nr. 3 ½, 1 Zopfmusternadel.

Strickmuster

I (Bündchenmuster): Mit Nadeln Nr. 3 ½ 1 M rechts, 1 M links.
II: Mit Nadeln Nr. 4 ½ stricken. Das Muster setzt sich aus verschiedenen Teilen zusammen. Die Aufteilung ist in der jeweiligen Arbeitsanleitung angegeben.
a) großes Perlmuster:
1. R: 1 M rechts, 1 M links.
2. und alle weiteren geraden R: die M stricken, wie sie erscheinen.
3. R: 1 M links, 1 M rechts.
5. R: Muster in der 1. R wieder aufnehmen.
b) Zopf über 6 M, nach rechts verkreuzt:
1. R: 6 M rechts.
2. und alle weiteren geraden R: 6 M links.
3. R: 3 M auf eine Hilfsnadel hinter die Arbeit legen, die 3 folgenden M rechts stricken, dann die 3 M der Hilfsnadel. Diese Verkreuzung alle 6 R wiederholen.
c) Zopf über 6 M, nach links verkreuzt:
1. R: 6 M rechts.
2. und alle weiteren geraden R: 6 M links.
3. R: 3 M auf eine Hilfsnadel vor die Arbeit legen, die 3 folgenden M rechts stricken, dann die 3 M der Hilfsnadel. Diese Verkreuzung alle 6 R wiederholen.
d) Zopf über 8 M:
1. und 3. R: rechts.
2. und alle weiteren geraden R: links.
5. R: * 2 M auf eine Hilfsnadel vor die Arbeit legen, die beiden folgenden M rechts stricken, dann die beiden M der Hilfsnadel *: 2 x.
7. und 9. R: rechts.
11. R: 2 M rechts stricken, 2 M auf eine Hilfsnadel hinter die Arbeit legen, die beiden folgenden M rechts stricken, dann die beiden M der Hilfsnadel und die beiden letzten M.
Diese Verkreuzungen alle 4 R einmal wie in der 5. R und einmal wie in der 11. R wiederholen.
e) Raute über 17 M:
1. R: 6 M links, 2 M rechts, 1 M links, 2 M rechts, 6 M links.
2. und alle weiteren geraden R: die M stricken, wie sie erscheinen.
3. R: 6 M links, 2 M auf eine Hilfsnadel vor die Arbeit legen, 2 M rechts, 1 M links, die beiden M der Hilfsnadel rechts stricken, 6 M links.
5. R: 5 M links, 1 M auf eine Hilfsnadel hinter die Arbeit legen, die beiden folgenden M rechts stricken, dann die M der Hilfsnadel (= 3 rechts verkreuzte M), 1 M rechts, 2 M auf eine Hilfsnadel vor die Arbeit legen, 1 M links, dann die beiden M der Hilfsnadel rechts stricken (= 3 links verkreuzte M), 5 M links.
7. R: 4 M links, 3 rechts verkreuzte M, 1 M rechts, 1 M links, 1 M rechts, 3 links verkreuzte M, 4 M links.
9. R: 3 M links, 3 rechts verkreuzte M, * 1 M rechts, 1 M links, *: 2 x, 1 M rechts, 3 links verkreuzte M, 3 M links.
11. R: 2 M links, 3 rechts verkreuzte M, * 1 M rechts, 1 M links *: 3 x, 1 M rechts, 3 links verkreuzte M, 2 M links.
13. R: 2 M links, 3 links verkreuzte M, * 1 M links, 1 M rechts *: 3 x, 1 M links, 3 rechts verkreuzte M, 2 M links.
15. R: 3 M links, 3 links verkreuzte M, * 1 M links, 1 M rechts *: 2 x, 1 M links, 3 rechts verkreuzte M, 3 M links.
17. R: 4 M links, 3 links verkreuzte M,

1 M links, 1 M rechts, 1 M links, 3 rechts verkreuzte M, 4 M links.
19. R: 5 M links, 3 links verkreuzte M, 1 M links, 3 rechts verkreuzte M, 5 M links.
21. R: Muster in der 1. R wieder aufnehmen.
f) Die linken M in Hinr. wie Rückr. links stricken.

Maschenprobe

16 M und 22 R im großen Perlmuster = 10 x 10 cm. Über die verschiedenen Muster: 21 M und 22 R = 10 x 10 cm.

Arbeitsanleitung

Rücken

87 (91/95/99/103) M anschlagen und im Strickmuster I 7 cm stricken. Dann im Muster II wie folgt weiterarbeiten: 20 (22/24/26/28) M großes Perlmuster; 2 M links; 4 M rechts, dabei die Maschenzahl verdoppeln (= aus jeder M 2 M herausstricken) für einen Zopf über 8 M; 2 M links; 3 M rechts, die Maschenzahl verdoppeln für einen Zopf über 6 M nach links verkreuzt; 2 M links; 3 M rechts, die Maschenzahl verdoppeln für einen Zopf über 6 M nach links verkreuzt. Dann 6 M links, 1 M rechts mit 1 Zunahme (= 2 M), 1 M links, 1 M rechts mit 1 Zunahme (= 2M), 6 M links = 17 M für eine Raute. 3 M rechts, die Maschenzahl verdoppeln für einen Zopf über 6 M nach rechts verkreuzt; 2 M links; 3 M rechts, die Maschenzahl verdoppeln für einen Zopf über 6 M nach rechts verkreuzt; 2 M links; 4 M rechts, die M verdoppeln für einen Zopf über 8 M; 2 M links, 20 (22/24/26/28) M großes Perlmuster. Man erhält 109 (113/117/121/125) M. In einer Gesamthöhe von 39 (41/43/45/47) cm für die Armausschnitte beidseitig in jeder 2. R 1 (1/1/1/2) x 3, 3 (3/3/3/4/3) x 2 und 3 (4/5/4/4) x 1 M abketten = 85 (87/89/91/93) M. In einer Gesamthöhe von 56 (59/62/65/68) cm für die Schulterschrägungen beidseitig in jeder 2. R 1 x 6, 3 x 7 (1 x 6, 3 x 7 / 4 x 7 / 4 x 7 / 1 x 8, 3 x 7) M abketten. Gleichzeitig für den Halsausschnitt mit der 2. Schulterabnahme die mittleren 19 (21/21/23/23) M abketten, dann an jeder Halsausschnittkante nochmal 1 x 6 M nach 2 R abketten.

Vorderteil

Wie den Rücken arbeiten, aber in einer Gesamthöhe von 50 (53/56/59/62) cm für den Halsausschnitt die mittleren 13 (15/15/17/17) M abketten und beide Seiten getrennt beenden. Dabei an der Halsausschnittkante in jeder 2. R 4 x 2 M abketten. Gleichzeitig in einer Höhe von 54 (57/60/63/66) cm für die Schulterschrägung in jeder 2. R wie folgt abketten: 4 x 7 (4 x 7 / 1 x 8, 3 x 7 / 1 x 8, 3 x 7 / 2 x 8, 2 x 7) M.

Linker Ärmel

46 (48/50/52/54) M anschlagen und 6 cm im Strickmuster I arbeiten, dabei in der letzten R 7 (9/11/13/15) M verteilt zunehmen. Man erhält 53 (57/61/65/69) M. Nun im Muster II wie folgt weiterarbeiten: 13 (15/17/19/21) M großes Perlmuster, 2 M links, 1 Zopf über 6 M nach links verkreuzt, 1 Raute über 17 M, 1 Zopf über 6 M nach rechts verkreuzt, 2 M links, 7 (9/11/13/15) M großes Perlmuster (die Raute liegt absichtlich nicht in der Mitte). Beidseitig 10 x 1 M alle 8 R zunehmen. Man erhält 73 (77/81/85/89) M. In einer Gesamthöhe von 43 (45/47/49/51) cm für die Armkugel alle 2 R an der rechten Kante 1 (1/1/2/2) x 3, 4 (4/4/3/3) x 2, 3 (4/5/6/7) x 1, 5 (4/3/3/2) x 2, 1 (2/3/3/4) x 3 und 1 x 4 M abketten. An der linken Kante gleichzeitig in jeder 2. R 1 (1/1/2/2) x 3, 3 (3/3/2/2) x 2, 5 (6/7/8/9) x 1, 4 (3/3/3/2) x 2, 1 (2/1/1/2) x 3, 0 (0/1/1/1) x 4 M abketten. Im Muster (Raute) über die restlichen 17 M weiterarbeiten. In einer Gesamthöhe von 69 (72/75,5/78,5/82) cm an der linken Kante in jeder 2. R 1 x 7 und 2 x 5 M abketten.

Rechter Ärmel

Gegengleich arbeiten.

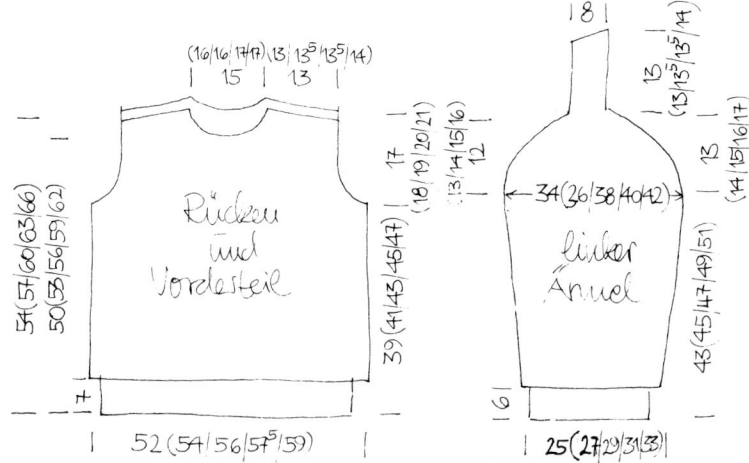

Fertigstellung

Die Schulternähte schließen, dabei die Schulterpassen, die an die Ärmel angestrickt sind, dazwischensetzen. Für die Halsausschnittblende mit dem Nadelspiel 98 (102/102/106/106) M entlang der Halsausschnittkanten aufnehmen und 8 cm im Strickmuster I arbeiten, dann alle M abketten. Die Ärmel- und Seitennähte schließen.

Damenpullover im Norwegermuster

Abbildung Seite 271

Größe 36/38

Material

Schachenmayr Wolle, Qualität Nomotta Folklore: 600 g in Dunkelbraun Nr. 6011, 150 g in Braun Nr. 6010, 100 g in Beige Nr. 6009. Je 1 Rundstricknadel Nr. 4 ½ und 5 (50, 70 und 90 cm lang), je 1 Paar Stricknadeln Nr. 4 ½ und 5.

Strickmuster

I (Bündchenmuster): Mit Nadeln Nr. 4 ½ in Dunkelbraun 2 M rechts, 2 M links.

II: Mit Nadeln Nr. 5 glatt rechts (= Hinr. rechte M, Rückr. linke M bzw. in Rd rechts) in der Grundfarbe oder in Norwegertechnik nach der Strickschrift I bzw. II stricken, dabei den Mustersatz fortlaufend wiederholen.

Maschenprobe

17 M und 24 R in Uni = 10 x 10 cm, 17 M und 22 R in Norwegertechnik = 10 x 10 cm.

Arbeitsanleitung

Pullover

Der Pullover wird bis zu den Armausschnitten in einem Stück in Rd gearbeitet.
168 M in Dunkelbraun anschlagen und 8 cm im Muster I stricken. Weiter im Muster II arbeiten, dabei in der 1. Rd verteilt 8 M zunehmen = 176 M. Ab der 3. Rd im Muster II nach der Strickschrift I weiterarbeiten: 1 x die 1.–18. Rd stricken, dann weiter in Dunkelbraun arbeiten. In 41 cm (=98 Rd) Höhe ab dem Bündchen die Arbeit für die Armausschnitte zwischen der 1. und 176. M und der 88. und 89. M teilen und in R das Rücken- und das Vorderteil mit je 88 M getrennt

Strickschrift I

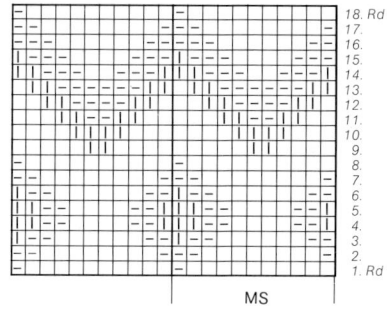

☐ = 1 M in Nougat
– = 1 M in Beige
| = 1 M in Braun
MS = Mustersatz

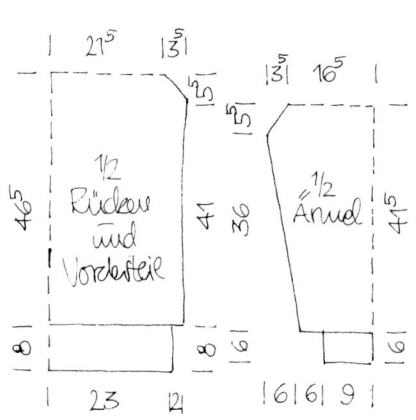

Strickschrift II

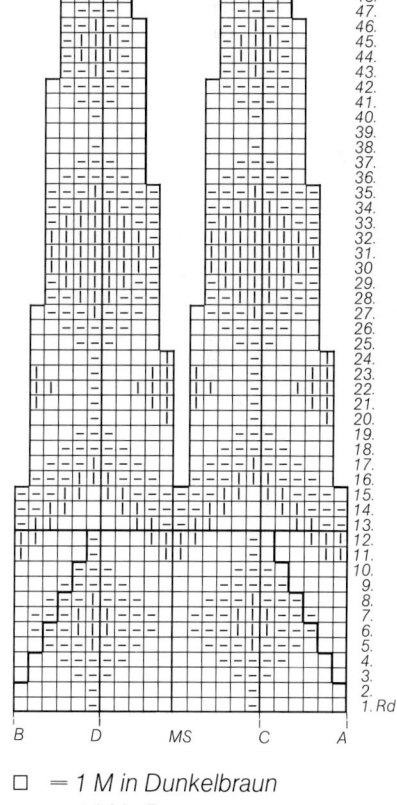

☐ = 1 M in Dunkelbraun
– = 1 M in Braun
| = 1 M in Beige
MS = Mustersatz

weiterstricken. Gleichzeitig mit dem Einstrickmuster II beginnen: 1 x von A bis C, dann den Mustersatz zwischen C und D fortlaufend wiederholen und bei B enden, dabei beidseitig 6 x in jeder 2. R 1 M abnehmen. Nach 12 Zählmuster-R dann die jeweils 76 M vom Rücken- und Vorderteil stillegen. Für den linken Ärmel 34 M in Dunkelbraun anschlagen und in R 6 cm im Muster I stricken. Weiterarbeiten im Muster II, dabei in der 1. R verteilt 12 M zunehmen. Ab der 3. R im Muster II nach der Strickschrift I weiterstricken: 1 x die 1.–18. R stricken, dann in Dunkelbraun weiterarbeiten. Gleichzeitig für die Ärmelschrägungen beidseitig in der folgenden R 1 M zunehmen und noch 10 x in jeder 6. R 1 M zunehmen = 68 M. In 36 cm Höhe (= 84 R) ab dem Bündchen nach der Strickschrift II stricken und gleichzeitig beidseitig 6 x in jeder 2. R 1 M abnehmen = 56 M. Nach 12 Zählmuster-R die M stillegen. Anschließend den rechten Ärmel bis zu dieser Stelle gegengleich stricken.

Nun alle Teile wie folgt auf die längste Rundstricknadel nehmen: 56 M vom linken Ärmel, 76 M vom Vorderteil, 56 M vom rechten Ärmel, 76 M vom Rückenteil = 264 M (= 24 Mustersätze) und mit der 13. Zählmuster-Rd in der gegebenen Einteilung weiterstricken, dabei in der 16., 25., 28., 36., 43. und 47. Rd pro Mustersatz je 1 M abnehmen = 120 M. Dabei nach Bedarf zu einer kürzeren Rundstricknadel wechseln. Nach der 48. Zählmuster-Rd noch 10 Rd im Muster I stricken, dabei in der 1. Rd gleichmäßig verteilt 24 M abnehmen = 96 M. In der 11. Rd alle M locker im Bündchenmuster abketten.

Fertigstellung

Den Pullover spannen und unter feuchten Tüchern trocknen lassen. Die Ärmel- und Armausschnittnähte schließen.

Herrenpullover im Norwegermuster

Abbildung Seite 270

Größe 48

Material

Schachenmayr Wolle, Qualität Nomotta Folklore: 750 g in Nougat Nr. 6012, 150 g in Beige Nr. 6009, 100 g in Braun Nr. 6011. Je 1 Rundstricknadel Nr. 4 ½ und Nr. 5 (50, 70 und 90 cm lang), je 1 Paar Stricknadeln Nr. 4 ½ und Nr. 5.

Strickmuster

I (Bündchenmuster): Mit Nadeln Nr. 4 ½ in Nougat 2 M rechts, 2 M links.
II: Mit Nadeln Nr. 5 glatt rechts (= Hinr. rechte M, Rückr. linke M bzw. jede Rd rechts) in der Grundfarbe oder in Norwegertechnik nach dem Zählmuster stricken, dabei den Mustersatz fortlaufend wiederholen.

Maschenprobe

17 M und 24 R in Uni = 10 x 10 cm, 17 M und 22 R in Norwegertechnik = 10 x 10 cm.

Arbeitsanleitung

Pullover

Der Pullover wird bis zu den Armaus-

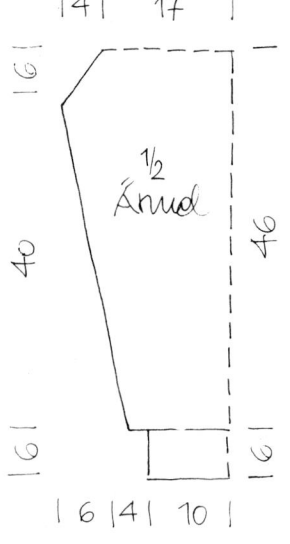

schnitten in einem Stück in Rd gearbeitet.
184 M in Nougat anschlagen und 8 cm im Muster I stricken, dann im Muster II weiterarbeiten, dabei in der 1. Rd verteilt 6 M zunehmen = 190 M. In 37 cm Höhe (= in der 89. Rd) ab dem Bündchen verteilt 3 M abnehmen = 187 M und in der folgenden Rd mit dem Einstrickmuster beginnen = 17 Mustersätze. In der 4. Rd ab dem Zählmusterbeginn die Arbeit für die Armausschnitte wie folgt teilen: Vom ersten Mustersatz 9 M stricken und eine Markierung anbringen, die folgenden 2 M vom ersten Mustersatz, weitere 8 Mustersätze und 2 M vom folgenden Mustersatz stricken = 92 M. Hier wieder eine Markierung anbringen. Diese 92 M bilden das Vorderteil, die restlichen 95 M das Rückenteil. Getrennt in R weiterstricken, dabei beim Vorderteil beidseitig in der folgenden R je 1 M und 6 x in jeder 2. R 1 M abnehmen = 78 M. Beim Rückenteil beidseitig 1 Randm. zunehmen = 97 M und wie beim Vorderteil abnehmen = 83 M in der 16. Zählmuster-R. Nach jeweils 16 Zählmuster-R die M von Rücken- und Vorderteil stillegen.
Für den linken Ärmel 38 M in Nougat anschlagen und 6 cm im Muster I

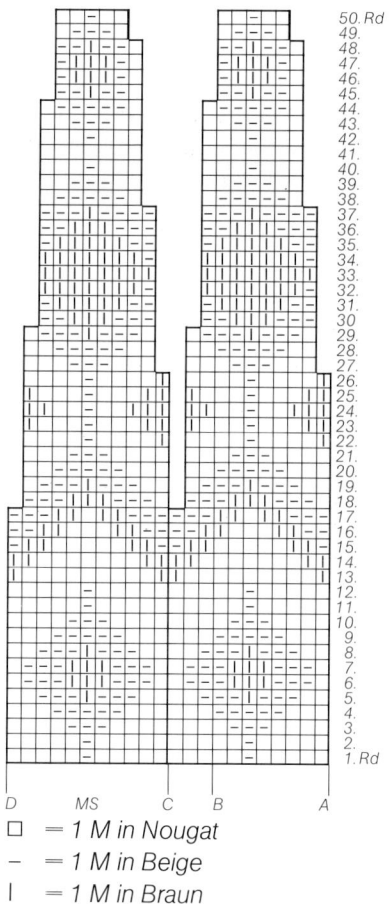

□ = 1 M in Nougat
− = 1 M in Beige
I = 1 M in Braun
MS = Mustersatz

stricken, dann im Muster II weiterarbeiten, dabei in der 1. R verteilt 11 M zunehmen = 49 M. Für die seitlichen Schrägungen 11 x in jeder 8. R beidseitig 1 M zunehmen = 71 M. In 38 cm (= 90 R) Höhe ab dem Bündchen mit dem Einstrickmuster beginnen: Randm., 1 x von B bis C, 6 x den Mustersatz von C bis D, Randm. In der 5. Zählmuster-R beidseitig 1 M abnehmen und in jeder 2. R noch 6 x 1 M abnehmen = 57 M in der 16. Zählmuster-R. Den rechten Ärmel bis hierher gegengleich arbeiten.
Nun alle Teile wie folgt auf die längste Rundstricknadel nehmen: 57 M vom linken Ärmel, 78 M vom Vorderteil, 57 M vom rechten Ärmel, 83 M vom Rückenteil = 275 M oder 25 Mustersätze. Mit der 17. Zählmuster-Rd in der gegebenen Einteilung weiterstricken, dabei in der 18., 27., 30., 38., 45. und 49. Rd pro Mustersatz je 1 M abnehmen = 125 M. Dabei nach Bedarf zu einer kürzeren Rundstricknadel wechseln. Nach der 50. Zählmuster-Rd noch 9 Rd im Muster I stricken, dabei in der 1. Rd gleichmäßig verteilt 29 M abnehmen = 96 M. In der 10. Rd. alle M locker im Bündchenmuster abketten.

Fertigstellung

Die Ärmel- und Armausschnittnähte schließen.

Rosa Jacke im Ajourmuster

Abbildung Seite 274

Größen 34/36, 38/40 und 42/44
Bei abweichenden Angaben: Größen 38/40, 42/44 in Klammern.

Material

Scheepjeswol, Qualität SUPERWASH ZERMATT, 700 (800/900) g in Rosa Nr. 4866. Je 1 Paar Stricknadeln Nr. 3 und Nr. 4, 1 Häkelnadel Nr. 3, 6 Knöpfe.

Strickmuster

I (Bündchenmuster): Mit Nadeln Nr. 3 1 M rechts, 1 M links.
II: Mit Nadeln Nr. 4 glatt rechts (= Hinr. rechte M, Rückr. linke M).
III: Mit Nadeln Nr. 4 glatt links (= Hinr. linke M, Rückr. rechte M).
IV: Mit Nadeln Nr. 4 im Ajourmuster A und B nach der Strickschrift arbeiten.

In den Rückr. die M stricken, wie sie erscheinen, die Umschläge links abstricken.

V: Mit der Häkelnadel den Picot-Rand wie folgt häkeln: 1 Kettm., 3 Luftm. und 1 halbes Stäbchen in die erste der Luftm.; stets wiederholen, dabei in jede 2. R einstechen.

Maschenprobe

21 M und 28 R im Strickmuster II = 10 x 10 cm.

Arbeitsanleitung

Rücken

93 (101/109) M anschlagen und 10 cm im Muster I stricken, dabei in der letzten R verteilt 10 M zunehmen. Dann im Muster II weiterarbeiten und nach 68 (74/80) R ab dem Bündchen für die Armausschnitte beidseitig 1 x 2 (3/4), 2 x 2 und 2 x 1 M in jeder 2. R abketten = 87 (93/99) M. Nach 60 (62/64) R ab Beginn des Armausschnittes alle M locker abketten. Die Gesamtlänge beträgt 56 (58,5/61,5) cm.

Rechtes Vorderteil

47 (51/55) M anschlagen und 10 cm im Muster I stricken, dabei in der letzten R verteilt 6 M zunehmen. Nun über die 53 (57/61) M wie folgt arbeiten: 1 Randm., 2 M im Muster II, 40 M im Muster IV (Ajourmuster A), 9 (13/17) M im Muster II stricken, enden mit 1 Randm. Nach 68 (74/80) R ab dem Bündchen für den Armausschnitt 1 x 2 (3/4), 3 x 2 und 1 (2/2) x 1 M in jeder 2. R abketten = 44 (46/49) M. Nach 104 (112/120) R ab dem Bündchen für den Halsausschnitt 1 x 6 (7/8), 1 x 3, 3 x 2 und 2 x 1 M in jeder 2. R abketten. Nach 24 R ab Beginn des Halsausschnittes die für die Schulter übriggebliebenen 27 (28/30) M locker abketten.
Die Gesamtlänge beträgt 56 (58,5/61,5) cm.

Linkes Vorderteil

Gegengleich arbeiten und statt dem Ajourmuster A im Ajourmuster B stricken.

Rechter Ärmel

54 (56/58) M anschlagen und 6 cm im Muster I stricken, dabei in der letzten R 2 M zunehmen, dann wie folgt weiterarbeiten: 1 Randm., 5 (6/7) M im Muster II, 4 M im Muster III, 40 M im Muster IV (Ajourmuster B) und über 5 (6/7) M im Muster II stricken, enden mit 1 Randm. 15 (16/17) x in jeder 6. R beidseitig je 1 M zunehmen = 86 (90/94) M. Die zugenommenen M im Muster II stricken. Nach 108 (114/120) R ab dem Bündchen für die Armkugel beidseitig 2 x 3, 11 (12/13) x 2 und 1 x 15 M in jeder 2. R abketten.

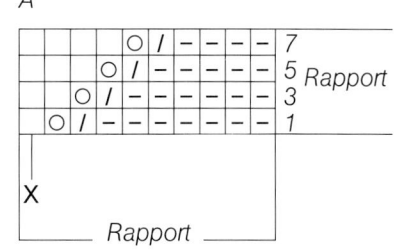

$\square$ = 1 M rechts
$-$ = 1 M links
$\bigcirc$ = 1 Umschlag
$/$ = 2 M rechts zusammenstricken
X = 1 M wie zum Rechtsstricken abheben, die folgende M rechts, dann die abgehobene M darüberziehen.

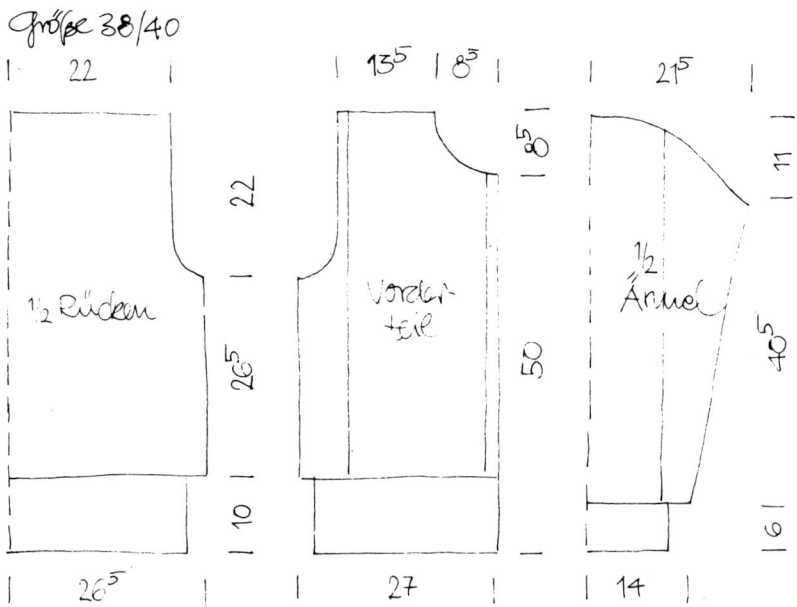

Die Gesamtlänge beträgt 54,5 (57,5/ 60) cm.

Linker Ärmel

Gegengleich arbeiten und statt dem Ajourmuster B im Ajourmuster A stricken.

Fertigstellung

Die Strickteile nach den Maßen des Schnittes spannen und unter feuchten Tüchern trocknen lassen. Über die in der Strickschrift mit »x« gekennzeichneten M von oben nach unten den Picot-Rand häkeln, dabei stets nur das linke Maschenglied erfassen. Über die in der Strickschrift mit »y« gekennzeichneten M von unten nach oben ebenso den Picot-Rand häkeln, jedoch stets nur das rechte Maschenglied erfassen. Schulternähte schließen, Ärmel einsetzen, Seiten- und Ärmelnähte schließen. Für die Halsblende 85 (91/95) M aufnehmen und 2,5 cm im Muster I stricken, dann alle M locker abketten. An den beiden Vorderkanten jeweils M (ca. 23 M auf 10 cm) aufnehmen und ebenfalls 2,5 cm im Muster I stricken, dabei in die Knopflochleiste gleichmäßig verteilt 6 Knopflöcher einarbeiten. Hierfür nach halber Höhe jeweils 2 M abketten und in der nächsten R gleich wieder dazu anschlagen. Knöpfe annähen.

Jacke im Rautenmuster mit bunten Noppen

Abbildung Seite 275

Größen 34/36, 38/40 und 42/44 Bei abweichenden Angaben: Größen 38/40, 42/44 in Klammern.

Material

Scheepjeswol, Qualität SUPERWASH ZERMATT: 550 (600/700) g in Ecru Nr. 4826, 100 (100/100) g in Blau Nr. 4807, 100 (100/100) g in Rosa Nr. 4866. Je 1 Paar Stricknadeln Nr. 3 ½ und Nr. 4, 7 Knöpfe.

Strickmuster

I (Bündchenmuster): Mit Nadeln Nr. 3 ½ 1 M rechts, 1 M links.
II: Mit Nadeln Nr. 4 nach der Strickschrift arbeiten. In allen Rückr. die M stricken, wie sie erscheinen. An den angegebenen Stellen die Noppen jeweils wie folgt stricken: Aus 1 M 1 M rechts verschränkt, 1 M rechts und 1 M rechts verschränkt herausstricken, dann die Arbeit wenden und die 3 M links stricken, wieder wenden und die 1. M abheben, die folgenden 2 M rechts zusammenstricken und die M darüberziehen.

Maschenprobe

21 M und 28 R im Strickmuster II = 10 x 10 cm.

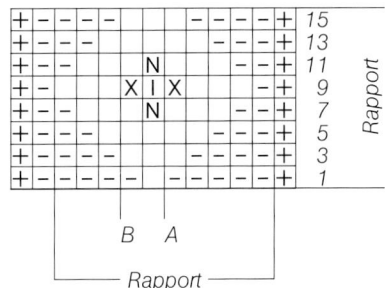

+ = Randm.
□ = 1 M rechts
− = 1 M links
I = 1 M abheben
N = 1 Noppe in Blau
X = 1 Noppe in Rosa

Arbeitsanleitung

Rücken

89 (97/105) M in Ecru anschlagen und 6 cm im Muster I stricken, dabei in der letzten R verteilt 14 (16/18) M zunehmen =103/113/123 M. Dann im Muster II weiterarbeiten. Nach 64 (76/88) R ab dem Bündchen für die Ärmelausschnitte beidseitig 10 M abketten und nach weiteren 66 (70/ 74) R die restlichen 83 (93/103) M locker abketten. Die Gesamtlänge beträgt 52 (58/64) cm.

Rechtes Vorderteil

48 (52/56) M in Ecru anschlagen und 6 cm im Muster I stricken, dabei in der letzten R verteilt 5 (6/7) M zunehmen. Nun über die 53 (58/63) M im Muster II wie beim Rückenteil arbeiten (für Größe 38/40 das Muster nach der Randm. ab A beginnen), jedoch für den Halsausschnitt nach

112 (128/144) R ab dem Bündchen 1 x 3 (5/7), 1 x 3, 2 x 2 und 5 x 1 M in jeder 2. R abketten. Nach 18 R ab Beginn des Halsausschnittes die für die Schulter übriggebliebenen 28 (31/34) M locker abketten.

Linkes Vorderteil

Gegengleich arbeiten.

Ärmel

48 M in Ecru anschlagen und 6 cm im Muster I arbeiten, dabei in der letzten R verteilt 11 M zunehmen = 59 M. Dann im Muster II weiterarbeiten (dabei das Muster nach der Randm. ab B beginnen). Für die Ärmelschrägung 20 (23/26) x in jeder 6. (5./4.) R beidseitig je 1 M zunehmen. Nach

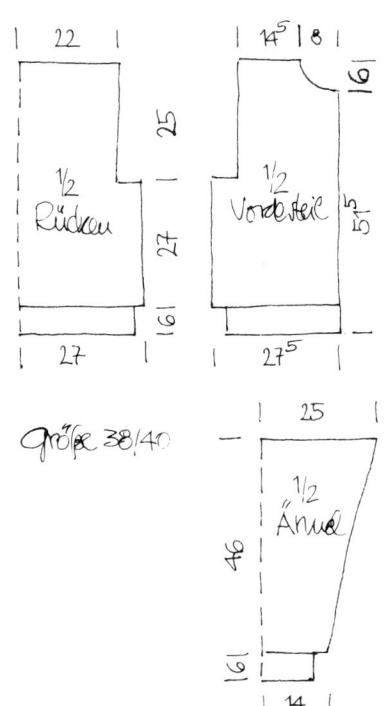

130 R ab dem Bündchen alle 99 (105/111) M locker abketten.

Fertigstellung

Die Schulternähte schließen, Ärmel einsetzen, Seiten- und Ärmelnähte schließen. Für die Halsblende 67 (73/79) M in Ecru aufnehmen und 3 cm im Muster I stricken, die M locker abketten. Aus beiden Vorderkanten jeweils M (ca. 25 M auf 10 cm) aufnehmen und ebenfalls 3 cm im Muster I arbeiten, dabei in die Knopflochleiste gleichmäßig verteilt 7 Knopflöcher einarbeiten. Hierfür nach halber Blendenhöhe jeweils 2 M abketten und in der nächsten R gleich wieder dazu anschlagen. Die Knöpfe annähen.

Hellblaue Trachtenjacke

Abbildung Seite 279

Größen 38 und 42
Bei abweichenden Angaben: Größe 42 in Klammern.

Material

Austermann Wolle, Qualität Trachtenwolle, 600 (700) g in Blau Nr. 15. 1 Paar Stricknadeln Nr. 4, 1 Häkelnadel Nr. 4, 1 Zopfmusternadel, 9 Trachtenknöpfe.

Strickmuster

I (Bündchenmuster): Kraus rechts (= Hinr. und Rückr. rechte M).
II: Glatt links (= Hinr. linke M, Rückr. rechte M).
III (Zopfmuster): Rapport über 12 M in der Breite und 11 R in der Höhe.
1. (Hinr.)–10. R (Rückr.): Glatt rechts (= Hinr. rechte M, Rückr. linke M).
11. R: * 3 M auf die Hilfsnadel vor die Arbeit legen, 3 M rechts, die 3 M der Hilfsnadel rechts abstricken, ab * 1 x wiederholen.
12.–20. R: glatt rechts.
21. R: wie die 11. R.
Die 11.–20. R stets wiederholen.

Maschenprobe

18 M und 28 R im Strickmuster II = 10 x 10 cm.

Arbeitsanleitung

Rücken

94 (100) M anschlagen und 3 cm im Muster I stricken. Nun im Muster II und III fortfahren und dabei den Zopf über die mittleren 12 M arbeiten. In 39 (37) cm Gesamthöhe für die Armausschnitte beidseitig in jeder 2. R 1 x 4, 1 x 3 und 2 x 1 M abnehmen = 76 (82) M. Nach 22 (24) cm ab dem Armausschnitt-Beginn für den Halsausschnitt die mittleren 18 M abketten und beide Seiten getrennt beenden. An der Halsausschnittkante in jeder 2. R 1 x 4, 1 x 3 und 1 x 1 M abnehmen = 21 (24) M pro Seite. Gleichzeitig in 23 (25) cm ab dem Armausschnitt-Beginn für die Schulterschrägung jeweils in jeder 2. R 2 x 7 und 1 x 8 (3 x 8) M abketten.

Linkes Vorderteil

42 (45) M anschlagen und 3 cm im Muster I stricken. Im Muster II und III

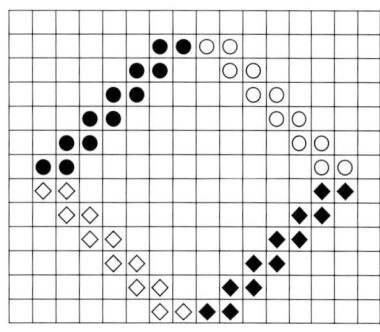

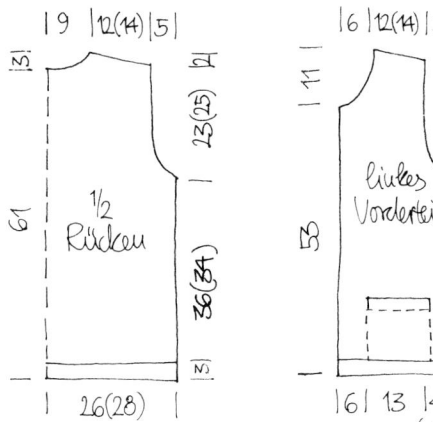

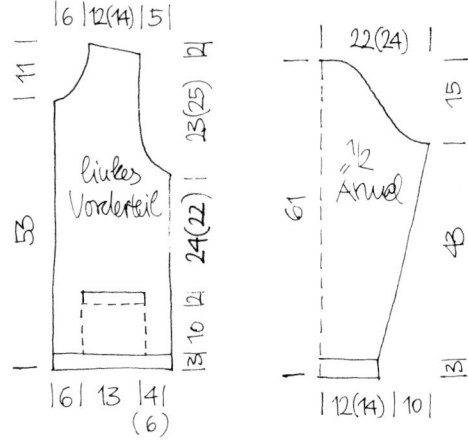

☐ = rechte M

− = linke M

◆◆ = 1 M auf die Hilfsnadel nehmen und hinter die Arbeit legen, die folgende M rechts stricken, die M der Hilfsnadel links stricken.

◇◇ = 1 M auf die Hilfsnadel nehmen und vor die Arbeit legen, die folgende M links stricken, die M der Hilfsnadel rechts stricken.

○○ = 1 M auf die Hilfsnadel nehmen und vor die Arbeit legen, die folgende M rechts stricken, die M der Hilfsnadel rechts stricken.

●● = 1 M auf die Hilfsnadel nehmen und hinter die Arbeit legen, die folgende M rechts stricken, die M der Hilfsnadel rechts stricken.

weiterarbeiten, dafür vom rechten Arbeitsrand aus die M wie folgt einteilen: Randm., 27 (30) M im Muster II, 12 M im Muster III (Zopf), 1 M links, Randm. 13 cm stricken. Nun in einer Hinr. die ersten 5 (8) M im Muster II stricken, dann für die Taschenblende 23 M im Muster I arbeiten, die restlichen M (Zopf) wie zuvor beschrieben stricken. Nach 2 cm die 23 M für die Tasche abketten, die restlichen M stillegen. Nun gesondert das Ta- schenfutter stricken. 23 M anschlagen und 12 cm im Muster II arbeiten. Das Taschenfutter an Stelle der abgeketteten M in die Arbeit aufnehmen. Nach 39 (37) cm am rechten Arbeitsrand die Armausschnitt-Abnahmen wie beim Rücken beschrieben durchführen. In einer Gesamthöhe von 53 cm für den Halsausschnitt am linken Arbeitsrand in jeder 2. R 1 x 3 und 1 x 2 M, in jeder 4. R 5 x 1 M abnehmen. Bis 11 cm Ausschnitthöhe weiterarbeiten. In 23 (25) cm ab dem Beginn des Armausschnitts die Schulterschrägung wie beim Rücken beschrieben arbeiten. Alle M locker abketten.

Rechtes Vorderteil

Gegengleich zum linken Vorderteil arbeiten.

Ärmel

44 (50) M anschlagen und 3 cm im Muster I stricken. Nun im Muster II weiterarbeiten. Dabei beidseitig in jeder 6. R 18 x 1 M zunehmen = 80 (86) M. In 46 cm Gesamthöhe für die Armkugel beidseitig in jeder 2. R 1 x 4 (5), 1 x 3, 1 x 2 und 5 (6) x 1 M abnehmen, dann in jeder 4. R 2 x 1 M, in jeder 2. R 5 (4) x 1 und 4 x 2 M abketten. In 61 cm Gesamthöhe die restlichen 22 (26) M abketten.

Fertigstellung

Die Teile nach dem Schnitt spannen und unter feuchten Tüchern trocknen lassen.

Seiten-, Ärmel- und Schulternähte schließen. Ärmel einsetzen. Das Taschenfutter an der Innenseite festnähen. An der Längskante des rechten Vorderteils 98 M aufnehmen und 3 cm im Muster I arbeiten. Die M locker abketten. Die Knopfleiste des linken Vorderteils ebenso beginnen, jedoch nach 2 cm die Knopflöcher wie folgt einarbeiten: 4 M stricken, 2 M abketten, 9 M stricken, 2 M abketten. Noch 7 Knopflöcher im Abstand von 9 M arbeiten. Die R endet mit 4 M. In der nächsten R über den abgeketteten M jeweils 2 M neu anschlagen. Nach 3 cm alle M locker abketten. Die Verschlußkanten noch mit 1 R Krebsstich (= feste M von links nach rechts) umhäkeln. Am dem Halsausschnitt rundum ca. 94 M aufnehmen und 3 cm im Muster I arbeiten. Anschließend alle M locker im Bündchenmuster abketten.

Graue Trachtenjacke

Abbildung Seite 279

Größen 38 und 42
Bei abweichenden Angaben: Größe 42 in Klammern.

Material

Austermann Wolle, Qualität Trachtenwolle, 500 (600) g in Grau Nr. 3. Je 1 Paar Stricknadeln Nr. 3 ½ und Nr. 4, 1 Zopfmusternadel, 9 (10) Knöpfe.

Strickmuster

I (Bündchenmuster): Mit Nadeln Nr. 3 ½ 1 M rechts, 1 M links.

II: Mit Nadeln Nr. 4 im Perlmuster stricken.
1. R (= Hinr.): 1 M rechts, 1 M links.
2. und 4. R (= Rückr.): M stricken, wie sie erscheinen.
3. R: 1 M links, 1 M rechts
Die 1.–4. R fortlaufend wiederholen.

III: Mit Nadeln Nr. 4 im Zopfmuster arbeiten.
1. R (= Hinr.): 3 M links, 4 M rechts, 3 M links.
2. R (= Rückr.): 3 M rechts, 4 M links, 3 M rechts.
3., 5., 7. R: wie die 1. R.
4., 6., 8. R: wie die 2. R.
9. R: 3 M links, 2 M auf die Hilfsnadel nehmen und vor bzw. hinter die Arbeit legen, die folgenden 2 M rechts, die M der Hilfsnadel rechts stricken, 3 M links.
10., 12., 14., 16., 18. R: wie die 2. R.
11., 13., 15., 17. R: wie die 1. R.
19. R: wie die 9. R.
Die 10.–19. R fortlaufend wiederholen. Bei der rechten Vorder- bzw. Rückenteilhälfte liegt die Hilfsnadel hinter der Arbeit, bei der linken Vorder- bzw. Rückenteilhälfte davor.

IV: Mit Nadeln Nr. 4 im Rautenmuster nach der Strickschrift arbeiten. Gezeichnet sind nur die Hinr., in den Rückr.: die M so stricken, wie sie erscheinen.

Maschenprobe

22 M und 29 R im Strickmuster IV = 10 x 10 cm.

Arbeitsanleitung

Rücken

98 (114) M anschlagen und 2 cm im Muster I stricken. Danach wie folgt weiterarbeiten: 18 (26) M im Muster II, 10 M im Muster III, 16 M im Muster IV, 3 M links, 4 M rechts, 3 M links, 16 M im Muster IV, 10 M im Muster III und abschließend 18 (26) M im Muster II. In 30 (34) cm Gesamthöhe für die Armausschnitte beidseitig in jeder 2. R 1 x 4 (5), 1 x 3, 2 x 2 und 1 x 1 M abnehmen = 74 (88) M. In einer Gesamthöhe von 53 (60) cm für den Halsausschnitt die mittleren 18 (22) M abketten und beide Seiten getrennt beenden. Für den Halsausschnitt jeweils noch in jeder 2. R 2 x 3 und 1 x 2 M abnehmen. Zugleich für die Schulter in jeder 2. R 1 x 6 und 2 x 7 (1 x 9 und 2 x 8) M abketten.

Linkes Vorderteil

60 (70) M anschlagen und 2 cm im Muster I arbeiten. Danach wie folgt weiterarbeiten: 16 (26) M im Muster II, 10 M im Muster III, 16 M im Muster IV stricken. Nun 1 M links, 3 M rechts, für die Knopfleiste 6 M links, 2 M rechts und 6 M links arbeiten. In 30 (34) cm Gesamthöhe am rechten Arbeitsrand die Armausschnitt-Abnahmen wie beim Rücken beschrieben durchführen = 48 (57) M. In 47 (52) cm Gesamthöhe für den Halsausschnitt am linken Arbeitsrand in jeder 2. R 1 x 21, 1 x 3 und 2 x 2 M (1 x 21, 2 x 3 und 8 x 1 M) abketten. Dazu in 51 (58) cm Gesamthöhe die Schulterschrägung wie beim Rücken beschrieben arbeiten. Dann die restlichen M abketten.

Rechtes Vorderteil

Gegengleich zum linken Vorderteil jedoch mit 2 x 9 (10) Knopflöchern in

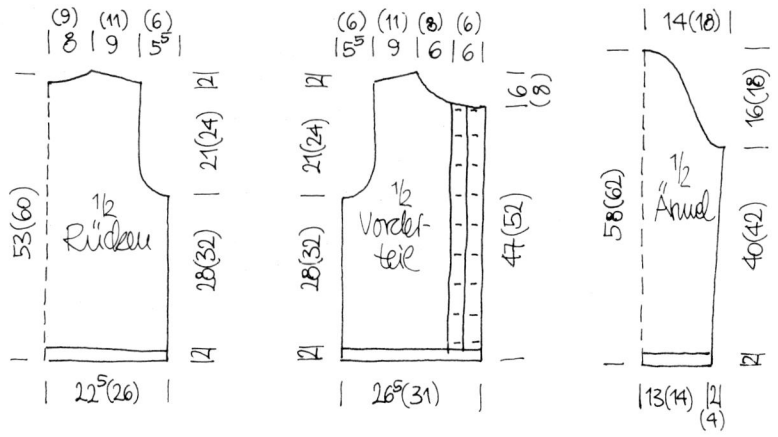

der doppelten Blende arbeiten. Dafür in der 1. R oberhalb des Bündchens wie folgt vorgehen: 2 M rechts, 2 M abketten, 3 M rechts, 1 M links, 2 M abketten, 2 M links. In der Rückr. die M wieder anschlagen. Die folgenden 9 (10) Doppel-Knopflöcher im Abstand von 5,5 cm einarbeiten.

Ärmel

58 (64) M anschlagen und 2 cm im Muster I arbeiten. Dann die M wie folgt aufteilen: 11 (14) M im Strickmuster II, 10 M im Strickmuster III, 16 M im Strickmuster IV, 10 M im Strickmuster III und 11 (14) M im Strickmuster II arbeiten. Dabei 4 x 1 M im Abstand von 8 cm (8 x 1 M im Abstand von 5 cm) beidseitig zunehmen. Man erhält 66 (80) M. Für die Armkugel in 42 (44) cm Gesamthöhe beidseitig 1 x 4, 1 x 3, 1 x 2 und 1 x 1 M in jeder 2. R, 4 x 1 und 5 x 2 M in jeder 4. R sowie in jeder 2. R 1 x 5 und 1 x 4 M (insgesamt 1 x 7, 12 x 1, 5 x 2, 2 x 3 und 1 x 5 M in jeder 2. R) abketten. Den zweiten Ärmel ebenso arbeiten.

Fertigstellung

Zunächst die Seiten-, Ärmel- und Schulternähte schließen und die Ärmel einsetzen. Am linken und rechten Vorderteil die angestrickte Verschlußleiste jeweils zur Hälfte nach innen umlegen und festheften. Die Knopflöcher am rechten Vorderteil im Knopflochstich umstechen und die Knöpfe annähen. Aus dem Halsausschnitt 86 (100) M aufnehmen, 12 cm im Muster I stricken und dann alle M wie sie erscheinen locker abketten.

Accessoires

Mütze, Stulpen und Beutel mit zweifarbigem Zopf

Abbildung Seite 286

Größe für 8 bis 10 Jahre

Material

Schaffhauser Wolle, Qualität EXTRALON: 310 g in Rohweiß Nr. 11, 45 g in Beige meliert Nr. 40; Qualität REVUE: 45 g in Gold Nr. 32. Mütze: 60 g in Rohweiß, je 10 g in Beige und Gold; Stulpen: 110 g in Rohweiß, je 15 g in Beige und Gold; Beutel: 140 g in Rohweiß, je 20 g in Beige und Gold. Je 1 Nadelspiel Nr. 3 und 3½, 1 Paar Stricknadeln Nr. 3½, je 1 Häkelnadel Nr. 3 und 3½, 1 Zopfmusternadel, Karton für den Beutelboden.

Strickmuster

I (Bündchenmuster): Mit Nadelspiel Nr. 3 in Rohweiß 1 M rechts, 1 M links.

II (Zopf über 14 M): Mit Nadelspiel bzw. Stricknadeln Nr. 3½ stricken.
1.–4. R (bzw. Rd): * 1 M glatt rechts (Hinr. rechts, Rückr. links; in Rd rechts) in Rohweiß, 2 M glatt links (Hinr. links, Rückr. rechts; in Rd links) in Rohweiß, über die folgenden 8 M glatt rechts einen zweifarbigen Zopf, 2 M glatt links in Rohweiß, 1 M glatt rechts in Rohweiß, ab * stets wiederholen.

Für den zweifarbigen Zopf die ersten 4 M in Beige, die nächsten 4 M in Rohweiß arbeiten, beim Farbwechsel die Fäden jeweils auf der Rückseite verkreuzen.
5. R bzw. Rd: den Zopf verkreuzen. Die ersten 4 M auf die Hilfsnadel vor die Arbeit legen, 4 M rechts, dann die 4 M von der Hilfsnadel rechts abstricken. Die Farbe bleibt jeweils gleich, wird also mit den M gekreuzt. Damit der Spannfaden in Beige nicht zu lang wird, sollte er gelegentlich mit dem weißen Faden verkreuzt werden. Die weiteren Zopf-Verkreuzungen in jeder folgenden 8. R oder Rd vornehmen, die dazwischenliegenden R oder Rd wie für die 1.–4. R oder Rd angegeben stricken.

III (Großes Perlmuster): Mit Nadeln Nr. 3½ 1 M rechts, 1 M links stricken, dabei in jeder 2. R die M versetzen.

Maschenprobe

25 M im Muster III = 10 cm Breite.

Arbeitsanleitung

Mütze

Es wird in Rd gearbeitet. 112 M anschlagen und im Strickmuster I 3 cm stricken, dann im Muster II weiterarbeiten. In einer Gesamthöhe von ca. 17 cm (nach der letzten Verkreuzung des Zopfes sind 7 Rd gearbeitet) alle M in Rohweiß stricken und mit dem Nadelspiel Nr. 3 weiterarbeiten. Dabei in der 1. R abwechselnd 2 M rechts und 2 M links zusammenstricken. 3 cm im Muster I weiterarbeiten, danach noch 1 Rd je 2 M zusammenstricken, dann den Faden 2 x durch die restlichen M ziehen. Verteilt (bei jedem 2. Zopf nach der 1. Verzopfung, bei den anderen nach der 2.) in die Mitte der Zöpfe mit doppeltem Faden in Gold je 1 Noppe wie folgt stricken: Einige senkrechte Spannstiche, dann waagrecht einige Stiche darüber arbeiten. Mit allen Farben einen Pompon anfertigen und an der Spitze befestigen.

Stulpen

Es wird in Rd gearbeitet. 70 M anschlagen und im Strickmuster I 10 cm arbeiten, die Arbeit umdrehen, so daß die Rückseite zur Vorderseite wird, dann im Muster II weiterarbeiten. Für die Wadenabnahmen 2 x 1 M nach 5 cm abnehmen: die 1. und 2. M der 1. Nadel sowie die vorletzte und letzte M der 4. Nadel jeweils links zusammenstricken. In einer Gesamthöhe von 26 cm über alle M in Rohweiß 5 cm im Strickmuster I arbeiten, dann alle M abketten. Verteilt wie bei der Mütze auf die mittleren 3 Zöpfe mit dem goldenen Faden je 2 Noppen sticken. Mit allen Farben 2 Pompons anfertigen und je 1 am Mittelzopf beim breiteren Bündchen annähen. Dann das Bündchen zur Hälfte nach außen umschlagen.

Beutel

Es wird in R gearbeitet. Mit den Nadeln 120 M in Rohweiß anschlagen. Beidseitig über die ersten und letzten 40 M im Muster III arbeiten und über die mittleren 40 M im Muster II. Dabei mit 2 M links, 8 M rechts für den Zopf beginnen und enden. In einer Gesamthöhe von ca. 35 cm statt der Verkreuzungen 1 Loch-R arbeiten: * 4 M stricken, 1 Umschlag, 1 überzogene Abnahme, ab * stets wiederholen. Über diese Loch-R noch 1,5 cm im fortlaufenden Muster stricken, dann alle M abketten. Wie bei der Mütze verteilt Noppen aufsticken. Die Längsnaht schließen. Die obere Kante mit der Häkelnadel Nr. 3 1/2 und doppeltem Faden in Rohweiß mit 1 Rd feste M umhäkeln, dann 1 Rd im Krebsgang arbeiten. Mit 2 Fäden in Rohweiß und 1 in Gold eine 165 cm lange Kordel drehen und durch die Lochreihe ziehen.

Für den Boden in Rohweiß mit der Häkelnadel Nr. 3 5 Luftm. häkeln, diese zum Ring schließen. Darüber in Rd Stäbchen arbeiten, jede Rd mit 1 Kettm. schließen. Für das erste Stäbchen der neuen Rd stets 2 Luftm. häkeln. 1. Rd: 16 Stäbchen; 2. Rd: in jedes Stäbchen 2 Stäbchen häkeln; 3. Rd: in jedes 3. Stäbchen 2 Stäbchen häkeln, in die übrigen je 1 Stäbchen; 4. Rd: wie 3. Rd, 5.–10. Rd: in jedes 4. Stäbchen 2 Stäbchen häkeln, in die übrigen je 1 Stäbchen; Nach der 10. Rd enden. Die Anschlagkante des Beutels an die 10. Rd des Bodens nähen. Aus stabilem Karton eine Scheibe in der Größe des Häkelbodens ausschneiden, in den Beutel schieben und am Häkelboden festnähen.

Mütze mit einfarbigem Zopf

Abbildung Seite 286

Größe 128 (8 bis 10 Jahre)

Material

Schaffhauser Wolle, Qualität SALVATORE, 100 g in Natur Nr. 11. Je 1 Nadelspiel Nr. 3 1/2 und 4, 1 Zopfmusternadel.

Strickmuster

I (Bündchenmuster): Mit Nadeln Nr. 3 1/2 2 M rechts, 2 M links.
II: Mit Nadeln Nr. 4 nach der Strickschrift arbeiten. Die Verkreuzungen in jeder 8. Rd vornehmen.

Maschenprobe

20 M glatt links = 10 cm Breite.

Arbeitsanleitung

128 M anschlagen und im Strickmuster I 10 cm stricken, dabei in der letzten Rd 2 M abnehmen. Man erhält 126 M.

Dann die Arbeit wenden, so daß die Rückseite zur Vorderseite wird, und im Strickmuster II nach der Strickschrift weiterarbeiten.

In einer Gesamthöhe von 18 cm mit den Schlußabnahmen beginnen: In der 1. Rd verteilt 14 M abnehmen (= beidseitig von den 2 rechten M je 2 M links zusammenstricken). Diese Abnahmen noch 4 x in jeder 4. Rd wiederholen, dabei die Abnahmen jeweils abwechselnd 1 x beidseitig des Zopfes und 1 x beidseitig von den 2 rechten M ausführen = 56 M. In der folgenden Rd fortlaufend 2 M rechts zusammenstricken, 1 Rd rechts stricken, in der folgenden Rd wieder je-

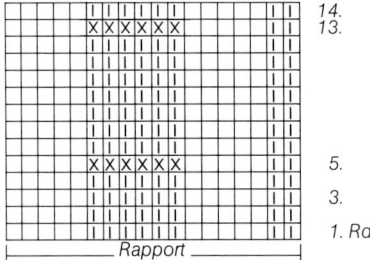

| = 1 M rechts
□ = 1 M links
xxxxxx = 3 M auf die Hilfsnadel hinter die Arbeit legen, 3 M rechts, dann die 3 M von der Zopfnadel rechts stricken.

weils 2 M rechts zusammenstricken, dann die restlichen M mit dem doppelt genommenen Arbeitsfaden zusammenziehen und den Faden vernähen. Einen großen, dichten Pompon arbeiten und ihn dann oben an der Mütze befestigen. Das Bündchen zur Hälfte nach außen umschlagen.

Schultertuch mit Karos

Abbildung Seite 287

Größe: 176 cm Breite, 133 cm Länge

Material

Schaffhauser Wolle, Qualität MOHAIR SOUPLESSE 50, 480 g in Grau/Rosé Nr. 117, je 100 g in Türkis Nr. 87, Rosé Nr. 98, Vanille Nr. 97, 50 g in Lachs Nr. 85. Je 1 Rundstricknadel Nr. 4 und 4 ½.

Strickmuster

I (Perlmuster): Mit Nadel Nr. 4 1 M rechts, 1 M links stricken und das Muster in jeder R versetzen.
II: Glatt rechts (= Hinr. rechts, Rückr. links) mit Nadel Nr. 4 ½ stricken. Damit die Fäden in Grau/Rosé nicht abgeschnitten werden müssen, mit der Rundstricknadel dann jeweils entsprechend 2 Hinr. oder Rückr. hintereinander arbeiten.
Farbfolge: * 5 R in Grau/Rosé, 2 R in Türkis, 2 R in Grau/Rosé, 2 R in Lachs, 2 R in Grau/Rosé, 2 R in Türkis, 5 R in Grau/Rosé, 2 R in Rosé, 1 R in Grau/Rosé, 4 R in Vanille, 1 R in Grau/Rosé, 2 R in Rosé, ab * wiederholen.

Maschenprobe

15 M im Muster II = 10 cm Breite.

Arbeitsanleitung

253 M in Grau/Rosé anschlagen und im Strickmuster I arbeiten. Nach 4 cm im Muster II weiterstricken. In einer Gesamthöhe von 129 cm (die Farbfolge ist 8 x gestrickt, dazu die ersten 20 R 1 x, also wurden zuletzt 2 R in Türkis und 5 R in Grau/Rosé gearbeitet) in Grau/Rosé noch 4 cm im Strickmuster I arbeiten, dann die M abketten. An den seitlichen Kanten in Grau/Rosé je 200 M aufnehmen und 4 cm im Muster I arbeiten, dann alle M abketten.

Fertigstellung

Die Längsstreifen werden im Maschenstich aufgestickt. Für den ersten Längsstreifen von der linken Kante her über die 6. M glatt rechts in Lachs 1 R Maschenstich arbeiten, damit direkt oberhalb der Perlmusterblende beginnen und direkt unterhalb der Blende enden. Jeden Stich über 1 M ausführen. Über die 8. M 1 R Maschenstich in Türkis, über die 10. M 1 R Maschenstich in Rosé und über die 14. M 1 R Maschenstich in Vanille arbeiten. Die folgenden 20 M frei lassen, dann wieder in der gleichen Farbfolge mit den gleichen Abständen sticken. Insgesamt 9 Streifen von 9 M Breite sticken. Die letzten 5 M glatt rechts bleiben frei.

Breiter Schal im Lochmuster

Abbildung Seite 287

Größe: 35 cm Breite, 180 cm Länge

Material

Schaffhauser Wolle, Qualität MOHAIR SOUPLESSE 50: 210 g in Silber Nr. 32, 50 g in Rosé Nr. 98, je 10 g in Hellblau Nr. 64 und Hellgelb Nr. 97. 1 Paar Stricknadeln Nr. 4.

Strickmuster

I: Kraus rechts (= Hinr. und Rückr. rechts).
II: Im Phantasiemuster stricken.
1. und 2. R: glatt rechts (= Hinr. rechts, Rückr. links).
3. R: Randm., 2 M rechts, ** 3 x je 2 M links zusammenstricken, * 1 Umschlag, 1 M rechts, ab * 5 x wiederholen, 3 x je 2 M links zusammenstricken, 1 M rechts, ab ** 3 x wiederholen, enden mit 2 M rechts, Randm.
4. R: Randm., 2 M links, * 18 M rechts, 1 M links, ab * stets wiederholen, enden mit 2 M links, Randm.

285

Die 1. bis 4. R stets wiederholen.

Maschenprobe

19 M im Muster I = 10 cm Breite.

Arbeitsanleitung

In Rosé 81 M anschlagen und im Strickmuster I arbeiten, dabei mit einer Hinr beginnen und 3 Krausrippen stricken. Dann im Muster II weiterarbeiten und die Farben wie folgt wechseln: 56 R in Rosé, 16 R in Silber, 4 R in Hellgelb, 12 R in Silber, 4 R in Hellblau, 12 R in Silber, 4 R Rosé, ca. 117 cm in Silber, 4 R in Hellgelb, die mit einer 1. Musterr. beginnen sollen, 8 R in Silber, 4 R in Hellblau, 8 R in Silber, 4 R in Rosé, 8 R in Silber, 4 R in Hellgelb, 8 R in Silber, enden mit 5 R in Hellblau im Strickmuster I, dann alle M in der folgenden Rückr. abketten. Die Seitenkanten rollen sich nach innen.

Bestickte Umhängetasche

Abbildung Seite 290

Größe: 58 cm Breite, 44 cm Höhe

Material

Schaffhauser Wolle, Qualität KING: 700 g in Dunkelgrün Nr. 40, 150 g in Lila Nr. 65; Qualität MOHAIR KID 80: 140 g in Violett Nr. 43, 100 g in Altrosa Nr. 34, 50 g in Grün Nr. 55, Reste in Flieder Nr. 33, Fuchsia Nr. 32; Qualität VOILÀ: 50 g in Senf Nr. 63, 20 g in Grün Nr. 73. 1 Paar Stricknadeln Nr. 5½, 1 Häkelnadel Nr. 5½, 1 grober Reißverschluß, 55 cm lang, Verstärkungsstoff für die Schulterriemen, 96 cm lang und 5 cm breit, starker Karton für den Taschenboden, 56 cm lang, 12 cm breit.

Strickmuster

I (Perlmuster): 1 M rechts, 1 M links, in jeder R das Muster versetzen.
II: Glatt rechts (= Hinr. rechts, Rückr. links) arbeiten.

Maschenprobe

15 M im Strickmuster I und II = 10 cm Breite.

Arbeitsanleitung

Die Qualitäten MOHAIR KID und VOILÀ stets mit doppeltem Faden verarbeiten.
Für 1 Längsteil 90 M in Dunkelgrün anschlagen, im Strickmuster I arbeiten, dabei die Farben wie folgt wechseln und den Faden bei jedem Farbwechsel abschneiden: 7 cm in Dunkelgrün, 6 R in Lila, 3 R in Dunkelgrün, 6 R in Violett, 3 R in Dunkelgrün, 4 R in Altrosa. Nun im Strickmuster II in Dunkelgrün 40 R stricken, dann im Strickmuster I weiterarbeiten. Dabei 4 R in Altrosa, 3 R in Dunkelgrün, 6 R in Violett, 3 R in Dunkelgrün, 6 R in Lila, 3 R in Dunkelgrün, 4 R in Grün (Mohair), 3 R in Dunkelgrün, 4 R in Senf, 1 R in Dunkelgrün, dann abketten.
Die 2. Taschenlängsseite gleich arbeiten, dann die beiden Abkettkanten in Dunkelgrün mit Überwendlingsstichen gegeneinander nähen. Die Naht stabilisiert den Boden der Tasche.
Für 1 Seitenteil 57 M in Dunkelgrün anschlagen, 13 cm im Muster I gerade stricken. Dann die M abketten. Das 2. Teil ebenso arbeiten.
Für den Schulterriemen 147 M in Dunkelgrün anschlagen und 6 cm im Strickmuster I arbeiten. Dann alle M abketten.

Fertigstellung

Bei den beiden glatt rechten Teilen ringsum 1 M innerhalb der Kante bzw. innerhalb des Farbwechsels mit doppeltem Faden in Grün (Voilà) und in Flieder Kreuzstiche arbeiten, dabei jedes Kreuz über 2 M in der Breite und in der Höhe ausführen. Im Wechsel 3 grüne und 1 fliederfarbenen Kreuzstich sticken. Nun beidseitig innerhalb dieses Rahmens das Motiv nach der Strickschrift von unten nach oben aufsticken. Die oberen Kanten beidseitig so zuammennähen, daß der Reißverschluß in die Öffnung paßt, diesen einnähen. Rings um die seitlichen Taschenkanten sowie um die Seitenteile in Dunkelgrün 1 Rd feste M häkeln. Die Seitenteile mit Stecknadeln ringsum an die Seitenkanten heften, dann in Dunkelgrün mit 1 Rd Kettm. die Teile zusammenhäkeln, dabei parallel zur Kante einstechen. Auf die Innenseite des Schulterriemens den Verstärkungsstoff nähen. Dann je ein Ende des Riemens oben in der Mitte der Seitenteile annähen. Den Bodenkarton in die Tasche legen und in der Mitte mit einigen Stichen an der unteren Naht befestigen.

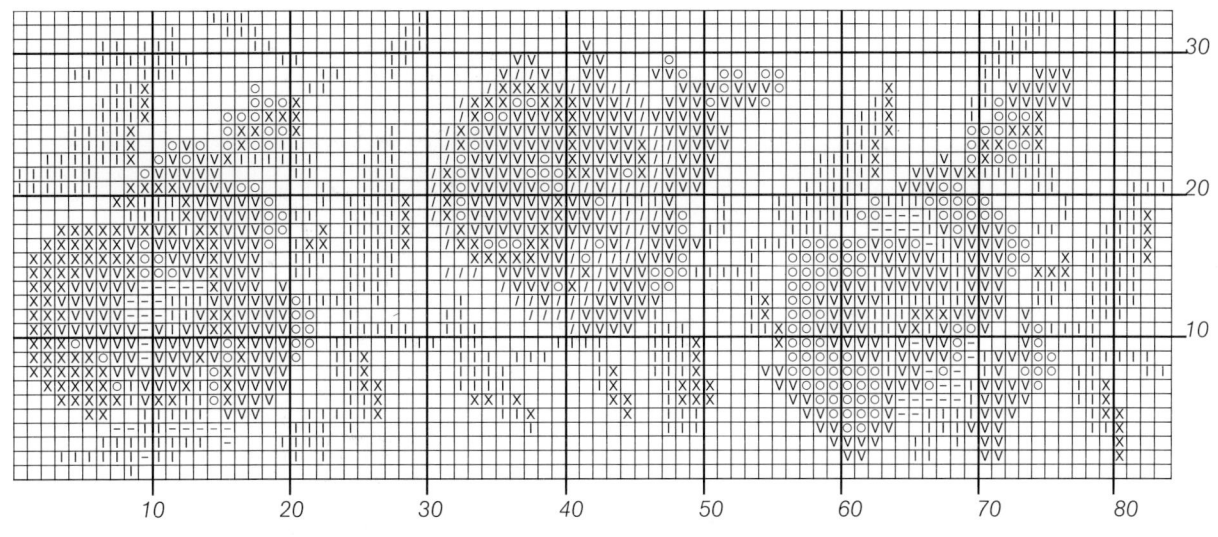

☐ = 1 gestrickte M
X = 1 Maschenstich in Senf
I = 1 Maschenstich in Grün (Mohair)
O = 1 Maschenstich in Lila
V = 1 Maschenstich in Violett
/ = 1 Maschenstich in Fuchsia
– = 1 Maschenstich in Altrosa

Dreiecktuch

Abbildung Seite 290

Größe: 170 cm Breite, ca. 104 cm Länge

Material

Schaffhauser Wolle, Qualität MOHAIR SOUPLESSE 50: 80 g in Viola Nr. 54, 80 g in Petrol Nr. 78, 50 g in Lila Nr. 83, 40 g in Cyclame Nr. 80, 40 g in Grün Nr. 111, 10 g in Gelb Nr. 79. 1 Paar Stricknadeln Nr. 5.

Strickmuster

I (Perlmuster): 1 M rechts, 1 M links, in jeder R das Muster versetzen.
II (Streifenmuster): Glatt rechts (= Hinr. rechts, Rückr. links), dabei die Farben wie folgt wechseln: * 4 R in Viola, 1 R in Lila, 4 R in Petrol, 1 R in

Motiv 1

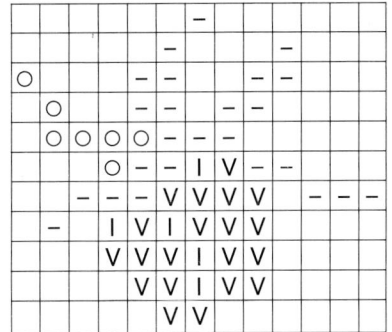

V = 1 Maschenstich in Cyclame
– = 1 Maschenstich in Grün
O = 1 Maschenstich in Gelb
I = 1 Maschenstich in Lila
Für das Motiv 3 in Cyclame genau die Form sticken.

Motiv 2

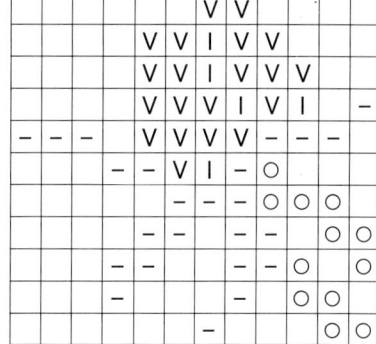

Motiv 3

Bestickte Umhängetasche (oben, links)

Dreiecktuch (oben, rechts)

Set mit Pinguinen (rechte Seite)

Turban und grün-blaues Stirnband (unten, links)

Rotes Set mit Sternen (unten, rechts)

Lila, ab * stets wiederholen. (Den Faden bei jedem Farbwechsel abschneiden und vernähen, so daß die Kanten sauber sind und beim Aufnehmen in die Randm. eingestochen werden kann.)

Maschenprobe

12 M im Muster II = 10 cm Breite.

Arbeitsanleitung

In Lila 207 M anschlagen und im Muster I arbeiten, nach 5 R im Muster II weiterstricken. Gleichzeitig ab Beginn der Arbeit beidseitig in jeder 2. R (= immer auf der Vorderseite) die ersten und letzten 2 M rechts zusammenstricken, bis noch 3 M auf der Nadel sind, diese dann abketten. An den seitlichen Kanten in Grün je 165 M aufnehmen. Für jede Blende getrennt 5 R im Muster I stricken, dabei in der 2., 3. und 4. R beidseitig neben der Randm. je 1 M verschränkt zunehmen.

Die Naht an der Spitze schließen und die Blumen nach der Strickschrift aufsticken. Dabei an der Spitze mit dem Motiv 1 oder 2 beginnen, dann seitlich entlang der Schrägungen verteilt 6–7 x im Wechsel je 1 Motiv 1 und 2 arbeiten. Diese eventuell auch seitenverkehrt ausführen. Ebenfalls versetzt 1 x vor und 1 x nach den Blumen das Motiv 3 sticken. Auch über das Tuch verteilt einige Blumenmotive sticken, diese in 1er-, 2er- oder 3er-Gruppen anordnen.

Turban

Abbildung Seite 290

Material

Schaffhauser Wolle, Qualität MOHAIR SOUPLESSE 50: 40 g in Blau Nr. 42, 20 g in Grün Nr. 111. 1 Paar Stricknadeln Nr. 4, 1 Holzring mit 6 cm Durchmesser.

Strickmuster

I: Im Phantasiemuster stricken.
1. R: in Blau, linke M.
2. R: in Blau, rechte M.
3. R: in Grün, rechte M.
4. R: in Grün, linke M.
5. R: in Blau, rechte M.
6. R: in Blau, rechte M.
7. R: in Blau, linke M.
8. R: in Blau, rechte M.
Die 3.–8. R stets wiederholen.
II: Glatt links (= Hinr. links, Rückr. rechts) stricken, dabei stets im Wechsel 2 R in Blau, 2 R in Grün.

Maschenprobe

18 M im Muster II = 10 cm Breite.

Arbeitsanleitung

In Blau 86 M anschlagen und im Strickmuster I arbeiten. Dabei beidseitig in jedem 2. grünen Streifen 4 x 1 M zunehmen: man erhält also 94 M. In einer Höhe von 16 cm (nach einer 7. Musterr.) in der Rückr. alle M locker abketten. Die Anschlag- und Abkettkante und auch die Seitenkanten längs zusammennähen. Für den Knopf wie folgt stricken: In Blau 16 M anschlagen und im Strickmuster II 9 cm arbeiten, dann abketten. Den Holzring mit diesem Viereck bespannen. Den Turban in der Naht auf 6 cm Breite zusammenziehen und den Knopf auf dieser gerafften Naht annähen.

Grün-blaues Stirnband

Abbildung Seite 290

Material

Schaffhauser Wolle, Qualität MOHAIR SOUPLESSE 50: 30 g in Blau Nr. 42, 30 g in Grün Nr. 111 (jeweils doppelt zu verarbeiten). 1 Paar Stricknadeln Nr. 6.

Strickmuster

I: Glatt rechts (= Hinr. rechts, Rückr. links) stricken.

Arbeitsanleitung

Mit doppeltem Faden in Blau 12 M anschlagen und ca. 55 cm im Muster I stricken. Mit Grün ebenso arbeiten. Die beiden Bändchen miteinander verschlingen und bei jedem Bändchen die Anschlag- und Abkettkanten zusammennähen.

Set mit Pinguinen

Abbildung Seite 291

Größen 128/134 und 152 (8/9 und 12 Jahre)
Bei abweichenden Angaben: Größe 152 in Klammern.

Material

H.E.C. Wolle, Qualität aarlan polo, dekatiert: 120 (125) g in Écru Nr. 3904, je 100 (105) g in Blau Nr. 3825, Jeansblau Nr. 3869 und Hellblau Nr. 3865, 160 (165) g in blassem Hellblau Nr. 3808, zum Besticken Reste in Dunkelblau Nr. 3890 und Rosa Nr. 3809. Mütze und Schal: 60 g in Écru, je 70 g in Blau, Jeansblau und Hellblau, 110 g in blassem Hellblau. Stulpen: je 40 g in Écru und blassem Hellblau, je 20 g in Blau, Jeansblau und Hellblau. Fausthandschuhe: 20 (25) g in Écru, je 10 (15) g in Blau, Jeansblau, Hellblau und blassem Hellblau. Je 1 Nadelspiel Nr. 3–3 ½, 3 ½, 3 ½– 4, 4–4 ½.

Strickmuster

I: Glatt rechts in Rd (= alle M rechts) stricken.

II (Bündchenmuster): Mit Nadelspiel Nr. 3 ½ in Écru 2 M rechts, 2 M links stricken (bei den Handschuhen mit Nadelspiel Nr. 3 ½–4).

Maschenprobe

22 M und 29 R im Strickmuster I = 10 x 10 cm.

Arbeitsanleitung

Mütze

In Écru mit dem Nadelspiel Nr. 3–3 ½ 92 (96) M anschlagen und im Strickmuster I stricken. Nach 2 cm mit dem Nadelspiel Nr. 3 ½–4 über 2,5 cm arbeiten, dann mit dem Nadelspiel Nr. 4–4 ½ weiterstricken, dabei die Farben wie folgt wechseln: 10 Rd in Blau, 2 Rd in Écru, 10 Rd in Jeansblau, 2 Rd in Écru, 10 Rd in Hellblau, 2 Rd in Écru, 10 Rd in blassem Hellblau, 2 Rd in Écru. Dabei in der 2. Rd in blassem Hellblau je 3 M rechts, 2 M rechts zusammenstricken, in der 6. Rd je 2 M rechts, 2 M rechts zusammenstricken und in der 10. Rd je 1 M rechts, 2 M rechts zusammenstricken. In der 2. folgenden Rd in Écru je 2 M rechts zusammenstricken. Die restlichen M zusammenziehen. Den unteren Rand nach außen umrollen. Nach dem Schema 1 Pinguin aufsticken, damit in der 2. Rd des 2. Streifens in Écru beginnen.

Schal

In Écru mit dem Nadelspiel 4–4 ½ 34 M anschlagen. Im Muster I stricken, dabei in der 2. Rd je 1 M rechts, 1 M zunehmen = 68 M. Nun in Streifen wie folgt arbeiten: 12 Rd in Blau, 2 Rd in Écru, 12 Rd in Blau, 2 Rd in Écru, 12 Rd in Jeansblau, 2 Rd in Écru, 12 Rd in Jeansblau, 2 Rd in Écru, 12 Rd in Hellblau, 2 Rd in Écru, 12 Rd in Hellblau, 2 Rd in Écru, 12 Rd in blassem Hellblau, 2 Rd in Écru, * 12 Rd in blassem Hellblau, 2 Rd in Écru, ab * je nach gewünschter Länge 7–9 x wiederholen, dann die ersten Streifen gegengleich arbeiten. Nach dem 2. blauen Streifen noch 2 Rd in Écru anfügen, dabei in der 2.Rd je 2 M rechts zusammenstricken. Die restlichen M zusammenziehen und einen Pompon in Écru darüber annähen. Ebenso den Anschlag zusammenziehen und einen Pompon annähen. An beiden Enden nach dem Schema je 3 Pinguine aufsticken: Im 2. blauen Streifen in der 7. Rd mit dem 1. beginnen. Der 2. Pinguin beginnt in der 1. Rd in Écru über dem 1. jeansblauen Streifen, und zwischen den beiden Motiven bleiben 4 M frei. Der 3. Pinguin wird genau über dem 1. Motiv gearbeitet und beginnt in der 2. Rd Écru über dem 2. Streifen in Jeansblau. Am anderen Ende im letzten blauen Streifen in der 10. Rd das 1. Motiv beginnen. Vom letzten jeansblauen Streifen bleiben 9 Rd frei, zwischen den Pinguinen ist nur 1 M frei.

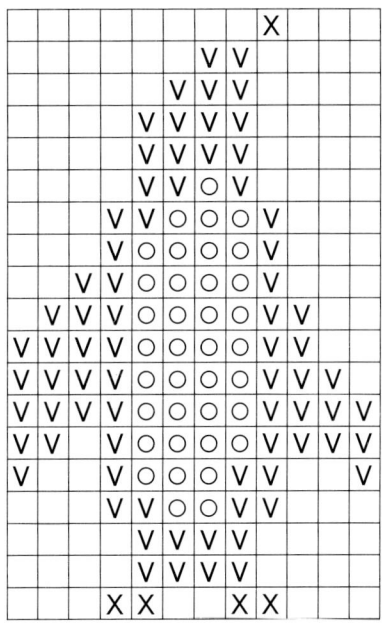

□ = 1 gestrickte M
V = 1 Maschenstich in Dunkelblau
X = 1 Maschenstich in Rosa
O = 1 Maschenstich in Écru

Das 3. Motiv ist zum 1. um 1 M gegen die äußere Bruchkante versetzt und beginnt in der gleichen Höhe wie der oberste Pinguin der ersten Gruppe.

Stulpen

Mit dem Nadelspiel Nr. 3½ in Écru 64 (68) M anschlagen und 5 cm im Strickmuster II arbeiten, dann in Blau im Muster I weiterarbeiten. Dabei nur für Größe 152 in der 1. Rd 2 M abnehmen = 64 (66) M. Nach 12 Rd folgen 2 Rd in Écru, 12 Rd in Jeansblau, dabei nach 3 (1) Rd mit der dritt- und zweitletzten M der nächsten Rd 1 überzogene Abnahme arbeiten und die 2. und 3. M der folgenden Rd rechts zusammenstricken. Für die Wadenabnahmen diese Abnahmen noch 5 x in jeder 8. Rd (6 x in jeder 7. Rd) wiederholen. Nach 12 Rd in Jeansblau 2 Rd in Écru, 12 Rd in Hellblau, 2 Rd in Écru, 2 x 12 Rd in blassem Hellblau, getrennt durch 2 Rd in Écru. Nun in Écru 1 Rd stricken, dann mit feineren Nadeln im Strickmuster II arbeiten, nach 5 cm locker abketten. An der äußeren Beinmitte 2 Pinguine aufsticken. Das 1. Motiv in der 4. jeansblauen Rd beginnen, das 2. in der 1. Rd des 3. Streifens in Écru. Zwischen beiden Motiven sind 2 M frei. Auf der anderen Stulpe die Motive gegengleich aufsticken.

Fausthandschuhe

In Écru 32 (36) M anschlagen und im Strickmuster II 7,5 cm arbeiten, dann mit dem Nadelspiel Nr. 4–4½ in Blau im Muster I weiterstricken. Dabei nur für die Größe 152 in der 1. Rd 2 M abnehmen und gleichzeitig bei beiden Größen für den Daumenzwickel am Anfang der Rd 1 M zunehmen. In jeder 3. folgenden Rd vor und nach der aufgenommenen M je 1 M zunehmen, bis 9 Zwickelm. auf der Nadel sind. Dabei nach der 10. (12.) Rd 2 Rd in Écru arbeiten und dann in Jeansblau. Wenn 14 (17) Rd rechts gestrickt sind, die Zwickelm. stillegen und dafür 2 (3) M anschlagen = 34 (36) M. Nach 10 (12) Rd in Jeansblau 2 Rd in Écru, 10 (12) Rd in Hellblau, 2 Rd in Écru, dann in blassem Hellblau arbeiten. In der 1. (3.) Rd in blassem Hellblau je 3 M stricken, 2 M rechts zusammenstricken. In der 3. folgenden Rd je 2 M stricken, 2 M rechts zusammenstricken, in der folgenden 3. Rd je 1 M stricken, 2 M rechts zusammenstricken. Dann je 2 M rechts zusammenstricken, die restlichen M zusammenziehen. Nun die 9 M des Zwickels aufnehmen und die 2 (3) angeschlagenen M dazu aufnehmen. In Jeansblau stricken. Nur für Größe 128/134 in der 2. Rd die 2 M zusammenstricken = 10 (12) M. Nach 10 (12) Rd in Jeansblau 2 Rd in Écru und dann in Hellblau weiterstricken. Ist die erforderliche Länge erreicht, je 2 M zusammenstricken und die restlichen M zusammenziehen. Den linken Handschuh gegengleich arbeiten. Je 1 Pinguin sticken: 3 (4) M neben dem Daumen und die Füße in die letzte blaue Rd (in die 3. jeansblaue Rd).

Rotes Set mit Sternen

Abbildung Seite 290

Material

Schaffhauser Wolle, Qualität SALVATORE: 400 g in Rot Nr. 71, 290 g in Natur Nr. 11. Stirnband: 60 g in Rot, 20 g in Natur; Handschuhe: 90 g in Rot, 15 g in Natur; Stulpen: 200 g in Rot, 15 g in Natur; Schal: 50 g in Rot, 240 g in Natur. 1 Paar Stricknadeln Nr. 4, je 1 Nadelspiel Nr. 3½ und 4.

Strickmuster

I: 1 M rechts, 1 M links stricken.

II: Glatt rechts (= Hinr. rechts, Rückr. links; in Rd rechts) mit Nadeln Nr. 4 stricken.

Maschenprobe

20 M im Muster II = 10 cm Breite.

Arbeitsanleitung

Stirnband

In Rot 35 M anschlagen und im Muster II 52 cm stricken (= 134 R), dann alle M stillegen. Nun das Strickteil nach der Stickschrift A auf die gesamte Länge besticken und dann das Stirnband mit Maschenstich zusammennähen, fertig rundum besticken, zum Abschluß die Längsnaht schließen. Für die Schlaufe in Rot 13 M anschlagen und im Strickmuster II 17 cm stricken. Die M stillegen, die Schlaufe um das Stirnband legen und mit Maschenstich zusammennähen. Die Längsnaht der Schlaufe schließen.

A

B

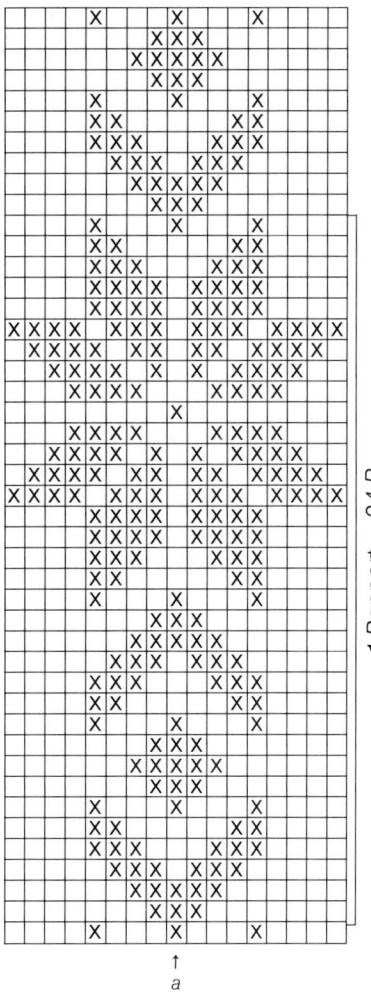

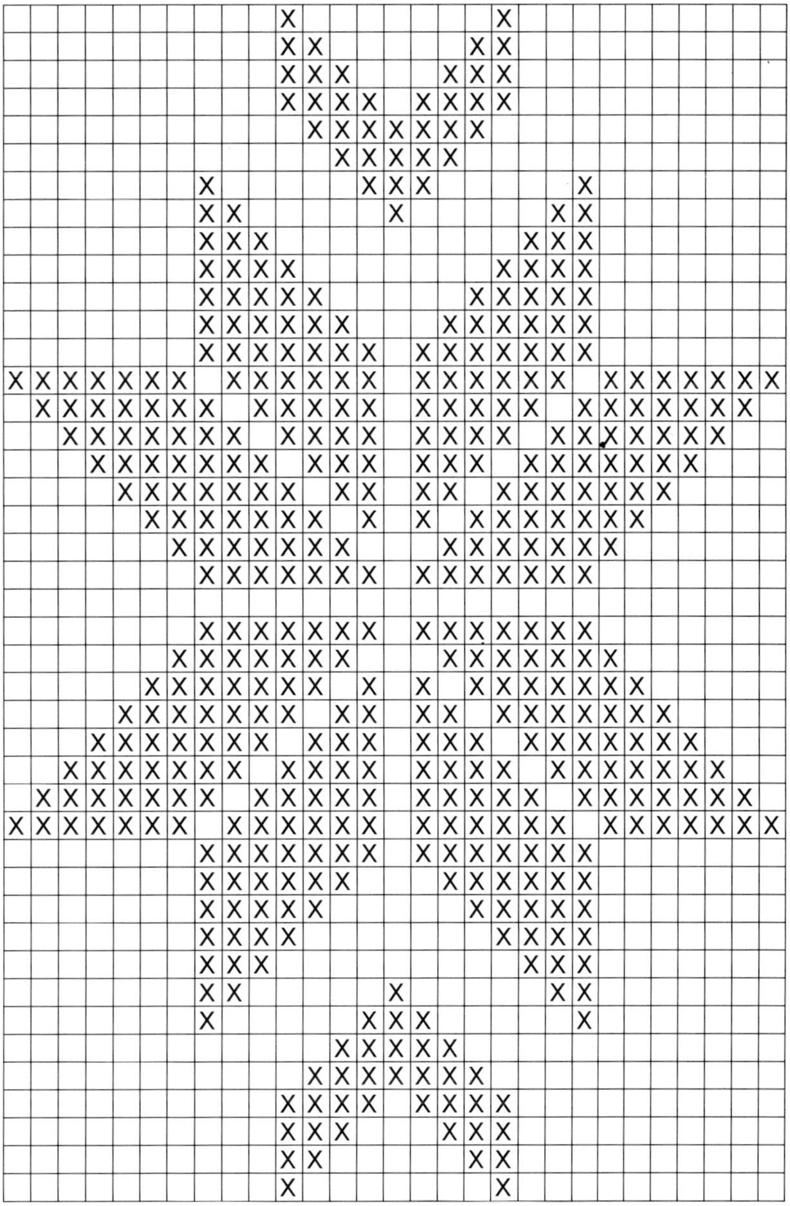

1 Rapport = 34 R

↑
a

□ = 1 gestrickte M in Rot
X = 1 Maschenstich in Natur
a = Mitte des Stirnbandes
b = Beginn beim linken Handschuh auf dem Handrücken: 14 M neben dem Daumenzwickel.
Den rechten Handschuh gegengleich nach dem Schema der Stickschrift B besticken.

↑
b

Fausthandschuhe

Für den rechten Handschuh in Rot 40 M anschlagen und mit dem Nadelspiel Nr. 3½ im Strickmuster I 7 cm in Rd stricken. Dann im Muster II in Rd weiterarbeiten. Gleichzeitig in der 3. Rd für den Daumenzwickel beidseitig der 3. M je 1 M rechts verschränkt zunehmen. Die Zunahmen beidseitig jeweils außerhalb der zuletzt zugenommenen M 4 x in jeder 4. Rd wiederholen (= beidseitig der 3, 5, 7, 9 M). Dann noch 2 Rd stricken, dann die 11 Daumenm. stillegen. In der entstandenen Lücke 1 M anschlagen und mit diesen 40 M noch 9 cm weiterarbeiten. Für die Spitze pro Rd 4 M wie folgt abnehmen: 1 überzogene Abnahme, 16 M stricken, 2 M rechts zusammenstricken, 1 überzogene Abnahme, 16 M stricken, 2 M rechts zusammenstricken. Diese Abnahmen noch 5 x in jeder Rd wiederholen, dabei wird der Abstand zwischen den Abnahmen jeweils um 2 M kürzer. Die restlichen M im Maschenstich zusammennähen. Für den Daumen zu den 11 stillgelegten Zwickelm. 3 M dazu aufnehmen. Mit diesen 14 M 5 cm im Muster II arbeiten, dann jeweils 2 M zusammenstricken. Die restlichen M zusammenziehen. Den linken Handschuh gegengleich arbeiten, also den Daumenzwickel beidseitig der drittletzten M beginnen.

Beide Handschuhe nach der Stickschrift B besticken, damit in der 10. Rd über dem Bündchen beginnen und das untere und obere mittlere Motiv weglassen.

Stulpen

In Rot 64 M anschlagen und mit dem Nadelspiel Nr. 3 1/2 im Strickmuster I 12 cm stricken. Dann das Bündchen umdrehen, so daß die Rückseite zur Vorderseite wird. Im Muster II in Rot weiterarbeiten, dann ab einer Gesamthöhe von 35 cm wieder im Strickmuster I arbeiten. Nach 12 cm im Muster I alle M abketten. Stulpen nach der Stickschrift B besticken, die Bündchen zur Hälfte nach außen umschlagen.

Schal

In Rot 67 M anschlagen und mit Nadeln Nr. 4 im Muster I arbeiten. Dabei beidseitig stets die ersten und letzten 3 M neben der Randm. im Muster II arbeiten, und diese nach hinten einrollen lassen. Ab einer Höhe von 5 cm die Farben wie folgt wechseln: * 6 R in Natur, 6 R in Rot, ab * noch 2 x wiederholen. Dann in Natur weiterstricken. In einer Gesamthöhe von 75 cm ist die Hälfte erreicht. Nun gegengleich weiterarbeiten. Nach weiteren 75 cm alle M abketten.

Gelbe Kinderkniestrümpfe

Abbildung Seite 299

Schuhgrößen 33/34 (ca. 8/9 Jahre), 30/31 (ca. 6/7 Jahre) und 26/27 (ca. 4/5 Jahre).
Bei abweichenden Angaben: Größen 30/31, 26/27 in Klammern.

Material

Schaffhauser Wolle, Qualität NOELLA: 80 (60/40) g in Gelb Nr. 53, 30 (25/20) g in Nature Nr. 11, 10 (10/5) g in Blau Nr. 58. 1 Nadelspiel Nr. 3, Gummiband.

Strickmuster

I: Glatt rechts, in Rd rechts, in R die Hinr. rechts, die Rückr. links stricken.
II: Das Lochmuster nach der Strickschrift arbeiten.

Maschenprobe

28 M im Muster I = 10 cm Breite.

Arbeitsanleitung

62 (56/50) M in Nature anschlagen und für den Saum 4,5 cm im Muster I stricken, dabei in 2 cm Höhe 1 Lochr. einarbeiten: fortlaufend 1 Umschlag und 2 M rechts zusammenstricken. Anschließend die Farben wie folgt wechseln: 16 (14/12) Rd in Nature, je 6 Rd in Blau, Nature und Blau. Nun in Gelb weiterstricken, dabei die 1. Rd rechts stricken, dann über die vorderen 9 Mittelm. im Lochmuster arbeiten. In 13 (12/10,5) cm ab der Lochr. die 1. Wadenabnahme arbeiten: am Anfang der Rd die 2. und 3. M rechts zusammenstricken und am Ende der Rd mit der dritt- und zweitletzten M 1 überzogene Abnahme arbeiten. 6 (5/4) weitere Wadenabnahmen in jeder 7. (7./5.) Rd ausführen = 48 (44/40) M. In 31 (28/24) cm Höhe ab der Lochr. für die Ferse mit den hinteren 21 (19/17) M 20 (18/16) R stricken, dann das Käppchen arbeiten: 15 (14/12) M rechts, 1 überzogene Abnahme, wenden, 1 M links abheben 9 (9/7) M links, 2 M links zusammenstricken, wenden, 1 M rechts abheben, 9 (9/7) M rechts, 1 überzogene Abnahme, wenden, 1 M links abheben, 9 (9/7) M links, 2 M links zusammenstricken, wenden usw., bis seitlich alle M abgenommen sind = 11 (11/9) M. Nun an beiden Seiten-

I = 1 M rechts
Y = 1 überzogene Abnahme
  (= 2 M rechts überzogen zusammenstricken)
X = 2 M rechts zusammenstricken
O = 1 Umschlag
V = 1 M rechts abheben, dabei den Faden hinter der M durchführen
● = 1 überzogene Doppelabnahme (= 1 M rechts abheben, 2 M rechts zusammenstricken, dann die abgehobene M darüberziehen)
Die 1.–10. Rd stets wiederholen.

arbeiten. Die Ristabnahmen beidseitig 5 (5/4) x in jeder 3. Rd arbeiten = 48 (44/40) M. In ca. 10 (8/8) cm Höhe ab der Ferse, wenn 1 Spitze des Lochmusters (Muster II) beendet ist, je 6 Rd glatt rechts in Weiß und Blau, den Rest in Gelb stricken. In 13 (12/10) cm Höhe ab der Ferse die einfachen Schlußabnahmen mit den 5er- (5er-/4er-) Abnahmen beginnen und nach den 0er-Abnahmen die restlichen M zusammenziehen. Oben die Hälfte des Säumchens nach innen nähen, dabei für das Gummiband 1,5 cm offen lassen.

kanten je 10 (9/8) M aufnehmen und über alle M im fortlaufenden Muster

Hellblaue Kinderkniestrümpfe

Abbildung Seite 299

Schuhgrößen 31/32 (7 Jahre), 33/34 (8/9 Jahre) und 35/36 (10/11 Jahre). Bei abweichenden Angaben: Größen 33/34, 35/36 in Klammern.

Material

Schaffhauser Wolle, Qualität PERFINA: 85 (100/120) g in Hellblau Nr. 40. Qualität MOHAIR SOUPLESSE 50: je 1 Rest in Gelb Nr. 86, Rosé Nr. 74 und Weiß Nr. 19. 1 Nadelspiel Nr. 2½, Gummiband.

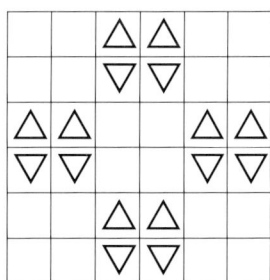

☐ = 1 gestrickte M in Hellblau
△▽ = 1 Maschenstich über 2 R

Strickmuster

I: Glatt rechts, in Rd rechts, in R die Hinr. rechts, die Rückr. links stricken.
II: Das Lochmuster nach der Strickschrift arbeiten.

Maschenprobe

31 M im Muster I = 10 cm Breite.

Arbeitsanleitung

63 (66/72) M in Hellblau anschlagen und im Muster I stricken. In 2 cm Höhe für die Bruchkante 1 Rd links stricken. Ab 4 cm Höhe in folgender Mustereinteilung stricken: 1 Rd links, 6 cm im Strickmuster II, 1 Rd links, dabei für Größe 31/32 am Ende der Rd 1 M abnehmen, dann im Muster I weiterarbeiten. In 10,5 (12,5/16) cm Gesamthöhe die 1. Wadenabnahme arbeiten: Am Anfang der Rd die 2. und 3. M rechts zusammenstricken und am Ende der Rd mit der dritt- und zweitletzten M 1 überzogene Abnah-

me arbeiten. 6 (6/7) weitere Wadenabnahmen in jeder 8. (8./7.) Rd ausführen = 48 (52/56) M. In 27 (30/34) cm Gesamthöhe für die Ferse mit den hinteren 22 (24/20) M 20 (22/24) R stricken, dann das Käppchen arbeiten: 14 (15/16) M rechts, 1 überzogene Abnahme, 1 M rechts, wenden, 1 M links abheben, 7 M links, 2 M zusammenstricken, 1 M links, wenden, 1 M rechts abheben, 8 M rechts, 1 überzogene Abnahme, 1 M rechts, wenden, 1 M links abheben, 9 M links, 2 M links zusammenstricken, 1 M links, wenden usw., bis seit-

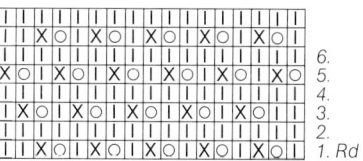

I = 1 M rechts
O = 1 Umschlag
X = 2 M links zusammenstricken
Die 1.–6. Rd stets wiederholen

lich alle M abgenommen sind = 14 (16/16) M. Nun an beiden Seitenkanten je 10 (11/12) M aufnehmen und über alle M in Rd rechts stricken. Die Ristabnahmen beidseitig 6 (7/7) x in jeder 2. Rd arbeiten = 48 (52/56) M. In 12 (13/14) cm Höhe ab der Ferse die Schlußabnahmen mit den 5er-(5er-/6er-)Abnahmen beginnen, dabei aber jeweils 1 Rd weniger darüberstricken, als M zwischen den Abnahmen sind. Die restlichen M zusammenziehen. Die Anschlagkante 2 cm auf die Rückseite nähen, dabei für das Gummiband ca. 1,5 cm offen lassen. Je 2 Fäden Mohair in Gelb, Rosé und Weiß in die 1. Lochr. einziehen, dabei in der hinteren Mitte beginnen. Beide Strümpfe in Gelb, Rosé und Weiß nach dem Stickschema besticken.

Kniestrümpfe mit Eistüte

Abbildung Seite 299

Schuhgrößen 35/36 (10/11 Jahre) und 29/30 (6 Jahre)
Bei abweichenden Angaben: Größe 29/30 in Klammern.

Material

Schaffhauser Wolle, Qualität NOELLA: 100 (70) g in Rosé Nr. 84, 20 (15) g in Weiß Nr. 19; Qualität MOHAIR SOUPLESSE 50: je 1 Rest in Gelb Nr. 86, Weiß Nr. 19, Rosé Nr. 74 und Hellblau Nr. 64. Je 1 Nadelspiel Nr. 2 ½ und Nr. 3.

Strickmuster

I: Mit dem Nadelspiel Nr. 2 ½ 2 M rechts, 2 M links.
II: Mit dem Nadelspiel Nr. 3 glatt rechts, in Rd rechts, in R die Hinr. rechts, die Rückr. links stricken.

Maschenprobe

28 M im Muster II = 10 cm Breite.

Arbeitsanleitung

64 (52) M in Rosé anschlagen und im Muster I 6 cm stricken. Dann im Muster II weiterarbeiten, dabei für die Größe 35/36 verteilt 2 M zunehmen und die Farben wie folgt wechseln: 9 (6) Rd in Rosé, * 2 Rd in Weiß, 2 Rd in Rosé, 1 Rd in Weiß, 4 Rd in Rosé, ab * 3 (2) x wiederholen, 2 Rd in Weiß, 2 Rd in Rosé, 1 Rd in Weiß, * 12 Rd in Rosé, 2 Rd in Weiß, 2 Rd in Rosé, 1 Rd in Weiß, ab * 1 x wiederholen (nicht wiederholen), * 6 Rd in Rosé, 1 Rd in Weiß, ab * 1 x wiederholen (nicht wiederholen), dann den Strumpf in Rosé weiterarbeiten. Gleichzeitig in 15 (11) cm Gesamthöhe die 1. Wadenabnahme arbeiten: Am Anfang der Rd die 3. und 4. M rechts zusammenstricken und am Ende der Rd mit der

Stickschema
☐ = 1 gestrickte M
V = 1 Maschenstich in Gelb über 2 R
/ = 1 Maschenstich in Hellblau über 2 R
X = 1 Maschenstich in Rosé über 2 R
O = 1 Maschenstich in Weiß über 2 R

Gelbe Kinderkniestrümpfe, hellblaue Kinderkniestrümpfe und Kniestrümpfe mit Eistüte (oben, von links)

Naturfarbene Langlaufstrümpfe, graue Langlaufstrümpfe und blaue Langlaufstrümpfe (unten, von links)

viert- und drittletzten M 1 überzogene Abnahme arbeiten. 6 (4) weitere Wadenabnahmen in jeder 8. Rd ausführen = 52 (42) M. In 34 (24) cm Gesamthöhe für die Ferse mit den hinteren 24 (20) M 22 (18) R stricken, dann das Käppchen arbeiten: 17 (14) M rechts, 1 überzogene Abnahme, wenden, 1 M links abheben, 10 (8) M links, 2 M links zusammenstricken, wenden, 1 M rechts abheben, 10 (8) M rechts, 1 überzogene Abnahme, wenden usw., bis seitlich alle M abgenommen sind = 12 (10) M. Nun an beiden Seitenkanten je 11 (9) M aufnehmen und über alle M in Rd rechts stricken. Die Ristabnahmen beidseitig 5 (4) x in jeder 3. Rd arbeiten, so daß man 52 (42) M erhält. In 14 (11) cm Höhe ab der Ferse die Schlußabnahmen mit den 5er-Abnahmen beginnen, dabei aber jeweils 1 Rd weniger darüberstricken, als M zwischen den Abnahmen sind. Die restlichen M zusammenziehen.
Beide Strümpfe nach dem Schema auf der Außenseite besticken.

Naturfarbene Langlaufstrümpfe

Abbildung Seite 299

Schuhgröße 42/43

Material

Schaffhauser Wolle, Qualität EXTRALON, 300 g in Nature Nr. 11. Je 1 Nadelspiel Nr. 3 und 3½, 1 Zopfmusternadel.

Strickmuster

I: Mit dem Nadelspiel Nr. 3 2 M rechts, 2 M links.
II: Mit dem Nadelspiel Nr. 3½ glatt rechts, in Rd rechts, in R die Hinr. rechts, die Rückr. links stricken.
III: Mit dem Nadelspiel Nr. 3½ über 21 M nach der Strickschrift arbeiten.
IV: Mit dem Nadelspiel Nr. 3½ im Streifenmuster über 22 M = fortlaufend 4 M rechts, 2 M links arbeiten.

Maschenprobe

25 M im Muster II = 10 cm Breite.

Arbeitsanleitung

80 M anschlagen und 16 cm im Muster I stricken, dabei 2 M links in die vordere Mitte nehmen. Nun im Muster II–IV weiterarbeiten. Dabei wie folgt beginnen und in der 1. Rd verteilt 8 M zunehmen: 12 M im Muster II, 21 M im Muster III, 22 M im Muster IV, 21 M im Muster III, 12 M im Muster II. In 13 cm Höhe ab dem Bündchen die 1. Wadenabnahme arbeiten: Am Anfang der Rd die 2. und 3. M rechts zusammenstricken und am Ende der Rd mit der dritt- und zweitletzten M 1 überzogene Abnahme arbeiten. 9 weitere Wadenabnahmen in jeder 6. Rd ausführen = 68 M. In ca. 52 cm Gesamthöhe, nach einer 8. Rd im Muster III, über den Zopfm. je 2 M abnehmen = 64 M. Nun für die Ferse mit den hinteren 28 M 24 R stricken, dann das Käppchen arbeiten: 16 M stricken, dann die 3 M von der Hilfsnadel rechts stricken.

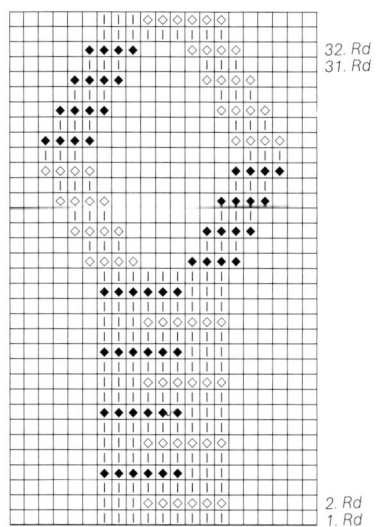

◆◆◆◆◆◆ = 3 M auf die Hilfsnadel nach hinten legen, die folgenden 3 M rechts stricken, dann die 3 M von der Hilfsnadel rechts stricken.

◇◇◇◇ = 3 M rechts auf die Hilfsnadel nach vorn legen, 1 M links stricken, dann die 3 M von der Hilfsnadel rechts stricken.

◆◆◆◆ = 1 M links auf die Hilfsnadel nach hinten legen, 3 M rechts stricken, dann die linke M von der Hilfsnadel links stricken.

Die 1.–32. R stets wiederholen.

□ = 1 M links
I = 1 M rechts
◇◇◇◇◇◇ = 3 M auf die Hilfsnadel nach vorn legen, die folgenden 3 M rechts

rechts, 1 überzogene Abnahme, 1 M rechts, wenden, 1 M links abheben, 5 M links, 2 M links zusammenstricken, 1 M links, wenden, 1 M rechts abheben, 6 M rechts, 1 überzogene Abnahme, 1 M rechts, wenden usw., bis das Käppchen 14 M breit ist. Nun jeweils nach den Abnahmen sofort wenden, bis seitlich alle M abgenommen sind. An beiden Seitenkanten je 12 M aufnehmen und über alle M weiterarbeiten, dabei die vorderen 22 M im Muster III weiterarbeiten und die restlichen M im Muster II stricken. Für die Ristabnahmen beidseitig 6 x in jeder 2. Rd je 1 M abnehmen = 62 M. In 17 cm Höhe ab der Ferse 5 M abnehmen, d. h. pro Linksrippe je 1 M = 57 M, dann 4 Rd rechts stricken. Schlußabnahmen: 5er bis 0er-Abnahmen, aber stets 1 Zwischenrd. weniger (also 4 bei den 5er-Abnahmen) darüberstricken. Die restlichen M zusammenziehen.

Graue Langlaufstrümpfe

Abbildung Seite 299

Schuhgröße 42/43

Material

Schaffhauser Wolle, Qualität EXTRA-LON: 240 g in Grau mouliné Nr. 41, 50 g in Jeans Nr. 86, 20 g in Natur Nr. 11. Je 1 Nadelspiel Nr. 3 und Nr. 3 ½.

Strickmuster

I: Mit dem Nadelspiel Nr. 3 2 M rechts, 2 M links.
II: Mit dem Nadelspiel Nr. 3 ½ glatt rechts stricken.
III: Mit dem Nadelspiel Nr. 3 ½ im Jacquardmuster glatt rechts.
1. und 2. Rd: * 3 M in Jeans, 3 M in Natur, ab * stets wiederholen.
3. und 4. Rd: 2 M in Jeans, * 3 M in Natur, 3 M in Jeans, ab * stets wiederholen, enden mit 1 M in Jeans.
Nach 2 Rd die Farben stets um 1 M nach rechts verschieben.
IV: Mit dem Nadelspiel Nr. 3 ½.
1.–4. Rd: 1 M rechts, 2 M links, * 8 M rechts, 2 M links, 2 M rechts, 2 M links, ab * stets wiederholen, enden mit 2 M links, 1 M rechts.
5.–6. Rd: 1 M rechts, * 12 M links, 2 M rechts, enden mit 1 M rechts.
7.–12. Rd: wie die 1.–4. Rd stricken. Die 5.–12. Rd stets wiederholen.

Maschenprobe

25 M im Muster II = 10 cm Breite.

Arbeitsanleitung

80 M in Grau anschlagen und im Muster I stricken, dabei mit 1 M rechts, 2 M links beginnen und enden mit 1 M rechts. In 16 cm Höhe die Arbeit wenden und im Muster II weiterarbeiten, dabei 2 Rd in Grau, 1 Rippe in Jeans (= 1 Rd rechts und 1 Rd links), 4 Rd in Grau, 1 Rippe in Natur, 2 Rd in Grau, 2 Rd in Jeans stricken, dabei in der 1. Rd in Jeans verteilt 4 M zunehmen = 84 M. Dann im Muster III 4 cm stricken, anschließend im Muster II in Jeans 2 Rd, dann 2 Rd in Grau, 1 Rippe in Natur, 4 Rd in Grau, 1 Rippe in Jeans und 2 Rd in Grau arbeiten. Dann im Muster IV weiterarbeiten, dabei die 1. Rd nach der Beschreibung beginnen und in der 2. Rd die 1. Wadenabnahme wie folgt arbeiten: Am Anfang der Rd je nach Muster mit der 2. und 3. M 1 überzogene Abnahme arbeiten oder die 2. und 3. M links zusammenstricken und am Ende der Rd die dritt- und zweitletzte M rechts oder links zusammenstricken. Diese Abnahmen 11 x in jeder 5. Rd wiederholen = 60 M. Im Muster IV gerade weiterarbeiten. In 52 cm Gesamthöhe für die Ferse in Jeans mit den hinteren 26 M 24 R im Muster II stricken, dann das Käppchen arbeiten: Von der Mitte der Ferse aus 2 M rechts, 1 überzogene Abnahme, 1 M rechts, wenden, 1 M links abheben, 5 M links, 2 M links zusammenstricken, 1 M links, wenden, 1 M rechts abheben, 6 M rechts, 1 überzogene Abnahme, 1 M rechts, wenden, 1 M links abheben, 7 M links, 2 M links zusammenstricken, 1 M links, wenden usw., bis das Käppchen 14 M breit ist. Nun jeweils nach den Abnahmen sofort wenden, bis seitlich alle M abgenommen sind. Anschließend in Grau an beiden Seitenkanten je 12 M aufnehmen und über alle M weiterstricken, dabei die oberen 34 M weiter im Muster IV arbeiten. Für die Ristabnahmen beidseitig in jeder 2. Rd 6 x 1 M abnehmen = 60 M. In 17 cm Höhe ab der Ferse über alle M in Grau 4 Rd im Muster II stricken, dabei in der 1. Rd über den Mustern. verteilt 4 M abnehmen. In Jeans die Schlußabnahmen: 5er- bis 0er-Abnahmen, dabei stets 1 Zwischenrd. weniger darüberstricken (= nach den 5er-Abnahmen nur 4 Rd usw.). Die restlichen M zusammenziehen.

Blaue Langlaufstrümpfe

Abbildung Seite 299

Schuhgröße 38/39

Material

Schaffhauser Wolle, Qualität EXTRALON, 260 g in Jeans Nr. 86. Je 1 Nadelspiel Nr. 3 und 3½, außerdem 1 Zopfmusternadel.

Strickmuster

I: 1 M rechts, 1 M links.
II: Mit dem Nadelspiel Nr. 3½ glatt rechts, in Rd rechts, in R die Hinr. rechts, die Rückr. links stricken.
III: Mit dem Nadelspiel Nr. 3½ über 47 M 4 Zopfstreifen (A, B, C und D) arbeiten. Die Zopfstreifen A und D in der 12. und 26. Rd, die Zopfstreifen B und C in der 38. und 52. Rd verkreuzen: 4 M auf die Hilfsnadel nach vorn legen, die folgenden 4 M rechts, dann die 4 M von der Hilfsnadel rechts stricken. Diese 4 Zopfrd. dann noch 1 x wiederholen. Alle übrigen Rd wie folgt stricken: * 3 M links, 8 M rechts, ab * 3 x wiederholen, 3 M links.

Maschenprobe

25 M im Muster II = 10 cm Breite.

Arbeitsanleitung

74 M mit dem Nadelspiel Nr. 3 in Jeans anschlagen und im Muster I arbeiten. In 16 cm Höhe wie folgt weiterarbeiten: 17 M im Muster II, über die folgenden 40 M im Muster III und verteilt 7 M zunehmen = 47 M, 17 M im Muster II = 81 M. In der vorderen Mitte sind 3 linke M. In 30 cm Gesamthöhe die 1. Wadenabnahme arbeiten, dabei am Anfang der Rd die 2. und 3. M rechts zusammenstricken und am Ende der Rd mit der dritt- und zweitletzten M 1 überzogene Abnahme arbeiten. Diese Wadenabnahmen noch 9 x in jeder 6. Rd wiederholen = 61 M. In 52 cm Gesamthöhe 2 Abnahmen arbeiten: Am Anfang der Rd 6 M stricken, 1 überzogene Abnahme und am Ende der Rd die acht- und siebtletzte M rechts zusammenstricken = 59 M. Nun für die Ferse mit den hinteren 24 M 22 R glatt rechts stricken, dann das Käppchen arbeiten: Von der Mitte der Ferse aus 2 M rechts, 1 überzogene Abnahme, 1 M rechts, wenden, 1 M links abheben, 5 M links, 2 M links zusammenstricken, 1 M links, wenden, 1 M rechts abheben, 6 M rechts, 1 überzogene Abnahme, 1 M rechts, wenden usw., bis das Käppchen 12 M breit ist. Nun jeweils nach den Abnahmen sofort wenden, bis seitlich alle M abgenommen sind. Anschließend an beiden Seitenkanten je 11 M aufnehmen und über alle M in Rd weiterarbeiten, dabei die mittleren 25 M 3 M links, 8 M rechts weiterführen, die Sohlenm. glatt rechts stricken. Für die Ristabnahmen beidseitig in jeder 2. Rd 6 x 1 M abnehmen = 57 M. In 15 cm Höhe ab der Ferse über alle M 4 Rd rechts stricken, dabei in der 1. Rd bei den linken M je 1 M abnehmen = 54 M. Dann die Schlußabnahme stricken: 5er-, 4er-, 3er-, 2er-, 1er-, 0er-Abnahmen, jedoch stets 1 Rd weniger, als M zwischen den Abnahmen sind. Die restlichen M mit dem Arbeitsfaden zusammenziehen.

Fürs Haus

Kissen mit Streifenmustern

Abbildung Seite 303

Kissen mit Diagonalstreifen

Größe: 37 x 37 cm

Material

H.E.C. Wolle, Qualität aarlan royal: je 50 g in Lila Nr. 4298, Aubergine Nr. 4303, Bordeaux Nr. 4377, Rosa Nr. 4302, Braun Nr. 4318, Dunkelbeige Nr. 4317. 1 Paar Stricknadeln Nr. 3 ½–4, eine Kissenfüllung, evtl. 1 Reißverschluß, 35 cm lang.

Strickmuster

Pro Farbe je 4 Krausrippen (Hinr. und Rückr. rechts) und dann 2 R glatt rechts (= Hinr. rechts, Rückr. links) stricken.

Farbfolge: * dunkelbeige, bordeaux, lila, aubergine, rosa, braun *, ab * fortlaufend wiederholen.

Maschenprobe

21 M und 41 R = 10 x 10 cm.

Arbeitsanleitung

3 M in Dunkelbeige anschlagen und im Muster arbeiten, dabei am Ende jeder R 1 M verschränkt zunehmen. Ab der Mitte des 11. Farbstreifens (= 105 M) jeweils am Ende der R die letzten 2 M rechts zusammenstricken. Die letzten 3 M abketten. Das 2. Teil gegengleich arbeiten. Dann 3 Seiten schließen. An der 4. Seite evtl. den Reißverschluß einsetzen.

Patch-Work-Kissen I

Größe: 34 x 34 cm

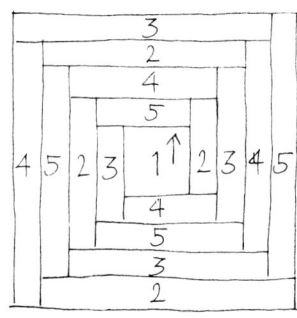

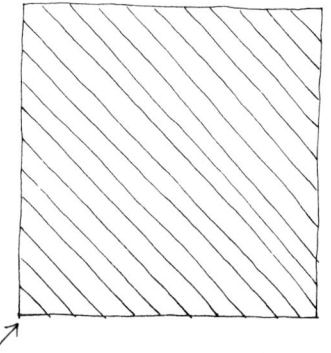

Material

H.E.C. Wolle, Qualität aarlan royal: 60 g in Lila Nr. 4298, je 30 g in Rosa Nr. 4302, Dunkelrot Nr. 4303, Beige Nr. 4317, Braun Nr. 4318. 1 Paar Stricknadeln Nr. 3 1/2–4, eine Kissenfüllung, evtl. 1 Reißverschluß, ca. 22 cm lang.

Strickmuster

I: Kraus rechts stricken (= Hinr. und Rückr. rechts). Die Farben sind im Schema mit 1–5 angegeben.

Maschenprobe

Ein Karo mißt 25 x 25 cm ohne Umrandung.

Arbeitsanleitung

Für die Mitte 15 M in Lila anschlagen und 15 Krausrippen stricken.
1. Seite: In Braun weiterarbeiten, dabei am Ende der R 4 M dazu anschlagen. 5 Rippen stricken. (Jeweils den Faden abschneiden und für das Zusammennähen verwenden.) In Beige 4 M anschlagen, über die 19 M stricken und am Ende der R 4 M dazu anschlagen = 27 M. 5 Rippen stricken. In Rosa 4 M anschlagen, über die 27 M stricken und am Ende der R 4 M dazu anschlagen = 35 M. 5 Rippen arbeiten. In Dunkelrot 4 M anschlagen, über die 35 M stricken und am Ende der R 4 M dazu anschlagen = 43 M. 5 Rippen stricken. Dann alle M abketten.

2. Seite: An der linken Längskante vom inneren Karo 15 M in Dunkelrot aufnehmen und am Ende der R 4 M dazu anschlagen = 19 M. 5 Rippen stricken. In Rosa, Braun und Beige wie die 1. Seite weiterarbeiten.

Die 3. und 4. Seite ebenso arbeiten, dabei die Farben nach dem Schema einteilen. Die Seite 3 in Beige und die Seite 4 in Rosa beginnen. Ein 2. Karo genauso arbeiten. Für die Umrandung 4 Streifen wie folgt arbeiten: 3 M in Lila anschlagen und im Muster I arbeiten, dabei beidseitig 8 x 1 M in jeder 2. R zunehmen = 19 M. 50 Rippen stricken. Für die Spitze beidseitig 8 x 1 M in jeder 2. R abnehmen. Die restlichen 3 M abketten. Die Streifen zur Hälfte umlegen und die Spitzen zusammennähen, so daß 4 Ecken entstehen. Die Karos einsetzen und die Kissenfüllung hineingeben. Evtl. den Reißverschluß auf einer Seite vom Karo einsetzen.

Patch-Work-Kissen II

Größe: 34 x 34 cm

Material

H.E.C. Wolle, Qualität aarlan royal-

Farben:
1 = lila
2 = rosa
3 = dunkelrot
4 = beige
5 = braun

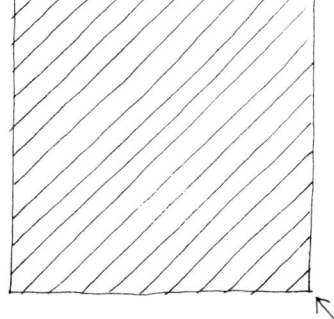

tweed: 50 g in Dunkelrot Nr. 1366, je 40 g in Dunkelgrau Nr. 1313, Hellgrau Nr. 1317, Dunkelbeige Nr. 1304, Braun Nr. 1369. 1 Paar Stricknadeln Nr. 4–4 1/2, eine Kissenfüllung, evtl. 1 Reißverschluß, ca. 22 cm lang.

Arbeitsanleitung

Das Patch-Work-Kissen II in der gleichen Arbeitstechnik und Reihenfolge der Seiten wie das Patch-Work-Kissen I arbeiten. Dabei aber die Farben wie folgt einteilen:
1 = dunkelrot
2 = dunkelgrau
3 = hellgrau
4 = dunkelbeige
5 = braun.

Naturfarbene Bettdecke

Abbildung Seite 306

Größe: 160 x 230 cm

Material

H. E. C. Wolle, Qualität aarlan cotonova, 4150 g in Ecru Nr. 4553. 1 Paar Stricknadeln Nr. 3 1/2–4, 1 Häkelnadel Nr. 3 1/2.

Strickmuster

Für ein halbes Sechseck (= 1 Motiv) 89 M anschlagen.
1. R (Rückr.): alle M links.
2. R (Hinr.): Randm., * 1 M rechts, 27 M links, 1 M rechts, ab * 2 x wiederholen, Randm.
3. R und jede weitere Rückr.: die M stricken, wie sie erscheinen. Die Umschläge jeweils links abstricken.
4. R: Randm., * 2 M rechts überzogen zusammenstricken (= 1 überzogene Abnahme), 25 M links, 2 M rechts zusammenstricken, ab * 2 x wiederholen, Randm.
6. R: Randm., * 1 M rechts, 25 M links, 1 M rechts, ab * 2 x wiederholen, Randm.
8. R: Randm., * 1 überzogene Abnahme, 11 M links, 1 Umschlag, 1 M rechts, 1 Umschlag, 11 M links, 2 M rechts zusammenstricken, ab * 2 x wiederholen, Randm.
10. R: Randm., * 1 überzogene Abnahme, 10 M links, 1 Umschlag, 3 M rechts, 1 Umschlag, 10 M links, 2 M rechts zusammenstricken, ab * 2 x wiederholen, Randm.
12. R: Randm., * 1 überzogene Abnahme, 9 M links, 1 Umschlag, 5 M rechts, 1 Umschlag, 9 M links, 2 M rechts zusammenstricken, ab * 2 x wiederholen, Randm.
14. R: Randm., * 1 überzogene Abnahme, 8 M links, 1 Umschlag, 7 M rechts, 1 Umschlag, 8 M links, 2 M rechts zusammenstricken, ab * 2 x wiederholen, Randm.
16. R: Randm., * 1 überzogene Abnahme, 7 M links, 1 Umschlag, 9 M rechts, 1 Umschlag, 7 M links, 2 M rechts zusammenstricken, ab * 2 x wiederholen, Randm.
18. R: Randm., * 1 überzogene Abnahme, 6 M links, 1 Umschlag, 11 M rechts, 1 Umschlag, 6 M links, 2 M rechts zusammenstricken, ab * 2 x wiederholen, Randm.
20. R: Randm., * 1 überzogene Abnahme, 5 M links, 1 Umschlag, 13 M rechts, 1 Umschlag, 5 M links, 2 M rechts zusammenstricken, ab * 2 x wiederholen, Randm.
22. R: Randm., * 1 überzogene Abnahme, 4 M links, 6 M rechts, 1 doppelte überzogene Abnahme (= 1 M rechts abheben, die folgenden 2 M rechts zusammenstricken, die abgehobenen M darüberziehen), 6 M rechts, 4 M links, 2 M rechts zusammenstricken, ab * 2 x wiederholen, Randm.
24. R: Randm., * 1 M rechts, 4 M links, 5 M rechts, 1 doppelte überzogene Abnahme, 5 M rechts, 4 M links, 1 M rechts, ab * 2 x wiederholen, Randm.
26. R: Randm., * 1 überzogene Abnahme, 3 M links, 4 M rechts, 1 doppelte überzogene Abnahme, 4 M rechts, 3 M links, 2 M rechts zusammenstricken, ab * 2 x wiederholen, Randm.
28. R: Randm., * 1 M rechts, 3 M links, 3 M rechts, 1 doppelte überzogene Abnahme, 3 M rechts, 3 M links, 1 M rechts, ab * 2 x wiederholen, Randm.
30. R: Randm., * 1 überzogene Abnahme, 2 M links, 2 M rechts, 1 doppelte überzogene Abnahme, 2 M rechts, 2 M links, 2 M rechts zusammenstricken, ab * 2 x wiederholen, Randm.
32. R: Randm., * 1 M rechts, 2 M links, 1 M rechts, 1 doppelte überzogene Abnahme, 1 M rechts, 2 M links, 1 M rechts, ab * 2 x wiederholen, Randm.
34. R: Randm., * 1 überzogene Abnahme, 1 M links, 1 doppelte überzogene Abnahme, 1 M links, 2 M rechts zusammenstricken, ab * 2 x wiederholen, Randm.
36. R: Randm., 1 überzogene Abnahme, 1 M rechts, 2 M rechts zusam-

Naturfarbene Bettdecke (oben)

Karierte Bettdecke (unten)

Decke und Kissen im Lochmuster (oben)

Teppich (unten)

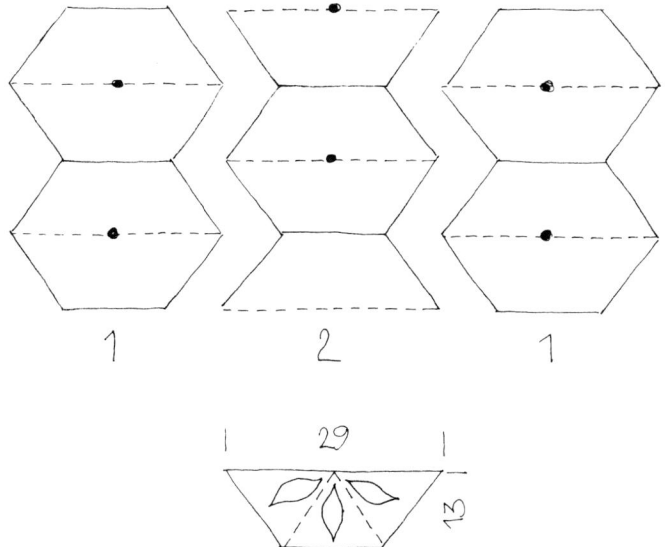

menstricken, 1 M rechts, 2 M rechts zusammenstricken, 1 überzogene Abnahme, 1 M rechts, 2 M rechts zusammenstricken, Randm.

37. R (= Rückr.): Randm., 5 x 2 M links zusammenstricken. Die restlichen 6 M mit einem Faden zusammenziehen.

Arbeitsanleitung

Man benötigt 140 Motive. Jeweils 2 Motive zusammennähen (siehe Schema) = 1 Blume. Insgesamt gibt es 67 ganze Blumen. In jede Blumenmitte eine Noppe befestigen, die wie folgt gearbeitet wird:
1 M anschlagen, aus dieser M 7 M herausstricken (1 x rechts, 1 x links, 1 x rechts usw.), 5 R glatt rechts stricken. Die M mit einem Faden zusammenziehen und mit dem gleichen Faden beidseitig die Randm. aufnehmen und auch zusammenziehen. Die Blumen zu den Bahnen 1 und 2 zusammennähen. Von Bahn 1 benötigt man 4 mit je 10 ganzen Blumen, von Bahn 2 3 mit je 9 ganzen Blumen und oben und unten je 1 Motiv. Die 7 Bahnen nach dem Schema zusammennähen. Die Schmalseite mit 1 R feste M umhäkeln.

Karierte Bettdecke

Abbildung Seite 306

Größe: 160 x 225 cm für ein Einzelbett, 210 x 225 cm für ein Doppelbett

Material

Phildar Wolle, Qualität SAGITTAIRE: je 900 g in Ciel und Lait fraise, 750 g in Blanc, 550 g in Ancolie. Doppelbett: je 1200 g in Ciel und Lait fraise, 1000 g in Blanc, 750 g in Ancolie. (Ersatzqualitäten: SUFFRAGE oder STARTER.) 1 Paar Stricknadeln Nr. 5, 1 Häkelnadel Nr. 5.

Strickmuster

I: Mit doppeltem Faden glatt rechts (= Hinr. rechts, Rückr. links).

Maschenprobe

18 M und 18 R = 10 x 10 cm.

Arbeitsanleitung

Band Nr. 1

42 M mit doppeltem Faden in Ciel anschlagen und im Muster wie folgt stricken: **** * 5 M in Ciel, ** 4 M in Ancolie, 4 M in Ciel **, von ** bis ** 4 x und mit 5 M in Ancolie enden. Auf diese Weise 4 R stricken. Dann 4 R wie folgt arbeiten: 5 M in Blanc, ** 4 M in Lait fraise, 4 M in Blanc **, von ** bis ** 4 x und mit 5 M in Lait fraise enden*. Von * bis * insgesamt 5 x. Dann *** 4 R uni in Lait fraise und 4 R wie folgt arbeiten: 5 M in Blanc, ** 4 M in Lait fraise, 4 M in Blanc **, von ** bis ** 4 x und mit 5 M in Lait fraise enden ***. Von *** bis *** insgesamt 5 x ****. Dann von **** bis **** (= 80 R) 5 x für Band 1 stricken.
In der 400. R die M locker abketten. Für die kleine Decke insgesamt 3 Bänder Nr. 1 arbeiten, für die große Decke dagegen 4.

Band Nr. 2

42 M mit doppeltem Faden in Ciel anschlagen und im Muster wie folgt stricken:

**** * 4 R in Ciel. Dann 4 R: 5 M in Blanc, ** 4 M in Ciel, 4 M in Blanc ** von ** bis ** 4 x und mit 5 M in Ciel enden *. Von * bis * 5 x.
Dann * 4 R: 5 M in Lait fraise, ** 4 M in Ancolie, 4 M in Lait fraise **, von ** bis ** 4 x und mit 5 M in Ancolie enden.
Dann 4 R: 5 M in Blanc, ** 4 M in Ciel, 4 M in Blanc **, von ** bis ** 4 x und mit 5 M in Ciel enden *.
Von * bis * 5 x insgesamt ****. Von **** bis **** (= 80 R) 5 x für 1 Band wiederholen.
In der 400. R die M locker abketten. Für die kleine Decke insgesamt 3 Bänder Nr. 2 arbeiten, für die große 4.

Fertigstellung

Die Bänder unter einem feuchten Tuch trocknen lassen oder leicht dämpfen. Dann abwechselnd je 1 Band Nr. 1 und Nr. 2 so zusammennähen, daß die Karos genau aneinander stoßen. Dann in Ancolie um die gesamte Decke 1 R Kettm. und 2 R feste M, dann 1 R Picots wie folgt häkeln: ** 3 feste M, 4 Luftm., die Häkelnadel aus der Schlinge ziehen, in die 1. Luftm. einstechen, die Schlinge der 4. Luftm. aufnehmen und durch die 1. Luftm. ziehen **. Von ** bis ** ständig wiederholen.

Decke und Kissen im Lochmuster

Abbildung Seite 307

Größe der Decke: 115 x 165 cm, Größe des Kissens: ca. 50 x 45 cm

Material

Esslinger Wolle, Qualität »Trockenwolle 64; Decke: 1300 g in Rohweiß Nr. 73; Kissen: 350 g in Rohweiß Nr. 73. 1 Rundstricknadel Nr. 4, 120 cm lang, 1 Häkelnadel Nr. 4, 15 cm lang, 1 Paar Stricknadeln Nr. 4

Strickmuster

Nach der Strickschrift arbeiten. Dabei die 3.–6. R stets wiederholen.

Maschenprobe

Decke: 24 M und 23 R (= 1 Mustersatz) = 10,5 x 10,5 cm.

Arbeitsanleitung

Decke

268 M anschlagen und 2 Rippen (= 4 R rechts) stricken, dann nach der Strickschrift (= 11 Mustersätze) 161 cm stricken, dann noch 2 Rippen arbeiten und die M abketten. Beide Längsseiten wie folgt umhäkeln: 1 feste M in die 1. Randm. der 1. R, * 10 Doppelstäbchen in die 1. Randm. der folgenden 7. R, 1 feste M in die Randm. der nächstfolgenden 7. R *, von * bis * wiederholen.

Kissen

90 M anschlagen und ebenfalls nach der Strickschrift arbeiten, jedoch 1 Mustersatz nur über 18 M arbeiten (3 x 2 M links zusammenstricken, 6 M rechts mit jeweils 1 Umschlag und 3 x 2 M links zusammenstricken. Hier keine Randm. zusätzlich stricken). In diesem Muster ca. 45 cm stricken. 2 gleiche Kissenteile anfertigen und mit festen M zusammenhäkeln, dabei für die Kissenfüllung eine Öffnung lassen, die später ebenfalls zusammengehäkelt wird.

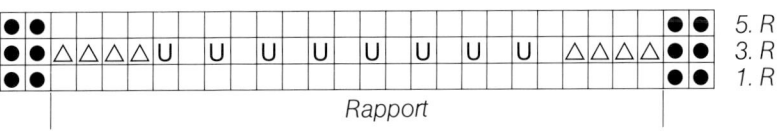

● = Randm.
□ = rechte M
U = Umschlag
△ = 2 M links zusammenstricken.
In den Rückr. die M und die Umschläge links stricken.

Teppich

Abbildung Seite 307

Größe: ca. 195 x 195 cm

Material

Schachenmayr Wolle, Qualität Nomotta Super Show: 600 g in Dunkelbraun Nr. 937 (Farbe I), 200 g in Nougat Nr. 935 (II), 200 g in Rosenholz Nr. 920 (III), 250 g in Beige Nr. 919 (IV), 150 g in Grau Nr. 940 (V), 100 g in Hellgrau Nr. 905 (VI), 50 g in Natur Nr. 901 (VII). 1 Paar Stricknadeln Nr. 4–5.

Strickmuster

I: Für 1 Rhombus (= 10 x 10 cm) 32 M anschlagen (mit Knötchenrand arbeiten).
1. R: alle M rechts.
2. R: 14 M rechts, 2 M rechts zusammenstricken, 2 M rechts überzogen zusammenstricken, 14 M rechts.
3. R: 14 M rechts, 2 M links, 14 M rechts.
4. R: 13 M rechts, 2 M rechts zusammenstricken, 2 M rechts überzogen zusammenstricken, 13 M rechts.
5. R: 13 M rechts, 2 M links, 13 M rechts.
Auf diese Weise weiterarbeiten, bis nur noch 4 M auf der Nadel sind. In der letzten R 2 x 2 M links zusammenstricken, dann die 1. über die 2. M ziehen, Faden durch die letzte Schlinge ziehen und vernähen.

Arbeitsanleitung

Nach dem beim Strickmuster beschriebenen Verfahren insgesamt 365 Rhomben arbeiten: 9 in Natur, 16 in Beige, 24 in Hellgrau, 32 in Grau, 40 in Beige, 48 in Rosenholz, 44 in Nougat, 152 in Dunkelbraun.
Diese Rhomben nach der Schemazeichnung zusammennähen.

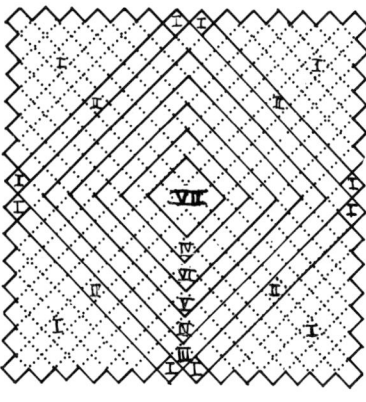

◇ = 1 Rhombus

Wollis

Abbildung Seite 311

Material

Bunte Reste dünner Wolle, Watte zum Ausstopfen. 1 Paar Stricknadeln Nr. 2 oder 1 Nadelspiel Nr. 2.

Strickmuster

I: Glatt rechts (= Hinr. rechts, Rückr. links, in Rd alle M rechts) stricken.
II: Kraus (= Hinr. rechts, Rückr. rechts, in Rd 1 Rd rechts, 1 Rd links) stricken.

Arbeitsanleitung

Es wird in Rd mit einem Nadelspiel oder in R (dann gibt es im Rücken eine Naht) gestrickt. Alle Püppchen werden nach dem gleichen Prinzip gearbeitet und an den Beinen bzw. an den Schuhen begonnen.
Dafür 32 M anschlagen und in der gewünschten Farbe für die Schuhe 5 R im Strickmuster I stricken. Beim Nadelspiel werden 32 M auf 4 Nadeln verteilt (je 8 M) aufgenommen. Für die Hose weitere 14 R in der gewünschten Farbe im Strickmuster I arbeiten. Soll es eine kurze Hose werden, werden entsprechend weniger R für die Hose, aber mehr R für die Beine gestrickt. Die Hose kann einen Latz oder Träger bekommen. Die Träger häkelt man als Luftmaschenkette an die Hose, der Latz wird zum schluß aus der letzten R aufgenommen und lose hochgearbeitet. Der Pullover wird in einer neuen Farbe im Strickmuster I oder II in Streifen oder einfarbig über 12 R gearbeitet.
Für das Gesicht werden 8 R im Strickmuster I gestrickt. Soll der Pulli einen Rollkragen bekommen, wird der Pulli einige R höher gestrickt, abgekettet, und aus der vorletzten R des Rollkragens werden von innen für das Gesicht M neu aufgenommen und entsprechend weniger R gestrickt. Über weitere 8 R wird die

Mütze oder der Kopf gearbeitet, danach werden die Abnahmen vorgenommen, d.h. es werden in jeder R an 4 Stellen gleichmäßig verteilt jeweils 2 M zusammengestrickt, die letzten 4 M zusammengezogen.
Auch bei der Mütze gibt es viele Variationsmöglichkeiten. Man kann ihr einen kraus rechts gestrickten oder einen gerippten Rand geben, sie als längere Mütze arbeiten (dann werden die Abnahmen langsamer vorgenommen), ihr einen Schirm geben (dann werden zum Schluß aus der 1. R der Mütze M herausgestrickt). Ein Pompon oder eine Quaste wird direkt oder mit einer Häkelschnur an die Mütze genäht.

Fertigstellung

Ist die Puppe nicht rund gestrickt, zuerst die rückwärtige Naht schließen. Nun wird der Kopf mit Watte fest ausgestopft und abgebunden. Die Arme werden mit Steppstichen abgenäht, dann werden die Arme und der Körper fest gestopft, danach die Beinlinie gesteppt und die Beine ausgestopft. Dann näht man die Schuhe oder Beine unten zu, und zwar längs, damit ein Fuß entsteht. Die Schuhe werden am oberen Rand einzeln abgebunden. Zum Schluß wird das Gesicht gestickt, die Nase mit der Strickwolle des Gesichts.

Rund ums Garn

Kleine Materialkunde

Die Vielfalt der Garne nimmt von Saison zu Saison zu. Diese Fülle läßt zwar die reizvollsten Kombinationen und Ideen zu – aber ebensooft steht man ratlos vor bunt gefüllten Regalen. Diese Materialkunde soll helfen, die Banderolen zu verstehen, und die Auswahl erleichtern. Alle wichtigen Grundinformationen findet man auf der Banderole: die Zusammensetzung des Garns, Gewicht und Lauflänge, die benötigten Nadelstärken, Maschenprobe und auch Pflegesymbole. Außerdem ist auf der Banderole die Nummer der Farbpartie aufgestempelt. Da Wolle immer unterschiedlich reagiert, kann es bei wechselnden Farbpartien zu leichten Farbunterschieden kommen. Deshalb haben nur Knäuel einer Farbpartie wirklich dieselbe Farbe. Um unliebsame Überraschungen zu vermeiden, sollte man die Garnmenge nicht zu knapp veranschlagen. Die meisten Wollgeschäfte nehmen übriggebliebene Knäuel zurück oder legen Garn für einige Zeit beiseite.

Naturfasern

Tierische und pflanzliche Fasern gehören wegen ihrer besonders angenehmen Trageeigenschaften zu den beliebtesten Strickgarnen.
Schafwolle: Ihre stark gekräuselten Einzelfasern schließen viel Luft ein und isolieren deshalb besonders gut gegen Kälte. Die feinsten Fasern hat Merinowolle, Lambswool ist sehr weich, aber auch nicht besonders haltbar. Am wertvollsten ist jeweils Schurwolle (im Gegensatz zur wiederverwendeten Reißwolle).
Angorawolle wird aus dem Haar des Angorakaninchens gewonnen. Sie ist sehr leicht, flauschig und seidig und wärmt sehr gut; allerdings haart sie stark.
Mohair ist die Wolle der Angoraziege und ist sehr flauschig und wärmt ebenfalls gut. Mohair ist auch relativ strapazierfähig. Am schönsten ist das von Jungtieren stammende Kid-Mohair.
Kaschmir ist ebenfalls Ziegenwolle, und zwar von den in großen Höhen lebenden Kaschmir-Ziegen. Ihre – ausgekämmte, nicht geschorene – Unterwolle ist besonders weich und seidig und wärmt hervorragend. Kaschmirwolle ist sehr teuer.
Lama und Alpaka kommen aus Südamerika. Die Wolle ist weich, seidig und strapazierfähig; Alpaka wärmt aber kaum.
Vicuñawolle ist der Kaschmirwolle ähnlich. Da sie von geschützten Wildtieren stammt, ist der Export zur Zeit verboten.

Kamelhaarwolle ist sehr weich und hat ähnliche Eigenschaften wie Schafwolle. Da sie sehr teuer ist, wird sie meist mit Schurwolle gemischt.
Seide gehört zu den kostbarsten Materialien. Wegen ihres schönen Glanzes eignet sie sich besonders gut für elegantere Sachen. Sie ist sehr leicht und elastisch, außerdem kann sie sowohl wärmen als auch kühlen. Seide wird häufig mit anderen Garnen gemischt; nicht nur weil sie teuer, sondern auch weil sie sehr empfindlich ist.
Baumwolle ist luftdurchlässig und sehr saugfähig. Deshalb eignet sie sich hervorragend für Sommerkleidung. Sie ist sehr strapazierfähig, kann je nach Ausrüstung auch gekocht werden und läßt sich gut färben. Außerdem kratzt sie nicht und führt auch nicht zu Allergien. Mercerisierte Baumwolle ist elastisch und hat einen seidigen Glanz.
Leinen hat ähnliche Eigenschaften wie Baumwolle, ist aber fester, wirkt noch stärker kühlend und hat immer einen seidigen Glanz. Deshalb eignet sich Leinen für Sommerkleidung wie für elegante Modelle.
Ramie ist eine tropische Bastfaser. Sie glänzt und ist sehr saugfähig, eignet sich also gut für leichte Kleidung. Da Ramie allein ziemlich fest ist, wird

es meist mit weicheren Fasern gemischt.

Kunstfasern

Bei Kunstfasern unterscheidet man zwischen den aus natürlichen Rohstoffen (Zellulose) hergestellten halbsynthetischen Fasern wie Viskose und Acetat und den aus Erdöl oder Kohle gewonnenen synthetischen Fasern wie Polyacryl, Polyamid oder Polychlorid. Kunstfasern filzen nicht und sind mottensicher.

Viskose ist der Baumwolle sehr ähnlich, darf aber nicht gekocht werden.

Acetat ist ebenfalls hitzeempfindlich. Es kann zu einer noch feineren und elastischeren Faser als Seide verarbeitet werden.

Polyacryl kann so bearbeitet werden, daß es optisch Schafwolle sehr ähnlich wird. Wenn die Fasern gekräuselt werden, wärmen sie gut und sind sehr weich. Außerdem ist Polyacryl licht-und farbecht und läuft nicht ein. Ein Nachteil ist seine mangelnde Saugfähigkeit.

Polyamid ist besonders reißfest, formbeständig und trocknet schnell. Aufgrund der Neigung zu elektrostatischer Aufladung werden Schmutzteilchen sehr schnell angezogen.

Polychlorid wärmt sehr gut, neigt aber auch stark zu elektrostatischer Aufladung. Das kann allerdings durch die Beimischung von Wolle verringert werden.

Polyester ist strapazierfähig, knitterarm und pflegeleicht, aber ebenfalls nicht saugfähig. Es sollte also mit saugfähigen Fasern gemischt werden, weil man sonst zu stark darin schwitzt.

Mischfasern

In ihnen vereinen sich die Eigenschaften ihrer verschiedenen Bestandteile. So werden beispielsweise Naturfasern durch die Beigabe von Kunstfasern strapazierfähiger und sind dann oft auch leichter zu pflegen; dies gilt besonders für die Mischung von Wolle mit Polyacryl. Andererseits können unerwünschte Eigenschaften von Kunstfasern – wie mangelnde Saugfähigkeit oder elektrostatische Aufladung – durch die Mischung mit Naturfasern verringert werden. Aber auch Mischungen von verschiedenen Naturfasern sind oft sinnvoll, zum Beispiel Mohair, Angora oder Alpaka mit Schafwolle. Neben der Verbesserung der Trageeigenschaften erlauben Mischungen aber auch besondere und neue optische Effekte.

Das Garn

Das Aussehen eines Garns hängt nicht nur von seinen Bestandteilen ab, sondern auch ganz wesentlich von der Art, wie die Fasern zum Garn gedreht werden.

Dochtgarn besteht aus einem lockker gedrehten, dicken Faden und wirkt deshalb wie handgesponnen.

Bei **mehrfachen Garnen** werden mehrere dünne Fäden miteinander verzwirnt; sie werden dadurch haltbarer.

Cablégarn ist noch strapazierfähiger. Dafür werden bereits zweifach verzwirnte Fäden miteinander verdreht. Für **Perlgarn** wird zweifaches Garn locker gezwirnt.

Alle diese **glatten Garne** bilden ein klares Maschenbild und eignen sich deshalb am besten für alle Arten von Mustern. Lochmuster wirken beispielsweise besonders gut, wenn sie mit Perlgarn gestrickt werden.

Effektgarne wirken dagegen aufgrund ihrer besonderen Strukturen am besten, wenn sie zu einfachen Mustern verstrickt werden.

Flammégarne haben unregelmäßig eingesponnene, dünne und dicke Fäden, die oft noch unterschiedlich eingefärbt sind. Wenn sie eine Noppenstruktur haben, eignen sie sich besonders gut für sportlichere Modelle.

Bouclégarne haben ebenfalls eine unregelmäßige Struktur. Sie entsteht durch Schlingen, die um einen glatten Basisfaden gedreht werden. Je nach Länge der Schlingen wirkt das Gestrick wie Frottee oder eher wie Persianer. Bouclé eignet sich am besten für einfachere Modelle mit klaren Linien.

Bei **Chenille** werden kurze Fäden in den Basisfaden eingewebt, so daß eine samtartige oder pelzartige Struktur entsteht. Chenille eignet sich deshalb sowohl für elegante wie für warme Sachen. Es ist nicht sehr strapazierfähig und auch nicht ganz einfach zu verstricken.

Flauschige Garne wie Mohair oder Angora wirken bei glatt rechts gestrickten Teilen – einfarbig oder mit Jacquardmustern – besonders zart.

Bändchen sind nicht gezwirnt, sondern aus einem Faden zu einem dünnen Schlauch gewirkt. Da sie eine glatte Oberfläche haben, eignen sie sich für alle Arten von Mustern. Bändchengarn läßt sich recht einfach verarbeiten; wichtig ist nur, daß man die Fäden so vernäht, daß sie sich nicht aufribbeln können. Daneben gibt es in jeder Saison noch die verschiedensten Effektgarne, mit denen man einzelne Akzente setzen kann – beispielsweise mit **Fellstreifen**. Manche kann man auch als **Beilauffäden** verwenden – etwa Metallfäden mit Glitzereffekt oder Perlen auf dünnen Fäden.

Das Zubehör

Stricknadeln

Stricknadeln gibt es nicht nur in unterschiedlichen Nadelstärken, sondern auch in verschiedenen Formen und Materialien. Für Strickarbeiten in Hin- und Rückreihen verwendet man meist Nadeln, die an der einen Seite einen Kopf haben, der das Heruntergleiten der Maschen verhindert. Die Materialien sind Metall, Kunststoff und Holz. Für schwere Strickstücke (Jacken z. B.) gibt es diese Nadeln auch mit flexiblem Schaft. Bei ihnen liegt das Strickteil im Schoß und belastet dadurch die Arme nicht. Schnellstricknadeln sind Aluminiumnadeln, bei denen nur der vordere Teil die angegebene Stärke hat und der Schaft dünn ist. Dadurch sind sie leichter und ermöglichen ein schnelleres Stricken.

Bei Rundstricknadeln sind die beiden Metallspitzen mit einem flexiblen Kunststoffseil verbunden. Man kann sie außer zum Rundstricken auch für Arbeiten in Hin- und Rückreihen sowie für Arbeiten, bei denen längere Nadeln mit zwei Spitzen benötigt werden, verwenden. Ein Nadelspiel aus fünf Nadeln wird ebenfalls zum Rundstricken verwendet, und zwar für Teile wie Strümpfe, Mützen oder Handschuhe, für die eine Rundstricknadel zu lang wäre. Für Fingerhandschuhe eignen sich Nadelspiele aus Bambus, die es auch in kleinen Nadelstärken gibt, besonders gut, denn diese Nadeln sind so leicht, daß sie nicht aus den wenigen Maschen herausgleiten.

Wichtige Hilfsmittel

Die gebogenen Zopfmusternadeln werden beim Verkreuzen von Maschengruppen als Hilfsnadeln verwendet. Es gibt sie in zwei Stärken. Den Maschenraffer, den es nur in einer Größe gibt, benötigt man zum Stillegen von Maschen. Da er ähnlich wie eine Sicherheitsnadel konstruiert ist, können die Maschen nicht von ihm heruntergleiten.

Einen Strickfingerhut kann man bei Jacquardmustern benutzen, damit sich die verschiedenen Fäden nicht verheddern.

Zum Zusammennähen der Strickteile und zum Vernähen der Fäden benötigt man eine Stricknadel ohne Spitze und mit großer Öse. Außerdem braucht man noch eine kleine Schere, ein Maßband und eine Häkelnadel in der entsprechenden Stärke (meist eine halbe Nummer kleiner als die Stricknadeln).

Weitere nützliche Hilfsmittel sind ein Rahmen zum Auszählen der Maschenprobe, und für Zählmuster ein Reihen- und Maschenzähler, mit dessen Hilfe man ärgerliche Zählfehler vermeiden kann.

Pflegetips für Garne

Wie schnell die Freude an einem flauschigen selbstgestrickten Stück in Entsetzen umschlägt, weiß jeder, der den Vorher-Nachher-Effekt nach falscher Behandlung einmal selbst erfahren mußte. Es lohnt sich zweifellos, gerade bei den immer kostbarer und schöner, aber oft auch empfindlicher werdenden Materialien, einiges über die richtige Pflege von Garnen zu wissen.

Die Aufbewahrung

Selbstgestrickte Sachen sind meist locker und luftig gearbeitet. Sie sollten daher, um ihre Form nicht zu verlieren, nicht auf dem Kleiderbügel, sondern locker zusammengelegt aufbewahrt werden. Um das Strickstück beim „Übersommern" vor Motten zu schützen, legt man Kernseife oder eine Zeitung dazwischen: ein altes Hausmittelchen.

Vor dem Stricken

Bei fast allen Materialien, insbesondere bei solchen, die ihre Struktur beim Waschen verändern – wie Baumwolle oder Seide –, sollte man unbedingt eine Maschenprobe von ca. 30 Maschen im vorgesehenen Muster erstellen und diese waschen. Erst nach der getrockneten Probe wird das Strickstück berechnet. Viele Garne dehnen sich oder laufen ein, besonders wenn sie naß sind, und behalten diese Form dann bei. Auch bei mehrfarbigen Strickstücken ist es ratsam, die Maschenprobe zu waschen, um zu testen, ob das Garn ausfärbt. In diesem Falle sollte das Strickstück chemisch gereinigt werden oder mit einem Schuß Essig zügig durchgewaschen werden. Oft »bluten« die Garne nur bei der ersten Wäsche überschüssige Farbe aus.

Waschmittel

Für empfindliche Garne sollte ausschließlich alkalifreies Waschmittel verwendet werden. Möglich sind reine Olivenkernseife (in wenig heißem Wasser eine konzentrierte Lauge herstellen und kalt auffüllen) und alle die flüssigen Wollwaschmittel, die in Bioläden und Reformhäusern erhältlich sind. Sie sind auf natürlicher Basis hergestellt und schaden dem Garn bestimmt nicht. Haarshampoos sind meist ungeeignet, da sie die Faser flusig machen. In jedem Fall sollte man wenig Waschmittel und keinen Weichspüler verwenden. Wenn man etwas Besonderes tun will, gibt man ins letzte Spülwasser einen Schuß Essig.

Waschen

Oft findet man auf der Banderole des Garnes wichtige Hinweise des Herstellers. Grundsätzlich gilt, daß Garne so wenig wie möglich gewaschen werden sollten. Aufgrund ihrer Faserstruktur regenerieren sich tierische Garne, wie Wolle und Seide, durch Lüften von selbst. Also: Möglichst oft bei feuchtem Wetter oder im Schatten an die Luft hängen, am besten nach jedem Tragen.
Es gibt speziell ausgerüstete Wolle, die für die Wäsche in der Waschmaschine geeignet ist (siehe Banderole). Locker gearbeitete Sachen sollte man trotzdem mit der Hand waschen, damit sie sich nicht verziehen. Im übrigen empfiehlt es sich, Gestricktes ausschließlich mit der Hand zu waschen. Garne sollten kühl, aber nicht eiskalt in reichlich Wasser gewaschen werden. Das Strickstück vor dem Waschen auf die linke Seite wenden und es ohne langes Einweichen zügig und sehr sanft »baden«. Dabei sollte der Wasserstrahl nie direkt über das Strickstück laufen – haarige Garne verfilzen sofort. Das Strickstück nach dem Waschen in einem Handtuch ausdrücken oder in einem Kopfkissenbezug kurz anschleudern, wenn es sich um Wolle oder Seide handelt. Das Strickstück wird nun flach aufgelegt und in Form gebracht; die Form, in der es trocknet, behält es nämlich! Gestricktes sollte nie auf der Leine, an der Sonne oder in der Nähe eines Heizkörpers trocknen.

Baumwolle waschen

Handarbeiten aus Baumwolle vertragen eine etwas robustere Behandlung. Bei sanforisierten oder dekatierten – also einlaufgeschützten – Garnen ist eine höhere Wassertemperatur erlaubt (siehe Banderole). Auch bei Baumwollsachen sollte man die Waschmaschine nur benutzen, wenn die Arbeiten nicht zu locker und luftig ausgeführt sind.

Seide waschen

Strickstücke aus Seide sollten unbedingt vor dem ersten Tragen gewaschen werden, damit die Faser sich legt. Das ist wichtig, damit sich später auf dem Strickstück keine Wollklümpchen bilden. Noch einmal: Seide dehnt sich stark, besonders wenn sie naß ist; daher sollte man unbedingt vor dem Stricken eine Maschenprobe waschen. Bei Seide ist es besonders wichtig, daß das Waschmittel alkalifrei ist, damit sie nicht den Glanz verliert. Sie darf nur kühl und mit wenig Waschmittel gewaschen werden. Dabei sollte jedes Ziehen vermieden werden. Übrigens: Chemische Reinigung macht Seide brüchig.

Leder waschen

Strickstücke aus Lederbändchen werden kühl mit reiner Olivenkernseife eingeschäumt und in klarem Wasser ohne jeden Zusatz gespült. Wenn das Leder noch feucht ist, weichrubbeln, anschließend wieder in Form ziehen und fertigtrocknen lassen.

Chemisch reinigen

Falls auf der Banderole empfohlen, oder falls das Material ausfärbt, sollte man das Strickstück in die Reinigung geben. Da in den Sachen keine Etiketten eingenäht sind, denen der Reiniger entnehmen kann, um welche Fasern es sich handelt, sollte man immer genaue Angaben dazu machen, bzw. die Banderole des Garnes mitbringen.

Um die entsprechenden Pflegehinweise immer zur Hand zu haben, empfiehlt es sich, ein »Waschbuch« einzurichten, in das man einfach die Banderolen der verschiedenen Strickstücke einklebt.

Löcher stopfen

Löcher in glatt rechts gestrickten Teilen kann man so stopfen, daß sie nicht mehr sichtbar sind. Als Material benötigt man eine Sticknadel ohne Spitze, Näh- oder Knopflochgarn, das Original-Strickgarn und als Auflagefläche ein Stück Pappe, das größer ist als das Loch.

Zuerst wird das Loch gesäubert: Man entfernt die zerstörten Fäden, so daß an der rechten und linken Kante gerade Maschensäulen entstehen. Oben und unten werden ebenfalls die Fäden entfernt, so daß man gerade, vollständige Maschenreihen erhält. Diese Reihen müssen rechts und links je mindestens zwei Maschen breiter sein als das Loch. Das gesäuberte Loch hat jetzt die Form einer römischen Eins.

Nun heftet man am rechten und linken Rand die in das Loch ragenden Maschensäulen mit feinem Nähgarn auf der Rückseite des Strickstücks fest, so daß ein sauberes, rechteckiges Loch entsteht. Man legt die Pappe unter und spannt nun von rechts nach links über das Loch senkrechte Hilfsfäden aus Näh- oder Knopflochgarn. Am unteren Rand des Loches sticht man von der Rückseite aus in die erste Masche ein und zieht den Faden nach vorn durch. Dann sticht man am oberen Rand des Loches in die erste Masche ein und kommt in der links daneben liegenden Masche nach vorn wieder heraus. Unten sticht man dann in die Masche wieder ein, kommt in der links daneben liegenden Masche wieder heraus und sticht dann oben in die zweite Masche ein. In jede der offenliegenden Maschen muß also zweimal eingestochen werden, bis das rechteckige Loch vollständig mit im Zickzack laufenden Hilfsfäden überspannt ist.

Diese Fadenführung ist das Prinzip des Maschenstichs (S. 29), mit dem nun auch Reihe für Reihe das Loch mit dem Strickgarn geschlossen wird. Man arbeitet die Maschenstichreihen hintereinander von links nach rechts und dann von rechts nach links.

Den ersten Stich führt man von der Rückseite aus in die erste freiliegende Masche unten links nach vorn. Dann faßt man mit der Nadel am Rand die erste Masche der nächsthöheren Reihe sowie die beiden Spannfäden, die in dieser ersten freiliegenden Masche zusammenlaufen, auf. Man zieht den Faden durch und sticht von vorn wieder in dieselbe Masche nach hinten ein, um in der Masche daneben dann nach vorn herauszukommen. Nun faßt man nur die Spannfäden auf. Am Ende der Reihe dann jeweils auch die Seitenmasche auffassen. Bei der letzten Reihe, mit der das Loch geschlossen wird, muß man – dem Spannfaden jeweils folgend – auch in die freiliegenden Maschen des oberen Lochrandes einstechen. Den Stopffaden auf der Rückseite vernähen und die Hilfsfäden entfernen.

Register

Die hinter dem jeweiligen Stichwort angegebenen Seitenzahlen beziehen sich nur auf die Stellen, an denen das Stichwort erläutert wird.

Abhäkeln 19
Abketten 19
Abnäher 35
Abnehmen 17, 18
Acetat 313
Ärmel einnähen 37
Ajour mit Krausrippen 44
Alpaka 312
Angora 312
Anschlag, unsichtbarer 10
Aufbewahrung 316
Aufgesetzte Tasche 32
Aufhäkeln 14
Aufnehmen neuer Maschen 26, 29
Aufstricken 16, 17
Aufstricken eines Saumes 34
Auftrennen 15
Ausgeleierte Bündchen 36
Ausschnitt, runder 29, 30
Ausschnittblende, angestrickte 29, 30

Bändchen 313
Bambusnadeln 315
Bandabnahmen 47, 55
Banderole 312, 316, 317
Baumwolle 312, 316
Beilauffaden 313
Blende, angestrickte 29, 30
Blende, doppelte 31
Blende, einfache 29
Blende, rechteckige 35
Bouclégarn 313

Cablégarn 313
Chemische Reinigung 316, 317
Chenille 313

Daumen 54
Dochtgarn 313
Dreieckmotive 43

Effektgarn 313
Eingeschnittenes Knopfloch 28
Einstrickmuster, s. Farbwechsel
Einweben einer zweiten Farbe 24

Fäustlinge 54 ff
Fallengelassene Maschen 14
Farbpartie 312
Farbwechsel 24
Fehler ausbessern 14, 15
Fellstreifen 313
Ferse 46
Fertigstellung 37
Fingerhandschuhe 54 ff

Flammégarn 313
Fransen einknüpfen 71

Garn 312 ff
Garn ansetzen 27
Garn, flauschiges 313
Garn, glattes 313
Garn, mehrfaches 313
Gedrehte Kordel 28
Gehäkeltes 26, 27
Gekreuzte Maschen 21
Gittermuster 42
Gittermuster mit schrägen Maschen 45
Glatt links 12
Glatt links mit langgezogenen Maschen 45
Glatt rechts 12
Grundmuster 12
Gummifäden einarbeiten 36

Häkeln von Noppen 23
Häkelnadel 315
Häkelteile 26, 27
Handschuhe 54 ff
Hilfsnadel 21, 22, 315
Hochstricken 14

Jacquardmuster, s. Farbwechsel

Käppchen, dreiteiliges 46
Käppchen, spitzes 47
Kästchenmuster 39
Kamelhaar 312
Kaschmir 312
Kettrandmasche 13
Klappentasche 33
Knötchenrandmasche 13
Knopflochstich 29
Knopflöcher 17, 28, 29
Knospenmuster 42
Korbmuster 38
Kordel 28
Kornmuster 40
Kraus rechts 12
Kreuzen von Maschen 21
Kunstfasern 313

Lama 312
Langgezogene Maschen 23, 45
Leder 317
Leinen 312
Linke Maschen 11
Links, glatt 12
Links verschränkt 20
Lochmuster 17, 25, 43
Lochreihe 17, 28
Löcher stopfen 317

Mäusezähnchen-Kante 32, 33
Maschenanschlag 10
Maschenprobe 13, 315, 316
Maschenraffer 315
Maschenstich 27, 317
Maschenzähler 315
Materialkunde 312
Mischfasern 313

Mittelmasche: mit M zusammenstricken 18, s. auch V-Ausschnitt
Mohair 312
Mützen 65 ff
Muster 38 ff

Nadelspiel 25, 46, 54, 315
Nähte 37
Naturfasern 312
Neue Maschen aufnehmen 26
Noppen 23
Noppenmuster 42

Patentmuster 10
Patentmuster, falsches 38
Pavemuster 41
Perlgarn 313
Perlmuster 12
Perlmuster, Phantasie 39
Perlrippen 39
Phantasiemuster 44
Phantasiemuster Crapettes 43
Phantasiemuster Muflier 44
Picot-Kante 32, 33
Polyacryl 313
Polyamid 313
Polychlorid 313
Polyester 313
Pompon 71

Quaste 71

Raglan 18
Ramie 312
Randmaschen 13
Rechte Maschen 11
Rechts, glatt 12
Rechts verschränkt 20
Reihenzähler 315
Reißverschluß einnähen 36
Rippenmuster 1/1 12
Rippenmuster 2/2 12
Ristabnahmen 47
Runder Ausschnitt 29, 30
Rundes Knopfloch 17, 28
Rundstricken 25
Rundstricknadel 25, 315

Saum, aufgestrickter 34
Schachbrettmuster 38
Schafwolle 312, 316
Schals 65 ff
Schlangenlinien-Muster 41
Schlitztasche mit doppelter Blende 33
Schlitztasche mit Mäusezähnchen-Kante 33
Schlitztasche, schräge 34
Schlitztasche, senkrechte 33
Schlitztasche, waagerechte 32
Schlußabnahmen 48
Schnellstricknadeln 315
Seide 312, 316
Seitenmaschen aufnehmen 47
Senkrechtes Knopfloch 28
Spannen von Strickteilen 37
Spitze mit Bandabnahmen 47, 55

Spitze mit einfachen Schlußabnahmen 48
Spitzes Käppchen 47
Steppstich 37
Stillegen 35
Stopfen 317
Strickfingerhut 24, 315
Stricknadel ohne Spitze 315
Stricknadeln 315
Strümpfe 46ff

Taschen 32, 33, 34
Tiefer gestochene Masche 20

Überzogen zusammenstricken 17, 18
Überzug, einfacher 17, 18

Umnähen von Knopflöchern 29
Umschlag 17, 25

V-Ausschnitt 31
Verkürzte Reihen 26
Verschränkte Maschen 20
Vicuña 312
Viskose 313

Waagerechtes Knopfloch 28
Wabenmuster 40
Wadenabnahmen 46
Waschbuch 317

Waschen 316, 317
Waschmittel 316

Zählrahmen 13, 315
Zaunmuster 41
Zopf, dreifacher 22
Zopf, einfacher 21
Zopfmusternadel 21, 22, 315
Zwei Farben im Wechsel 24
Zweifarbiges Muster 40
Zwickelmaschen 54, 55
Zwischenmaschen 48
Zunehmen 15, 16, 17
Zusammenstricken 17, 18

Besonderen Dank sagen wir folgenden Firmen für Bildvorlagen und Beratung bei den Strickanleitungen:

Afra GmbH, Hamburg (Pingouin Wolle) 38–45, 74/75, 94, 146, 182, 203, 226, 255, 266;
Max Austermann GmbH & Co., Wuppertal 158/159, 279;
Laines Berger du Nord Deutschland GmbH, Düsseldorf 134, 147, 182, 211, 218/219, 227;
Élysée GmbH, Wegberg (Pierre Cardin Wolle) 214, 215;
Garnimport H. Ernst GmbH, Renningen (H.E.C. Wolle) 50/51, 79, 87, 111, 115, 139, 142/143, 154/155, 186/187, 242/243, 258/259, 291, 303, 306 oben;
Wollgarnfabrik Finck, Süssen (Staufen Wolle) 195, 235;
Klaus Koch, Köln (KKK Wolle und Welcomme Wolle) 206, 210, 223, 234/235, 311;

Koninklijke D.S. van Schuppen, Veenendal/Niederlande (Scheepjeswol) 119, 199, 239, 274, 275;
Lang & Cie., Reiden/Schweiz 122/123, 135, 170, 194;
Phildar Wolle GmbH, Wiesbaden 166, 171, 306 unten;
Armin Rheinbay, Fürstenfeldbruck (Laines Plassard) 130/131;
Schachenmayr, Mann & Cie. GmbH, Salach 58/59, 66, 179, 270/271, 307 unten;
Carl Schewe GmbH & Co., Hamburg 175;
Schoeller Albers AG, Schaffhausen/Schweiz (Schaffhauser Wolle) 66, 67, 83, 86, 98, 106/107, 114, 163, 230/231, 247, 286, 287, 290, 299;
Schoeller Eitorf AG, Eitorf/Sieg (Esslinger Wolle und Schoeller Wolle) 174, 307 oben;
Sjöberg Wolle Handelsgesellschaft mbH, Wildeshausen 99, 222, 250, 251;

Woll-Service Dr. Tschöpe GmbH, Geisenfeld (Filpucci/Woll-Service-Wolle) 254;

Manuela Rosenkind, München 10, 11, 13–27, 37 (Grafiken);
Eberhard Thiem, Kaufbeuren 2/3, 12, 13, 25, 28–37, 46, 47, 48, 54, 55, 71, 314/315 (Fotos).

Die Teile für die Strickschule wurden von Gisela Schleißheimer mit Schachenmayr Wolle, Qualität Nomotta Smoky, gestrickt.
Das Zubehör für die Strickschule und das Foto S. 314/315 stellte uns die Firma Johann Moritz Rump, Altena (IMRA, Inox-Stricknadeln) zur Verfügung.

Die Anleitungen für das Modell auf dem Umschlag und das auf S. 2/3 finden Sie auf den Seiten 288 und 289.

Mal sanft und apart, mal lässig und extravagant: der selbstgestrickte Luxus.

70 Modelle – von einfach bis schwierig – alle zum Nachstricken
160 Seiten – durchgehend vierfarbig